LES ATELIERS DU PRATICIEN

Sally J. ROGERS - Geraldine DAWSON

Préface de Bernadette Rogé

L'intervention précoce en autisme

Le modèle de Denver pour jeunes enfants

DUNOD

Traduit de l'anglais par Bernadette Rogé

Cet ouvrage a été publié sous le titre
*Early Start Denver Model for Young Children
With Autism: Promoting Language,
Learning, and Engagement*
par Guilford Publications © 2010

© Dunod, Paris, 2013
ISBN 978-2-10-057653-1

Le Code de la propriété intellectuelle n'autorisant, aux termes de l'article L. 122-5, 2° et 3° a), d'une part, que les « copies ou reproductions strictement réservées à l'usage privé du copiste et non destinées à une utilisation collective » et, d'autre part, que les analyses et les courtes citations dans un but d'exemple et d'illustration, « toute représentation ou reproduction intégrale ou partielle faite sans le consentement de l'auteur ou de ses ayants droit ou ayants cause est illicite » (art. L. 122-4).
Cette représentation ou reproduction, par quelque procédé que ce soit, constituerait donc une contrefaçon sanctionnée par les articles L. 335-2 et suivants du Code de la propriété intellectuelle.

*À Michael Bucci et sa famille,
et à tous les autres parents et enfants
qui m'ont appris comment aider.
S.J. R.*

*À la mémoire de ce pionnier que fut Eric Schopler.
G. D*

Table des matières

Préface		8
À propos des auteurs		10
Remerciements		12
Avant-propos		14
Chapitre 1	**Connaissances actuelles sur l'apprentissage du jeune enfant et sur l'autisme**	18
	Comment les enfants en bas âge apprennent-ils ?	22
	Comment le développement du cerveau sous-tend-il l'acquisition des compétences en communication sociale ?	24
	Comment l'autisme est-il susceptible d'affecter le développement du cerveau et l'apprentissage ?	29
	Les changements du cerveau durant la petite enfance et au-delà	35
	Le rôle de l'intervention précoce dans l'organisation du développement précoce du cerveau et l'évolution dans l'autisme	37
Chapitre 2	**Présentation générale du modèle d'intervention précoce de Denver**	38
	Les fondements de l'ESDM	40

Table des matières

Le curriculum de l'ESDM	45
Les procédures d'enseignement de l'ESDM	48
Les preuves d'efficacité	62
Similitudes et différences entre l'ESDM et les autres modèles d'intervention pour les jeunes enfants atteints de TSA	67

Chapitre 3 — Utilisation du modèle ESDM 70

Contextes d'application	72
À qui l'appliquer ?	73
Délivré par qui ?	74
Les procédures de l'ESDM	75
Utilisation du modèle généraliste pour délivrer l'intervention	77
L'équipe de traitement pluridisciplinaire	79
Le partenariat avec les familles	93
La transition pour sortir de l'intervention ESDM	100

Chapitre 4 — Développement à court-terme des objectifs d'apprentissage   104

Évaluation basée sur la liste de contrôle des compétences de l'ESDM	106
Construction des objectifs d'enseignement	117
Équilibre des objectifs dans les domaines	117
Combien d'objectifs ?	118
Sélection du contenu des compétences	118
Les éléments de l'objectif	120
Rédiger des objectifs fonctionnels	128
Les objectifs d'apprentissage d'Isaac pour douze semaines	130

TABLE DES MATIÈRES

Chapitre 5	**Formuler des objectifs d'enseignement quotidiens et assurer le suivi des progrès**	134
	Établissement des étapes d'apprentissage pour chaque objectif	136
	Suivi des progrès	145
	Annexe : objectifs d'apprentissage et étapes d'apprentissage pour Isaac	157

Chapitre 6	**Développement des plans et des cadres pour l'apprentissage**	164
	Devenir un partenaire de jeu	168
	Routines d'activités conjointes : cadres d'apprentissage	176
	Gérer les comportements indésirables	193
	Organiser et planifier la séance	198
	Quand les enfants ne progressent pas : l'arbre de décision	205

Chapitre 7	**Développement de l'imitation et du jeu**	214
	Apprentissage de l'imitation	216
	Enseigner les compétences de jeu	230

Chapitre 8	**Développer la communication non verbale**	242
	L'attention coordonnée à la base de la communication	245
	Développer l'utilisation et la compréhension des gestes naturels	246
	Enseigner l'utilisation des gestes conventionnels	252

Chapitre 9	**Développer la communication verbale**	262
	Stimuler le développement de la production du langage	265
	Le langage réceptif	280

Table des matières

| Chapitre 10 | **Application du modèle de Denver dans un cadre collectif** . | 286 |

Prendre en compte les caractéristiques
de l'autisme dans l'organisation de la classe 290

L'organisation physique 292

Planification de l'emploi du temps quotidien et des routines ... 295

L'organisation de la salle de classe 300

Planification du personnel et communication 300

L'enseignement en petits et grands groupes 301

La gestion du comportement en salle de classe 307

Les systèmes de transitions et de programmes individuels 308

Programme pour les relations entre pairs
et l'autonomie personnelle 313

La transition vers la maternelle 319

Annexe — 1. Liste de contrôle et description des items du modèle d'intervention précoce de Denver 325

Introduction 326

Administration 327

Cotation 329

Traduire les items en objectifs d'enseignement 330

Annexe — 2. Modèle d'intervention précoce de Denver. Système d'évaluation de la fidélité de l'enseignement 391

Procédure pour coter la fidélité de mise en œuvre du traitement ... 392

Feuille de cotation de la fidélité du modèle d'intervention précoce
de Denver 394

Bibliographie 409

Index 429

Préface

Bernadette Rogé

LA NÉCESSITÉ D'UN DIAGNOSTIC précoce de l'autisme est reconnue de longue date par la communauté scientifique internationale. En France, la Haute Autorité de Santé a entériné officiellement cette position en 2005 dans ses recommandations pour le diagnostic de l'autisme. Dans le prolongement, les recommandations pour la prise en charge des enfants et adolescents (2012) confirment cette priorité assortie de l'obligation de mise en œuvre des mesures de soutien dans les 3 mois qui suivent la confirmation du diagnostic. L'éducation prend la place centrale qui lui revient dans le dispositif de prise en charge, et les principaux programmes comme TEACCH, et ABA font partie des stratégies éducatives recommandées par la HAS. Pour ce qui concerne les très jeunes enfants le modèle de Denver est également recommandé. En effet, les approches éducatives destinées aux enfants plus grands ne tiennent pas suffisamment compte de tous les aspects du développement précoce et mettent surtout l'accent sur les apprentissages en vue de compenser les déficits. Chez les très jeunes enfants, le problème est bien différent puisqu'il s'agit de relancer le processus de développement en s'appuyant sur la plasticité cérébrale. La psychologie du développement a souligné l'importance des aspects socio-émotionnels qui doivent sous-tendre le développement cognitif et social. L'ESDM (Early Start Denver Model) est une approche qui intègre toutes ces données, ce qui en fait un outil de choix pour l'intervention auprès des enfants très jeunes.

L'ESDM constitue un nouveau volet du modèle de Denver initialement destiné à des enfants de 24 à 60 mois. L'âge du diagnostic étant de plus en plus précoce, de nouvelles adaptations destinées à des enfants dès l'âge de 12 mois ont été introduites. Ce modèle est sous-tendu par l'idée que les enfants avec autisme peuvent apprendre dans tous les domaines. Leur manque de progrès est considéré comme lié à la méconnaissance de leur fonctionnement spécifique qui induit un problème dans le choix et les modalités de mise en œuvre des activités éducatives qui leur sont proposées. De plus, les déficits initiaux dans l'engagement social, l'imitation, le partage émotionnel privent ces enfants des expériences qui fondent le développement précoce. L'ESDM apporte les moyens d'orienter l'enfant vers les aspects pertinents de son environnement durant toute sa durée d'éveil, ce qui permet de restaurer des conditions optimales de stimulation.

Préface

Les premières études d'efficacité montrent des progrès significatifs dans les différents domaines du développement des enfants lorsqu'ils sont comparés à des enfants contrôles ayant reçu un traitement moins spécifique et moins intensif. Si ces résultats sont tout à fait encourageants, il faut souligner que tous les enfants ne bénéficient pas de manière aussi favorable de l'intervention précoce. Les variables qui pèsent le plus dans l'évolution des enfants ne sont pas encore cernées et il reste à poursuivre les études qui permettront de déterminer quels sont les facteurs les plus importants pour une bonne progression.

Cet ouvrage présente les principes fondateurs de l'approche ESDM avant d'aborder le contenu du programme et ses modalités d'application, la méthodologie qui le sous-tend, le contexte de sa mise en œuvre et les effets de ce type d'intervention. Il représente un document indispensable pour tous les intervenants, professionnels et parents, qui veulent apprendre comment tisser patiemment les liens sociaux, amener l'enfant à s'engager dans l'interaction pour apprendre de manière volontaire et enthousiaste avec l'adulte qui s'occupe de lui. L'ESDM ouvre des perspectives nouvelles et apporte l'espoir d'une reprise au moins partielle de la trajectoire de développement. Mais que l'on ne s'y trompe pas, si l'approche semble naturelle, elle n'est pas si facile à mettre en œuvre qu'il n'y paraît. Elle fait appel à des ressources sociales spontanées chez les intervenants, mais il convient de savoir exploiter cet engagement émotionnel et de le moduler, tout en sachant appliquer des méthodes rigoureuses d'apprentissage. Cet ouvrage est le document indispensable mais il ne saurait se substituer à une formation pratique qui comporte des mises en situation et une supervision par des professionnels qualifiés.[1]

Enfin, si l'ESDM est porteur d'espoir pour les jeunes parents, il ne faudrait pas oublier qu'il s'agit d'une approche qui repose sur une intervention intensive. La HAS a d'ailleurs reconnu la nécessité de fournir au moins 20 à 25 heures hebdomadaires d'intervention pour les très jeunes enfants. Cela nécessite des moyens et il reste à espérer que les pouvoirs publics reconnaîtront cette nécessité et agiront dans le sens qui convient. Certains moyens financiers existent mais sont encore mal orientés et des décisions courageuses s'imposent.

---

1. Formation à l'ESDM assurée en France par Bernadette Rogé, ceresa.fr

À propos des auteurs

SALLY J. ROGERS, docteur ès-lettres, est professeur de psychiatrie au M.I.N.D. Institute de l'université de Californie, Davis. En tant que psychologue du développement, elle participe à d'importantes activités cliniques et de recherche au niveau international. Elle est notamment impliquée dans un des dix projets de réseaux de centres d'excellence sur l'autisme financés par les instituts nationaux de la santé/l'Institut national de la santé de l'enfant et du développement humain qui mène un essai contrôlé randomisé multi-sites sur le traitement de jeunes enfants atteints d'autisme. Elle est également directrice d'un fond de subvention pour la formation postdoctorale et interdisciplinaire de chercheurs en autisme. Le docteur Rogers est membre du conseil d'administration de l'International Society for Autism Research, éditrice du journal *Autism Research*, et membre du groupe de travail DSM-V sur l'autisme, les troubles envahissants du développement et autres troubles du développement. Elle a consacré toute sa carrière à étudier le développement socio-communicatif et cognitif, ainsi que l'intervention chez les jeunes enfants présentant des handicaps et a produit un grand nombre de publications sur les aspects cliniques et développementaux de l'autisme, en portant un intérêt particulier aux problèmes dans l'imitation. En tant que clinicienne, elle assure des évaluations, des interventions et des consultations pour des enfants et des adultes atteints d'autisme ainsi que pour leurs familles.

GERALDINE DAWSON, docteur ès-lettres, est directrice du comité scientifique (*chief science officer*) d'Autism Speaks, professeur directeur de recherche en psychiatrie à l'université de Caroline du Nord, Chapel Hill, professeur émérite à l'université de Washington (UW) et professeur adjoint de psychiatrie à l'université Colombia. Auparavant, elle a été professeur de psychologie et de psychiatrie à l'UW et directrice fondatrice du centre pour l'autisme de l'UW, centre classé institution d'excellence pour la santé dans l'autisme au niveau national depuis 1996. Pendant sa carrière à l'UW, le docteur Dawson a dirigé un programme de recherche pluridisciplinaire sur l'autisme centré sur la génétique, l'imagerie cérébrale, le diagnostic, et le traitement. De 1980 à 2000, jusqu'à son départ de l'UW pour rejoindre Autism Speaks, elle a bénéficié régulièrement de fonds pour ses recherches de la part d'institutions nationales pour la santé. Elle fut la fondatrice du programme de services cliniques pluridisciplinaires du Centre pour l'autisme de l'UW dont elle est la directrice et

À propos des auteurs

qui est le plus grand de ce type pour le nord-ouest des États-Unis. Le docteur Dawson a témoigné devant le Sénat des États-Unis pour des personnes atteintes d'autisme et a joué un rôle clé dans le groupe d'intervention sur l'autisme de l'état de Washington (Washington State Autism Task Force). Ses recherches et ses publications portent essentiellement sur la détection et le traitement précoce de l'autisme, les formes précoces du dysfonctionnement cérébral (électrophysiologie), et, plus récemment, sur le développement d'endophénotypes pour les études génétiques de l'autisme.

Remerciements

CE LIVRE EST LE FRUIT de contributions apportées par de nombreuses personnes sur une très longue période. Les collaborateurs les plus importants dans ce travail sont les enfants, les parents, et les cliniciens de Denver, Seattle, et Sacramento qui ont participé, pendant les 25 dernières années ou plus, aux recherches ou ont sollicité des services cliniques. Nous avons appris ce que nous présentons ici, non tant par l'enseignement qui nous a été dispensé lors de nos études universitaires ou par des manuels, que par les enfants et les familles qui ont partagé leurs vies avec nous et nous ont offert tant d'opportunités d'apprendre sur les capacités des enfants, leurs centres d'intérêt, et les épreuves auxquelles ils devaient faire face. Les parents nous ont permis de nous joindre à eux pour les aider à modeler le développement de leurs enfants, nous ont fait part de ce qui était efficace autant que de ce qui ne l'était pas, et nous ont fait confiance en nous accueillant dans leur réseau d'aide et en nous laissant travailler avec leurs enfants. Ils ont été nos professeurs, et ce livre est une compilation de ce que les parents, les cliniciens, et les enfants nous ont appris.

Nous remercions aussi les nombreux collègues de bien des disciplines différentes aux côtés desquels nous avons travaillé pendant des années, pour apprendre quels étaient les besoins des jeunes enfants atteints de troubles du spectre de l'autisme (TSA) et de leurs familles, pour tester les uns après les autres les différents moyens d'aider chacun d'eux à grandir et à progresser. Nous remercions particulièrement Amy Donaldson, Terry Hall, Jean Herbison, Diane Osaki, Milani Smith, Laurie Vismara, Chris Whalen et Jamie Winter. Ces personnes nous ont fourni les bases fondamentales pour le développement de certaines parties spécifiques de la méthode d'intervention décrite ici. Par ailleurs, Renee Charlifue, Marybeth Garel, Deborah Hayden, Susan Hepburn, Terry Katz, Hal Lewis, Jeff Munson, Judy Reaven, Kathy Reis, et Chris Wilcox ont significativement contribué à l'élaboration du modèle clinique et aux recherches engendrées par l'utilisation de ce modèle au fil des années. Nous sommes particulièrement reconnaissants à Laura Schreibman pour son soutien permanent, son enthousiasme et ses conseils éclairés concernant le regroupement de l'apprentissage des réponses pivot et du modèle de Denver.

Pour leur soutien et leur générosité au fil des années, pour leur volonté de partager avec nous leur travail et leurs connaissances, nous souhaitons également rendre hommage à tous nos collègues spécialistes du développement et du traitement des jeunes enfants présentant un TSA : Marie Bristol, Annette Groen, Cathy Lord, Ivar Lovaas, Gail McGee, Gary Mesibov,

Remerciements

Sam Odom, Eric Schopler, encore une fois Laura Shreibman, Tris Smith, Amy Wetherby, et Paul Yoder.

La liste de contrôle du modèle d'intervention précoce de Denver (ESDM) (annexe 1) est le produit de nombreuses années de mise au point et d'utilisation clinique, d'abord au sein du Health Sciences Center (Centre des sciences de la santé) de l'université du Colorado à Denver, Colorado, puis à l'université de Washington et à l'université Davis de Californie.

La liste de contrôle du programme a été mise au point par une équipe de cliniciens experts répartis sur ces trois sites. Nous tenons particulièrement à remercier les personnes suivantes pour leur apport déterminant à cet outil : Amy Donaldson, S-LP PhD ; Terry Hall, MA, S-LP ; Jean Herbison, MA ; Diane Osaki, OTR ; Laurie Vismara, PhD ; et Jamie Winter, PhD. Nous souhaitons également exprimer notre reconnaissance aux collègues de l'université de Washington dont les contributions ont été essentielles pour l'étude qui a permis de tester l'efficacité de l'intervention ESDM : Cathy Brock, MA ; Jessica Greenson, PhD ; Jeff Munson, PhD ; and Milani Smith, PhD.

Nos remerciements particuliers à notre éditeur Rochelle Serwator, de The Guilford Press, dont l'enthousiasme pour ce projet n'a jamais failli et qui a su mettre son énergie et ses encouragements au service d'auteurs parfois exténués ou en retard. Barbara Watkins a fait un travail magistral d'organisation et de clarification sur le manuscrit et nous a aidées à communiquer clairement et succinctement.

Et enfin, nous désirons remercier nos familles, enfants et conjoints confondus pour le soutien qu'ils nous ont apporté, l'estime dont ils ont fait preuve pour le travail que nous tentions de faire, et pour avoir accepté tout ce temps et toute cette énergie que nous avons consacrés à ces travaux de toute une vie sur l'autisme précoce. Depuis leur plus tendre enfance, bien qu'apparemment trop jeunes pour vraiment comprendre, d'une certaine façon nos enfants savaient que c'était bien que leurs mamans aient besoin d'aider les autres enfants aussi, et ont généreusement partagé leurs mères avec de nombreux autres. Merci à eux et à nos maris pour leur participation enthousiaste et dévouée à tant et tant d'activités liées à l'autisme dans lesquelles nous les avons entraînés de par le monde, durant des décennies.

Avant-propos

L'enfant est l'artiste et le tableau à la fois.
Alfred Adler

CE LIVRE DÉCRIT UNE APPROCHE pour travailler avec de très jeunes enfants présentant des troubles du spectre de l'autisme (TSA), qui favorise la tendance spontanée des enfants à s'orienter vers les autres et à interagir avec eux (désignée sous le terme d'initiative) et leur capacité à s'engager avec autrui. Cette approche, nommée « modèle d'intervention précoce de Denver » (ESDM – *Early Start Denver Model*), suit tous les intérêts et tendances manifestés par l'enfant et apporte ainsi un outil qui servira de support pour la construction de l'interaction et de la communication sociale. L'ESDM englobe les modèles « constructivistes » tout autant que les modèles « transactionnels » du développement de l'enfant. L'approche « constructiviste » considère les enfants en bas âge comme des êtres actifs qui construisent leur propre monde mental et social à partir de leurs expériences motrices, sensorielles et affectives interpersonnelles. En d'autres termes, l'enfant est un artiste peintre créant sa propre « image » du monde. L'approche transactionnelle considère que les enfants en bas âge et les personnes qui s'en occupent s'affectent mutuellement, et ont une influence mutuelle sur le développement de chacun d'entre eux. Le tempérament, le comportement et les émotions des personnes qui s'occupent de l'enfant aident à forger et à modifier le comportement du petit enfant et ses représentations des autres et du monde qui les entoure, tandis que le tempérament, le comportement, et les capacités de l'enfant modifient les types de comportement des personnes qui s'occupent de lui, et ceci se prolonge durant toute la période de développement – c'est-à-dire toute une vie. Par ce processus interactif, la peinture fait l'objet d'une co-création.

L'ESDM cherche à donner aux enfants atteints de TSA les moyens de devenir des participants actifs dans le monde et capables d'initier des interactions avec autrui. L'autisme affecte souvent l'initiative de l'enfant. En particulier, les enfants atteints d'autisme sont souvent moins enclins à initier des interactions avec autrui et tendent à se focaliser sur une gamme restreinte d'activités. Cette caractéristique existe depuis le tout début de la vie de l'individu et continue tout au long de sa vie ; c'est une des marques de l'autisme. Pour un jeune enfant, le fait de prendre moins d'initiatives sociales réduit d'autant les occasions d'apprendre et une gamme étroite et répétitive d'activités a également pour conséquence la réduction des opportunités d'apprentissage. La nature de l'autisme restreint le champ des opportunités pour apprendre, affectant ainsi chaque heure de la vie de l'enfant, ce qui finit par multiplier le nombre d'occasions perdues d'apprendre de mois en mois et d'année en année. Ainsi, le jeune enfant atteint d'autisme possède bien moins d'expériences lui permettant de construire sa compréhension des êtres humains et des événements du monde.

Avant-propos

Cependant l'autisme affecte non seulement l'enfant autiste, mais aussi toutes les personnes qui interagissent avec cet enfant. Depuis les toutes premières manifestations, pleurs, toussotements, les nouveau-nés se comportent de manière à ce que les adultes qui s'occupent d'eux leur sourient, jouent ou les réconfortent. Chacune de ces interactions sociales fournit à l'enfant de multiples opportunités d'apprendre et la réponse qu'il donne aux parents/ceux qui s'occupent de lui[1] tend à susciter d'autres échanges. Les jeunes enfants forgent donc activement, le nombre et le type d'échanges sociaux avec leurs parents dès le début de leur vie, et cet échange social initié par l'enfant se poursuit tout au long de sa période d'éveil chaque jour, produisant ainsi quotidiennement des centaines d'occasions d'apprentissage de la langue, des comportements sociaux, du jeu, et des compétences cognitives. Il est peu probable que le jeune enfant avec autisme prenne l'initiative de ces échanges sociaux de la même manière que les autres enfants – que ce soit avec leurs parents, avec leur fratrie, ou avec les autres enfants – ce qui diminue fortement le nombre de possibilités d'apprentissage. En outre, un des effets insidieux supplémentaire de l'autisme est que, même lorsque les autres s'engagent dans des échanges sociaux avec le jeune enfant atteint d'autisme, comme les parents, la fratrie ou d'autres enfants le font souvent, l'enfant avec autisme peut ne pas répondre avec plaisir, par le contact visuel, ou par le rire. Sans réaction claire, facile à interpréter traduisant le fait que l'enfant aime bien cet échange et désire qu'il se poursuive, les parents peuvent ne pas percevoir de signal les renforçant dans leur propre initiative sociale. Si les partenaires sociaux ont l'impression que leurs initiatives ne sont pas positives pour l'enfant, il est fort possible qu'ils les diminuent. Dans le langage comportemental, leurs initiatives font l'objet d'une extinction en raison du manque de renforcement positif de la part de l'enfant. Dès lors, l'effet est cumulatif : d'une part, l'enfant ne prend pas assez fréquemment l'initiative et ne crée donc pas d'occasions d'apprendre, et d'autre part ses partenaires sociaux réduisent leurs initiatives, ce qui diminue encore plus les occasions d'apprendre.

L'ESDM commence par aborder l'échange social de l'enfant avec autrui – ce qui fournit un moyen d'amorcer, de construire, d'enrichir, de renforcer et d'augmenter les initiatives des enfants, et aide les parents et les autres partenaires à interpréter les signaux émis par l'enfant et à poursuivre leurs échanges. Ces techniques ont pour effet immédiat d'augmenter radicalement le nombre d'occasions d'apprendre la communication sociale dont l'enfant fait l'expérience d'heure en heure, jour après jour. Bien que cette augmentation du nombre d'occasions d'apprendre se produise également dans d'autres méthodes d'intervention, telles que l'apprentissage par essais distincts (*Discrete Trial Teaching* ou DTT), ces méthodes placent souvent l'enfant dans le rôle du répondant et suppriment ses initiatives. Nous avons compris que le manque d'initiative qui est au cœur de l'autisme, constitue l'un des aspects les plus nocifs de ce trouble pour l'apprentissage et le progrès de l'enfant. Par conséquent, l'ESDM commence par construire l'initiative et l'engagement social de l'enfant.

---

1. NDT : Le terme *caregiver* (celui qui s'occupe de l'enfant, lui donne des soins), qui n'a pas d'équivalent en français sera traduit par « parents ».

AVANT-PROPOS

L'ESDM n'est pas la seule approche à avoir cette perspective ; un certain nombre d'autres modèles d'intervention précoce sur la communication sociale des TSA favorisent également ce type d'initiative : le DIR/Floor-time (modèle développemental basé sur la différence individuelle et les relations sociales), le RDI (Intervention sur le développement des relations), et le SCERTS (Communication sociale, régularisation émotionnelle, support transactionnel) viennent facilement à l'esprit. Cependant l'ESDM se distingue de ces méthodes de plusieurs façons :

1. L'ESDM est antérieur aux autres modèles se focalisant sur la relation entre l'enfant atteint de TSA et ses parents. En fait, les premiers articles sur le modèle de Denver datent des années 1980, et beaucoup des aspects principaux du modèle – la focalisation sur les affects positifs de l'enfant, les interactions sociales équilibrées, la règle de la progression pas à pas, l'utilisation d'activités sociales sensorielles pour développer l'initiative sociale, l'amorce du développement du langage par des gestes naturels – étaient déjà en place et furent décrits dans le premier article de 1986, bien avant que toutes les autres méthodes ne soient publiées.

2. Il existe une quantité de travaux empiriques publiés et revus par des spécialistes qui soutiennent ce modèle. À ce jour, huit articles sous presse ou publiés, présentent des données sur l'évolution incluant des protocoles sur des groupes et des cas uniques, ainsi qu'un essai contrôlé randomisé. Ainsi, de toutes les interventions comportementales précoces sur les TSA, l'ESDM est probablement la mieux étudiée.

3. Ce modèle est particulièrement bien articulé. Le contenu de l'enseignement ainsi que les procédures d'apprentissage sont décrits en détail, et des mesures de la fidélité comme les méthodes de collecte des données sont fournies. Lorsqu'il est utilisé selon ces indications, le modèle fournit un programme d'activités complet et soigneusement détaillé ainsi que des objectifs d'apprentissage qui peuvent être utilisés par tout un chacun, quel que soit le lieu. Ceci est un autre de ses forces.

4. Le modèle ne requiert pas de cadre particulier pour être mis en œuvre. Il est conçu pour être utilisé par des parents, des enseignants, des thérapeutes, à la maison, à la maternelle, ou en consultation – partout où les adultes peuvent interagir avec les enfants.

5. Le modèle repose sur des données empiriques d'où l'importance du recueil de données pour évaluer l'efficacité de l'apprentissage, et pour adapter et optimiser ainsi la progression.

6. Ce modèle est global. Il vise toutes les compétences liées au développement de la petite enfance : langage, jeu, interaction sociale, attention conjointe, mais aussi imitation, compétences motrices, autonomie personnelle, et comportement.

7. Le modèle fournit un moyen systématique d'ajuster l'intervention dès lors que les enfants ne progressent pas convenablement – sous la forme d'un arbre de décision à utiliser par les cliniciens lorsque l'enfant ne fait pas de progrès. Ceci permet d'introduire et de

Avant-propos

faire usage de façon réfléchie, étape par étape, de la gamme complète de pratiques empiriquement validées.

Ainsi, bien que l'ESDM partage des caractéristiques communes avec d'autres méthodes de développement social, il possède aussi des caractéristiques propres.

L'ESDM partage des caractéristiques avec les méthodes basées sur l'analyse appliquée du comportement (*Applied Behavior Analysis* ou ABA). Les procédures d'apprentissage suivent les principes de l'apprentissage opérant, et sont basées sur les outils efficaces de l'ABA – incitation, extinction, mise en forme et enchaînement – de façon clairement articulée. Cependant, l'ESDM diffère de certaines approches de l'ABA, telles que l'apprentissage par essais distincts de plusieurs manières :

1. Il utilise un programme qui repose sur les concepts les plus actuels de la littérature scientifique concernant le développement de l'enfant.
2. Il est explicitement centré sur la qualité des relations, les affects, la sensibilité et la réceptivité de l'adulte, une caractéristique qui est souvent absente dans beaucoup de programmes ABA.
3. Les stratégies et le programme qui sont utilisés pour faciliter le développement du langage reposent sur la compréhension scientifique la plus récente de la façon dont le langage se développe plutôt que sur le modèle skinnérien.

L'ESDM a actuellement prouvé son efficacité dans l'amélioration du développement des enfants atteints de TSA âgés de 18 à 48 mois, et les études initiales d'efficacité ont porté à la fois sur les résultats obtenus par les parents à court terme et sur les résultats de la thérapie intensive à domicile à plus long terme. La recherche sur le modèle se poursuit. Nous sommes actuellement financés par les institutions nationales de santé afin de mener une étude multisites de réplication indépendante et randomisée de l'ESDM. Bien que des recherches complémentaires soient nécessaires, l'importance de l'intérêt du public pour le modèle, les énormes besoins d'intervention chez les très jeunes enfants atteints de TSA, et la force des données initiales justifient la publication dès maintenant de ce manuel pour l'ESDM.

Tout comme le modèle de Denver l'a fait au long des années, l'ESDM évoluera dans l'avenir. Les méthodes d'intervention doivent refléter l'état le plus actuel de la science, et tandis que nous en apprenons plus, le modèle reflétera les connaissances nouvellement acquises. Toutefois, ce manuel définit le modèle tel qu'il est actuellement étudié et enseigné. Nous espérons que les parents, les professionnels de l'intervention précoce, les éducateurs spécialisés, les psychomotriciens, les orthophonistes, et les psychologues, parmi d'autres, trouveront cet ouvrage utile dans leur travail sur les TSA dans leur forme précoce.

Chapitre 1

Connaissances actuelles sur l'apprentissage du jeune enfant et sur l'autisme

SOMMAIRE

Comment les enfants en bas âge apprennent-ils ?................ **22**

Comment le développement du cerveau sous-tend-il l'acquisition des compétences en communication sociale ?..................... **24**

    Que trouve-t-on dans un visage ?............................. 27

    L'interprétation du comportement d'autrui 28

Comment l'autisme est-il susceptible d'affecter le développement du cerveau et l'apprentissage ?....................................... **29**

    Connectivité anormale dans l'autisme.......................... 30

    Un périmètre crânien plus grand que la moyenne 31

    Différences au niveau du cervelet............................. 32

    Différences au niveau des réseaux du cerveau social 32

    Le système des neurones miroirs.............................. 33

    Différences neurochimiques................................... 34

Les changements du cerveau durant la petite enfance et au-delà **35**

Le rôle de l'intervention précoce dans l'organisation du développement précoce du cerveau et l'évolution dans l'autisme **37**

L'INTERVENTION PRÉCOCE EN AUTISME. LE MODÈLE DE DENVER POUR JEUNES ENFANTS

LES DERNIÈRES DÉCENNIES ont été le témoin d'une explosion de connaissances sur la façon dont les nourrissons et les enfants en bas âge apprennent. Étant donné que les symptômes des troubles du spectre de l'autisme (TSA) apparaissent souvent avant le premier anniversaire, ces nouvelles connaissances peuvent être mises à profit pour comprendre la meilleure façon dont nous pouvons intervenir avec de très jeunes enfants présentant un risque d'autisme. Le Modèle d'intervention précoce de Denver (ESDM) est une méthode d'intervention précoce globale pour des enfants autistes âgés de 18 à 36 mois qui se poursuit jusqu'à l'âge de 48-60 mois. Ce modèle affine et adapte le modèle de Denver original qui s'appliquait à des enfants avec TSA de 24 à 60 mois, en s'étendant vers des âges inférieurs. L'ESDM utilise les connaissances actuelles sur la façon dont un bébé normal se développe pour faciliter une trajectoire développementale similaire chez les jeunes enfants à risque d'autisme.

Les symptômes les plus précoces de l'autisme suggèrent que les systèmes cérébraux qui sous-tendent le développement social et langagier sont atteints. Les symptômes moteurs risquent également d'être affectés chez de nombreux jeunes enfants. Les études de vidéos familiales sur des nourrissons dont l'autisme a été découvert plus tard (Osterling et Dawson, 1994 ; Palomo, Belichon et Ozonoff, 2006) montrent que ces enfants passaient moins de temps à regarder les autres, répondaient moins à l'appel de leur nom et ne développaient pas les gestes précoces tels que le pointé du doigt, qui sont essentiels pour préparer le terrain nécessaire au développement du langage. Cependant, les capacités d'apprentissage rapide que manifestent les nourrissons suggèrent que les premières années de l'enfant constituent une période de grande plasticité et de changement intense. En effet, les enfants qui ont subi une lésion cérébrale manifestent souvent une récupération spectaculaire, en particulier si on leur apporte une stimulation précoce. Cela fournit le cadre du défi et des promesses apportées par l'intervention précoce pour les très jeunes enfants atteints de TSA : nous devons capitaliser sur l'importante plasticité de la période de la petite enfance afin de minimiser les déficiences qui caractérisent souvent les TSA.

L'ESDM a pour objectif de commencer tôt et d'intégrer les résultats de la recherche sur le développement aux programmes et techniques d'apprentissage. L'ESDM se définit par (1) un programme développemental spécifique qui détermine les compétences à enseigner à un moment donné, et (2) un ensemble de procédures d'enseignement spécifiques utilisées pour mettre en œuvre ce programme. Pour son application, l'ESDM n'est pas lié à un cadre particulier, mais peut être mis en œuvre dans des programmes en collectivité ou à domicile, par des équipes de thérapeutes et/ou des parents, que ce soit en consultation lors de séances de thérapie individuelle ou pratiqué à domicile par des intervenants de différentes disciplines. Il s'agit d'une approche qui est très spécifique tout en étant très flexible en termes de contextes pédagogiques, d'objectifs, et de matériel. Une série d'études, incluant un important nouvel essai contrôlé randomisé, indiquent que l'ESDM est efficace pour améliorer les compétences langagières et cognitives, l'interaction sociale et la prise

1 • Connaissances actuelles sur l'apprentissage du jeune enfant et sur l'autisme

d'initiative par les enfants, ce qui atténue la gravité de leurs symptômes de TSA, et améliore leur comportement général et leurs capacités d'adaptation.

Dans ce livre, nous décrivons l'ESDM et nous montrons comment le mettre en œuvre pour les jeunes enfants présentant des TSA :

- Dans ce premier chapitre, nous passons en revue les résultats de la recherche sur le développement typique des enfants en bas âge qui ont eu une influence sur l'ESDM.
- Le chapitre 2 présente les fondements de l'ESDM, donne une vue d'ensemble du programme lié au modèle, de ses procédures pédagogiques de base, et apporte des données sur son efficacité.
- Le chapitre 3 décrit les aspects pratiques pour la mise en place de l'ESDM incluant l'éventail des contextes, l'équipe interdisciplinaire, et le partenariat avec les familles.
- Les chapitres 4 et 5 précisent respectivement l'évaluation dans l'ESDM et la planification du traitement avec en particulier la manière de programmer l'apprentissage au quotidien et de suivre les progrès lors de chaque séance et d'une séance à l'autre.
- Le chapitre 6 guide le lecteur pas à pas afin de montrer comment devenir un partenaire de jeu et instaurer des routines de jeu conjointes avec l'enfant. Les routines d'activités conjointes fournissent le support aux séances d'enseignement par l'ESDM.
- Les trois chapitres suivants expliquent comment apprendre à l'enfant les capacités d'imitation et de jeu (chap. 7), de communication non verbale (chap. 8), et de communication verbale (chap. 9). L'apprentissage des comportements sociaux clé est intégré dans l'ensemble du programme et de ces différents chapitres.
- Dans le chapitre final (chap. 10), nous considérons le cas particulier de la mise en œuvre de l'ESDM dans un cadre collectif tel que celui de l'école maternelle. Dans le chapitre 10 également, on trouvera une discussion sur les relations avec les pairs et sur l'autonomie personnelle qui constituent des parties du programme pertinentes dans tous les contextes situationnels d'application de l'ESDM.

Dans les rubriques ci-dessous, nous passons brièvement en revue les résultats de recherches sur la manière dont les enfants en bas âge apprennent, la manière dont le développement du cerveau soutient l'acquisition des compétences en communication sociale, la façon dont l'autisme est susceptible d'affecter le développement du cerveau et l'apprentissage, la plasticité du cerveau de l'enfant en bas âge et au-delà, et le rôle de l'intervention précoce dans l'organisation du développement cérébral et dans l'évolution chez les enfants atteints d'autisme.

COMMENT LES ENFANTS EN BAS ÂGE APPRENNENT-ILS ?

La plupart des intervenants – éducateurs spécialisés de la petite enfance, psychologues cliniciens, psychomotriciens, orthophonistes, et tant d'autres – ont été formés à la théorie constructiviste de la cognition précoce, telle qu'elle a été élaborée par le psychologue français du développement Jean Piaget (1963). Le point de vue constructiviste suggère que les enfants en bas âge construisent essentiellement leurs propres bases de connaissances et leurs modèles représentationnels (images mentales) de l'environnement physique à travers leurs propres explorations sensorimotrices des objets et du monde matériel. Cette connaissance sensorimotrice est progressivement internalisée et évolue pour se transformer en représentation cognitive des actions, objets, et événements du monde. Ces capacités cognitives de plus haut niveau se développent pendant la seconde moitié de la deuxième année de l'enfant grâce à sa faculté d'internalisation de l'imitation. Les caractéristiques de la pensée représentationnelle chez les jeunes enfants sont la permanence de l'objet, la résolution intelligente d'un problème, le jeu symbolique, l'imitation différée, et le langage symbolique.

Au cours des vingt dernières années cependant, la révolution qui s'est opérée dans notre façon de comprendre l'apprentissage de l'enfant nous a fait abandonner le modèle constructiviste du développement représentationnel. Nous comprenons maintenant que les très jeunes enfants possèdent plusieurs manières et niveaux de « savoirs ». Considérer les actions motrices immatures des enfants comme des révélateurs de ce qu'ils savent nous a induits en erreur et nous avons sous-estimé leurs connaissances sur les personnes, les objets, et les événements. Le concept de permanence de l'objet, mieux connu sous le nom d'épreuve A non B dans la littérature scientifique, est un bon exemple de cela. Il y a quelques dizaines d'années, Piaget (1963) remarqua que jusqu'à l'âge de 1 an, les enfants présentent un défaut de « permanence de l'objet » mis en évidence par le fait qu'ils n'arrivent pas à retrouver l'objet qui a été caché devant eux. On pensait que ce manque de recherche d'un objet caché reflétait l'incapacité du nourrisson à former un souvenir ou une représentation de l'objet lorsqu'il n'était plus à la vue de l'enfant. En d'autres termes « en dehors du champ visuel l'objet n'existe plus ». Toutefois, plus tard, les scientifiques ont décidé d'étudier l'endroit où les enfants regardent plutôt que l'endroit où ils cherchent manuellement, pour découvrir ce qu'ils connaissent du monde physique (Baillargeon, 2004). Par exemple, ils ont montré à l'enfant deux barrières séparées par un espace relativement petit à la limite droite d'une plateforme. Ils ont ensuite caché les barrières et placé une balle à l'une des extrémités de la plateforme, pour la lancer de manière à ce qu'elle roule juste derrière l'écran. Lorsque l'écran a été levé, la balle se trouvait entre les deux barrières plutôt que devant la première barrière. Ils ont alors constaté que les nourrissons regardaient plus longuement et se montraient surpris par cette violation de leurs attentes, ce qui indiquait

1 • Connaissances actuelles sur l'apprentissage du jeune enfant et sur l'autisme

que les nourrissons de 2 à 3 mois conservent une représentation mentale de l'objet lorsqu'il est hors de leur vue.

La recherche actuelle sur l'apprentissage du nourrisson au cours de la première année de sa vie post-natale a mis en évidence des capacités d'apprentissage qui n'auraient pas été prévues à partir de modèles constructivistes. Les compétences que les nourrissons utilisent pour comprendre comment fonctionnent les objets dans un environnement physique, reconnaître les similarités entre leurs propres actions et celles d'autrui, leurs capacités à se souvenir d'informations ; leurs perceptions du monde social et leurs réactions à celui-ci dans le monde social surpassent de loin ce que l'on peut attendre en fonction de leurs capacités motrices immatures. Pour évaluer les capacités des nourrissons, les scientifiques ont utilisé des méthodes innovantes telles que la mesure des taux de succion, les caractéristiques du regard, et les changements de réponses électriques du cerveau lors de la modification d'un stimulus.

En outre, les nourrissons sont des apprenants actifs qui s'intéressent à la formation et à la vérification d'hypothèses sur le monde. Leurs connaissances grandissent au fur et à mesure de leurs interactions avec les objets et les personnes. La recherche actuelle indique que pendant que les nourrissons interagissent avec le monde, leur cerveau s'appuie sur « l'apprentissage statistique » pour détecter les tendances et leur donner du sens (Saffran, Aslin et Newport, 1996). Les nourrissons sont des « statisticiens intuitifs » qui infèrent et font des prévisions en se basant sur les informations qu'ils réunissent continuellement sur le monde. Par exemple, Saffran et ses collaborateurs (1996) ont constaté que les nourrissons utilisent des informations statistiques issues du discours courant pour trouver les limites qui séparent les mots. En fait, l'apprentissage statistique – c'est-à-dire, la capacité de découvrir la façon dont les informations sont réparties et de produire des inférences à partir de cela – semble jouer un rôle dans bien des aspects du développement du langage et du développement cognitif et social. Lorsqu'un nourrisson interagit avec le monde de manière inhabituelle par exemple en portant son attention sur les objets plutôt que sur les personnes, nous supposons que les connaissances de ce nourrisson ainsi que sa construction du monde sont inhabituelles. Ce nourrisson peut ne pas développer un langage normal, en partie parce qu'il ou elle ne prête pas attention au discours et à ses propriétés de répartition. Donc, un but clé de l'intervention est d'aider le nourrisson à être attentif aux informations clés telles que les paroles, les actions et les visages des gens, et « d'amplifier » ou de rendre plus remarquable, certaines caractéristiques récurrentes ou types d'information pour que le nourrisson puisse facilement réussir à comprendre les informations essentielles au développement social et au développement du langage.

Enfin, dans les quelques dernières décennies les recherches ont montré que bien qu'étant des « apprenants statistiques », les nourrissons ne sont pas simplement comme de petits ordinateurs recevant toutes les informations issues de leur environnement. Au lieu de cela, pour que les inférences se fassent et que l'apprentissage se produise, le nourrisson doit être engagé activement et affectivement dans son environnement. Nous savons maintenant par exemple, que le développement normal de la perception du langage se produit dans un contexte affectif socio-interactif riche où l'attention du nourrisson est dirigée vers l'information qu'il trouve socialement gratifiante. Ceci a été prouvé dans une expérience menée par Pat Kuhl (Kuhl, Tsao et Liu, 2003), qui a démontré que le simple fait d'être exposé au langage ne facilite pas nécessairement le développement de la parole et du langage. Il faut aussi que le nourrisson fasse l'expérience de ce langage avec un contact social interactif pour que le langage se développe normalement chez lui. C'est pourquoi une intervention conçue pour un nourrisson qui ne montre que peu d'intérêt pour l'environnement social doit aborder ce besoin fondamental de l'apprentissage comme l'une des premières étapes de la stratégie du traitement.

En somme, les décennies de recherche sur l'apprentissage et les connaissances du nourrisson nous ont appris que, bien avant que leurs capacités motrices ne permettent une exploration sensori-motrice suffisante, les nourrissons utilisent leurs systèmes visuels et auditifs pour traiter un grand nombre d'informations sur leur environnement physique. Les nourrissons sont très sensibles aux organisations, contingences, régularités statistiques, et cette sensibilité leur permet d'intégrer des informations par tous les systèmes sensoriels. Cette sensibilité leur permet de détecter les incongruences, et les nouveautés. Leur préférence pour la nouveauté leur permet de concentrer leur attention sur les événements inattendus pour les traiter. Socialement, les nourrissons sont conscients des actions d'autrui et des relations qui existent entre certaines stimulations et certaines actions. Cela est vrai pour les actions causales et pour les réponses émotionnelles. C'est ce qui rend le comportement humain prévisible et doté de sens pour les nourrissons. Le système moteur du nourrisson se développe plus lentement que ses systèmes visuels et auditifs, et les actions du nourrisson sur les objets nous en disent plus sur le système moteur que sur les capacités d'apprentissage sous-jacentes du nourrisson et sur la base existante de ses connaissances. En outre, l'engagement affectif du nourrisson dans son environnement social fournit le contexte nécessaire dans lequel se formera son développement perceptif, cognitif, langagier et social.

COMMENT LE DÉVELOPPEMENT DU CERVEAU SOUS-TEND-IL L'ACQUISITION DES COMPÉTENCES EN COMMUNICATION SOCIALE ?

Les symptômes précoces de l'autisme semblent indiquer que les systèmes du cerveau qui sous-tendent l'apprentissage du langage et de la communication sociale ne se développent pas normalement. Quelques scientifiques (Kennedy et Courchesne, 2008 ; Williams et

1 • Connaissances actuelles sur l'apprentissage du jeune enfant et sur l'autisme

Minshew, 2007 ; Pinkham Hopfinger, Pelphrey, Piven et Penn, 2008) pensent que cela est dû à un problème plus général du développement des systèmes du cerveau qui sous-tendent les comportements complexes, en particulier ceux qui impliquent la coordination de plusieurs régions d'ordre supérieur du cerveau. D'autres scientifiques (Mundy, 2003) pensent que l'autisme affecte spécifiquement les circuits de la communication sociale et que beaucoup d'autres régions d'ordre supérieur du cerveau sont relativement épargnées. Ces deux points de vue ne sont pas mutuellement exclusifs car le développement du comportement social et communicatif exige la coordination de plusieurs régions du cerveau (Dawson, 2008). Il est donc utile de considérer la façon dont le « réseau du cerveau social » fonctionne pour concevoir les interventions qui favoriseront son développement normal.

Le réseau du cerveau social comprend un certain nombre de structures qui ont été révélées par les études faites sur l'être humain et l'animal, et qui sont activement impliquées dans le traitement de l'information sociale, l'émotion et le comportement social (voir figure 1.1). L'activation du cerveau se produit dans ces zones en réponse aux stimulations sociales ; des lésions situées dans ces zones conduisent à des anomalies du comportement social. Les parties clé du réseau du cerveau social comprennent certaines parties du lobe temporal (le gyrus fusiforme et le sillon temporal supérieur), l'amygdale, et certaines parties du cortex préfrontal. Le gyrus fusiforme (spécialisé dans la perception du visage) et le sillon temporal supérieur (STS, spécialisé dans la perception du mouvement des êtres vivants, également appelé « mouvement biologique ») sont importants pour la détection et l'interprétation des informations sociales telles que les expressions faciales.

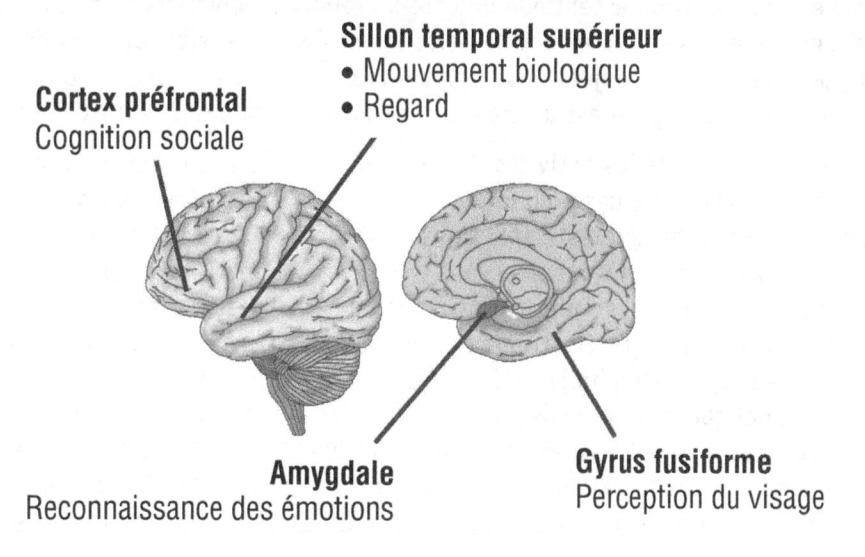

Figure 1.1. Le réseau du cerveau social.

L'amygdale est impliquée dans l'attribution de la valeur émotionnelle à divers stimuli – que cette valeur soit positive (récompense) ou négative (comme la peur ou la punition). Il est facile d'imaginer comment un enfant pourrait se comporter si on avait attribué à toutes les stimulations qui l'entourent les mêmes valeurs émotionnelles ou si on avait attribué des valeurs à des stimulations inhabituelles. Plutôt que de porter son attention sur les éléments significatifs de son environnement (par exemple, les autres), son attention s'égarerait ou se fixerait sur des stimuli non pertinents (tels qu'un bruit de fond ou un morceau de bourre sur le tapis). On observe souvent cette diminution de l'orientation vers les aspects clé de l'environnement social chez les enfants avec autisme. Les difficultés qu'ils ont à attribuer des valeurs négatives aux stimuli (tels que la peur) aident à expliquer pourquoi certains enfants avec autisme ne semblent pas avoir conscience du danger.

Lorsque l'attention d'un nourrisson est attirée par la voix ou par le visage d'une autre personne et qu'il ressent une émotion positive (par exemple de l'intérêt ou de la joie), le gyrus fusiforme, le sillon temporal supérieur, et l'amygdale sont activés. Le cortex préfrontal (en particulier le cortex orbito-frontal ou le cortex ventro-médian préfrontal) est important dans de nombreux aspects du comportement social, notamment l'inhibition des réponses inappropriées, le contrôle de son propre comportement, et l'engagement dans la planification du comportement. Lorsque nous nous engageons dans des interactions sociales, si nous avons des compétences sociales, nous suivons constamment la manière dont l'autre personne réagit à ce que nous faisons et nous adaptons notre comportement à ses réactions. Cette capacité à changer de comportement avec souplesse en réponse à des feedback différents est une fonction essentielle du cortex préfrontal ventro-médian. Lorsque cette zone ne fonctionne pas correctement, la personne devient insensible aux besoins d'autrui et tend à persévérer sur des sujets de son propre intérêt. Ce manque de sensibilité vis-à-vis de la réponse sociale d'autrui est un trait commun aux personnes atteintes d'autisme.

Les chercheurs ont étudié les activités du cerveau social durant la toute petite enfance, en utilisant des tâches connues pour leur capacité à activer certaines zones du cerveau et des méthodes d'imagerie cérébrale afin d'observer si ces régions du cerveau répondaient normalement lorsqu'elles étaient exposées à des stimulations sociales. Les méthodes utilisées pour recueillir ces informations chez les nourrissons et les enfants sont l'enregistrement de l'activité électrique du cerveau (EEG [électroencéphalogramme], et MEG [magnétoencéphalographie]) et le débit sanguin cérébral par IRMf [imagerie par résonance magnétique fonctionnelle]) pendant que les enfants sont exposés à des stimuli sociaux auditifs et visuels (Cassuam, Kuefner, Weterlund et Nelson, 2006 ; Rivera-Gaziola, Silva-Pereyra et Kuhl, 2005 ; Kylliainen, Braeutigan et Hietanen, 2006 ; Pelphrey et Carter, 2008). Dans la partie qui suit, nous fournissons plus de détails sur les différentes parties du cerveau social.

1 • Connaissances actuelles sur l'apprentissage du jeune enfant et sur l'autisme

Que trouve-t-on dans un visage ?

Bien qu'une plus grande spécialisation se produise et que l'intégration des régions cérébrales change au cours du développement, de nombreuses zones utilisées par les adultes pour extraire l'information des visages sont actives chez les nourrissons dès les premiers mois de leur vie postnatale. Certaines régions spécifiques du cerveau répondent à divers stimuli faciaux, notamment la direction du regard, le contact visuel, et les expressions émotionnelles vocales et faciales.

■ La reconnaissance du visage

Dès le début, le cerveau humain est précâblé pour faire attention et répondre aux visages des autres. Les nouveau-nés montrent rapidement une reconnaissance des visages et une préférence pour eux par rapport aux autres stimuli visuels complexes. Dès l'âge de 4 mois, les nourrissons se montrent sensibles à l'orientation des visages, en répondant plus volontiers aux visages à l'endroit qu'aux visages à l'envers. À 6-7 mois les nourrissons produisent des réponses cérébrales différentes quand ils voient un visage familier ou un visage inconnu.

■ Le regard

La sensibilité au contact visuel et à la direction du regard est présente très tôt dans la vie. Les nourrissons répondent de manière différenciée dès l'âge de 4 mois au regard et à l'émotion. Précocement, cette sensibilité au regard peut-être plus étroitement liée aux zones cérébrales fusiformes du traitement du visage chez les nourrissons, alors qu'une plus grande activation du sillon temporal supérieur apparaît plus tard lorsque la spécialisation cérébrale se poursuit.

■ L'attention conjointe

Dès l'âge de 3 mois, les nourrissons semblent être sensibles aux occasions d'attention conjointe signalées par la coordination entre des regards vers un objet ou un événement et des regards vers un partenaire social. Dès l'âge de 8-9 mois, les réponses cérébrales à ce mode de regard référentiel présentent les caractéristiques de celles qui sont observées chez l'adulte et qui impliquent le sillon temporal supérieur et la partie dorsale du cortex médian préfrontal.

■ La perception de l'émotion

Dès l'âge de 7 mois, les nourrissons distinguent les expressions du visage, comme le montrent des réactions d'orientation et d'habituation dans les paradigmes d'attention visuelle pendant lesquels ils sont exposés à des visages exprimant des émotions similaires ou différentes. Dès l'âge de 6-7 mois, les nourrissons présentent des réactions électriques cérébrales différentes devant des visages exprimant une variété d'émotions. Les bébés présentent des réponses spécifiques aux émotions positives et négatives. De tels stimuli faciaux de l'émotion activent également les régions du cortex préfrontal. De la même façon, dès l'âge de 7 mois, les nourrissons distinguent les expressions vocales de l'émotion dans des paradigmes de recherche similaires comportant des réactions différentielles entre les émotions positives et les émotions négatives. Les nourrissons de cet âge intègrent également des informations émotionnelles issues de deux modalités sensorielles différentes – visuelle et auditive. Ceci se manifeste à travers leurs réponses différentes aux stimuli comportant à la fois une expression faciale et une vocalisation d'émotions qui correspondent ou ne correspondent pas entre elles (par exemple, entre une expression faciale heureuse avec une voix heureuse contre une expression faciale heureuse avec une voix en colère) ; les régions du cerveau participant à ces réponses chez les nourrissons de cet âge impliquent l'amygdale au niveau du lobe temporal et les caractéristiques de ces activités cérébrales sont très similaires à celles observées chez les adultes soumis au même type de stimuli.

L'interprétation du comportement d'autrui

Les nourrissons discriminent également des aspects du comportement social d'autrui qui impliquent une activité du corps et un ensemble de mouvements.

■ Le mouvement biologique

Comme indiqué ci-dessus, ce terme désigne les caractéristiques des mouvements des êtres vivants. Ils concernent les mouvements spontanés et les changements spontanés de direction d'un mouvement. Contrairement aux caractéristiques des mouvements des objets qui se produisent toujours grâce à une force externe (par conséquent ni spontanés, ni résultant de leur propre initiative) et maintiennent une direction spécifique si aucune autre force ne redirige leur trajectoire. La capacité des nourrissons à faire la différence entre les mouvements de personnes et celui des choses est présente dès les premiers mois, comme le montre l'organisation de leur regard. De plus, les nourrissons semblent utiliser des processus similaires à ceux des adultes pour discerner les mouvements biologiques. Très tôt, les nourrissons peuvent donc distinguer les stimuli animés des stimuli inanimés.

■ Compréhension des actions d'autrui

Dès l'âge de 8 mois, les nourrissons paraissent savoir prédire les effets des actions intentionnelles d'autrui en réagissant différemment selon que les gens agissent sur les

1 • Connaissances actuelles sur l'apprentissage du jeune enfant et sur l'autisme

objets de manière conventionnelle et prévisible ou de manière non conventionnelle et inattendue. Les nourrissons manifestent également une conscience de l'effet que des actions conventionnelles devraient produire. Par exemple, ils manifestent une réponse différente si les personnes dirigent une remarque vers un objet ou vers une personne. Les nourrissons sont conscients de la signification de ces schémas action-conséquence bien avant qu'ils ne soient eux-mêmes physiquement capables d'accomplir de telles actions. De tels résultats démontrent bien la capacité des nourrissons à apprendre des quantités considérables de choses sur les gens en les observant dans leur environnement naturel, et ils montrent également la tendance des nourrissons à extraire des caractéristiques prévisibles d'expériences puis à les utiliser pour interpréter de nouvelles expériences (apprentissage statistique).

Ainsi, dès la naissance, les nourrissons sont sensibles aux stimuli sociaux et émotionnels. De nombreuses parties du « cerveau social » de l'adulte sont actives chez les nourrissons avant leur premier anniversaire. Les régions du cerveau qui répondent aux stimuli sociaux, en particulier celles qui impliquent des structures plus anciennes (sous-corticales) du cerveau plutôt que le cortex préfrontal, sont actives à la naissance. Cependant, dans les quelques mois qui suivent la naissance, les nourrissons utilisent également les processus corticaux pour répondre aux stimuli sociaux. Ces données suggèrent que la préférence pour les stimuli sociaux, et l'attention dirigée systématiquement sur les stimuli sociaux, sont des propriétés de base du cerveau humain. De plus, le cerveau du nourrisson paraît répondre encore plus aux stimuli sociaux que celui de l'adulte. Johnson et ses collaborateurs (Johnson et al., 2005) suggèrent que chez les nourrissons, le cerveau social est plus largement « réceptif », plus sensible et réactif aux apports d'informations, plus « prêt » à y répondre que les adultes. Les réponses du cerveau des nourrissons aux apports d'informations sociales et à d'autres types d'informations sont plus largement distribuées dans le cerveau puis se spécialisent et se localisent avec le temps. Cette spécialisation nécessite une interaction avec l'environnement social. Ainsi, le cerveau du nourrisson est finement réceptif au monde social et apprend rapidement de nombreuses caractéristiques des personnes.

COMMENT L'AUTISME EST-IL SUSCEPTIBLE D'AFFECTER LE DÉVELOPPEMENT DU CERVEAU ET L'APPRENTISSAGE ?

Bien que l'autisme ait différentes causes relevant de facteurs aussi bien génétiques qu'environnementaux, chacune de ces causes finit par affecter les régions du cerveau qui sont essentielles pour le développement de la communication sociale. Il n'y a pas de marqueur de l'autisme dans le cerveau – aucune différence qui soit universellement présente chez toutes les personnes atteintes d'autisme, et uniquement chez elles. Toutefois, certaines différences se retrouvent dans le cerveau de la majorité des personnes avec autisme, et les chercheurs ont indiqué comment ces différences pourraient aider à expliquer certains des comportements inhabituels que nous voyons chez les personnes atteintes d'autisme. Nous allons rappeler brièvement ci-dessous nos connaissances actuelles sur les différences observées au niveau du cerveau dans l'autisme (voir Geschwind et Levitt, 2007, pour une revue actuelle détaillée). On a constaté que les parties du cerveau affectées chez certaines personnes atteintes d'autisme comprennent le cervelet (attention et motricité), l'amygdale (émotions), certaines parties du lobe temporal (langage et perception sociale) et le cortex préfrontal (attention, planification, pensée abstraite, et comportement social).

Les structures du cerveau ne fonctionnent pas de manière indépendante ; au contraire, elles « font équipe » pour former des réseaux complexes qui sous-tendent des comportements complexes tels que le fonctionnement de la motricité, l'attention, la cognition, le langage et le comportement social. Les comportements complexes nécessitent la coordination active et synchrone de plusieurs parties du cerveau, un peu de la même manière que les instruments d'un orchestre doivent s'harmoniser pour créer de la musique. De nombreuses régions du cerveau doivent être connectées par des réseaux de neurones pour réaliser de tels comportements. De telles connexions, en particulier les connexions à longue portée qui permettent aux différentes parties du cerveau d'agir de façon coordonnée, semblent affectées chez les personnes avec autisme.

Connectivité anormale dans l'autisme

Les études indiquent que l'autisme affecte la façon dont les connexions (appelées *synapses*) se font entre les différents neurones et la façon dont les connexions se font entre les différentes régions du cerveau (Garber, 2007). Très tôt dans le développement typique, les neurones et les synapses se développent à profusion, ce qui permet aux différentes régions du cerveau de communiquer entre elles par ces réseaux de neurones interconnectés. Par la suite, la densité de ce réseau diminue de telle façon que ces réseaux « s'allègent » ; autrement dit, deviennent plus sélectifs, efficaces et rapides. Ce processus de sélection est en partie guidé par l'expérience ; les connexions qui sont utilisées se renforcent et deviennent plus réactives, et celles qui sont sous-utilisées disparaissent. Ainsi, les réseaux neuronaux qui subsistent sont ceux qui ont été activement utilisés ; la stimulation de ces connexions entre cellules les renforce, les rend plus rapides, et plus réactifs aux stimuli qui ont causé leur activation initiale.

Dans l'autisme, les études indiquent que ce processus de développement des réseaux neuronaux est déficient et induit une connectivité de mauvaise qualité, affectant particulièrement les régions du cerveau éloignées les unes des autres (Murias, Webb, Greenson et Dawson, 2007). Des études génétiques ont montré que les gènes qui augmentent le risque d'autisme sont ceux qui régulent l'équilibre entre activation et inhibition dans les

1 • Connaissances actuelles sur l'apprentissage du jeune enfant et sur l'autisme

réseaux neuronaux (Geshwin, 2008). Le maintien de cet équilibre est essentiel pour que les réseaux neuronaux fonctionnent correctement.

Lorsque la connectivité entre les différentes parties du cerveau est faible, comme cela semble être le cas dans l'autisme, il est beaucoup plus difficile pour l'enfant d'apprendre des comportements complexes qui demandent un fonctionnement intégré impliquant plusieurs régions du cerveau. Prenons par exemple, le comportement apparemment simple du nourrisson, qui, pour partager avec l'un de ses parents l'intérêt qu'il manifeste pour un de ses jouets préférés, pointe ce jouet du doigt. Ce comportement d'attention conjointe se manifeste chez la plupart des jeunes enfants âgés de 10 à 12 mois. Pour cette action de pointer pour partager son intérêt, les régions du cerveau mises en œuvre pour la perception visuelle (regarder le jouet), l'attention (le changement d'attention depuis le jouet vers le parent), le comportement moteur (des yeux ainsi que des mains) et l'émotion (exprimer la joie ou l'intérêt) doivent se manifester de manière coordonnée. Une déficience en connectivité cérébrale normale affectera le développement de ce type de compétence complexe.

Un périmètre crânien plus grand que la moyenne

Beaucoup d'enfants atteints d'autisme, présentent une croissance inhabituelle de la tête. Les études indiquent que le nourrisson qui va développer un autisme ultérieurement a une tête de taille normale à la naissance, mais qu'il présente ensuite une croissance accélérée débutant vers l'âge de quatre mois (Courchesne *et al.*, 2007). Cette croissance accélérée est particulièrement évidente dans la phase précoce. La vitesse de croissance diminue ensuite pour revenir à une vitesse plus normale. Comment une grosse tête peut-elle affecter le développement de l'enfant ? La taille de la tête dépend de la taille du cerveau qui se développe à l'intérieur, donc une tête de grande dimension abrite un cerveau de grande taille. Le cerveau se développe par l'ajout de matière grise (les neurones), de matière blanche (qui implique la gaine de myéline qui entoure et protège les neurones) et de cellules gliales, qui font partie de la structure cellulaire sous-jacente du cerveau.

Comme nous l'avons décrit ci-dessus, pendant la petite enfance, il y a une période de prolifération des cellules suivie par une période de réduction des cellules, ou « élagage », pendant laquelle on suppose que les neurones qui ne font pas partie de réseaux d'informations actifs meurent (apoptose), ce qui réduit « le bruit » dans le système et prépare le terrain pour une organisation neuronale plus efficace et mieux organisée. Certains chercheurs ont suggéré que la croissance inhabituellement rapide de la tête reflétait une prolifération rapide inhabituelle des cellules sans « élagage » concomitant, ce qui produit trop de neurones qui ne sont pas bien organisés. Cela a pour conséquence l'instauration d'un système d'apprentissage de qualité inférieure (Reclay et Courchesne, 2005). Actuellement, une seconde théorie avance que la taille importante de la tête est due à un processus inflammatoire au niveau du cerveau. Cette théorie a vu le jour lorsque les scientifiques ont observé des inflammations lors d'examens *post-mortem* sur le cerveau de sujets atteints d'autisme (Pardo, Vargas et Zimmerman, 2005). Il s'agit d'un domaine de travail très actif actuellement, et les questions relatives à ce qui cause la croissance du cerveau et à ce que cela signifie pour l'autisme restent encore en suspens.

Différences au niveau du cervelet

Une des données les plus constantes dans l'autisme est le nombre réduit de certains types de cellules présentes dans le cortex cérébelleux, les cellules de Purkinje (Bauman et Kemper, 1994). Dans l'autisme, il y a 35 % à 45 % de cellules de Purkinje en moins par rapport à la normale et les études à partir d'autopsies semblent indiquer que ces cellules manquantes n'ont jamais été formées, et que de plus, cette anomalie se produit pendant le développement prénatal du cerveau. Les neurones de Purkinje inhibent l'excitation d'autres neurones dans toutes les parties du cerveau. Ils ont de très longs axones qui vont se connecter jusqu'aux aires qui se trouvent dans les lobes frontaux. Les neurones de cervelet sont en fait massivement connectés à des aires très dispersées dans tous les lobes du cerveau : frontaux, pariétaux, temporaux et occipitaux. Ils se connectent par le biais de connexions intermédiaires avec le thalamus qui fait partie du système limbique. Ceci représente une autre anomalie de la structure cérébrale qui peut affecter la connectivité du cerveau dans l'autisme. Les recherches sur des personnes qui présentent une activité anormale du cervelet démontrent les effets produits sur l'attention, l'émotion et les fonctions cognitives et motrices. Ainsi, la connectivité anormale due à la diminution des cellules de Purkinje pourrait affecter un grand nombre de voies neurales qui semblent impliquées dans de nombreux symptômes observés dans l'autisme.

Différences au niveau des réseaux du cerveau social

Les études en imagerie cérébrale permettant aux scientifiques de visionner l'activité des différentes régions du cerveau pendant qu'une personne est engagée dans différentes tâches – par exemple, pendant qu'elle regarde un visage ou écoute des mots au contenu émotionnel – ont montré que le cerveau social ne fonctionne pas correctement chez les personnes atteintes d'autisme. Le résultat le plus courant est l'activité réduite des régions sociales du cerveau lors de l'engagement de la personne dans des tâches sociales. Par exemple, Dawson, Carver, Meltzoff, Panagiotides et Mc Partland (2002) ont découvert que les enfants avec autisme d'âge préscolaire ne présentent pas le niveau typique de réponse cérébrale aux stimulations faciales et émotionnelles. Ceci est d'autant plus frappant que de telles réactions cérébrales sont généralement mises en évidence dès l'âge de 6-7 mois. Cette

1 • Connaissances actuelles sur l'apprentissage du jeune enfant et sur l'autisme

étude suggère que l'autisme affecte les structures sociales du cerveau qui se développent au cours de la première année de vie.

Une autre donnée de la recherche sur l'autisme est l'incapacité d'une partie du cerveau social (*par exemple* l'amygdale) à fonctionner en coordination avec une autre partie (*par exemple* gyrus fusiforme) lors d'une tâche sociale. Plusieurs études en imagerie cérébrale ont évoqué le fonctionnement anormal de l'amygdale qui est impliquée dans l'attribution d'une valeur de récompense aux stimuli, ce qui constitue une caractéristique particulièrement significative dans l'autisme. Les études ont montré que l'amygdale est particulièrement hypertrophiée précocement (Sparks *et al.*, 2002) et que les neurones de l'amygdale sont réduits en nombre et en taille (Schumann et Amaral, 2006). Il a été envisagé que l'incapacité à attribuer une valeur de récompense aux stimuli sociaux tels que les visages, les voix, les gestes, et d'autres stimuli sociaux, puisse constituer un trouble fondamental de l'autisme qui a des conséquences en cascade (Dawson, Webb et McPartland, 2005). Le manque de sensibilité à la « récompense sociale » expliquerait pourquoi l'enfant avec autisme ne regarde pas les autres. Si un jeune enfant atteint d'autisme ne parvient pas à regarder les autres, il se prive alors de l'opportunité d'apprendre la communication sociale, les expressions du visage, ainsi que tout un répertoire d'autres comportements sociaux et communicatifs. Les études telles que celles-ci nous ont aidés à comprendre pourquoi les enfants avec autisme ont tant de difficultés à répondre de façon appropriée dans les situations sociales.

Le système des neurones miroirs

Le système des neurones miroirs comprend plusieurs aires cérébrales : le lobe pariétal inférieur, le cortex frontal inférieur, l'aire de Broca du lobe temporal, le sillon temporal supérieur et le cortex moteur. Ce système s'active lorsqu'une personne (ou un primate) exécute une action intentionnelle et lorsqu'elle observe une autre personne (ou un primate) en train d'exécuter l'action intentionnelle. Chez les humains, le système des neurones miroirs se déclenche également lorsque la personne exécute ou observe des gestes ou des expressions faciales qui n'ont pas de but particulier en termes d'actions sur les objets. Le système des neurones miroirs, qui inclut l'aire de Broca (l'aire du langage) est activé par l'observation d'une imitation et d'un geste ou lorsqu'il y a imitation d'une autre personne. Ceci indique que les compétences en développement dans le domaine de l'imitation, de la communication gestuelle non verbale, et de la communication verbale dépendent fortement du système des neurones miroirs. Les problèmes de réactions empathiques et de théorie de l'esprit activent également le système des neurones miroirs, et toutes ces tâches nécessitent la coordination des représentations que l'on se fait de sa propre expérience avec celles que l'on se fait de l'expérience d'une autre personne. Le système des neurones miroirs est donc considéré comme extrêmement important pour le développement du comportement social, en particulier des comportements qui permettent de se coordonner avec l'expérience de l'autre.

Il a été suggéré que le dysfonctionnement du système des neurones miroirs pourrait être à l'origine de l'autisme (Williams, Whiten, Suddendorf et Perret, 2001). Un certain nombre d'études a démontré que les neurones miroirs des personnes avec autisme ne répondent pas normalement lorsqu'elles observent les gestes et les expressions des autres et lorsqu'elles les imitent. Comme le système des neurones miroirs n'implique pas seulement une seule zone du cerveau ou un seul circuit, mais constitue plutôt une propriété largement répartie dans le cerveau humain (Iacoboni et Mazziotta, 2007), on pense qu'un fonctionnement anormal du système des neurones miroirs reflète des problèmes généraux de connectivité au sein du cerveau.

Différences neurochimiques

Les neurones du cerveau répondent à des signaux chimiques, et les signaux sont transmis d'un neurone à un autre par les changements chimiques au niveau des synapses – les espaces entre les dendrites émettrices et les dendrites réceptrices des neurones. Les niveaux anormaux de ces neurotransmetteurs peuvent donc affecter le fonctionnement du cerveau ainsi que le comportement. La possibilité que ces différences observées dans la chimie du cerveau sous-tendent l'autisme a été envisagée depuis que des niveaux anormaux de sérotonine, un des neurotransmetteurs, ont été signalés pour la première fois. Des études de réplication sur des groupes ont confirmé l'élévation des taux de sérotonine dans le sang des personnes avec autisme comme chez leurs apparentés du premier degré. Cependant, ceci ne reflète pas clairement des différences de niveau de sérotonine dans le cerveau, et les études qui ont examiné les effets d'une modification du taux de sérotonine dans l'autisme n'ont pas noté les effets comportementaux marqués auxquels on pourrait s'attendre si cela constituait une cause majeure (Posey, Erickson, Stigler et McDougle, 2006).

Une autre théorie neurochimique concerne deux peptides, l'ocytocine et la vasopressine qui sont des substances qui sont étroitement liées et qui affectent le comportement social et le comportement répétitif chez un grand nombre de mammifères (Insel, O'Brien et Leckman, 1999). Des niveaux réduits d'ocytocine chez les personnes atteintes de troubles du spectre de l'autisme (TSA) et des anomalies du gène associé à la vasopressine ont été relevés, bien que l'on n'ait pas trouvé de niveau réduit de vasopressine. Quelques petites études expérimentales évoquent les effets bénéfiques d'un traitement à l'ocytocine sur le comportement social de personnes dont le développement est typique, comme de personnes atteintes de TSA.

1 • Connaissances actuelles sur l'apprentissage du jeune enfant et sur l'autisme

LES CHANGEMENTS DU CERVEAU DURANT LA PETITE ENFANCE ET AU-DELÀ

Les études pratiquées lors d'autopsies par Bauman et Kemper (1994) sur les tissus du cerveau de personnes atteintes de TSA font date. Ils ont observé que les différences des cellules du cerveau et de ses structures ne semblaient pas se limiter à la petite enfance. Leurs observations des différences cérébrales liées à des variables d'âge évoquent la présence de changements continus de l'enfance à l'âge adulte. Qu'est-ce qui pourrait provoquer ces changements continus du cerveau ? L'exposition à des influences neurotoxiques pourrait certainement expliquer des changements continus, de même que les anomalies immunitaires ; la recherche se poursuit dans ce domaine. Cependant, des expériences altérées peuvent également modifier le fonctionnement cérébral. Comme expliqué plus haut, l'expérience est importante pour établir les connexions neuronales. Elle joue également un rôle dans l'expression de certaines fonctions des gènes. Par exemple, des études sur les animaux ont montré que certains comportements sociaux, tels que celui de la chienne léchant son chiot, peuvent influencer l'expression des gènes qui régulent une hormone du stress, le cortisol. D'autres études ont montré que l'exposition à un environnement enrichi permet de modérer l'évolution négative des animaux victimes de lésions cérébrales ou chez ceux qui ont une propension génétique aux crises d'épilepsie.

Nous avons beaucoup appris ces quelques dernières années sur la vitesse avec laquelle le cerveau humain répond aux changements dans les expériences. Commencer à acquérir une nouvelle compétence comme par exemple, apprendre à jouer d'un instrument à cordes, provoque des effets mesurables sur le fonctionnement cérébral en quelques jours. Les régions du cerveau qui ne répondaient pas au stimulus avant la pratique de cet instrument, commencent à y répondre. Les régions du cerveau qui répondaient auparavant lors d'un stimulus différent sont « recrutées » par la nouvelle compétence et commencent ensuite à répondre au nouveau stimulus. Notre système de neurones miroirs réagit de manière bien plus active à l'observation de compétences que nous savons nous-mêmes utiliser, qu'à celles que nous reconnaissons mais que nous ne savons pas reproduire. Les expériences modèlent le cerveau en stimulant la formation de réseaux de neurones réactifs et de régions neuronales qui permettent d'améliorer les compétences et les automatismes requis pour l'exécution d'une action. C'est sur la base de notre comportement courant que les réseaux neuronaux de nos cerveaux se développent ; ce sont des réseaux qui soutiennent et améliorent les modes de réponse aux stimuli fréquemment rencontrés. L'expérience faite de récompenses et de feedback provenant de l'environnement fait partie intégrante de ce processus.

Regardons maintenant comment l'autisme pourrait affecter la façon dont le cerveau se développe. Les nourrissons avec autisme réagissent différemment à l'environnement, et pour beaucoup, dès la première année de leur vie. Le nourrisson est moins sensible aux stimulations sociales et ne prend pas l'initiative de l'interaction sociale. Dans sa journée, il a donc beaucoup moins d'interactions sociales que la normale. Dans le même temps, ce nourrisson peut rester exagérément fixé sur des objets et s'engager dans des jeux répétitifs avec les objets. Ces expériences quotidiennes et ces modes de réponse modèlent son cerveau en développant des attentes de récompense qui stimulent la formation de réseaux neuronaux. Elles favorisent de plus en plus le développement de ceux qui sont stimulés et soutenus par les événements liés aux objets plutôt que le développement de réseaux neuronaux ou de systèmes d'attention orientés vers les événements sociaux. Tandis que la vie quotidienne d'un enfant avec autisme devient de plus en plus différente de celle de ses pairs non atteints d'autisme, les connexions de son cerveau et ses modes de réponse divergent vraisemblablement aussi et cela peut être à l'origine du développement d'autres différences. Cependant, ces modifications du cerveau sont considérées comme « réactionnelles », ne faisant pas partie des caractéristiques initiales de l'autisme. Elles sont plutôt secondaires et associées aux expériences altérées qui accompagnent l'autisme du nourrisson, et qui, sont peut-être évitables (Dawson, 2008).

LE RÔLE DE L'INTERVENTION PRÉCOCE DANS L'ORGANISATION DU DÉVELOPPEMENT PRÉCOCE DU CERVEAU ET L'ÉVOLUTION DANS L'AUTISME

Comme décrit plus haut, la toute petite enfance est une période de grande plasticité dans le développement du cerveau et le potentiel d'apprentissage. Étant donné la plasticité des jeunes cerveaux et l'influence de l'expérience sur l'organisation du fonctionnement du cerveau et de sa structure, nous devrions nous attendre à ce que les expériences d'intervention contribuent à des modifications du cerveau comme à des changements comportementaux. Les activités dans lesquelles les enfants s'engagent tout au long de leur journée ne sont pas neutres – soit elles construisent un cerveau plus social et plus communicatif, soit elles construisent un cerveau plus orienté sur les objets.

Dans l'ESDM, nous utilisons un style d'interaction dans lequel les adultes attirent l'attention des enfants vers les visages et les corps (orientation sociale) puis fournissent des signaux socio-communicatifs extrêmement clairs qui représentent des techniques d'éducation parentale optimales pour le développement du langage, du jeu symbolique et social, et des initiatives sociales de l'enfant. La stimulation de l'orientation sociale et l'intervention au niveau des troubles de l'initiative qui caractérisent l'autisme précoce sont des aspects centraux de l'ESDM. Nous examinons ces aspects et les fondements théoriques de l'ESDM dans le chapitre suivant.

Chapitre 2

Présentation générale du modèle d'intervention précoce de Denver

SOMMAIRE

Les fondements de l'ESDM **40**
    Le modèle de Denver 40
    Le modèle de développement interpersonnel dans l'autisme
    de Rogers et Pennington 42
    L'hypothèse de la motivation sociale dans l'autisme 42
    L'entraînement des réponses pivot (PRT) 43

Le curriculum de l'ESDM **45**
    Développer le langage dans un contexte social 45
    Construire des comportements complexes 46
    L'intervention repose sur une approche interdisciplinaire 46
    Individualisation systématique 48

Les procédures d'enseignement de l'ESDM **48**
    Les stratégies d'enseignement de l'ABA 49
    Les stratégies issues du PRT 52
    Procédés d'enseignement développés dans le modèle de Denver . 54
    Utiliser les stratégies d'enseignement de l'ESDM de manière
    combinée 56

Les preuves d'efficacité **62**

**Similitudes et différences entre l'ESDM et les autres modèles
d'intervention pour les jeunes enfants atteints de TSA** **67**

L'ESDM A ÉTÉ ÉLABORÉ pour la mise en œuvre intensive d'une intervention précoce globale auprès de très jeunes enfants dès l'âge de 12 mois. Il s'agit d'un supplément mis au point et adapté à partir du modèle de Denver d'intervention précoce pour jeunes enfants avec autisme d'âge préscolaire ayant de 24 à 60 mois. Dans ce texte, nous employons le terme « ESDM » lorsque nous évoquons les interventions concernant des enfants de moins de 3 ans. Nous faisons référence à l'expression « modèle de Denver » lorsqu'il s'agit de parler de l'utilisation du modèle tout au long de la période préscolaire, englobant aussi les enfants âgés de 3 et 4 ans.

Comme nous l'avons vu dans le chapitre 1, l'ESDM a été construit sur la base des connaissances empiriques actuelles concernant l'apprentissage des très jeunes enfants et les effets de l'autisme sur le développement précoce. Son objectif est de réduire la sévérité des symptômes de l'autisme et d'accélérer le rythme de développement dans tous les domaines, et plus particulièrement dans les domaines cognitifs, socio-émotionnels, et du langage. Dans ce chapitre, après une présentation générale de l'ESDM, nous décrivons comment les objectifs de ce modèle sont atteints, en présentant ses similarités et ses différences par rapport à d'autres modèles connus. Nous commençons par une brève discussion sur les approches clés qui sont à la base de l'ESDM.

LES FONDEMENTS DE L'ESDM

Plusieurs approches différentes et complémentaires ont été réunies pour servir de base à l'ESDM. Celles-ci incluent le modèle de Denver original tel qu'il a été développé par Rogers et ses collaborateurs à partir de 1981 (Rogers, Herbison, Lewis, Pantone, et Reis, 1986) ; le modèle de développement interpersonnel de l'autisme de Rogers et Pennington (1991) ; le modèle de l'autisme en tant que trouble de la motivation sociale de Dawson et de ses collaborateurs (2004) ; et l'entraînement des réponses pivot (*Pivotal Response Training* – PRT), une approche de l'apprentissage reposant sur l'analyse appliquée du comportement (*Applied Behavior Analysis* – ABA) qui met l'accent sur l'initiative et la spontanéité de l'enfant et peut être pratiquée dans un contexte naturel (Schreibman et Pierce, 1993 ; Koegel et Koegel, 1988).

Le modèle de Denver

Le modèle de Denver a débuté dans les années quatre-vingt par un programme collectif préscolaire basé sur le développement et destiné à de jeunes enfants avec autisme âgés de 24 à 60 mois. (Rogers *et al.*, 1986; Rogers et Lewis, 1989 ; Rogers, Hall, Osaki, Reaven, et Herbison, 2000). Considérant l'autisme comme étant principalement un déficit du

2 • Présentation générale du modèle d'intervention précoce de Denver

développement socio-communicatif, le programme s'est axé sur l'élaboration de relations proches avec les enfants afin d'établir les bases nécessaires au développement social et communicatif. Il mettait principalement l'accent sur des interactions dynamiques et vivantes impliquant des affects positifs puissants, ce qui devait amener les enfants à rechercher la participation de partenaires sociaux dans leurs activités préférées. La technique des routines sociales sensorielles a été développée. Celle-ci soulignait l'importance les échanges dyadiques comportant un engagement social important que les enfants initiaient et prolongeaient dans les communications non verbales, puis dans les communications verbales. Comme indiqué plus en détail au chapitre 6, les routines sociales sensorielles constituent le noyau central de l'ESDM. L'expérience du modèle de Denver nous a également appris que la plupart des enfants qui ont été pris en charge présentaient des retards du développement dans tous les domaines, ce qui nécessitait une démarche pluridisciplinaire de l'équipe. Tout aussi important que cela, le programme développemental évaluait systématiquement tous les aspects du développement de l'enfant ; ainsi, les objectifs de développement à court terme déterminaient le contenu de la journée d'apprentissage intensif de chacun des enfants et ce, dans une situation de groupe autant que dans un contexte individuel. L'enseignement se devait de suivre les initiatives des enfants, et de favoriser le langage, la communication non verbale, les activités cognitives, et le jeu.

Les caractéristiques essentielles du modèle de Denver qui ont été retenues dans l'ESDM comprennent :

- une équipe interdisciplinaire appliquant un programme de développement qui s'adresse à tous les domaines ;
- une focalisation sur l'engagement interpersonnel ;
- le développement d'une imitation fluide, réciproque et spontanée, de gestes, de mouvements faciaux et d'expressions, et de l'utilisation d'objets ;
- l'accent mis sur le développement de la communication non verbale et verbale ;
- une focalisation sur les aspects cognitifs du jeu se déroulant dans des routines de jeu dyadique ;
- un partenariat avec les parents.

Les dix premières années de travail fait par Rogers et ses collègues avec le modèle de Denver les ont conduits à comprendre les déficits profonds de l'imitation qui caractérisent les jeunes enfants avec autisme. À cette époque, les théories sur l'autisme ne mentionnaient pas ce déficit, et il y avait eu peu d'études sur les compétences en imitation dans l'autisme. Pourtant, l'absence d'imitation chez ces petits enfants constituait un immense obstacle pour leur apprentissage, et cela entraîna une plus grande réflexion sur le rôle de l'imitation dans le développement précoce. Les écrits de Daniel Stern (1985), Andrew Meltzoff (Meltzoff et Moore, 1977), et d'autres ont fourni des arguments convaincants concernant le rôle central de l'imitation dans le développement socio-communicatif dans la petite enfance.

Le modèle de développement interpersonnel dans l'autisme de Rogers et Pennington

Rogers et Pennington (1991) ont publié un modèle développemental heuristique de l'autisme fortement influencé par les travaux de Daniel Stern (1985) et les recherches sur les enfants en bas âge faites dans les années 1970 et 1980. Dans ce modèle, Rogers et Pennington (1991) ont émis l'hypothèse qu'un trouble précoce de l'imitation, compétence normalement accessible aux nourrissons dès la naissance (Meltzoff et Moore, 1977), existe dans l'autisme dès le commencement de la vie et interrompt la mise en place précoce de la synchronie et de la coordination corporelle. Cette synchronie corporelle est la première façon dont le nourrisson et son parent ajustent réciproquement leurs sentiments et leurs états émotionnels. Il a été suggéré que l'insuffisance de cette synchronie pouvait affecter la coordination émotionnelle entre eux. De plus, cette coordination émotionnelle peut être affectée par les expressions faciales atypiques des enfants avec autisme (Yirmiya, Kasari, Sigman et Mundy, 1989), et ceci peut empêcher le parent de refléter facilement les états émotionnels du nourrisson.

À ce niveau, les troubles de l'imitation et du partage affectif entre le nourrisson et son parent font obstacle au développement de la compréhension des sentiments et de l'état mental du nourrisson et de son partenaire. Pour les mêmes raisons, le développement de la conscience de la communication intentionnelle et de son utilisation est gravement affecté. On observe ces déficits chez les bébés atteints d'autisme dans les étapes comportementales du développement intersubjectif décrites par Stern : retard et diminution de l'imitation, de l'attention conjointe, du partage émotionnel, et de la communication intentionnelle (Rogers, Hepburn, Stackhouse et Wehner, 2003 ; Charman *et al.*, 1998; Seibert, Hogan et Mundy, 1982 ; Mundy, Sigman et Kasari, 1990 ; Kasari, Sigman, Mundy et Yirmiya, 1990 ; Wetherby et Prutting, 1984 ; Uzgiris, 1973 ; Stone et Caro-Martinez, 1990 ; Stone, Ousley, Yoder, Hogan et Hepburn, 1997). Un des axes principaux de l'ESDM est de traiter ces développements critiques de la communication socio-émotionnelle dans le cadre de relations émotionnelles riches avec des personnes réceptives et sensibles. Dans le modèle de Stern (1985) (et dans celui de bien d'autres : Ainsworth, Blehar, Waters et Wall, 1978 ; Carpenter et Tomasello, 2000), une relation réceptive et sensible apportée par les parents est cruciale pour que ces développements se produisent.

L'hypothèse de la motivation sociale dans l'autisme

L'ESDM a également été fortement influencé par la recherche sur un autre aspect central de l'autisme : les troubles de la motivation sociale, examinés en détail au chapitre 1. Quel que soit leur âge, les personnes avec autisme passent moins de temps que les autres à prêter attention aux personnes et à interagir avec elles. Ce style de comportement se manifeste avant même que des déficits en imitation et en attention conjointe ne distinguent les jeunes enfants atteints d'autisme. Dawson et ses collaborateurs (Dawson, Webb *et al.*, 2002; Dawson *et al.*, 2004; Dawson, Webb, et McPartland, 2005) ont émis l'hypothèse que la biologie de l'autisme implique un déficit fondamental de la motivation sociale dû à un manque relatif de sensibilité du jeune enfant à la gratification sociale. Ce manque entraîne chez l'enfant atteint d'autisme une incapacité à manifester une préférence normale et une attention active envers les informations sociales de son environnement, notamment les visages, les voix, les gestes et les paroles d'autrui.

Ce manque d'attention active et d'engagement envers les autres contribue aux déficits en imitation, en partage émotionnel et en attention conjointe, et constitue un obstacle majeur pour le développement des compétences socio-émotionnelles et communicatives de l'enfant. Par conséquent, l'enfant atteint d'autisme s'éloigne de plus en plus du monde social qui l'entoure et de toutes les expériences cruciales d'apprentissage qui existent dans ce monde. L'enfant prend de plus en plus de retard parce qu'il lui manque les compétences interactives nécessaires pour accéder à l'environnement d'apprentissage permanent dans lequel enfants en bas âge et jeunes enfants sont complètement immergés. Dawson et ses collaborateurs ont suggéré que ce manque précoce d'engagement dans l'environnement social ne détériore pas seulement le cours du développement comportemental des enfants atteints d'autisme, mais qu'il affecte également la façon dont les systèmes neuronaux qui sous-tendent la perception et la représentation des informations sociales et linguistiques se développent et s'organisent (Dawson *et al.*, 2005; Dawson et Zanolli, 2003).

Plusieurs stratégies utilisées dans l'ESDM, telles que les techniques socio-sensorielles du modèle de Denver et les techniques d'entraînement des réponses pivots (PRT) développées par Koegel, Schreibman, et leurs collègues (Koegel et Koegel, 1995 ; Koegel, 2000 ; Schreibman, 1988), sont conçues pour augmenter la saillance des récompenses sociales et, par voie de conséquence, améliorer ainsi l'attention sociale de l'enfant ainsi que sa motivation pour l'interaction sociale.

L'entraînement des réponses pivot (PRT)

Une méthode particulière d'enseignement pour enfants atteints d'autisme, utilisant les principes de l'analyse appliquée du comportement (*Applied Behavior Analysis* ou ABA) a été mise au point par Schreibman et Koegel (Schreibman et Pierce, 1993 ; Koegel et Koegel, 1988) et publiée pour la première fois dans les années 1980. Le PRT est très différent de l'enseignement par la méthode des essais distincts (publiée par Lovaas [1987] et décrite plus loin dans ce chapitre), bien que les mêmes principes pédagogiques de base de l'ABA sous-tendent les deux. Les techniques de PRT ont été mises au point pour optimiser la motivation des enfants à interagir avec des adultes et à s'engager dans des

occasions répétées d'apprentissage. Les stratégies centrales pour soutenir la motivation et l'apprentissage incluent :
- l'utilisation de renforçateurs directement liés aux buts et aux réponses des enfants ;
- la prise en compte du choix de l'enfant dans les épisodes d'enseignement ;
- l'alternance entre les tâches déjà acquises (ou maintien) et les tâches en cours d'acquisition ;
- le renforcement par le thérapeute des tentatives de l'enfant pour produire le comportement désiré quel que soit le niveau d'exactitude que l'enfant peut fournir à ce moment-là ;
- l'utilisation d'activités hautement motivantes pour l'enfant ;
- le partage avec l'enfant du contrôle sur le matériel et les interactions.

Le PRT est actuellement considéré comme une des pratiques empiriquement validées pour développer les compétences de communication chez les enfants atteints d'autisme, compte tenu de sa longue histoire de résultats publiés dans la littérature documentant l'amélioration de la motivation de l'enfant, de sa spontanéité, de son initiative sociale, l'amélioration du langage, l'amélioration du maintien et de la généralisation des réponses et la diminution concomitante des comportements indésirables. Les stratégies du PRT font partie intégrante de la méthode d'enseignement proposée par l'ESDM et cette intégration explicite représente une différence entre le modèle de Denver original et l'ESDM.

Les approches de l'autisme que nous venons de décrire partagent une idée commune, selon laquelle l'autisme précoce entrave les expériences interpersonnelles du nourrisson. Ce faisant, il érige des barrières à l'encontre du développement socio-communicatif, et, avec le temps, ces barrières finissent par créer chez l'enfant une déficience de plus en plus importante due à la perte d'occasions d'apprentissages sociaux. L'intervention par l'ESDM vise à arrêter cette cascade d'effets négatifs au fil du temps et à accroître l'apprentissage social de l'enfant de deux manières :
- en apportant à l'enfant des relations sociales interactives, coordonnées durant la plus grande partie de ses heures d'éveil pour que la communication interpersonnelle et symbolique puisse être établie et que la transmission de la connaissance et de l'expérience sociale puisse se produire ;
- par un enseignement intensif visant à « combler » les déficits d'apprentissage résultant du manque d'accès au monde social subi par l'enfant par le passé (Rogers et al., 2000).

Ces objectifs se réalisent par l'application du programme ESDM qui utilise un ensemble de procédures particulières d'enseignement.

2 • Présentation générale du modèle d'intervention précoce de Denver

LE CURRICULUM DE L'ESDM

Dans l'ESDM, nous percevons l'autisme comme un trouble du développement affectant virtuellement tous les domaines du développement. Cette orientation développementale sous-tend notre compréhension des déficits présents dans ce trouble, le programme qui définit les buts et objectifs du traitement, et le large éventail de techniques d'intervention utilisées. Le curriculum de l'ESDM se traduit par la liste des compétences et la description des items (voir l'annexe 1). Cette liste de contrôle de compétences spécifiques est dressée dans l'ordre développemental pour les domaines de la communication réceptive, de la communication expressive, de l'attention conjointe, de l'imitation, des compétences sociales, des compétences dans le jeu, des compétences cognitives, des capacités motrices fines et globales, et des compétences en autonomie personnelle. Cinq de ces domaines ont un poids particulier dans l'ESDM : l'imitation, la communication non verbale (y compris l'attention conjointe), la communication verbale, le développement social (incluant le partage des émotions), et le jeu.

Dès l'entrée dans le programme ESDM, la liste de contrôle de l'ESDM est utilisée pour évaluer le niveau de compétences actuel des enfants. Les objectifs d'apprentissage, conçus pour être atteints en douze semaines, sont ensuite rédigés pour l'enfant. Lorsque les douze semaines arrivent à terme, de nouveaux objectifs à atteindre sont fixés pour la période suivante de douze semaines. Ces nouveaux objectifs sont déterminés sur la base d'une nouvelle évaluation réalisée à l'aide de la liste de contrôle des compétences.

Développer le langage dans un contexte social

Le mode d'intervention sur le langage utilisé dans l'ESDM est issu du développement des sciences de la communication plutôt que de l'analyse du comportement et il repose sur le fait que le langage se développe à partir de comportements socio-communicatifs non verbaux tout autant qu'à partir du développement phonémique (Bruner, 1975 ; Bates et Dick, 2002 ; Fergus, Menn et Stoel-Gammon, 1992 ; Tomasello, 1992). La communication verbale comme la communication non verbale coordonnent les activités des personnes et permettent aux partenaires de partager leur vie intérieure, ce qui inclut leurs intentions, désirs, intérêts, pensées, et sentiments. Dans chacune des séances d'intervention par l'ESDM sont offertes des occasions de communication multiples et variées et sont suscités beaucoup de comportements communicatifs de la part de l'enfant, qu'ils soient verbaux ou non verbaux. L'éventail des fonctions communicatives ou pragmatiques (Bates, 1976) est développé avec précision pour que l'enfant, non seulement puisse réclamer une activité, mais qu'il puisse également protester, accueillir les adultes familiers, partager l'attention et commenter ou raconter durant une activité. La communication spontanée est soigneusement encouragée et ce que les enfants communiquent exerce un contrôle important sur les interactions et les activités. Ceci démontre aux enfants la puissance de la communication et garantit ainsi un solide renforcement de la communication. L'accent étant mis sur le développement, l'adulte mesure et adapte son niveau de langage aux compétences de l'enfant par son vocabulaire autant que par le niveau de complexité de l'énoncé utilisé.

Construire des comportements complexes

Les compétences développementales qui apparaissent les plus touchées chez les nourrissons et les enfants en bas âge avec autisme concernent les compétences les plus complexes comme l'attention conjointe, l'imitation, le langage et le jeu symbolique, qui, d'après ce que nous pensons, doivent être soutenus par des réseaux neuronaux élaborés et une importante connectivité cérébrale. En outre, nous estimons que la connectivité entre les régions cérébrales qui est requise pour des activités complexes doit être stimulée par l'expérience. Nous enseignons donc ces comportements en les incorporant dans les activités hautement préférées et nous les construisons graduellement depuis l'étape la plus simple jusqu'à la plus complexe. Ceci se fait en décomposant systématiquement les compétences sur la base de séquences du développement chez le jeune enfant typique, ainsi que par des procédures telles que l'analyse des tâches. Ces étapes sont détaillées dans le chapitre 4. Cependant, nous ciblons toujours plusieurs domaines de compétences plutôt qu'un seul dans toutes les séquences d'apprentissage parce que nous savons que c'est ainsi que se développent les compétences typiques. Par exemple, lors d'un épisode d'apprentissage, il nous est possible de cibler le contact visuel, le langage expressif et le comportement moteur pendant que l'enfant joue avec des cubes de construction, plutôt que d'enseigner le contact visuel en tant que comportement isolé.

L'intervention repose sur une approche interdisciplinaire

L'autisme est un désordre qui comporte des déficits multiples (Goodman, 1989 ; Happe, Ronald, et Plomin, 2006 ; Rogers, 1998). Les items du programme sont issus de la recherche sur le développement précoce, et ils proviennent de multiples domaines développementaux : la cognition, le langage expressif et réceptif, le développement socio-émotionnel, le développement de la motricité fine et globale, l'autonomie personnelle, le jeu et l'imitation. Ce programme a été mis au point par une équipe d'experts issus de disciplines professionnelles avec une expertise spécifique en psychologie clinique et développementale, ABA, éducation spécialisée de la petite enfance, pathologie du langage ou orthophonie, psychomotricité[1] :

- les *psychologues du développement* et les *psychologues cliniciens* participent à la séquence d'acquisition et aux stratégies normatives pour l'interaction, le développement cognitif, le développement socio-émotionnel, le jeu et l'imitation ;
- les *analystes du comportement* apportent des stratégies dérivées d'expériences empiriques pour augmenter l'efficacité de l'enseignement et utilisent l'évaluation fonctionnelle et l'analyse du comportement pour développer des approches concernant les comportements indésirables et des pratiques d'enseignement efficaces ;
- les *éducateurs spécialisés de la petite enfance* apportent leur expertise dans le domaine de la cognition et du jeu précoce, de l'éducation précoce, et du développement préscolaire pour élaborer les activités d'enseignement, les interactions entre pairs, et les séquences développementales ;
- les *orthophonistes* apportent leurs connaissances des séquences du développement du langage : le développement de la motricité orale, le développement des phonèmes, et des mots, le développement sémantique (vocabulaire), le développement morpho-syntaxique (grammaire et combinaisons de mots), les diverses fonctions pragmatiques de la communication, et l'utilisation de méthodes augmentatives et alternatives de communication ;
- les *psychomotriciens* s'occupent des séquences de développement et du contenu des compétences motrices, des compétences liées aux soins personnels et à l'autonomie, de l'utilisation d'activités fonctionnelles pour créer des compétences développementales, et de l'optimisation de l'éveil et de la réactivité sensorielle pour faciliter l'attention et l'engagement dans l'apprentissage ;
- de plus, la consultation avec les *pédiatres* contribue à la connaissance des problèmes de santé associés, particuliers à chaque enfant, tels que les crises d'épilepsie, les troubles du sommeil, de l'alimentation et les allergies, qui peuvent avoir des conséquences sur les capacités de l'enfant à bénéficier de l'intervention.

Dans l'ESDM, cette équipe interdisciplinaire fournit une surveillance et des consultations concernant le plan d'intervention et l'évolution de chaque enfant. Lorsque l'ESDM est mis en œuvre principalement par les parents ou dans un enseignement en individuel (1 pour 1), l'intervention directe est généralement dispensée par un spécialiste principal, qui travaille avec les parents, et, souvent, avec des assistants thérapeutes. On estime que ce modèle de service généraliste (Schopler, Mesibov et Hearsey, 1995) préserve la cohérence de l'intervention d'une séance de traitement à l'autre, et la rend aussi économique que

---

1. NDT : Dans la version originale, il est question de « thérapie occupationnelle ». Cette spécialité n'existe pas en France. Elle correspond à la psychomotricité.

possible. Il représente également un modèle de ce que les parents doivent faire : s'occuper de tous les besoins de l'enfant. En tant que consultants spécialisés, tous les membres de l'équipe sont à la disposition du thérapeute principal et de la famille, à la demande. Lorsque l'ESDM est mis en œuvre dans le cadre collectif de l'école maternelle, l'enseignant de la classe tient le rôle du généraliste assisté par une équipe interdisciplinaire de consultants. Le rôle de l'équipe interdisciplinaire et de ses membres est fourni de manière plus détaillée dans le chapitre 3.

Individualisation systématique

L'ESDM comporte quatre méthodes principales pour atteindre l'individualisation. La première est celle du programme développemental visant les besoins individuels d'apprentissage dans tous les domaines décrits ci-dessus. La seconde est axée sur les préférences et les intérêts des enfants, ce qui individualise le matériel et les activités pour chaque enfant. La troisième méthode correspond à l'intégration des valeurs, besoins et préférences de la famille dans les objectifs de l'enfant et dans l'utilisation de l'ESDM à domicile, dans le cadre familial et dans d'autres milieux communautaires.

Ces trois méthodes font l'objet de la rubrique suivante sur les procédures d'enseignement. La quatrième méthode, qui sera examinée au chapitre 6, consiste en l'utilisation d'un arbre de décision par le thérapeute pour introduire des modifications systématiques dans les procédures d'enseignement lorsque l'évolution s'avère trop lente.

LES PROCÉDURES D'ENSEIGNEMENT DE L'ESDM

L'enseignement de l'ESDM s'intègre dans les activités de jeu, il vise des objectifs multiples dans tous les domaines du développement. Il est délivré avec une forte intensité. Il offre donc de nombreuses opportunités d'enseignement dans une activité de jeu ordinaire et cela aboutit à une utilisation efficace du temps d'enseignement du thérapeute et du temps d'apprentissage de l'enfant. Nous insistons sur l'efficacité de l'enseignement parce que les enfants auxquels nous délivrons des services doivent apprendre beaucoup de choses pour combler les lacunes et ce, dans des délais très limités.

L'ESDM utilise des procédés et des méthodes d'enseignement combinées basées sur trois types d'interventions : ABA, PRT, et le modèle de Denver. Les pratiques essentielles à utiliser sont définies et évaluées avec le système de fidélité de la pratique de l'ESDM présenté dans l'annexe 2.

Les stratégies d'enseignement de l'ABA

Selon les principes de base de l'ABA, trois composantes sont nécessaires pour apprendre. Premièrement, un stimulus doit servir de signal pour que l'enfant réponde – et l'enfant doit prêter attention à cet événement. Deuxièmement, l'enfant doit produire un comportement immédiatement après le stimulus. Troisièmement, l'enfant doit faire l'expérience d'une conséquence ou d'un feedback qui suit ce comportement et qui indique une performance correcte (Lovaas, 2002). Au fil du temps, nous voulons voir l'enfant produire le nouveau comportement plus rapidement, plus fréquemment, et plus facilement en réponse au stimulus, et nous voulons qu'il manifeste la nouvelle compétence ou le nouveau comportement dans un éventail de plus en plus large de contextes appropriés, ce qui correspond à la généralisation.

La science de l'apprentissage remonte au début des années 1900, avec les expériences en psychologie et les découvertes de Watson, Pavlov (conditionnement classique), Thorndike (conditionnement instrumental), et Skinner (conditionnement opérant ; voir Anderson, 2000, pour un historique). La recherche issue de la tradition de la théorie de l'apprentissage constitue le fondement de l'ABA. L'utilisation de cette recherche pour aider les enfants et les adultes atteints de troubles du développement n'a réellement démarré que dans les années 1960. Elle a fourni des méthodes d'enseignement qui se sont avérées efficaces pour des personnes qui, auparavant, avaient été considérées comme incapables d'apprendre (voir Gardner, 2006, pour l'histoire de ce développement). La première publication décrivant l'utilisation réussie de procédés d'enseignement par conditionnement opérant pour un enfant atteint d'autisme date de 1964 (Baer et Sherman, 1964), et la procédure d'enseignement par essais distincts (également appelés « essais groupés » ou « méthode Lovaas » dans ce texte) très populaire dans les interventions sur l'autisme provient de cette période (Lovaas, 2002 ; Lovaas, Berberich, Perloff et Schaeffer, 1966 ; Lovaas, Freitag, Gold et Kassoria, 1965) (Note : les enfants recrutés étaient souvent considérés comme *schizophrènes* plutôt qu'*autistes* ; ces termes ont été synonymes pendant cette période où l'autisme était perçu comme un type de schizophrénie.)

Les pratiques de base de l'apprentissage efficace utilisées dans l'ABA sont résumées ci-dessous. Elles incluent :

- l'orientation de l'attention ;
- l'intégration de l'apprentissage dans la séquence antécédent-comportement-conséquence ;
- les incitations ;
- la gestion des conséquences, la diminution des incitations, le modelage, l'enchaînement des comportements, et l'évaluation fonctionnelle.

Pour des informations supplémentaires, on pourra consulter d'excellents ouvrages tels que ceux de Cooper, Heron, et Heward (2006) ; O'Neill *et al.* (1997) ; O'Neill, Horner, Albin, Storey et Sprague (1990) ; Pierce et Cheney (2008).

Les pratiques d'apprentissage utilisées dans l'ABA

Capter l'attention

Il est essentiel de capter et de maintenir l'attention de l'enfant jusqu'à ce que la consigne ait été donnée ou le modèle de l'action présenté, que l'action soit accomplie et que la récompense soit apportée.

Antécédent – Comportement – Conséquence (Antecedent – Behavior – Consequence ou ABC)

Un antécédent est un stimulus qui survient avant une réponse comportementale. La conséquence est un acte qui suit immédiatement le comportement. La séquence « antécédent – comportement – conséquence » détermine une contingence qui permet de définir les essais d'apprentissage spécifique. Apprendre suppose la formation d'une nouvelle relation entre un événement stimulus (l'antécédent) et un comportement (ou une cognition). La nature de la conséquence définit la nature de cette relation. Enseigner exige une manipulation de l'antécédent et de la conséquence afin de renforcer, ou d'affaiblir la relation entre l'antécédent et le comportement. Les conséquences peuvent entraîner un renforcement, une punition, ou une extinction (ce qui n'est pas véritablement une conséquence mais plutôt l'absence de conséquence ou la suppression d'une conséquence qui avait auparavant une valeur renforçatrice). L'augmentation et la diminution de comportements dus à la manipulation de l'antécédent et de la conséquence constituent le *sine qua non* du traitement comportemental opérant.

Provoquer les comportements souhaités

L'enfant en situation d'apprentissage doit présenter le comportement qu'on lui enseigne d'une manière ou d'une autre, pendant la séance d'apprentissage pour être récompensé et pour que les liens avec le stimulus soient renforcés. Certains comportements font déjà partie du répertoire des enfants, mais ceux-ci ne les produisent pas en réponse au stimulus approprié. D'autres comportements ne font pas du tout partie du répertoire de l'enfant, et l'adulte doit les construire. L'adulte doit trouver un moyen d'inciter l'enfant à produire un comportement en réponse à des stimuli spécifiés – par les consignes, les gestes, ou les éléments du matériel qui doivent avoir la fonction de stimulus ou servir d'antécédent au comportement.

Gérer les conséquences

Une gestion adéquate des conséquences permet aux enfants de parvenir à un apprentissage initial rapide, de construire de solides habitudes qui ne seront pas aisément éteintes, de généraliser le comportement de manière appropriée, et de réduire les comportements indésirables. La solidité, la proximité dans le temps, et la fréquence de production des renforcements affectent la qualité, la cohérence, la vitesse et la fréquence avec laquelle le comportement sera produit, autant que la rapidité de l'apprentissage. Il s'en suit différentes stratégies requises pour des objectifs d'apprentissage différents.

Diminuer les incitations

Bien que les incitations servent à aider un enfant à produire un nouveau comportement en la présence d'un certain stimulus, elles doivent être systématiquement atténuées afin d'obtenir un comportement répondant au stimulus discriminatif plutôt qu'à l'incitation. Il est essentiel de gérer scrupuleusement la pratique de la diminution des incitations pour éviter la dépendance chez les enfants qui ne prennent pas l'initiative de comportements souhaités et ne répondent que lorsqu'un adulte les y incite. La diminution des incitations est une façon d'apprendre à l'enfant à généraliser des compétences ou à les manifester en présence d'autres personnes.

Modeler les comportements

Chez l'enfant, l'exécution d'un nouveau comportement n'est souvent qu'une approximation du meilleur comportement. Le langage précoce des enfants typiques en est un excellent exemple. Une fois que l'enfant a appris à produire une version immature d'un comportement, l'adulte doit utiliser des stratégies d'incitation et de renforcement pour favoriser graduellement la transformation du comportement imparfait en comportement plus mature.

Enchaîner les comportements

Les comportements complexes tels que le langage, l'habillage, les jeux sociaux, la lecture, l'écriture, etc., se construisent à partir d'actions isolées qui, reliées entre elles, forment des séquences de comportement. La construction de ces séquences à partir d'actions isolées pour produire des séquences comportementales fluides s'appelle l'*enchaînement* et exige l'utilisation de stratégies d'incitation, de diminution des incitations, de renforcement, et d'analyse de tâches.

Évaluation fonctionnelle ou analyse du comportement

La base du comportementalisme est essentiellement fondée sur un principe selon lequel tous les comportements sont fonctionnels, c'est-à-dire qu'ils servent à atteindre un but particulier et qu'ils font partie du répertoire comportemental parce qu'ils amènent à l'obtention d'une récompense. Pour remplacer des comportements indésirables par des comportements plus souhaitables, on doit d'abord comprendre la nature du but recherché par l'individu qui utilise ce comportement. L'évaluation fonctionnelle est un processus qui permet de déterminer les fonctions d'un comportement ; en d'autres termes, de déterminer quels sont les objectifs qu'il permet d'atteindre pour l'individu, et quel renforcement entretient ce comportement. Parfois, les fonctions d'un comportement peuvent être trop difficiles à identifier lors de ce type d'évaluation, et dans ce cas, une analyse fonctionnelle complète sera nécessaire. L'analyse fonctionnelle implique de tester activement les effets d'une

> variété de conséquences susceptibles d'entretenir les comportements afin d'identifier les variables qui le déterminent. L'analyse fonctionnelle est la seule façon de définir les variables causales qui sous-tendent un comportement ; cependant, cette procédure extrêmement technique exige une grande expertise pour l'élaborer et la mettre en œuvre. Il y a parfois également des implications d'ordre éthique, comme par exemple, lorsque le comportement indésirable se manifeste par des blessures infligées à autrui ou à soi-même. C'est pourquoi, lorsque cela est possible, nous utilisons l'évaluation fonctionnelle de préférence à l'analyse fonctionnelle. Les analystes comportementaux de l'équipe sont bien placés pour déterminer les éléments indiquant la nécessité d'une analyse fonctionnelle plutôt que d'une évaluation.

Les stratégies issues du PRT

Le PRT (*Pivotal Response Training*, « Entraînement aux réponses pivot ») est un traitement basé sur les principes de l'analyse appliquée du comportement (ABA) et fut l'objet des premières publications par Robert et Lynn Koegel dans les années 1980 (Koegel et Williams, 1980 ; Koegel, O'Dell et Koegel, 1987 ; Koegel et Koegel, 1988) et par Laura Schreibman (Ingersoll et Schreibman, 2006 ; Schreibman et Koegel, 2005). Ces auteurs ont observé une amélioration de la motivation, du comportement, de la spontanéité et de la généralisation chez des enfants dont le traitement comportemental avait été délivré dans un cadre interactif plus naturel que le format d'entraînement par essais distincts dirigé par les adultes. Avec leurs étudiants et leurs collègues, ils ont mené une série d'études dans lesquelles ils ont démontré l'efficacité de plusieurs approches qui s'ajoutaient aux principes de base de renforcement, d'incitation, de diminution des incitations, de modelage et d'enchaînement examinés plus haut (voir Schreibman et Koegel, 2005, pour un descriptif des preuves à l'appui de cette approche).

La recherche sur le PRT indique que deux comportements s'avèrent être des comportements pivot par l'amélioration qu'ils apportent à un large éventail de comportements et par la suite, aux capacités d'adaptation : Il s'agit de la *motivation* et de la *réponse à des indices multiples* (Koegel, Koegel, Harrower et Carter, 1999a ; Koegel, Koegel, Shoshan et McNerney, 1999b). Ces comportements jouent un rôle central dans une large part du fonctionnement, et de ce fait, les changements positifs dans ces comportements devraient effectivement avoir des retombées sur les autres comportements (Koegel et Frea, 1993 ; Koegel *et al.*, 1999b).

Par rapport à la méthode par essais distincts, les techniques du PRT amènent les enfants à plus de motivation dans l'exécution, à une meilleure généralisation de nouvelles compétences, à plus de réponses spontanées, et à moins de comportements problématiques (Ingersoll et Schreibman, 2006 ; Losardo et Bricker, 1994). Le PRT travaille pour augmenter la motivation en prenant en compte plusieurs éléments tels que le choix des enfants, le tour de rôle, le renforcement des tentatives, et l'utilisation en alternance de tâches dont la fonction est de maintenir les acquis. Le PRT construit l'aptitude de l'enfant à répondre à des indices multiples en variant les antécédents, en aménageant délibérément des stimuli à indices multiples, et en apprenant aux enfants à produire le même comportement en réponse à des antécédents différents. Le PRT a été utilisé avec succès pour cibler des compétences en langage, jeu, imitation, gestes, et en comportements sociaux chez l'enfant avec autisme (Koegel et Koegel, 1995 ; Schreibman et Koegel, 2005). Cependant, le PRT n'est une méthode d'apprentissage appropriée que si la compétence à apprendre a un lien direct avec un renforçateur (sujet approfondi au chapitre 5).

Les principes du PRT utilisés dans l'ESDM

Renforcer les tentatives des enfants

Ne pas s'attendre à ce que les enfants soient toujours capables de fournir la meilleure performance. Récompenser les tentatives améliore la motivation et la persévérance, et diminue la frustration et les comportements indésirables.

Alterner les demandes de nouveaux comportements – compétences à acquérir – avec des demandes concernant le maintien de compétences déjà apprises

L'alternance de tâches difficiles et de tâches faciles améliore aussi la motivation et diminue la frustration. Ceci permet également de revoir les compétences apprises, ce qui favorise leur maintien.

Les renforçateurs sont en relation directe avec la réponse ou le comportement de l'enfant

Le renforçateur découle du choix initial de l'enfant et suit immédiatement le comportement attendu. L'enfant cherche à atteindre une voiture et finit par l'obtenir. L'enfant cherche à atteindre vos mains pour jouer à un jeu, et vous finissez par y jouer. L'enfant veut avoir fini, et le comportement cible aboutit à la fin de l'activité. Le renforçateur constitue une partie naturelle de l'activité, il ne lui est pas extrinsèque. Ceci est également vrai pour les récompenses sociales ou verbales. Lorsqu'un enfant parle, dans l'ESDM nous ne réagissons pas en lui disant « c'est bien » (récompense extrinsèque). Nous répondons en reformulant et en développant à partir des mots de l'enfant et en lui procurant l'objet ou l'activité désirée (par exemple, l'enfant : « Voiture ? » ; l'adulte : « Voiture. Voici la voiture »).

Le tour de rôle dans les activités

Rechercher les interactions équilibrées dans lesquelles chaque partenaire aura l'occasion de prendre l'initiative et de suivre l'autre – partageant ainsi le contrôle de l'interaction. Prendre son tour dans une activité la rend sociale, et donne à l'adulte un accès à l'attention de l'enfant, ce qui est une occasion de fournir un modèle et de provoquer une nouvelle communication chez l'enfant lorsque vient son tour. Ceci

> donne à l'enfant l'occasion de demander, d'imiter, et de voir ses actions reflétées par l'adulte.
>
> **Les consignes ou autres antécédents sont clairement délivrés**
>
> L'adulte doit obtenir l'attention de l'enfant et s'assurer que l'antécédent, ou le stimulus, est approprié pour la tâche ou l'activité, et qu'il est présent avant que le comportement ne soit sollicité.
>
> **Donner le choix aux enfants et suivre leurs initiatives**
>
> En mettant à profit les choix des enfants pour pratiquer les compétences visées, l'adulte construit la motivation de l'enfant, capitalise sur la solidité du renforçateur sélectionné, et profite ainsi de toutes les occasions pour encourager la prise d'initiative ou le comportement spontané des enfants.
>
> Les principes du PRT représentent un aspect fondamental de l'ESDM, et leur ajout explicite est l'une des différences entre l'ancienne version du modèle de Denver publié et décrit avant 2002, et l'ESDM développé et décrit depuis 2002.

Procédés d'enseignement développés dans le modèle de Denver

Le reste des procédés d'enseignement de l'ESDM est issu du modèle de Denver. Ceux-ci sont focalisés sur les aspects affectifs et relationnels du travail du thérapeute avec l'enfant, sur l'importance du développement du jeu et sur l'utilisation de principes d'intervention sur la communication issus du domaine des sciences de la communication (Rogers *et al.*, 1986 ; Rogers et Lewis, 1989 ; Rogers *et al.*, 2000).

> **Procédés d'enseignement de l'ESDM**
>
> **Les adultes modulent et optimisent les affects, la stimulation, et l'attention de l'enfant**
>
> Le thérapeute module l'affect et la stimulation de l'enfant en sélectionnant avec discernement les activités, le ton de la voix, et le niveau d'activité de l'adulte afin que l'enfant puisse participer à l'apprentissage de la façon la plus optimale. Cette pratique cible les caractéristiques affectives telles que l'on peut les observer chez un enfant fatigué, léthargique, ou dont la vigilance est insuffisante ; un enfant passif, qui peut-être évitant, un enfant qui pleurniche, qui cherche à échapper à l'interaction, qui semble frustré, peiné, qui pleure ou qui est perturbé d'une autre manière, ou un enfant hyperactif, survolté, qui n'arrive pas à s'installer dans une activité donnée.

2 • Présentation générale du modèle d'intervention précoce de Denver

L'adulte a recours à l'affect positif

L'adulte manifeste des affects positifs clairs, authentiques et naturels, appariés aux affects positifs de l'enfant tout au long de la séquence. Toute la séquence est imprégnée d'affects positifs, qui sont bien en rapport avec les besoins et les capacités de l'enfant, et ne le placent pas en situation d'hypervigilance, ce qui favorise l'apprentissage.

Le tour de rôle et l'engagement dyadique sont privilégiés tout au long de la séance

L'enfant est impliqué activement par l'adulte, pour donner les jouets, regarder l'adulte, et montrer sa conscience des actions des deux partenaires. La réciprocité et l'engagement social entre les partenaires sont omniprésents dans l'activité d'enseignement.

Les adultes répondent avec sensibilité et réceptivité aux signes de communication des enfants

Ceci concerne la sensibilité de l'adulte aux états, motivations et sentiments de l'enfant. Un adulte sensible et réceptif interprète et reconnaît bien les signes de communication de l'enfant, qu'ils soient verbaux ou gestuels, en verbalisant ou en agissant de manière contingente à la communication de l'enfant, de manière à ce qu'il semble avoir été « entendu ». Ou bien, face à un affect, l'adulte répond avec empathie à l'état émotionnel de l'enfant en reflétant cette émotion et en lui communiquant la compréhension qu'il en a. L'adulte ne renforce pas les comportements indésirables, mais reconnaît les signes émis par l'enfant et répond de manière appropriée à la situation.

Des occasions multiples et variées de communiquer se présentent

L'adulte construit de multiples formes de communication nécessitant plusieurs fonctions communicatives différentes lors de chaque activité de jeu telles qu'elles sont spécifiées dans les objectifs de l'enfant. Plusieurs fonctions pragmatiques différentes sont exprimées, notamment les opportunités de demander, protester, commenter, demander de l'aide, saluer, nommer, développer, etc. L'éventail d'occasions pragmatiques et de communication sociale est en accord avec le niveau de langage de l'enfant. L'adulte utilise un éventail de techniques comprenant le modeling (fournir un modèle), la reformulation, le développement des énoncés de l'enfant, et la répétition des énoncés de l'enfant incorporés dans des activités qui ont du sens.

Élaboration des activités

Le thérapeute encourage l'utilisation élaborée et flexible d'actions, de matériel, en utilisant un matériel diversifié, des schémas, et des thèmes différents, en introduisant des variations dans les thèmes, et/ou dans les contextes narratifs. L'adulte vise des objectifs multiples dans des domaines différents du développement lors d'une activité. Même lorsque l'enfant nécessite un enseignement plus directif par essais groupés, pour apprendre, les activités n'en sont pas moins élaborées afin d'obtenir de l'enfant

> qu'il sorte, range, et choisisse le matériel, ou en intégrant des échanges sociaux et de la communication.
>
> **Le langage de l'adulte est constamment pragmatique et adapté d'un point de vue développemental à l'intention et à la capacité de communication verbale et non verbale de l'enfant**
>
> Les adultes respectent généralement la règle du « un de plus » (c'est-à-dire que la longueur moyenne des énoncés de l'adulte comptera approximativement un mot de plus que la longueur moyenne des énoncés de l'enfant). Ils répondent à la communication de l'enfant par un langage approprié, et utilisent le langage pour montrer une variété de fonctions pragmatiques, de relations sémantiques, et de combinaisons syntaxiques.
>
> **Les transitions sont menées avec efficacité**
>
> L'adulte soutient l'enfant lors du changement de centre d'intérêt en clôturant une activité pour en amener d'autres afin que l'intérêt de l'enfant se transfère avec fluidité de l'activité courante à la suivante avec un minimum de temps d'arrêt. Le moment choisi pour cette transition se fait en fonction de l'attention et de la motivation de l'enfant. L'indépendance de l'enfant est privilégiée, et l'enfant est attentif et rapidement engagé dans la nouvelle activité.

Utiliser les stratégies d'enseignement de l'ESDM de manière combinée

Lorsqu'elles sont utilisées ensemble, les techniques définies ci-dessus sont conçues pour que l'enfant s'engage dans des expériences émotionnelles positives avec une autre personne, pour attirer l'attention de l'enfant sur des stimuli sociaux, pour rendre de tels stimuli gratifiants pour l'enfant, et pour privilégier la motivation de l'enfant à continuer de telles activités. Les thérapeutes utilisent ces techniques pour provoquer chez l'enfant un comportement social et communicatif aussi proche de la « normale » que possible. Nous faisons cela parce que nous pensons que ces expériences forment le cerveau autant que le comportement, et nous souhaitons stimuler et modeler le réseau neuronal des enfants afin d'obtenir une plus grande sensibilité et une plus grande réceptivité aux partenaires sociaux qu'aux objets.

■ L'utilisation de l'émotion positive

Nous nous concentrons étroitement sur la création d'états émotionnels positifs chez les enfants pendant les interactions sociales parce que nous désirons améliorer la valeur de récompense de l'interaction sociale et recadrer la réceptivité des enfants aux voix, aux visages, et aux yeux. Ceci implique notamment l'utilisation de séquences sociales sensorielles très agréables ciblant des expériences sociales dyadiques, ainsi que l'utilisation

2 • Présentation générale du modèle d'intervention précoce de Denver

de routines avec les objets favoris qui sont accompagnées par, et intégrées à des actions fortement sociales et communicatives. En créant de telles routines positives, on capte également l'attention des enfants pour favoriser le traitement des informations relevant de la communication sociale.

Comme indiqué au chapitre 1, la recherche montre que l'apprentissage du langage et des capacités sociales en particulier, est facilité lorsqu'il se produit dans un contexte affectif riche, avec un engagement dans une interaction sociale avec autrui. Donc, nous utilisons des techniques dans lesquelles les compétences sociales et langagières sont enseignées dans le contexte d'expériences ludiques comportant cet engagement social.

L'importance que l'ESDM donne à l'affect positif et à la modulation des émotions et de l'état d'éveil pour optimiser l'engagement, et l'apprentissage, active directement le cerveau social et les neurotransmetteurs qui lui correspondent pour favoriser le développement du comportement social et communicatif. L'ESDM peut améliorer la « motivation sociale » de l'enfant par la stimulation de deux aspects du système de récompense sociale : « aimer » et « vouloir », qui ne sont pas les mêmes choses. Il nous est possible d'aimer quelque chose sans être motivé pour l'atteindre (vouloir). Certains enfants avec autisme semblent aimer l'interaction sociale parce qu'ils répondent de manière positive à l'engagement social, mais ils ne semblent pas le rechercher. D'autres ne paraissent ni l'aimer ni le vouloir. L'ESDM traite à la fois l'aimer et le vouloir en augmentant la valeur de récompense de l'engagement social. Lors des premières interactions, le partenaire adulte se concentre sur le fait de « trouver le sourire » ; autrement dit sur la découverte des sources de plaisir pour l'enfant. Le but étant de faire en sorte que l'engagement social fasse intrinsèquement partie de la récompense. Pour les enfants qui « n'aiment » pas l'engagement social, cette technique construit la valeur de récompense par des processus d'apprentissage associatifs. En d'autres termes, les expériences sociales sont appariées avec des récompenses non sociales, telles que des objets, pour améliorer la valeur de récompense de l'expérience sociale. Nous utilisons des paradigmes d'apprentissage par conditionnement opérant et par conditionnement classique pour augmenter la valeur de récompense de l'engagement social et établir l'attirance qui connote également la proximité et l'attention envers le stimulus apprécié.

L'ESDM échafaude le « vouloir » en modelant les approches à l'initiative des enfants et en sollicitant des comportements lorsqu'ils accèdent aux récompenses sociales et non sociales. Cependant, leur accès au désir de récompenses sociales doit être contrôlé afin qu'ils ne soient pas saturés par la récompense. Ceci permet aussi de s'assurer que pour atteindre la récompense, les enfants doivent intentionnellement accomplir des actes communicatifs et sociaux.

Les méthodes d'enseignement utilisées dans l'ESDM ne se limitent pas à des associations stimulus- réponse pour établir une nouvelle habitude simple. Au contraire, ces méthodes sont conçues pour soutenir des systèmes neuronaux complexes, impliquant un éventail plus large de compétences, en encourageant les compétences qui font appel à l'activité de neurones répartis dans différentes régions du cerveau. Les types d'enseignement issus de l'ESDM nécessitent la présentation d'un « thème » qui est ensuite varié, ils ciblent de multiples domaines au cours de chaque tâche d'enseignement, et exigent un engagement affectif lors de l'enseignement des concepts. Toutes ces pratiques produisent des systèmes de réseaux neuronaux de plus en plus complexes qui favorisent une plus grande connectivité dans de multiples régions du cerveau.

■ Le jeu comme cadre d'intervention

Les activités routinières conjointes (Bruner, 1977) sont des activités ludiques dans lesquelles les partenaires ont tous les deux un rôle clé et construisent mutuellement sur la contribution de l'autre. Les activités conjointes concernent des objets et des activités qui se trouvent dans un environnement naturel pour des enfants de cet âge. Dans l'ESDM, les activités conjointes constituent le vecteur primaire de l'enseignement. L'enseignement fait partie intégrante de routines d'activités conjointes riches en émotions avec et sans objets. Les interactions ludiques sont centrées sur l'enfant, en particulier leurs choix (*i. e.* leurs activités préférées et le matériel qu'ils préfèrent) sont pris en compte tout au long des activités. L'adulte partage le contrôle du jeu en sélectionnant les objets disponibles proposés au choix de l'enfant, les actions qui serviront de modèle et seront renforcées, et la façon dont les activités sont enchaînées. Toutes les compétences développementales qui peuvent être enseignées à travers le jeu sont enseignées de cette manière : imitation, communication réceptive et expressive, compétences sociales et cognitives, jeu constructif et symbolique, et développement de la motricité fine et globale.

■ L'enseignement intensif

Nous pensons que l'une des causes du retard de développement dans l'autisme est due à un nombre restreint d'opportunités d'apprentissage. Nous enseignons donc de manière intensive afin de combler les lacunes. L'enseignement est tissé au travers de tous les échanges sociaux, et les thérapeutes compétents savent fournir des occasions d'apprendre aussi souvent que toutes les dix secondes. Nous nous attendons à ce que les jeunes enfants avec autisme apprennent rapidement si nous leur apprenons de manière appropriée et l'enseignement intensif est le moyen par lequel un apprentissage rapide peut se réaliser.

Cette intensité repose sur les modèles normaux de l'expérience des nourrissons/jeunes enfants. La littérature sur le développement de l'enfant nous a appris que les nourrissons et les enfants en bas âge qui ont des interactions plus importantes avec des adultes proches sensibles et réceptifs se laissant guider par l'enfant et utilisant un langage riche pour commenter les intérêts et les activités de l'enfant, ont un meilleur développement du langage, ont des relations sociales plus confiantes avec les adultes et les pairs, et produisent plus d'initiatives et de réponses sociales positives avec autrui. Nous savons également que les nourrissons et les jeunes enfants passent la majorité de leur temps d'éveil (à peu près 70 heures par semaine) en interaction sociale directe avec les adultes proches. De plus, nous savons que les nourrissons et les jeunes enfants qui sont privés de ce type d'engagement socio-communicatif avec autrui connaissent tout au long de leur vie des modifications de leurs capacités cognitives, de leurs capacités de langage, des liens sociaux, et du jeu symbolique.

Chez les enfants les plus carencés est observée une augmentation des comportements stéréotypés et répétitifs. Enfin, nous savons qu'un manque significatif de ce type d'expérience de stimulation sociale pendant les cinq premières années de la vie affecte le développement. Même s'il est vrai que les enfants ne cessent jamais d'apprendre, la petite enfance est une des périodes où l'apprentissage de la communication sociale est la plus forte. S'il faut autant de communication sociale pour obtenir un « développement normal », il est logique de penser que les nourrissons et les jeunes enfants présentant un TSA ont besoin au moins autant de ce type d'expérience interactive que les enfants qui se développent normalement, s'ils doivent progresser aussi loin que possible dans les domaines de la communication sociale et de la cognition.

■ Approches comportementales positives pour les comportements indésirables

Les comportements indésirables – ceux qui sont agressifs, destructeurs, perturbateurs, ou exagérément répétitifs – sont gérés en suivant les principes des approches comportementales positives (Duda, Dunlap, Fox, Lentini et Clark, 2004 ; Powell, Dunlap et Fox, 2006). Dans les approches comportementales positives, on vise le remplacement des comportements indésirables par des comportements plus conventionnels, plutôt que l'élimination en soi de ces comportements indésirables. Des stratégies de renforcement sont utilisées pour enseigner les comportements alternatifs ou incompatibles, et le comportement de substitution est très fréquemment une communication intentionnelle ou un niveau de compétence plus élaboré. L'objectif primordial est d'augmenter, plutôt que de réduire, le répertoire des compétences des enfants dans tous les domaines en utilisant des stratégies de renforcement pour développer, modeler, et augmenter les comportements conventionnels et appropriés.

■ L'implication de la famille

L'implication des parents et de la famille est considérée comme une bonne pratique dans l'intervention précoce en autisme (National Research Council, 2001) et il s'agit d'une composante essentielle de l'intervention par l'ESDM. Si les enfants atteints d'autisme doivent se développer au mieux de leurs capacités, ils doivent faire l'expérience des mêmes opportunités d'apprentissage, sinon plus, que les enfants qui n'ont pas de troubles biologiques affectant leurs apprentissages. Cela signifie que nous devons créer des environnements sociaux dans lesquels les enfants avec autisme puissent être en interaction avec autrui tout au long de leurs heures d'éveil. Ceci ne peut se produire que si les parents et les autres proches s'occupant de l'enfant apprennent à l'engager dans des interactions continues tout au long de la journée. Nous-mêmes, et bien d'autres (Schreibman et Koegel, 2005 ; Koegel, Bimbela et Schreibman, 1996 ; Harris, Wolchik et Weitz, 1981), croyons que pour obtenir des résultats optimums pour les jeunes enfants avec autisme, les parents doivent acquérir les compétences interactives nécessaires pour être capables de privilégier ce type d'interaction tout au long de la période d'éveil de l'enfant. Un des objectifs majeurs de l'ESDM est d'établir ce type d'environnement interactif à la maison et dans d'autres contextes au quotidien. Une grande partie du travail sur l'ESDM avec les familles comprend le « coaching » des parents dans le développement et l'utilisation continue des techniques d'interaction décrites dans ce manuel.

Cependant, ce processus n'est pas à sens unique. Les styles, les valeurs, les préférences, les objectifs, et les rêves de la famille influencent le programme de traitement ESDM de l'enfant. Les parents sont les premiers enseignants pour tous les jeunes enfants. L'enseignement parental pour les jeunes enfants avec autisme est crucial pour la progression. Cependant, l'autisme est un trouble complexe et les parents ont généralement besoin de conseils, de soutien, et d'aide pour intégrer les techniques de traitement dans la vie de tous les jours. Les parents participent à l'expression des priorités pour l'intervention. Ils y participent en appliquant eux-mêmes un plan d'enseignement et en identifiant les routines ou les occasions dans la journée de mettre en œuvre (de généraliser) ces nouvelles compétences.

Les parents sont des co-thérapeutes, aussi bien lorsqu'ils enseignent le programme développemental que lorsqu'ils interviennent pour modifier les comportements indésirables. Ils remplissent les évaluations fonctionnelles du comportement, aident à dresser les plans d'enseignement pour instaurer des comportements alternatifs, et mettent en place ces plans tout au long du temps d'éveil de l'enfant à la maison. L'ampleur de l'engagement des parents et d'autres membres de la famille dans l'exécution de l'intervention à la maison diffère considérablement selon les familles mais on s'attend à ce qu'ils s'impliquent au moins 1 à 2 heures par jour, au sein d'activités familiales naturelles : les repas, les jeux, les sorties, l'habillement, la toilette, le bain, et le coucher.

L'importance de la place accordée par l'ESDM à l'intervention parent-enfant reflète les résultats des recherches sur le développement typique de l'enfant qui décrivent le pouvoir de certaines pratiques parentales sur la communication, le jeu, et le développement social des enfants (Tamis-LeMonda, Bornstein et Baumwell, 2001). Les pratiques parentales influent sur le taux de développement et sur la qualité du langage des enfants. Elles ont un impact sur leurs progrès scolaires. Les pratiques parentales ont des effets sur le développement émotionnel des enfants et sur la qualité de leurs relations privilégiées – amitiés, relations

2 • Présentation générale du modèle d'intervention précoce de Denver

amoureuses futures, et même les relations parentales qu'ils auront avec leurs propres enfants. Le style de stimulation parentale affecte le développement des enfants tout au long de leur vie, et ce, d'une génération à l'autre (Steele et Steele, 1994).

Pendant très longtemps nous ne savions pas si cela s'appliquait aussi aux enfants avec autisme dont les déficits biologiques impliquant les relations sociales étaient soupçonnés de modifier les différences individuelles au niveau du style d'éducation parentale. Pourtant, les preuves s'accumulent maintenant pour confirmer que des relations identiques existent pour les parents d'enfants avec autisme et les enfants qui ne sont pas atteints d'autisme. Les enfants avec autisme manifestent une variabilité dans la sécurité de leur attachement, et différents groupes ont révélé que, comme chez les autres enfants, la sécurité affective était liée à la façon dont leurs parents étaient réceptifs à leur égard (Rogers et Pennington, 1991 ; Rogers, Ozonoff et Maslin-Cole, 1993 ; Sigman et Ungerer, 1984 ; Sigman et Mundy, 1989 ; Capps, Sigman et Mundy, 1994 ; voir aussi van IJzendoorn *et al.*, 2007, pour des résultats contradictoires).

Certaines études rapportent des situations similaires chez des enfants plus âgés atteints de TSA (Orsmond, Seltzer, Greenberg et Krauss, 2006 ; Bauminger *et al.*, en cours de revue) et indiquent que la sécurité affective par rapport à leurs parents affecte leurs modes de comportement amicaux de la même manière que pour les enfants présentant un développement typique (Bauminger *et al.*, 2008). À l'heure actuelle, trois études ont démontré que le style de communication parentale dans lequel on suit les initiatives des enfants plutôt que de diriger l'attention des enfants, contribue de manière positive au développement du langage de l'enfant atteint de TSA à long terme (Siller et Sigman, 2002 ; Mahoney, Wheeden et Perales, 2004) de la même façon que pour les enfants ayant un développement normal.

De nouveaux résultats indiquent également qu'au fur et à mesure que les parents deviennent plus sensibles aux intérêts et à la communication sociale de leur enfant et améliorent leurs capacités de réponse ajustée, les rythmes de développement du langage, des fonctions cognitives, et de la communication sociale de l'enfant s'accélèrent (Mahoney et Perales, 2005 ; Drew *et al.*, 2002; Vismara et Rogers, 2008). Cela signifie-t-il que les parents d'enfants atteints d'autisme sont moins sensibles ou réceptifs que les autres ? Non. De nombreuses études ont posé cette question et toutes sont arrivées à la conclusion que les parents d'enfants avec autisme interagissent avec leurs enfants de manière similaire aux autres parents (van IJzendoorn *et al.*, 2007; Capps *et al.*, 1994; Kasari, Sigman et Yirmiya, 1993). Cependant, en tant que groupe, les enfants atteints d'autisme sont différents des autres enfants dans leurs interactions avec leurs parents. Les jeunes enfants atteints d'autisme ne prennent généralement pas l'initiative d'interagir avec leurs parents. Ils n'ont pas tendance à diriger la communication vers eux, et ne cherchent pas à partager leurs émotions avec eux. Fréquemment, ils n'expriment pas clairement leurs émotions par le visage ou par le corps. Ils présentent souvent un développement lent du langage et des gestes, et même lorsqu'ils possèdent ces moyens de communication, ils les utilisent rarement pour partager leurs propres expériences avec leurs parents (Kasari, Sigman, Yirmiya, et Mundy, 1994). Par conséquent, bien que leurs parents fassent leur part de travail pour interagir avec leurs enfants, ceux-ci ne font pas le leur lorsqu'il s'agit de prendre l'initiative des interactions avec leurs parents et de les maintenir. De ce fait, le nombre d'interactions qui se produisent entre les parents et les enfants est radicalement appauvri ainsi que le contenu communicatif de ces interactions, ce qui limite les opportunités d'apprentissage pour les enfants, et qui réduit les opportunités pour les parents de répondre de manière sensible et réceptive aux signaux des enfants, et limite les retours positifs aux parents (renforcements !) leur indiquant que leurs interactions ont été réussies.

Le style d'intervention de l'ESDM se concentre sur tous ces problèmes. Il augmente considérablement le nombre d'initiatives et de réponses de l'enfant – signaux émis par l'enfant – et il modèle ces signaux en les transformant en échanges de communications conventionnelles qui sont plus faciles à reconnaître. Il aide également les parents à faire ressortir et à lire les signaux subtils qui sont présents afin qu'ils puissent répondre de manière sensible et ainsi renforcer la communication sociale de l'enfant. Enfin, il aide les parents à détecter les signes souvent subtils qui indiquent le succès de leurs interactions, encourageant ainsi ces parents dans leurs efforts interactifs.

LES PREUVES D'EFFICACITÉ

Au moment où cet ouvrage est en cours d'écriture, huit articles décrivant l'efficacité du modèle de Denver original ou de l'ESDM ont été publiés ou sont sous presse dans des revues à évaluation par des pairs. Les quatre premières études ont fourni des résultats probants qui corroborent l'accélération du développement d'un grand groupe d'enfants atteints de TSA dans les classes fonctionnant avec le modèle de Denver. Rogers et ses collègues (Rogers *et al.*, 1986) ont décrit les effets de la première réplication du modèle, qui mettait en lumière un modèle orienté sur le développement dans le cadre d'un petit groupe d'âge préscolaire avec un ratio enfant/adulte de 1 pour 2 et mettait l'accent sur le jeu, le langage, la cognition, et les relations sociales. Rogers et Lewis (1989) ont effectué les analyses mentionnées ci-dessus sur un groupe plus important et ont démontré que des progrès dans le jeu symbolique et la communication sociale avaient également été réalisés.

Rogers et DiLalla (1991) ont testé les effets du modèle de Denver sur l'évolution d'un groupe de quarante-neuf enfants atteints de TSA comparé à un groupe de vingt-sept enfants présentant d'autres types de trouble du comportement et/ou du développement sans symptômes d'autisme. La quatrième étude (Rogers, Lewis et Reis, 1987) était une

2 • Présentation générale du modèle d'intervention précoce de Denver

étude de confirmation du modèle par cinq organismes indépendants, dont quatre dans des populations situées dans des zones rurales et une en zone urbaine du Colorado.

Toutefois, bien que les protocoles de comparaison intra-groupe pré et post-traitement utilisés ci-dessus pour évaluer l'efficacité du modèle de Denver aient été considérés comme étant recevables à ce moment-là pour évaluer l'efficacité d'une intervention précoce (Fewell et Sandall, 1986), ils ne sont plus considérés comme adéquats pour déterminer l'efficacité du traitement (Kasari, 2002 ; Lord, Risi et Pickles, 2005 ; Charman et Howlin, 2003). Actuellement, les protocoles de recherche sur l'efficacité de l'intervention précoce suggèrent d'ajouter des études rigoureusement contrôlées aux données positives préliminaires issues de protocoles pré- et post-traitement.

Les trois études suivantes qui ont été publiées sur le modèle ont utilisé des protocoles quasi expérimentaux ou expérimentaux rigoureux pour analyser l'efficacité du traitement. Deux articles récents ont utilisé des protocoles à cas unique pour examiner l'efficacité du modèle de Denver ou de l'ESDM sur l'acquisition du langage chez de jeunes enfants non verbaux atteints de TSA (Rogers *et al.*, 2006; Vismara, Colombi et Rogers, 2009). Les deux études comportaient une mise en œuvre 1 pour 1 du modèle sur une période de douze semaines à raison d'une heure par semaine de thérapie et d'une formation des parents. Les résultats des deux études ont montré l'acquisition de la parole par mots isolés chez la plupart des enfants ayant suivi ce traitement de faible intensité. L'étude de 2006 a produit le seul article comparant le traitement par le modèle de Denver à un autre traitement. Dans cette étude, on a aléatoirement affecté les enfants soit, au traitement par le modèle de Denver, soit, par la méthode PROMPT (PROMPT Therapy) (Hayden, 2004) pour la restructuration des cibles phonétiques orales utilisée pour traiter les enfants présentant une dyspraxie du langage. La majorité des enfants (80 %) ayant suivi une des deux méthodes a acquis l'utilisation de mots communicatifs intentionnels et spontanés au cours du traitement. Étant donné le caractère minimal du traitement direct dispensé, on estime que la composante formation des parents a joué un rôle déterminant dans l'évolution des enfants. En outre, la plupart des enfants de cette étude avaient auparavant bénéficié d'autres traitements du langage, pour certains pendant des années, sans jamais acquérir de langage jusqu'à ce traitement.

L'article de Vismara *et al.* (2009) a rapporté l'évaluation du contenu et des procédures de formation des parents à l'ESDM et a examiné son efficacité en ce qui concerne la mise en œuvre du modèle par les parents et l'amélioration du développement socio-communicatif des enfants. En utilisant une variété de méthodes de mesure et en portant une attention toute particulière aux obstacles menaçant la validité, Vismara et ses collègues ont constaté des progrès significatifs du langage spontané, de l'initiative sociale, des capacités d'imitation des enfants, et des compétences thérapeutiques des parents sur une période de douze semaines à raison d'une heure de thérapie par semaine axée sur le coaching des parents. Les résultats de cette étude ont également démontré le maintien et la généralisation des effets du traitement chez les parents et chez les enfants. Lors de la période de suivi qui a duré douze semaines après la fin du traitement, les progrès des enfants en communication et compétences sociales se sont poursuivis. Les mesures ont été effectuées durant les interactions avec les parents et durant les interactions avec un adulte étranger non formé. Les parents ont également manifesté des compétences stables ou croissantes dans l'utilisation de l'ESDM pendant la période de suivi.

Les résultats sur l'évolution les plus récents proviennent d'un essai clinique randomisé sur l'ESDM financé par le National Institute of Mental Health (NIMH), réalisé à l'université de Washington (dont Dawson était l'investigateur principal). Dawson et ses collègues (2010) ont recruté quarante-huit enfants âgés de 18 à 30 mois atteints d'autisme idiopathique répartis sur deux niveaux en fonction de leur QI global (en dessous et au-dessus de 55), puis distribués aléatoirement dans l'un des deux groupes suivants :

- un groupe d'intervention ESDM qui recevait, en moyenne, 25 heures hebdomadaires d'ESDM 1 pour 1 dispensées par leurs parents et les thérapeutes formés, à domicile, pendant deux ans (en moyenne 15 heures hebdomadaires dispensées par les thérapeutes) ;
- un groupe d'enfants qui recevaient des évaluations, une surveillance, et qui étaient adressés pour des traitements standards dans des centres médico-sociaux. Ce groupe est appelé ci-dessous le groupe ES[1] (« Évaluation et surveillance »).

Ces deux groupes ne présentaient pas de différences de niveaux dans la ligne de base concernant la gravité des symptômes d'autisme, le sexe, le QI, ou le statut socio-économique. Des résultats ont été obtenus en deux ans de suivi pour vingt et un des enfants traités dans des centres médico-sociaux et pour vingt-trois des enfants traités par l'ESDM.

Deux ans après l'évaluation de la ligne de base, le groupe ESDM, comparé au groupe ES, avait amélioré ses scores composites standards d'apprentissage précoce de Mullen. En moyenne, le groupe ESDM s'est amélioré de 19,1 points et le groupe ES de 7,0 points. La part la plus importante de ce changement est due à des améliorations du langage réceptif et du langage expressif, qui ont augmenté de 19,7 et de 12,7 points, respectivement pour le groupe ESDM, tandis que les scores du groupe ES se sont améliorés de 10,6 et 9,2 points, respectivement. Le groupe ESDM présentait également un avantage de 10 points pour les scores composites standards de comportement socio-adaptatif à l'échelle de Vineland par rapport au groupe ES (voir figure 2.1). Cependant, pour ces scores d'évaluation du comportement socio-adaptatif, le groupe ESDM ne présentait que 0,5 point d'amélioration tandis que le groupe ES affichait une baisse de 11,2 points. Ainsi, dans l'ensemble, le groupe ESDM maintenait un taux de croissance du comportement adaptatif équivalent à celui des enfants typiques du groupe contrôle. En moyenne, ces enfants n'accumulaient pas plus de retard, ni ne se rapprochaient de leurs pairs du même âge en ce qui concerne le développement. En revanche, sur la

---

1. NDT : Dans l'article initial, ce groupe est intitulé AM pour *Assessment and Monitoring* que nous avons traduit par « Évaluation et surveillance » (ES).

2 • Présentation générale du modèle d'intervention précoce de Denver

durée des deux ans, le groupe ES était en moyenne de plus en plus en retard en ce qui concerne le comportement socio-adaptatif comparé au groupe contrôle d'enfants typiques. En examinant de plus près les sous-échelles de Vineland, une image plus complexe se fait jour. Les enfants de l'ESDM réussissent mieux à l'échelle de communication et à l'échelle de motricité que les enfants du groupe ES. Par rapport aux scores pré-traitement, le groupe ESDM a fait des progrès substantiels dans le domaine de la communication mais a enregistré une baisse de moyenne en socialisation, en autonomie personnelle, et en compétences motrices. Le groupe ES n'a pas présenté de changement pour la communication, mais une baisse moyenne en socialisation, en compétences relatives à l'autonomie personnelle, et en compétences motrices égale à bien plus de deux fois celle observée pour le groupe ESDM.

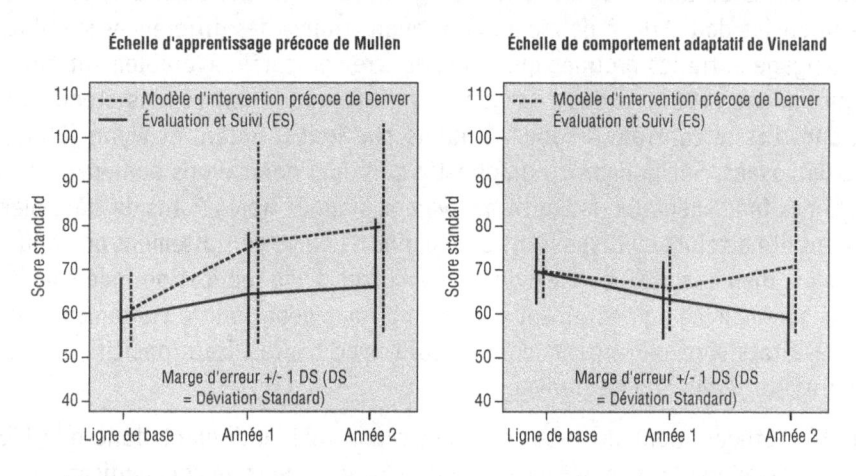

Figure 2.1. Résultats comparatifs des mesures du développement et du comportement adaptatif des groupes ESDM et ES après 24 mois.

Enfin, pour étudier la gravité de l'autisme lors du suivi, nous avons comparé les diagnostics cliniques formulés aux deux temps. Ces diagnostics ont été élaborés par des cliniciens expérimentés, aveugles par rapport au statut de groupe et qui ont utilisé toutes les informations disponibles pour émettre le diagnostic en référence au DSM-IV. Tous les enfants des deux groupes ont continué à avoir un diagnostic de type TSA lors du temps 2. En termes de stabilité du diagnostic, quinze (71,4 %) enfants du groupe ES ont reçu un diagnostic de trouble autistique lors de la ligne de base et au temps 2. Dans le groupe ESDM, treize des vingt-trois (56,5 %) enfants ont gardé le diagnostic de trouble autistique établi lors de la ligne de base lors du suivi deux ans plus tard, et un enfant (4,3 %) a eu un diagnostic de troubles envahissants du développement non spécifiés (PDD-NOS) lors des deux temps. En termes de d'augmentation des symptômes, cinq (23,8 %) enfants du groupe ES ont eu un diagnostic de PDD-NOS lors de la ligne de base, puis se sont vu attribuer un diagnostic de trouble autistique au temps 2. Le même schéma a été observé chez seulement deux (8,7 %) des enfants du groupe ESDM. En termes de diminution des symptômes, un

(4,8 %) enfant du groupe ES a changé de diagnostic de troubles autistique lors de la ligne de base pour un diagnostic de PDD-NOS au temps 2 alors que sept (30,4 %) enfants du groupe ESDM ont connu ce changement de diagnostic. Ces schémas d'amélioration du diagnostic général du groupe ESDM ont été évalués par le test exact de Fisher sur le tableau de contingence – 2 (groupe traitement) × 4 (groupe diagnostic ; autisme/autisme, PDD/PDD, autisme/PDD, PDD/autisme) – et on a constaté que les résultats étaient statistiquement significatifs ($p = .032$). Les enfants traités par l'ESDM étaient donc plus susceptibles de voir leur statut diagnostique s'améliorer sur la base d'une évaluation clinique après deux années que les enfants du groupe ES.

Donc, dans cet essai randomisé et contrôlé rigoureux, mené sur deux ans, et qui testait la pratique intensive de l'ESDM à domicile, nous avons trouvé des différences significatives de QI et de langage entre les groupes qui peuvent être comparés favorablement aux résultats publiés par Lovaas (1987) et des changements plus importants, et plus étendus, que ceux obtenus dans l'essai contrôlé randomisé publié par Smith, Groen, et Wynn (2000) avec la méthode de Lovaas. Sur la base du diagnostic clinique, nous avons également trouvé que les symptômes fondamentaux de l'autisme avaient diminué après 2 ans de traitement et ces résultats ont été atteints en dispensant bien moins d'heures de traitement que pour les deux autres études. Bien que l'ESDM demande à faire l'objet d'une réplication indépendante avant d'être considéré comme un traitement validé empiriquement pour le traitement précoce des TSA, ces résultats sont certainement en accord avec les résultats positifs antérieurs des études faites sur le modèle de Denver.

Une variété d'études, dont un essai randomisé contrôlé, indiquent donc que l'ESDM est efficace pour améliorer les compétences cognitives, le langage, la communication sociale, et l'initiative des enfants, diminue la sévérité des symptômes appartenant aux TSA, et améliore le comportement général et les capacités d'adaptation. Bien que des études de suivi sur de plus longues périodes et des réplications soient nécessaires pour déterminer les bénéfices à long terme de ce type de traitement, la concordance des preuves dans différents types de contextes (en classe, application par les parents, ou application intensive à la maison) indique que l'ESDM est réellement efficace pour traiter un large éventail de symptômes précoces des TSA et pour améliorer l'évolution des enfants au moins pendant la période préscolaire. Des études supplémentaires sont en cours.

SIMILITUDES ET DIFFÉRENCES ENTRE L'ESDM ET LES AUTRES MODÈLES D'INTERVENTION POUR LES JEUNES ENFANTS ATTEINTS DE TSA

Pour ceux qui connaissent les modèles d'intervention précoce pour les TSA, les similitudes et les différences entre l'ESDM et les autres modèles bien connus sont à présent probablement devenues claires. L'ESDM ressemble plus étroitement à d'autres méthodes d'intervention qui insistent fortement sur les interactions réceptives et une orientation développementale, telles que l'intervention réceptive de Mahoney et Perales (Mahoney et Perales, 2003, 2005 ; Mahoney *et al.*, 2004), le DIR/Floortime (Wieder et Greenspan, 2005), la Relationship Development Intervention/RDI (Gutstein, 2005), le programme SCERTS (Prizant, Wetherby, Rubin, Laurent et Rydell, 2006), et les Programmes du centre Hanen (Coulter et Gallagher, 2001). Toutes ces méthodes d'intervention reposent sur la mise en évidence empirique des modes de développement typiques de la communication sociale. L'ESDM utilise un paradigme d'enseignement comportemental plus explicite que celui qui est décrit dans les autres méthodes, il est davantage guidé par les données, il couvre explicitement tous les domaines du comportement dans ses pratiques d'enseignement, tandis que la plupart des autres modèles se concentrent sur le développement socio-communicatif.

L'ESDM a également des liens nets avec les interventions naturalistes telles que le PRT, l'enseignement incident (McGee, Morrier et Daly, 1999), et l'enseignement en contexte (Yoder et Warren, 2001 ; Warren et Yoder, 2003 ; Kaiser, Yoder et Keetz, 1992). Comme l'ESDM, ces interventions utilisent un cadre de langage naturel, centré sur l'enfant et utilisent des stratégies d'enseignement comportemental précises. L'ESDM diffère de ces interventions en ce qu'il utilise un programme développemental élaboré, met explicitement en exergue l'affect et la qualité des relations sociales, il en diffère également par la globalité du cadre développemental.

Enfin, les points communs entre l'ESDM et l'approche de Lovaas (1987) concernent l'application d'un programme couvrant tous les domaines du développement, l'enseignement intensif, l'utilisation de procédures comportementales d'enseignement, et une méthode d'aide à la décision basée sur les données. L'ESDM s'en différencie par son approche centrée sur l'enfant plutôt que sur l'enseignement de l'adulte, sa focalisation sur les émotions positives de l'enfant, un apprentissage axé sur la communication intégrée à l'interaction courante, sur la communication non verbale en tant que précurseur de la communication verbale, et sur les fondements empiriques du programme et de la méthode (*i. e.*, science du développement plutôt que modèles comportementaux opérants).

Pourquoi choisir l'ESDM plutôt que toutes ces autres méthodes d'intervention ? En premier lieu, parce qu'il est plus solidement fondé sur la base d'observations empiriques que la plupart des autres méthodes. Seules les approches du PRT et de Lovaas sont soutenues par un large corpus scientifique à l'instar de l'ESDM. En deuxième lieu, c'est la seule intervention sur l'autisme qui s'adresse à tous les domaines du développement et dont le programme et les styles d'enseignement interactifs sont spécifiquement conçus pour des enfants en bas âge. Troisièmement, il est transposable dans tous les environnements naturels du quotidien des jeunes enfants. Il ne nécessite ni petit local séparé pour enseigner, ni aucun aménagement spécifique de la salle de classe, ni de se procurer du matériel spécial ou des systèmes visuels. L'environnement naturel sert d'environnement d'enseignement. Et finalement, c'est amusant à faire ! La focalisation sur les interactions positives encourage énormément les parents, les enfants, et les thérapeutes, de plus il fait appel à un style d'enseignement avec lequel les parents et les thérapeutes issus d'un grand nombre de disciplines, sont familiers.

L'ESDM est-il meilleur que les autres approches ? Aucune étude comparative ne nous permet de répondre à cette question. Ceci étant, nous estimons qu'aucune méthode ne peut être « la meilleure » pour tous les enfants, toutes les familles, et tous les thérapeutes. Une méthode d'intervention doit correspondre aux modes d'échanges préférés de la famille avec ses enfants, à la manière dont le thérapeute interagit le mieux avec les autres, et au profil individuel de l'enfant. L'ESDM répond aux attentes actuelles dans ce domaine, par une intervention rigoureuse, empiriquement validée utilisant une approche développementale, basée sur les relations sociales, et les données disponibles pour répondre aux multiples besoins développementaux des très jeunes enfants atteints de TSA et aux besoins de leurs familles.

2 • Présentation générale du modèle d'intervention précoce de Denver

Conclusion

Les principes fondamentaux de l'ESDM résultent d'une combinaison d'observations empiriques issues d'études sur l'autisme précoce, d'études faites sur le développement typique du nourrisson et de l'enfant, et d'études sur l'apprentissage.

Ce traitement se caractérise par un ensemble de principes et de pratiques qui sous-tendent à la fois le contenu et la mise en œuvre de l'intervention. Ceux-ci impliquent l'échange interpersonnel et les émotions positives, l'engagement social partagé avec du matériel et des activités de la vie courante, la communication verbale et non verbale en continu, un programme basé sur le développement s'adressant à tous les domaines du développement, des pratiques d'enseignement basées sur des méthodes issues de la théorie de l'apprentissage et l'approche comportementale positive, une perspective pluridisciplinaire, et l'individualisation du programme de chaque enfant.

Le modèle possède une longue histoire, avec des changements et des modifications continuelles en fonction des nouvelles données et des nouvelles théories sur l'autisme précoce qui s'offrent à nous. Le modèle actuel est le produit le plus récent d'une équipe interdisciplinaire de cliniciens experts et de chercheurs en autisme précoce de l'université de Californie – Davis et de l'université de Washington, qui utilisent et étudient les modèles d'intervention et font des recherches sur le profil neuropsychologique de l'autisme précoce depuis très longtemps.

Dans le chapitre suivant, nous traiterons des détails pratiques concernant la mise en œuvre de l'ESDM.

Chapitre 3

Utilisation du modèle ESDM

SOMMAIRE

Contextes d'application 72
À qui l'appliquer ? 73
Délivré par qui ? 74
Les procédures de l'ESDM 75
    Formulation des objectifs d'apprentissage 75
    Analyse des tâches et étapes d'enseignement 75
    Le carnet de traitement 76
    Questions d'éthique 76
Utilisation du modèle généraliste pour délivrer l'intervention 77
    L'enfant se développe dans tous les domaines 78
    Le modèle généraliste est économique 78
    Le modèle généraliste maximise la cohérence de l'enseignement et la répétition 78
    Le modèle généraliste fournit une intervention unifiée pour les parents 79
L'équipe de traitement pluridisciplinaire 79
    Définition de l'équipe 80
    L'organisation de l'équipe 81
    La communication encouragée au sein de l'équipe 88
    La formation de l'équipe 90
Le partenariat avec les familles 93
    Les effets de l'autisme sur les familles 94
    Les effets du traitement sur les familles 96
    Les parents comme puissants défenseurs de leur enfant 98
    Quand les parents ne sont pas à l'aise avec la philosophie et les procédures de l'ESDM 100
La transition pour sortir de l'intervention ESDM 100

CONTEXTES D'APPLICATION

Les procédures d'apprentissage naturaliste du modèle de Denver permettent de l'utiliser dans une variété d'environnements d'apprentissage : en crèche, en inclusion dans le cadre de l'école maternelle, au domicile pour les interventions délivrées par les parents, ou les interventions de professionnels. Le modèle de Denver dont l'ESDM est issu, a démarré par un programme de groupe de niveau préscolaire une intervention quotidienne, à raison de 25 heures par semaines pour de petits groupes d'enfants bénéficiant de l'intervention en petits groupes et en individuel, avec un ratio d'un adulte pour un enfant ou d'un adulte pour deux enfants. Les données des premières études d'efficacité, mentionnées dans le chapitre 2, provenaient de ce cadre préscolaire. Ce modèle fut utilisé plus tard avec succès dans plusieurs écoles maternelles de Denver, Colorado, qui comportaient environ quinze enfants dans une classe, avec un ou deux enfants atteints d'autisme et une large majorité d'enfants ayant un développement typique. Les activités incluaient un apprentissage individuel, un apprentissage en petit groupe, et un apprentissage dans un groupe plus important. Les techniques pour délivrer l'ESDM en groupe spécialisés ou en inclusion, sont détaillées dans le chapitre 10.

L'ESDM a eu du succès en tant qu'intervention intensive, à la maison, 20 heures ou plus par semaine avec un traitement individuel délivré par des professionnels étroitement supervisés qui pouvaient délivrer l'ESDM avec de hauts niveaux de fidélité (Dawson *et al.*, 2010). Cette modalité d'application n'exclut pas les enfants participant à un groupe préscolaire ou suivant des thérapies additionnelles. Les techniques pour délivrer l'ESDM de façon individuelle intensive dans des sessions durant habituellement deux heures sont détaillées dans les chapitres suivants.

La version de l'ESDM appliquée par les parents a aussi été utilisée avec succès (Vismara *et al.*, 2009). En consultation, parents et enfants suivent une à deux heures de thérapie par semaine. En même temps, le thérapeute délivre à la fois l'ESDM directement et enseigne aux parents comment le mettre en œuvre à la maison pendant des routines domestiques naturelles et des activités de jeu parent-enfant. Cette formule exige que le clinicien maîtrise l'approche ESDM, développe les objectifs à court-terme de l'enfant et remplisse les feuilles d'apprentissage quotidiennement, et transmette les compétences et contenus aux parents lors de sessions hebdomadaires. Un large éventail de parents a appris à mettre en œuvre le modèle ESDM avec un haut niveau de fidélité et a pu induire des changements dans les habiletés sociales et langagières de leurs enfants (Rogers *et al.*, 2006 ; Vismara *et al.*, 2009). La formation des parents et la mise en œuvre par eux ont aussi constitué une partie du traitement mené en groupe et dans l'application intensive à domicile. Il est important de rappeler que nous n'avons pas prouvé que l'approche ESDM est efficace dans une thérapie en consultation d'une à deux heures par semaine à moins que la composante formation des parents de l'ESDM soit utilisée.

À QUI L'APPLIQUER ?

L'ESDM a été développé pour des enfants ASD commençant entre 1 et 3 ans et poursuivant le traitement jusqu'à 4 à 5 ans. Le programme concerne les compétences développementales d'approximativement 7-9 mois jusqu'à approximativement 48 mois. Le contenu du programme et les procédures d'enseignement sont dérivés des études sur les interactions parent-enfant dans des cultures occidentales de classe moyenne. Ainsi, l'intervention correspond à une manière culturelle particulière d'interagir avec l'enfant. Nous avons examiné les résultats pour divers groupes de familles américaines variant par leur statut ethnique et par leur statut socio-économique (Rogers et Lewis, 1989 ; Vismara *et al.*, 2009). Jusqu'à présent, nous n'avons pas observé de différences d'évolution des enfants ou de différences dans l'application du modèle par les parents, qui seraient liés à leur statut ethnique ou socio-économique, mais l'examen formel de cette question est à peine amorcé. Les familles avec des traditions non occidentales peuvent trouver quelques aspects du contenu ou des procédures inappropriés dans leur formulation actuelle. Les professionnels peuvent donc avoir besoin d'adapter le contenu et les procédures pour s'ajuster aux coutumes et aux valeurs des familles.

L'ESDM n'est pas destiné à être utilisé pour des enfants d'âge chronologique de plus de 60 mois, même si leurs compétences développementales se situent entre 12 et 60 mois. Nous ne considérons pas que ce programme ou que le style interactif soit approprié pour des enfants plus âgés. L'essentiel du programme focalisé sur l'utilisation des objets et la communication non verbale rend également l'approche inappropriée pour des enfants d'âge développemental inférieur à environ 7-9 mois. D'après nos observations, les enfants ont besoin d'un niveau de compétence minimum dans l'utilisation des objets pour répondre correctement à de nombreuses techniques d'enseignement et objectifs de l'ESDM. Donc, la règle que nous recommandons est que l'ESDM soit utilisé pour des enfants qui sont intéressés par les objets et capables de réaliser quelques actions moyen-but simples, telles que mettre dans ou enlever, et ainsi combiner deux objets dans le jeu. Les enfants avec TSA dont l'âge développemental va au-delà de 48 mois dans tous les domaines ont besoin d'un programme plus avancé, bien que les procédures d'enseignement puissent encore être efficaces.

DÉLIVRÉ PAR QUI ?

L'ESDM a été développé pour être pratiqué et supervisé par des professionnels de la petite enfance issus des domaines de l'éducation spécialisée, de l'éducation, de la psychologie clinique ou développementale, des pathologies de la parole et du langage, de la psychomotricité, de l'analyse appliquée du comportement, et par les personnes qui sont directement entraînées ou supervisées par ces professionnels. Le programme et l'intervention sont directement issus de la psychologie du développement et de la psychologie clinique de l'enfant, de l'éducation de la petite enfance, des pathologies de la parole, de la psychomotricité, et de l'analyse appliquée du comportement. Toute personne qui utilise l'ESDM doit avoir une formation sur les connaissances de base, les concepts, et les pratiques issues de ces disciplines. Ceci est le plus facilement acquis au sein d'une équipe d'intervention précoce dont les membres peuvent se former mutuellement sur les concepts et les pratiques qui sous-tendent l'ESDM.

Sans accès à ces données pluridisciplinaires, il sera difficile pour n'importe quel professionnel d'une seule discipline de mettre en œuvre le modèle ESDM avec un haut niveau de pertinence. Heureusement, l'intervention précoce aux États-Unis est généralement organisée dans de telles équipes, dans les écoles publiques ou dans les organismes délivrant des services, dans les consultations sur l'autisme et les autres centres médicaux. Il n'y a rien qui remplace le fait d'avoir des collègues d'autres disciplines qui observent vos sessions de traitement et revoient vos objectifs pour acquérir une expertise pluridisciplinaire. C'est de cette manière que l'ESDM a été développé, et que ce programme a été affiné au cours des vingt dernières années. Nous reviendrons plus loin dans ce chapitre sur le sujet de l'équipe pluridisciplinaire et de ses membres.

Généralement, les thérapeutes qui apprennent le modèle ESDM, proviennent d'une ou deux disciplines. Certains sont très bien formés à l'analyse comportementale et ont beaucoup d'expérience dans l'apprentissage par essais distincts. Ces thérapeutes maîtrisent les stratégies comportementales de base incluant les relations antécédent-comportement-conséquence et l'usage d'incitations, de façonnement, de diminution des incitations, et d'enchaînement pour enseigner de nouvelles compétences et remplacer un comportement indésirable. Le défi pour eux dans l'apprentissage du modèle ESDM est d'utiliser des relations dyadiques dans des activités basées sur le jeu, d'induire des affects positifs chez l'enfant, de suivre les initiatives de l'enfant, et de faire coïncider de nombreux objectifs d'apprentissage avec les activités choisies par l'enfant.

Les thérapeutes issus de l'éducation spécialisée, les orthophonistes, les psychomotriciens, et les psychologues cliniciens ou psychologues du développement peuvent avoir de solides formations sur le développement. Ils ont généralement des compétences bien développées dans l'intervention basée sur le jeu qui répond au choix de l'enfant, et ils trouvent généralement les aspects affectifs du modèle faciles à mettre en œuvre. Pour eux, le défi dans ce modèle est la précision de cette approche de l'apprentissage, qui requiert un enseignement de compétences très spécifiques, de manière soutenue dans le cadre du jeu, avec une application précise de renforcements, et l'utilisation des principes d'incitation, de façonnement, de diminution des incitations, et d'enchaînement. Ainsi, des professionnels de chaque formation s'engagent dans l'approche ESDM avec quelques compétences très bien développées, mais aussi quelques nouvelles compétences d'enseignement à acquérir.

LES PROCÉDURES DE L'ESDM

Formulation des objectifs d'apprentissage

Avant le début du traitement chaque enfant est évalué en utilisant la liste de contrôle des compétences (voir annexe 1 à la fin de l'ouvrage). Le chef d'équipe développe alors deux à trois objectifs d'apprentissage à court-terme dans chaque domaine développemental de la liste. Ces objectifs sont établis pour être remplis en douze semaines et ils définissent les compétences que l'enfant devra apprendre durant cette période de douze semaines. La cible d'enseignement est ajustée tout au long des semaines en fonction des données obtenues durant les sessions, et à la fin des douze semaines, les objectifs sont revus à partir d'une nouvelle évaluation avec la liste des compétences. De nouveaux objectifs sont alors développés ou les anciens sont revus. Le processus de formulation de ces objectifs d'enseignement à court-terme est expliqué dans le chapitre 4.

Analyse des tâches et étapes d'enseignement

À partir du moment où les objectifs sont développés, chacun d'entre eux est fractionné en une série d'étapes à partir d'une analyse développementale de la tâche. Ces étapes servent de cibles d'enseignement intermédiaires qui mènent à la maîtrise totale de l'objectif. Les étapes indiquent ce qui est enseigné dans chaque session. Les sessions se concentrent sur l'enseignement de chaque étape de l'acquisition d'un objectif, qui représente l'étape que l'enfant a besoin d'apprendre actuellement, et sur la pratique d'une acquisition en vue de son maintien, qui est l'étape que l'enfant a maîtrisée juste avant. Pendant les sessions, l'intervenant fait des pauses à intervalles réguliers (par exemple, toutes les 15 minutes) pour noter la performance de l'enfant sur la feuille de données quotidienne (expliquée plus en détail au chapitre 5). La feuille de données relie entre eux les objectifs des douze semaines, l'analyse des tâches enseignées, et la performance individuelle de l'enfant. À partir de là elle fournit une manière de suivre ce qui a été enseigné et ce que l'enfant est en train d'apprendre.

Le carnet de traitement

Les plans d'enseignement de l'enfant sont organisés dans le carnet de traitement qui inclut : les objectifs, les analyses de tâches, et les feuilles de données quotidiennes aussi bien que d'autres informations pertinentes. Par exemple, il peut inclure un planning, pour que les heures de traitement soient faciles à retrouver ; il peut comporter un espace pour que les différents intervenants puissent prendre des notes sur la session – de nouvelles étapes importantes, des problèmes, des questions pour les autres, ou des compétences qui nécessitent une attention particulière. Les numéros de téléphone et les noms, tels que ceux des médecins, sont souvent utiles également. Le matériel d'enseignement additionnel sera inclus aussi. Celui-ci est décrit dans les chapitres suivants. Le carnet reste habituellement là où le traitement se déroule le plus souvent. Si le traitement est réalisé à la maison ou est le plus souvent délivré par les parents, le carnet reste à la maison. Si le traitement a lieu dans un centre, le carnet reste là-bas. Le carnet doit être accessible aux intervenants pour toutes les sessions de traitement.

Questions d'éthique

Pour une application intensive basée à la maison, il est crucial que les membres de l'équipe soient bien formés aux aspects éthiques des soins et de l'attitude professionnelle avant qu'ils commencent à travailler à domicile. En outre, il est crucial de fournir une supervision continue par un clinicien ayant l'expérience des dynamiques familiales pour identifier les questions quand elles émergent, pour aider les membres du personnel à être conscients de leurs sentiments et de leurs réactions, pour revoir les standards éthiques, et pour agir en conséquence.

Lorsque l'intervention avance, parents et intervenants vont en arriver à se connaître très bien. Beaucoup de questions éthiques peuvent se présenter avec le développement de la relation, et des supervisions continues sont nécessaires pour que les membres du personnel soient conscients de ces questions (Fuentes et Martin-Arribas, 2007). Un membre de l'équipe présent quotidiennement au domicile de la famille commence à être perçu comme un membre de la famille. Les limites de la relation parent-professionnel peuvent être facilement dépassées, lorsque les parents partagent de plus en plus et que le membre de l'équipe voit la famille dans tous les aspects de la vie à la maison. Les parents peuvent commencer à demander davantage d'aide, comme la garde de l'enfant, ou peuvent proposer des contacts sociaux, inviter le professionnel à des événements familiaux, des fêtes d'anniversaire, etc. Les parents peuvent vouloir faire des cadeaux à l'équipe, et les professionnels vouloir faire des cadeaux aux membres de la famille. Les membres de l'équipe peuvent devenir impliqués émotionnellement dans la vie des membres de la famille, être mêlés aux disputes conjugales, et être au courant de conversations privées et d'habitudes parentales. Les professionnels peuvent développer de forts sentiments envers l'attitude éducative de la famille, le mode d'interaction, la manière d'entretenir la maison, les habitudes quotidiennes, et les pratiques financières, et ces sentiments peuvent affecter les interactions du professionnel avec la famille et avec l'enfant, ce qui rend plus difficile le maintien des limites et de la distance professionnelle.

Les questions courantes d'éthique qui se présentent et doivent être soigneusement réfléchies et discutées dans les sessions de supervision concernent la maladie mentale des parents, la qualité de la relation parentale et la responsabilité de rapporter un risque d'abus sur l'enfant ou de négligence, les questions de mauvais traitements entre époux, l'importance des arrangements à consentir aux parents qui les demandent, la poursuite du traitement pour l'enfant qui ne progresse pas ou dont l'état s'aggrave, et les autres questions relatives au fait d'adresser la famille ailleurs, de soutenir l'indépendance des parents et l'initiative à propos de la prise de décision, du style de vie, de la culture, des différences de valeurs, et de bien d'autres choses.

UTILISATION DU MODÈLE GÉNÉRALISTE POUR DÉLIVRER L'INTERVENTION

L'équipe pluridisciplinaire de l'ESDM utilise un modèle généraliste pour délivrer l'intervention aux enfants et aux familles (Schopler *et al.*, 1995). Cela signifie qu'il y a un seul plan de traitement dans l'ESDM qui couvre les buts de toutes les disciplines (c'est-à-dire, les objectifs d'enseignement avec leurs analyses de tâches développementales) et ce plan met l'accent sur le fonctionnement intégré de l'enfant dans sa globalité. Le plan de traitement de l'enfant est délivré par les parents à la maison, dans des sessions d'orthophonie ou de psychomotricité, d'une manière intensive à domicile, ou dans le cadre de groupes à l'école maternelle. Un professionnel (le responsable de l'équipe) supervise le projet de traitement dans son intégralité, ce qui inclut le développement des objectifs de traitement et le système de recueil des données, l'aide à la mise en œuvre du traitement, la surveillance des données sur la progression, et la décision de modification à n'importe quel niveau du projet. Le traitement ESDM peut être pratiqué selon un modèle de thérapie individuelle, comme le traitement en orthophonie, dans lequel le thérapeute travaille avec les parents et l'enfant, les parents poursuivant les interventions à la maison. Cependant, même dans cette situation, le thérapeute a accès aux évaluations des autres disciplines, a accès aux autres professionnels des différentes disciplines qui connaissent l'enfant et peut les consulter si nécessaire, et a assez de formation pluridisciplinaire pour appliquer l'ESDM. Nous trouvons l'utilisation d'un modèle généraliste important pour les raisons suivantes.

L'enfant se développe dans tous les domaines

Les interventions dans un domaine ont nécessairement un impact sur les autres domaines. Toute activité d'apprentissage de l'enfant touche de multiples domaines du développement. Par exemple, dans une activité motrice, les adultes communiquent avec les enfants. Dans une activité cognitive, le système de motricité fine de l'enfant est sollicité pour manipuler du matériel d'une manière spécifique. Dans un modèle généraliste, le thérapeute qui travaille avec un enfant, connaît les interventions qui doivent lui être délivrées dans tous les domaines et peut cibler des activités dans de multiples domaines. Cela a pour conséquence une intervention très précise dans laquelle chaque activité s'adresse de manière simultanée à de multiples domaines du développement de l'enfant. Cela maximise la quantité d'enseignement dans une activité donnée parce que des objectifs et des domaines multiples ont fait l'objet d'apprentissages.

Le modèle généraliste est économique

Le projet d'intervention complet de l'enfant peut être exécuté par les parents et par chacun des membres de l'équipe, en évitant ainsi le besoin de nombreux thérapeutes coûteux impliqués chaque semaine dans le travail avec l'enfant, avec un chevauchement des buts et des traitements. Dans des cadres ruraux ou autres dans lesquels les ressources professionnelles sont rares, cela permet aux professionnels de couvrir les besoins d'un maximum d'enfants en évitant la redondance.

Le modèle généraliste maximise la cohérence de l'enseignement et la répétition

De multiples professionnels, travaillant chacun indépendamment, ne peuvent pas fournir le type de cohérence dans le langage, les attentes, les routines, et les exercices qui, comme nous le savons, favorise l'apprentissage pour les enfants avec autisme. Inversement, les enfants avec autisme ont des difficultés à généraliser entre les différents contextes et les différentes personnes et sont incapables d'extraire les principes généraux d'apprentissage au travers d'interventions différentes d'une heure, et qui ont lieu une ou deux fois par semaine (Plaisted, 2001). Le fait d'utiliser un plan de traitement unique pour tous les adultes et les contextes augmente la cohérence et le nombre de sessions de traitement, maximisant ainsi l'apprentissage de l'enfant.

Le modèle généraliste fournit une intervention unifiée pour les parents

Avoir un seul responsable d'équipe et un projet d'intervention unifié empêche des situations dans lesquelles les parents reçoivent des conseils différents sur ce qu'il convient de faire de la part tous les thérapeutes qu'ils voient. Ce modèle centre les interactions des parents sur le chef d'équipe, et simplifie ainsi les communications pour la famille. Il permet aussi aux parents de voir comment une personne peut prendre en compte tous les besoins développementaux de l'enfant dans le jeu et dans des activités quotidiennes courantes, ce qui permet d'aider les parents à apprendre à faire de même, et il montre à la famille comment plusieurs personnes différentes peuvent délivrer le même projet d'intervention bien que chacun ait une relation unique avec l'enfant.

Nous donnons ci-dessous plus de détails sur l'équipe pluridisciplinaire, son organisation, et ses membres.

L'ÉQUIPE DE TRAITEMENT PLURIDISCIPLINAIRE

L'autisme est techniquement défini par des symptômes dans les trois domaines primaires – communication, comportement social, et un répertoire comportemental répétitif, restreint – cependant, beaucoup plus de domaines sont fréquemment affectés comme le fonctionnement moteur, la sensibilité sensorielle, le traitement des informations sensorielles, le développement intellectuel. On relève aussi des difficultés d'apprentissage scolaire, des problèmes d'attention, des problèmes psychiatriques tels que l'anxiété et les troubles de l'humeur, des problèmes de comportement tels que les colères, et des problèmes de santé incluant l'alimentation, le sommeil et les allergies (Hansen et Hagerman, 2003). Beaucoup de ces difficultés associées sont déjà présentes dans la période de la petite enfance (Zwaigenbaum *et al.*, 2005), et il y a fréquemment une augmentation de ces problèmes associés pendant la période préscolaire. Ainsi, les professionnels de l'intervention précoce travaillant avec de jeunes enfants avec autisme seront confrontés à ces difficultés dans leur travail pendant la petite enfance et la période préscolaire.

Les anomalies du réseau neuronal sous-tendent beaucoup de symptômes des TSA, comme la démarche anormale et les mouvements anormaux, l'hypersensibilité sensorielle, et la difficulté de production intentionnelle de sons du langage. Les interventions telles que l'ESDM qui cherchent à stimuler davantage de schémas développementaux typiques dans les TSA doivent être construites sur une compréhension sophistiquée des fondements neuronaux, neuropsychologiques et développementaux de compétences variées qui seront ciblées par l'intervention. Développer une intervention globale pour le jeune enfant avec TSA requiert ainsi une expertise dans le développement précoce de l'enfant dans les domaines affectés, et cela nécessite une équipe pluridisciplinaire.

Définition de l'équipe

L'ESDM est un modèle pluridisciplinaire dans lequel des éducateurs spécialisés de la petite enfance, des psychologues cliniciens et psychologues du développement, des orthophonistes, des psychomotriciens, des pédiatres, et des analystes du comportement travaillent ensemble pour élaborer un projet d'intervention et guider sa mise en œuvre. Pour être sûr que les besoins en santé de l'enfant font partie de son projet, le médecin de l'enfant doit être considéré comme un membre de cette équipe. Dans certains cas, ce sera un pédiatre spécialisé dans l'approche développementale et comportementale qui a pris part à l'évaluation diagnostique de l'enfant. Pour certains enfants, des pédopsychiatres sont aussi impliqués. Les assistants d'éducation jouent souvent des rôles majeurs dans l'administration des soins dans les programmes de groupe et dans les interventions intensives à domicile. Ils ont aussi un rôle important dans l'équipe. Sans tenir compte du type d'application de l'ESDM (dans un centre, en intégration à la maternelle, par coaching parental, ou en application intensive à domicile), une équipe de traitement pluridisciplinaire est nécessaire pour le développement et le contrôle d'une application appropriée de l'ESDM.

Les parents sont aussi des membres importants de l'équipe de traitement. Travailler avec des enfants en bas âge et de jeunes enfants signifie travailler dans le contexte d'une triade enfant-parents (McCollum et Yates, 1994). Encore plus que dans les interventions pour des enfants plus âgés, le traitement des jeunes ou très jeunes enfants requiert un travail avec la famille, un fait qui a été bien intégré par la communauté en santé mentale de l'enfant (Gilkerson et Stott, 2005). Les personnes d'une équipe d'intervention en autisme peuvent manquer de formation formelle en psychiatrie du jeune enfant, mais les concepts sont cruciaux, et la prise en compte de la famille est considérée comme fondamentale pour le succès des interventions pour les jeunes et très jeunes enfants (Shonkoff et Phillips, 2000). La nécessité de prise en compte de la famille est présente dans la charte pour les personnes avec handicaps (IDEA, 1991), qui demande aux états qui participent, d'organiser et de délivrer l'éducation pour les enfants de moins de trois ans en accord avec un projet de service individualisé pour la famille (IFSP : *Individualized Family Service Plan*) qui inclut des visites à domicile, une formation, et des services de conseil pour la famille en plus des services directs pour l'enfant.

3 • Utilisation du modèle ESDM

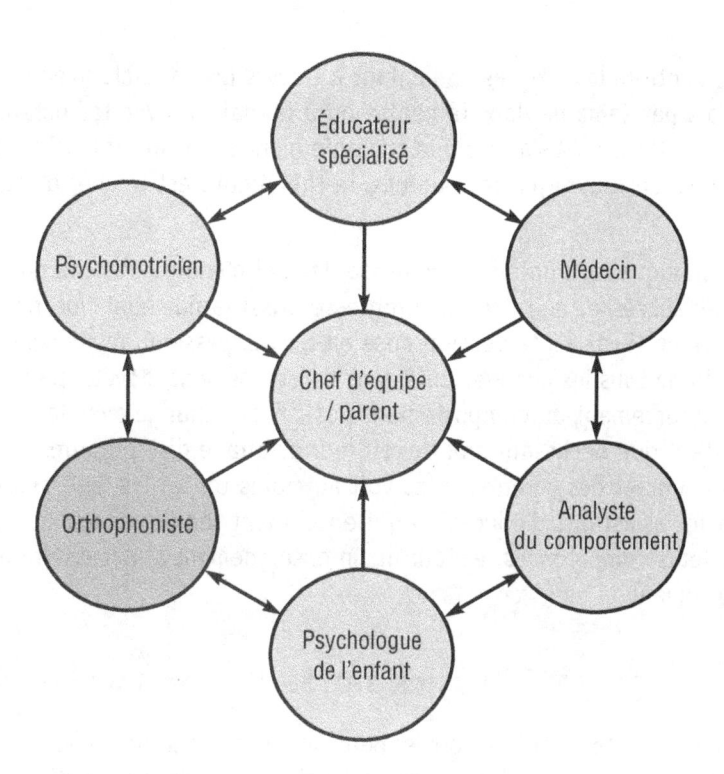

Figure 3.1. Organisation de l'équipe pluridisciplinaire.

L'organisation de l'équipe

■ Le chef d'équipe

Les professionnels d'une variété de disciplines peuvent assurer la fonction de chef d'équipe cela dépendant du contexte et des besoins de l'enfant. Au début du traitement, le chef d'équipe réalise habituellement une évaluation en utilisant la liste de contrôle des compétences (voir annexe 1). En se basant sur les résultats de l'évaluation, le chef d'équipe développe les objectifs trimestriels de l'enfant, l'analyse développementale de tâche pour chaque objectif, les activités et programmes d'apprentissage, les systèmes de recueil de données, et les inscrit dans le carnet de traitement. Le chef d'équipe travaille directement avec les parents pour les soutenir dans l'application du projet d'intervention dans un cadre naturel et dans la mise en place des routines de jeu à la maison et dans la communauté. Le chef d'équipe travaille aussi directement avec l'enfant, pendant des visites à la consultation lorsque le programme est délivré en consultation, pendant des visites au domicile avec les parents ou dans la classe, et directement avec les assistants d'éducation pour mettre en œuvre les objectifs. Le chef d'équipe fournit la formation nécessaire aux assistants d'éducation et contrôle les progrès de l'enfant à travers les contacts avec la classe, ou des visites deux fois par semaine dans le centre ou à la maison avec les parents, l'enfant et les intervenants. (Note : s'il s'agit d'une thérapie menée par un professionnel d'une seule discipline et mise en œuvre par les parents, le thérapeute est le chef d'équipe et réalise ces étapes.)

Au fur et à mesure que le traitement progresse, le chef d'équipe s'assure que l'intervention se déroule avec succès et que l'enfant progresse aussi rapidement que possible. Le chef d'équipe observe et ajuste l'intervention mise en œuvre, passe en revue les données toutes les semaines, dirige tous les changements dans l'enseignement, développe et met en œuvre des plans de renforcement du comportement positif, et échange avec les autres membres de l'équipe autant que nécessaire pour avoir leur éclairage disciplinaire. Le chef d'équipe est le principal contact des parents. Il les voit au moins toutes les deux semaines, observe régulièrement les assistants d'éducation qui enseignent régulièrement à la maison ou en classe, évalue leurs compétences, et fournit un enseignement si nécessaire pour assurer la fidélité du traitement.

■ Rôles et responsabilités des autres membres de l'équipe

Les autres membres de l'équipe soutiennent le chef d'équipe avec leur compétence disciplinaire. Chaque trimestre, les autres professionnels aident le chef d'équipe à mettre à jour les objectifs et le projet de traitement et à évaluer le déroulement de ce dernier. Les autres membres de l'équipe peuvent agir comme consultants, évaluateurs, ou occasionnellement, thérapeutes additionnels pour les enfants présentant des handicaps associés sévères dans leurs domaines de compétence. Il faut se rappeler que les thérapeutes de toutes les disciplines peuvent être chef d'équipe.

Éducateurs spécialisés pour la petite enfance

L'éducateur spécialisé pour la petite enfance a une expertise particulière dans le programme de développement et l'individualisation, dans l'organisation physique de la classe, la gestion des horaires et des transitions du planning, et dans l'organisation du fonctionnement des adultes dans la classe. Les éducateurs spécialisés pour la petite enfance ont aussi une compétence particulière dans le développement de l'enfant dans de multiples domaines et dans la création d'activités d'apprentissage qui s'adressent à certains domaines du développement. Ils ont tendance à être d'excellents généralistes, avec une formation dans tous les domaines de développement et avec une compréhension approfondie de la manière dont les jeunes et très jeunes enfants apprennent. Dans beaucoup de groupes fonctionnant à l'école, les éducateurs spécialisés pour la petite enfance évaluent les enfants, déterminent les objectifs d'apprentissage, supervisent l'équipe, enseignent l'intervention aux parents, rassemblent les données, et mettent les programmes à jour.

3 • Utilisation du modèle ESDM

Dans des classes de maternelle où l'ESDM est délivré, l'éducateur spécialisé pour la petite enfance peut être l'enseignant principal de l'ensemble du groupe ou être consultant et apporter un soutien à l'enseignant principal. L'éducateur spécialisé pour la petite enfance est habituellement responsable du programme et de la supervision des assistants enseignants dans la classe. Dans une mise en œuvre de l'ESDM à domicile ou par les parents, l'éducateur pour la petite enfance prend souvent une position de chef d'équipe pour développer le projet d'intervention de l'enfant, enseigner aux parents comment mettre en œuvre l'ESDM, et superviser les assistants d'éducation et tous les autres intervenants. De plus quand les enfants intègrent de nouveaux programmes de groupe, l'éducateur spécialisé pour la petite enfance de l'équipe ESDM peut se coordonner avec l'éducateur spécialisé du nouveau groupe pour soutenir des approches coordonnées pour le projet d'intervention de l'enfant. Dans le cadre de consultations cliniques, il peut ne pas y avoir d'éducateur spécialisé.

Psychologue clinicien et psychologue du développement

Le psychologue clinicien de l'enfant est un membre clé de l'équipe de diagnostic et il est aussi responsable habituellement de la gestion des questions sur le comportement et la santé mentale. Il organise la concertation avec les autres membres de l'équipe pour ce qui concerne l'adaptation de la famille et les préoccupations de santé mentale au sein de celle-ci. Le psychologue est habituellement responsable de la conduite des évaluations standardisées du fonctionnement de l'enfant, qui incluent l'évaluation des compétences intellectuelles et développementales, les problèmes de comportement, et les comportements d'adaptation. Le psychologue contribue souvent au développement des objectifs cognitifs, socio-émotionnels, et comportementaux pour les enfants. Le psychologue peut prendre le rôle de chef d'équipe, particulièrement pour les enfants pour lesquels il y a des besoins familiaux significatifs, pour ceux qui ont besoin d'un référent pour les services sociaux et les services de santé mentale, ou ceux pour lesquels une coordination avec leurs actuels professionnels de santé mentale est nécessaire dans le projet d'intervention. Le psychologue peut aussi fournir régulièrement (souvent toutes les semaines) une supervision clinique de groupe aux chefs d'équipe et aux assistants d'éducation pour ce qui concerne diverses questions cliniques et difficultés qui se présentent dans le travail avec les familles.

Finalement, le psychologue fournit souvent une aide et un soutien aux membres de l'équipe qui ont des questions à propos de la nécessité de dénoncer la possibilité d'un abus sur l'enfant ou d'une négligence. Pour quelques équipes, les fonctions dans le domaine de la santé mentale décrites ici sont remplies par des travailleurs sociaux diplômés.

Orthophoniste

La mise en œuvre de l'ESDM requiert une référence aux données actuelles sur la pathologie du langage en raison de la focalisation sur le développement de la communication dans les TSA précoces. Dans toutes les modalités d'application de l'ESDM, l'orthophoniste est responsable de l'évaluation initiale de la parole et du langage de l'enfant, en évaluant l'impact potentiel des difficultés oro-motrices, et en fournissant des éléments pour élaborer les objectifs de communication pour chaque enfant. L'orthophoniste réalise des consultations et surveille le développement de la communication de chaque enfant, en assistant l'équipe de traitement pour maximiser le développement du langage, et réévalue l'enfant à des intervalles réguliers pour contrôler ses progrès en communication. L'orthophoniste a un rôle majeur dans les décisions pour proposer des systèmes de communication alternative pour les enfants (cela implique un processus de prise de décision spécifique, examiné en détail dans le chapitre 9). Pour les enfants présentant une anomalie spécifique du langage, comme une dyspraxie sévère du langage, qui requiert des services directs, l'orthophoniste peut fournir ce traitement ou renvoyer les enfants vers d'autres professionnels pouvant fournir un tel traitement. Il est extrêmement utile d'avoir des orthophonistes qui ont une formation dans le traitement spécifique des dyspraxies, comme avec le PROMPT (Hayden, 2004). Le PROMPT est très compatible avec l'orientation et les pratiques de l'ESDM, et nous avons trouvé qu'il était essentiel pour que certains enfants développent un langage.

Les autres niveaux de participation de l'orthophoniste dépendent du contexte d'application. Dans certains contextes, l'orthophoniste peut utiliser l'ESDM pour réaliser des séances en consultation et enseigner aux parents une application à domicile (Rogers et al., 2006). Dans un groupe dans le cadre de l'école maternelle, l'orthophoniste peut délivrer une séance par semaine avec l'ESDM et assurer le suivi des objectifs trimestriels de l'enfant, mais en se centrant sur la communication et les objectifs sociaux. Dans les programmes intensifs à domicile, l'orthophoniste peut diriger l'équipe de traitement, en supervisant les assistants et en étant le thérapeute principal s'il a une formation croisée avec les autres membres de l'équipe et a développé une compétence en analyse appliquée du comportement et dans les autres domaines disciplinaires.

Dans toutes ces configurations, l'orthophoniste peut avoir un rôle de consultant plutôt qu'un rôle direct, en évaluant les enfants, en enrichissant les objectifs de traitement, en contrôlant les progrès, en résolvant des problèmes, et en soutenant les chefs d'équipe. Pour les enfants qui bénéficient d'une thérapie orthophonique par un autre professionnel, soit à titre personnel soit dans un cadre préscolaire, l'orthophoniste du programme ESDM maintient le contact avec cette personne pour favoriser une approche coordonnée pour l'enfant et la famille.

Psychomotricien

Le psychomotricien, comme l'orthophoniste, a un rôle critique dans l'équipe à cause de sa compétence dans le développement moteur et sensoriel de la petite enfance et de sa connaissance du développement des comportements d'adaptation. Le psychomotricien est un membre important de l'équipe et ses données sont essentielles pour la réalisation complète du modèle. Pour tous les enfants, le psychomotricien soutient le chef d'équipe pour s'assurer que les objectifs moteurs et que les plans de traitement sont appropriés. Il suit les progrès des enfants qui présentent des anomalies sensorielles et/ou motrices et il aide l'équipe à adapter le projet lorsque cela est nécessaire.

Le psychomotricien peut jouer plusieurs rôles en fonction du type d'application de l'ESDM qui est utilisé. Il peut assurer des sessions individuelles, une formation des parents, il peut procéder à l'évaluation et avoir un rôle de consultant. Le psychomotricien est responsable du dépistage initial, de l'évaluation si nécessaire, de la révision des objectifs, de la mise en œuvre du traitement, et des consultations concernant le fonctionnement sensoriel et moteur des enfants qui présentent des anomalies marquées dans ces domaines. Le psychomotricien peut être le chef d'équipe pour certains enfants. Pour les enfants dont les anomalies motrices sévères requièrent un traitement direct, le thérapeute occupationnel peut fournir cette prestation ou adresser les enfants à d'autres professionnels pouvant assurer le traitement nécessaire. Pour les enfants qui bénéficient de séances de psychomotricité avec d'autres professionnels, soit de façon individuelle soit dans un cadre préscolaire, Le psychomotricien communique le programme actuel de l'enfant et ses objectifs dans l'ESDM et travaille avec les autres thérapeutes pour favoriser une approche coordonnée pour l'enfant et la famille.

L'analyste du comportement

La compétence en analyse du comportement est déterminante pour la réalisation complète du modèle. L'analyste du comportement certifié (BCBA) a une compétence particulière dans l'évaluation fonctionnelle du comportement, l'application des principes de l'apprentissage comportemental, la mise en œuvre des stratégies de recueil de données, et l'utilisation des données pour contrôler l'apprentissage et le changement. Ainsi, l'analyste du comportement certifié est un membre important de l'équipe et prend souvent le rôle de chef d'équipe en évaluant les enfants à partir de la liste de contrôle des compétences, en développant leurs objectifs individuels, et en supervisant les autres membres de l'équipe pour assurer une mise en œuvre correcte du projet.

Pour les enfants ayant des problèmes de comportement significatifs, l'analyste du comportement certifié fournit une évaluation fonctionnelle des comportements (O'Neill et al., 1990), développe un projet de renforcement des comportements positifs (Carr et al., 2002), apprend aux parents et aux membres de l'équipe à mettre en œuvre le projet, et examine les données concernant les progrès. L'analyste du comportement certifié est également consulté par les autres membres de l'équipe en ce qui concerne l'application des principes de la théorie de l'apprentissage. Il est fréquent que les éducateurs spécialisés, les psychologues et les orthophonistes aient été tout à fait formés à l'utilisation de l'analyse appliquée du comportement dans leur discipline. Cependant, étant donné la complexité des TSA et l'importance d'une utilisation précise des stratégies d'enseignement comportemental, des évaluations fonctionnelles, du développement des projets de soutien des comportements positifs, du besoin d'un recueil de données et de la prise de décisions sur la base de ces données dans l'ESDM, l'analyste du comportement certifié a un rôle clé à remplir dans l'équipe.

Le médecin

Un autre membre important de l'équipe est le pédiatre de l'enfant ou le médecin généraliste, et, dans certains cas, le pédiatre qui a participé à l'évaluation diagnostique de l'enfant. Les enfants avec autisme connaissent souvent une large gamme de problèmes médicaux, incluant des problèmes d'alimentation, des difficultés de sommeil, des allergies, des problèmes gastro-intestinaux, des crises d'épilepsie, et autres. Ces problèmes ont un impact significatif sur le succès d'un programme d'intervention. Un enfant qui a mal, qui a faim ou qui est fatigué sera irritable et aura des difficultés d'attention pour l'apprentissage. Les enfants diagnostiqués récemment avec un TSA ont besoin d'un examen médical minutieux pour déterminer si des problèmes médicaux sont présents, et si c'est le cas, comment ils vont être traités.

De plus, les parents ont souvent des questions d'ordre médical. Par exemple, concernant un traitement biomédical, ils peuvent avoir lu que le médecin est le mieux placé pour répondre à leurs questions. Dans l'idéal, le médecin généraliste est bien informé sur les TSA ou a des liens avec d'autres médecins qui sont experts en TSA, ce qui fait que le suivi médical de l'enfant peut être réalisé par le médecin généraliste en lien avec des spécialistes médicaux qu'il peut consulter. Avec le consentement parental, le médecin doit être informé de la participation de l'enfant à l'ESDM par le chef d'équipe, doit avoir le nom et le numéro de téléphone du chef d'équipe, et doit être informé du diagnostic de l'enfant et recevoir des rapports sur les progrès et les objectifs de l'intervention.

Les assistants d'éducation

Les assistants d'éducation délivrent une bonne partie de l'intervention individuelle de l'enfant quand l'ESDM fait l'objet d'un programme d'intervention intensive à domicile, aussi bien que lorsque le programme est appliqué en groupe dans des classes de maternelle. Ils appliquent le projet comme indiqué par le chef d'équipe, enregistrent avec précision les données concernant les progrès, communiquent les changements dans l'acquisition et les tâches maîtrisées aux autres membres de l'équipe, avisent le chef d'équipe de tout événement inattendu ou des comportements observés, et respectent les limites professionnelles et éthiques en ce qui concerne les interactions avec les familles. Ils rencontrent régulièrement le chef d'équipe et le psychologue clinicien pour discuter de leurs interactions avec les enfants et les membres de la famille et ils sont régulièrement observés et reçoivent du feedback sur leur application du traitement.

Les assistants d'éducation ont souvent le rôle complexe de celui qui a le plus de contacts avec les parents, qui passe le plus de temps à appliquer le traitement, mais qui a moins d'autorité sur le programme d'intervention que les professionnels de l'équipe. À domicile, les assistants d'éducation entrent dans l'espace et la vie de la famille, et ils font face à beaucoup de questions d'éthique concernant les limites professionnelles, l'intimité de la famille, les inquiétudes des parents à propos de leur enfant, et les relations dynamiques qui se jouent dans la vie quotidienne de la famille. Ils sont engagés dans des interactions avec l'enfant et la famille tout au long de leurs journées de travail dans un modèle de traitement qui requiert un engagement émotionnel durant chaque heure de thérapie. Il s'agit d'un rôle intense et exigeant. En outre, dans l'ESDM, les activités ne sont pas formalisées, et au contraire, le succès de l'intervention est lié à la connaissance du programme de traitement, de l'enfant, et à leur créativité personnelle pour mettre en place des activités d'apprentissage à partir du matériel et des événements de tous les jours.

Les assistants d'éducation ont besoin d'une supervision continue par des professionnels et d'un soutien pour gérer ces attentes d'une manière responsable et éthique, et ils ont aussi besoin d'un soutien émotionnel et d'une guidance par les membres professionnels de l'équipe. La supervision du chef d'équipe est cruciale toutes les semaines pour soutenir les assistants d'éducation dans leur travail avec les enfants et leurs interactions avec les parents et les autres membres de la famille. Cela implique à la fois une observation de leur pratique et une discussion sur leur travail avec chaque enfant qui leur est assigné. Une supervision régulière par un psychologue clinicien a été vraiment utile pour nous quand l'ESDM a commencé à être utilisé pour une application individuelle intensive à domicile. Toutes les disciplines devraient contribuer en continu à la formation de l'équipe para-professionnelle et on doit leur offrir la possibilité de consulter les experts de toutes les disciplines. Car cette équipe d'assistants d'éducation a « la part du lion » dans l'intervention auprès de l'enfant dans certains contextes et cela nécessite une connaissance et une compétence considérables si l'on veut que l'ESDM soit pleinement réalisé.

Les autres professionnels

Les autres professionnels qui peuvent prendre part à l'équipe personnelle de l'enfant incluent les spécialistes en nutrition, kinésithérapie, musicothérapie, audiologie[1], et les spécialités médicales parmi lesquelles l'allergologie, l'ophtalmologie, la gastro-entérologie, la psychiatrie, et la neurologie, entre autres. Quand d'autres disciplines sont impliquées dans le traitement de l'enfant, les mêmes procédures de communication s'appliquent. Celles-ci

---

1. NDT. Audiologie : science qui étudie les phénomènes et les troubles de l'audition. En Amérique du Nord, l'audiologiste est un professionnel paramédical qui traite et rééduque les troubles de communication liés à l'audition, complétant l'orthophoniste qui se charge des troubles de communication liés à la voix et au langage. Il travaille en lien d'une part avec le médecin ORL, et le cas échéant d'autre part avec l'audioprothésiste. Le plus souvent employé d'un hôpital ou d'un centre de rééducation, il travaille au sein d'une équipe pluridisciplinaire, composée de l'orthophoniste et des autres intervenants. Non seulement il rééduque l'audition, assure l'apprentissage de méthodes de substitution (lecture labiale par exemple), conseille sur le choix d'une prothèse, mais intervient également dans le milieu de vie de son patient pour informer son entourage des adaptations nécessaires à la poursuite d'une vie normale.

incluent l'obtention du consentement des parents, la mise en commun des objectifs et des projets d'enseignement, et le travail pour établir une cohérence dans les approches d'intervention.

Bien que nous nous focalisions sur un modèle général, il y a certainement des enfants dont le profil de troubles requiert une thérapie individuelle spécifique au sein de l'ESDM. Cela se produit pour des enfants qui progressent dans toutes les autres compétences mais n'imitent toujours pas les consonnes et les syllabes après 3 à 6 mois de traitement intensif. Nous avons habituellement ajouté une heure de séance avec un orthophoniste utilisant l'approche PROMPT pour de tels enfants. (Note : avec ce supplément dans notre approche intensive à domicile à l'université de Washington, plus de 90 % des enfants ont développé un langage fonctionnel en deux ans).

Une autre utilisation de la thérapie orthophonique qui se présente de temps en temps concerne les enfants avec des problèmes oraux-moteurs significatifs affectant l'alimentation aussi bien que le langage.

Des consultations et un traitement spécifique par les psychomotriciens sont aussi quelques fois nécessaires, particulièrement pour les enfants qui sont très hypotoniques ou qui ont d'autres problèmes moteurs et ont besoin d'une adaptation importante pour s'asseoir, pour adopter d'autres postures, pour le contrôle postural, l'équilibre, et d'efforts pour normaliser le tonus. Dans ces situations dans lesquelles une thérapie individuelle est ajoutée, le programme d'intervention de l'ESDM est toujours poursuivi, et les thérapeutes spécialisés échangent avec les autres personnes de l'équipe qui délivrent le traitement, en se joignant à leurs séances de thérapie et en leur apprenant les techniques et les ajustements nécessaires pour un enfant donné.

Il a semblé beaucoup plus utile pour l'équipe professionnelle de l'ESDM de fournir ces heures de thérapie supplémentaires que d'envoyer les enfants à des professionnels extérieurs à l'ESDM. Ceci en raison de l'approche commune et des objectifs communs, et aussi parce que le professionnel ESDM peut transférer les techniques de traitement additionnel aux sessions des autres membres de l'équipe (par exemple, les assistants d'éducation). Cependant, quand les enfants ont besoin d'interventions supplémentaires relatives à la santé qui ne peuvent pas être fournies par l'équipe ESDM, des référents appropriés doivent être désignés et un courant de communication et d'information doit être établi dans les deux sens.

La communication encouragée au sein de l'équipe

Étant donné toutes les personnes impliquées et les nombreux rôles adoptés, les systèmes et procédures de communication doivent être élaborés de manière réfléchie pour s'assurer que chaque personne qui détient un domaine de responsabilité pour un enfant et sa famille a connaissance des progrès de l'enfant et peut apporter sa contribution à l'application directe du traitement. Deux voies importantes pour assurer la communication sont le carnet de traitement, décrit précédemment dans ce chapitre, et des réunions d'équipe.

Le carnet de traitement de l'enfant devient le premier vecteur de communication quand de multiples personnes délivrent le traitement à l'enfant. Chaque personne a besoin de laisser ses feuilles de données journalières et ses notes sur le travail en cours pour la personne suivante afin que tous les objectifs soient travaillés durant le traitement quotidien de l'enfant et que tous les ajustements particuliers ou autres événements non routiniers puissent être notés. Cela permet aussi à l'équipe de coordonner au maximum l'enseignement des aspects les plus difficiles du programme de l'enfant. Le carnet doit être revu toutes les semaines par les chefs d'équipe pour examiner et mettre à jour le programme de l'enfant pour la semaine suivante.

La conduite toutes les semaines ou toutes les deux semaines de réunions d'équipe ou de supervision de groupe avec les assistants d'éducation est nécessaire pour maintenir une cohérence de traitement d'un membre de l'équipe à l'autre, aussi bien qu'en partageant des discussions sur des situations difficiles avec les membres de la famille et en gérant les dilemmes de nature éthique qui se présentent inévitablement. Le chef d'équipe doit conduire ces discussions, et le psychologue clinicien peut aussi être impliqué pour superviser le travail en cours au domicile dans une perspective clinique. Ces réunions peuvent être conduites sur le lieu de l'intervention, dans le centre, ou par conférence téléphonique ; elles sont nécessaires pour une progression optimale de l'enfant.

Certains sites ont établi des équipes impliquant un chef d'équipe et plusieurs assistants d'éducation qui s'occupent d'un nombre spécifique d'enfants et de familles et peuvent ainsi passer en revue tous les cas qu'ils ont en commun au même moment. Dans cette situation, les révisions peuvent être prévues avec le chef d'équipe et les assistants d'éducation, et les autres membres de l'équipe peuvent assister à ces réunions pour les enfants qui requièrent l'apport de leurs données disciplinaires. Pour les enfants qui reçoivent la thérapie en groupe, ceci permet que les cas de plusieurs enfants soient passés en revue simultanément par différentes équipes. Quand les équipes constituées de chefs d'équipes et d'assistants d'éducation se voient assigner les enfants de façon plus flexible, les conférences téléphoniques à propos d'un enfant peuvent être la manière la plus efficace de procéder, ce qui permet aux personnes qui ne sont pas sur le site de participer. Nous pensons que 15 à 20 minutes sont suffisantes pour passer en revue et mettre à jour les programmes toutes les semaines ou toutes les deux semaines pour un enfant, dans le cas d'un traitement qui progresse régulièrement.

Une réunion générale de l'équipe des professionnels est aussi nécessaire à des intervalles réguliers pour s'assurer que les membres de l'équipe des consultants ont mis à jour les informations sur les progrès et les questions concernant l'enfant. La tenue de réunions trimestrielles pour chaque enfant au moment de leurs évaluations trimestrielles permet de tenir compte des données pluridisciplinaires actuelles pour leurs programmes.

La formation de l'équipe

Le système d'évaluation de la fidélité du traitement ESDM (voir annexe 2 à la fin de l'ouvrage) a été développé pour évaluer une maîtrise par l'adulte des pratiques d'enseignement qui sont au cœur de l'ESDM. L'outil d'évaluation de la fidélité permet de noter la qualité avec laquelle chaque pratique essentielle est utilisée dans une activité de jeu particulière. Une échelle de Likert permet de noter chaque pratique en cinq points, la note 1 correspondant à un usage très pauvre et la note 5 correspondant à une pratique optimale. Nous définissons la compétence dans l'usage des pratiques d'enseignement de l'ESDM par :

- le fait d'atteindre 85 % ou plus du nombre possible de points dans chaque activité de jeu ;
- d'obtenir régulièrement des scores de 4 ou 5 dans chaque pratique ;
- de ne pas avoir de scores plus faibles que 3.

Les professionnels et les assistants d'éducation ont besoin d'une formation didactique et d'un apprentissage au contact d'un professionnel expérimenté pour maîtriser l'ensemble des compétences requises pour utiliser l'ESDM. À la fin de la formation, chaque membre de l'équipe professionnelle devrait présenter la compétence pour délivrer une session d'intervention avec 80 % à 85 % de fidélité, en utilisant la liste de contrôle dans son intégralité, en écrivant les objectifs, en réalisant l'analyse des tâches de ces objectifs, et en établissant et en utilisant un système de recueil de données. Les membres de l'équipe sont ainsi entièrement formés à ce modèle et peuvent superviser les autres de façon compétente.

Les chefs d'équipe ont besoin d'une formation supplémentaire pour apprendre les complexités des procédures d'évaluation et de conception du projet de traitement – en utilisant le programme, en écrivant et en analysant les objectifs, en développant et en utilisant les données et les feuilles de programme, en contrôlant et en mettant à jour les progrès, et en travaillant avec les assistants d'éducation pour assurer une application de bonne qualité. Ceci est réalisé au cours d'un apprentissage au contact de chefs d'équipe expérimentés.

Les assistants d'éducation ont besoin d'acquérir une compréhension importante du développement de l'enfant dans les domaines ciblés par cette intervention : imitation, attention conjointe, communication verbale et non verbale, jeu, développement social et ABA. Ils ont besoin d'apprendre ce qui concerne le style des familles et les questions qui se présentent souvent à propos des familles dans ce genre de travail. Ils ont aussi besoin d'apprendre à appliquer le modèle à des niveaux élevés de fidélité, et de gérer les systèmes d'écriture des données avec un niveau élevé d'exactitude.

Pour ceux qui souhaitent apprendre l'ESDM, l'usage d'un système d'évaluation de la fidélité est une excellente manière d'examiner ses propres compétences et les domaines dans lesquels une amélioration est nécessaire. Bien que les pratiques d'enseignement puissent sembler simples, les enseignants expérimentés et les thérapeutes de jeunes enfants avec autisme peuvent ne pas avoir maîtrisé chaque technique d'enseignement listée ci-dessus de telle façon que la compétence soit automatique et cohérente.

Il est extrêmement utile d'examiner ses propres compétences et d'identifier les comportements d'enseignement qui pourraient être plus réguliers ou précis. Nous recommandons d'effectuer un enregistrement vidéo des séances d'enseignement pour les visionner ensuite ou pour voir les erreurs d'enseignement en utilisant le système d'évaluation de la fidélité de l'ESDM. Quand vous percevez des problèmes d'enseignement, arrêtez la vidéo et pensez à ce que vous voudriez avoir fait au lieu de cela. Analysez le problème, en vous centrant sur les concepts ciblés ci-dessus. Imaginez l'enseignement réalisé de la façon la plus optimale. La prochaine fois que vous êtes en thérapie et que la difficulté se produit, corrigez-la immédiatement. Réalisez ce processus avec les autres membres de l'équipe ou des collègues, en visionnant entre vous les enregistrements ou en observant des sessions de thérapie les uns des autres et en utilisant l'outil d'évaluation de la fidélité pour critiquer la façon d'enseigner. Au fur et à mesure, une amélioration importante de votre aisance pour appliquer les pratiques de l'ESDM se produira.

Problèmes d'enseignement les plus communs

1. Les antécédents ne sont pas clairs.
2. Les renforçateurs ne suivent pas assez vite.
3. Des comportements autres que le comportement cible sont renforcés : comportements accidentels et comportements indésirables ou inadaptés.
4. Les renforçateurs manquent de valeur de renforcement ou de force.
5. Un comportement approprié n'est pas renforcé.
6. Les niveaux minimums d'une compétence ne sont pas façonnés pour atteindre des niveaux élaborés et la réalisation indépendante et spontanée de la compétence.
7. Les programmes de renforçateurs ne sont pas systématiquement réduits ou transformés en renforçateurs intrinsèques.
8. Trop de temps est passé sur des compétences maîtrisées ; trop peu de temps est passé sur de nouvelles compétences.
9. Trop de temps est passé sur de nouvelles compétences, avec des problèmes qui en résultent au niveau de l'attention et de la motivation de l'enfant.
10. Les incitations ne sont pas rapidement diminuées et les enfants sont dépendants des incitations, ou les incitations sont confondues avec les antécédents.
11. Quand les séquences comportementales sont enseignées, on n'apprend pas toutes les étapes à l'enfant.
12. Les antécédents verbaux ou d'autres comportements sociaux sont utilisés pour apprendre les étapes intermédiaires dans les enchaînements de comportements qui

> n'impliquent pas le langage (habillage, lavage des mains) plutôt que d'apprendre la compétence de telle manière que chaque comportement devienne l'antécédent pour le suivant.
> 13. Très peu d'essais réels d'enseignement (enchaînement A-B-C) ont lieu dans une activité. Le thérapeute peut amuser l'enfant avec des activités très agréables, mais peu d'enseignement est proposé.
> 14. Une compétence enseignée dans un cadre très artificiel ou hautement structuré et dirigé par l'adulte n'est pas généralisée dans des cadres naturels et développée en tant que comportement spontané.
> 15. Les données ne sont pas recueillies, ou si elles le sont, elles ne sont pas utilisées pour planifier le travail de la session de thérapie suivante.
> 16. Des opportunités d'enseignement sont manquées parce que le thérapeute n'est pas attentif à ce avec quoi l'enfant joue ou à la manière dont l'enfant utilise le matériel dans le jeu.

Nous avons développé un programme pour la formation au modèle ESDM qui consiste en des lectures, des discussions, un matériel vidéo de formation, de l'observation et de la pratique pendant des sessions d'enseignement. Quand de nouveaux membres de l'équipe intègrent le modèle, ils commencent à apprendre à partir d'un programme écrit et enregistré sur vidéo qui inclut ce matériel et du matériel supplémentaire. Il est enseigné en une heure et demie de séminaire par semaine, avec toutes les semaines des contrôles sur le contenu en début et en fin de séance, et un apprentissage avec un membre de l'équipe hautement expérimenté. Les thèmes de formation hebdomadaire sont les suivants :

- éthique et dynamique de la famille ;
- introduction à l'autisme ;
- développement social et communicatif du jeune enfant typique ;
- cognition, imitation, et jeu ;
- comportement moteur et comportements adaptatifs d'autonomie personnelle ;
- le modèle de Denver, les routines d'activités conjointes et les routines sociales sensorielles ;
- les principes de l'ABA et les problèmes de comportement ;
- ABA naturaliste et PRT.

En plus du programme didactique, cette période de formation implique aussi un apprentissage avec l'un des membres de l'équipe les plus anciens et compétents pour l'observation et l'expérience supervisée d'enseignement. Les nouveaux membres de l'équipe accompagnent les professionnels de l'équipe les plus expérimentés dans des séances de thérapie et observent aussi les chefs d'équipe menant des séances de travail clinique. Au travers de ces expériences d'apprentissage, les nouveaux membres de l'équipe sont progressivement introduits aux méthodes de travail de l'ESDM avec des enfants atteints d'autisme.

Lorsqu'une nouvelle personne commence à travailler avec des enfants sous supervision, le chef d'équipe évalue son travail en utilisant le système d'évaluation de la fidélité. Les thérapeutes débutants sont supposés atteindre un score total de 80 %-85 % pour trois administrations consécutives ou plus de ces mesures avant d'utiliser l'ESDM de manière indépendante avec les enfants. De plus, les membres de l'équipe doivent utiliser le formulaire de recueil de données de l'enfant pendant plusieurs sessions de traitement et doivent atteindre 80 % de fidélité ou plus avec le chef d'équipe pour au moins trois séquences d'apprentissage examinées.

Pour ceux qui sont déjà expérimentés dans l'enseignement aux jeunes enfants avec TSA, cette formation prend habituellement 4-6 semaines (le programme complet de formation, incluant le matériel écrit et vidéo, est disponible par les auteurs pour le prix de la copie et du transport).

LE PARTENARIAT AVEC LES FAMILLES

Un but essentiel de l'ESDM est d'aider l'enfant à devenir plus engagé socialement avec les autres non seulement avec le thérapeute, mais tout particulièrement avec les membres de sa famille et les autres personnes importantes. Il n'y a pas de meilleure manière pour promouvoir de telles compétences que d'impliquer les parents dans l'application du traitement. Cependant, le seul élément commun aux familles avec autisme est qu'il y a une personne avec autisme dans la famille. En ce qui concerne toutes les autres caractéristiques, elles se différencient autant l'une de l'autre que beaucoup d'autres groupes de familles sélectionnés au hasard dans une communauté. Trouver une voie pour établir un partenariat avec chaque famille qui intègre le traitement ESDM requiert un dialogue ouvert avec les familles, d'excellentes compétences d'écoute, une ouverture culturelle, une flexibilité, une créativité, et une connaissance de soi de la part de l'équipe. La sensibilité aux différences culturelles entre les familles est cruciale pour former des alliances fortes avec elles et établir une approche d'intervention qui reconnaît et respecte leurs pratiques culturelles et leurs valeurs (Lynch et Hanson, 1992). Plus les différences culturelles entre une famille cible et la famille de l'intervenant sont grandes, plus le défi de l'intervenant pour voir les forces et les besoins de la famille sera important.

Cependant, tout comme dans une thérapie individuelle, la qualité de la relation entre le thérapeute et le patient est cruciale pour parvenir à la réussite du traitement (Zeanah et McDonough, 1989). Les parents doivent ressentir un regard positif inconditionnel de l'intervenant, à la fois pour eux-mêmes en tant que parents et pour leur relation avec leur enfant, pour avoir confiance en l'intervenant et s'en remettre au traitement. C'est la raison pour laquelle les buts des parents sont inclus dans les objectifs des douze semaines ; cela reflète l'importance des idées et des buts de la famille et le pouvoir de cette dernière à déterminer ce que l'enfant devrait apprendre.

Les effets de l'autisme sur les familles

Les familles des jeunes enfants avec autisme sont stressées quand elles intègrent un traitement, et les stresseurs augmentent avec le temps (Dale, Johoda et Knott, 2006). L'autisme stresse beaucoup plus les familles que ne le font beaucoup d'autres troubles du développement (Schieve, Blumberg, Rice, Visser et Boyle, 2007). Les éléments stressants incluent le processus diagnostique qui est lent et qui comporte de fréquentes contradictions, la trajectoire de développement irrégulière et inhabituelle, l'alternance entre espoir et pessimisme, la tendance à interpréter les contradictions de l'enfant comme un refus plus qu'une incapacité, le manque de communication et d'affection partagées par les enfants, le contraste entre l'apparence ordinaire des enfants et leurs comportements très atypiques, les manifestations comportementales embarrassantes des enfants en public, un plus grand nombre d'inquiétudes parentales par rapport à la maladie mentale, le nombre de professionnels avec lesquels les parents doivent maintenir des relations, le barrage constant des nouveaux traitements à la mode, et la pression des autres parents pour essayer encore une autre thérapie (Marcus, Kunce et Schopler, 2005).

Les évolutions très modestes qui sont associées à l'autisme et les stéréotypes publics qui impliquent un taux important d'agression et d'automutilation entraînent beaucoup d'inquiétudes chez les parents pour l'avenir de leur enfant. Les livres qui rapportent des guérisons de l'enfant après des centaines de milliers de dollars investis dans les soins entretiennent la culpabilité et les sentiments d'inadéquation chez les parents qui ne peuvent pas accéder à ce type de traitements et les payer. La culpabilité et la pression résultent de la quantité de temps que les parents d'un enfant avec autisme doivent lui consacrer et la diminution de la quantité de temps disponible pour les parents pour s'occuper l'un de l'autre, des autres enfants de la famille, et d'eux-mêmes. Les refus de nourriture, les mauvaises habitudes de sommeil, et un manque d'autonomie dans les soins personnels ajoutent du travail pour les parents et génèrent de la de tension. Les autres familles d'enfants avec autisme peuvent aussi ajouter de la culpabilité, avec leurs encouragements continuels à essayer n'importe quel traitement qui se présente pour aider leur propre enfant, et les messages non-dits selon lesquels si les parents n'essaient pas chacune de ces interventions, ils enlèvent tout espoir de guérison ou de grande amélioration pour leur enfant.

En accord avec Seligman et Darling (1997), les mères tendent à être plus sévèrement affectées par le fait d'avoir un enfant avec autisme que les pères, et l'affection entre les partenaires du couple peut être affaiblie. Sur un plan positif, Baron-Cohen et Bolton

(1994) notent que statistiquement, les parents d'enfant avec autisme n'ont pas plus de risque de séparation et de divorce que les parents d'enfants non-handicapés. Cependant, l'intervention précoce peut affecter la structure de beaucoup de familles lorsque l'un des parents ou les deux deviennent très impliqués avec l'enfant atteint d'autisme ; les parents ont besoin d'être soutenus pour entretenir leur relation conjugale et leur relation avec les autres enfants. Les familles d'enfants avec autisme rapportent des difficultés plus grandes dans le fonctionnement de la famille, que ne le font les familles d'enfants atteints d'autres troubles ou de problèmes de santé chroniques sévères. Les familles d'enfant avec autisme vivent une plus grande perte de revenus que les familles d'enfants avec d'autres troubles, ce qui est lié au besoin de fournir plus de soins à la maison (Montes et Halterman, 2008). Les activités de la famille en dehors de la maison sont plus réduites par l'autisme que par d'autres désordres et les réseaux de soutien sont moins nombreux (Higgins, Bailey et Pearce, 2005). Les familles d'enfants avec autisme ont tendance à utiliser plus de stratégies de coping associées à la mise à distance et à la fuite par rapport au stress que ne le font les familles avec d'autres troubles qui ont tendance à utiliser un plus grand nombre de stratégies de coping associées au support social et à la résolution de problème (Sivberg, 2002).

Les fratries sont aussi affectées par la présence d'un enfant avec autisme dans la famille et, comme avec les parents, il y a à la fois des effets positifs et négatifs sur le développement de la fratrie. D'une certaine manière, avoir un frère ou une sœur avec TSA favorise le développement psychosocial et émotionnel de l'enfant. On a montré que le concept de soi était renforcé dans les fratries lorsqu'ils évaluent leur propre intelligence, compétences scolaires, et caractéristiques personnelles (Macks et Reeve, 2007). Cela peut refléter la comparaison qu'ils font d'eux-mêmes avec leur frère ou leur sœur atteint d'autisme. Cependant, cela peut aussi refléter leur plus grande maturité (Gray, 1998). Curieusement, les parents de cette étude ne partageaient pas ce point de vue positif de la fratrie et étaient en fait légèrement plus négatifs à propos de l'ajustement de la fratrie que ne l'étaient les parents du groupe témoin. Ce qui est important est que le bien-être de la fratrie dans ces familles avec un enfant atteint d'autisme était significativement affecté par le statut socio-économique de la famille. L'autisme dans une fratrie est probablement un facteur de stress pour les enfants, et plus les stresseurs s'accumulent, comme des revenus inférieurs, moins d'éducation parentale, et d'autres stresseurs propres à la famille (Macks et Reeve, 2007), plus l'évolution de la fratrie est mauvaise. D'autres études ont aussi trouvé certaines augmentations dans les difficultés comportementales et sociales, bien que celles-ci soient probablement dépendantes de contributions génétiques comme de contributions sociales (Orsmond et Seltzer, 2007). Les effets sur les relations persistent tout au long de la vie. Les fratries adultes de personne avec autisme rapportent moins d'implication et plus de pessimisme au sujet de leur frère ou sœur affecté(e) que ne le font les fratries adultes de personnes avec le syndrome de Down (Orsmond et Seltzer, 2007 ; Hodapp et Urbano, 2007).

Les effets du traitement sur les familles

Les familles sont résilientes, et l'éducation parentale qui leur est fournie pour accompagner le diagnostic et l'intervention pour les TSA conduit à une amélioration de la santé mentale parentale (Tonge *et al.*, 2006). Impliquer les familles dans un travail réussi avec les enfants a des effets bénéfiques sur les parents aussi bien que sur les enfants impliqués. Comme dans la revue de cette question par Marcus *et al.* (2005), les parents dans de telles interventions rapportent des sentiments plus importants de compétence et d'efficacité personnelle, les enfants maintiennent leurs gains pour une période plus longue, et les autres enfants de la famille bénéficient aussi d'effets positifs. On peut donc s'attendre à ce que la focalisation de l'ESDM sur la famille et l'implication de celle-ci soit bénéfique pour tous les membres de la famille.

Cependant, pour des raisons difficiles à comprendre, il y a une variabilité extrêmement large dans l'évolution des enfants qui reçoivent une intervention précoce intensive même de haute qualité (Sallows et Graupner, 2005). La recherche a montré que des différences dans le développement du cerveau perceptibles pendant la période préscolaire expliquent partiellement l'énorme variabilité dans l'évolution de l'autisme (Elder, Dawson, Toth, Fein et Munson, 2007 ; Courchesne, Redcay et Kennedy, 2004). Certains enfants répondent vite et font des progrès rapides. D'autres progressent régulièrement mais à un rythme plus lent. D'autres enfants peuvent se battre pour atteindre la plus petite amélioration dans leur comportement, en dépit du fait que parents et les professionnels fournissent la meilleure intervention possible. Il est donc important, que les parents ne se chargent pas du fardeau de la culpabilité quand les progrès de leur enfant sont plus lents qu'escomptés. Ce qui est le plus important, même pour un enfant faisant des progrès plus lents qu'attendus, c'est que des interventions de haute qualité auront indubitablement un effet significatif sur la qualité de vie de l'enfant et son évolution (Eldevik et Gardner, 2006 ; Smith, Eikeseth, Klevstrand et Lovaas, 1997). Des interventions intensives précoces ont amélioré les résultats pour pratiquement tous les enfants avec TSA. Par exemple, alors qu'avant, l'autisme était associé à un retard mental dans une large majorité des cas et que seulement 50 % des enfants apprenaient à parler, aujourd'hui nous constatons que beaucoup plus de personnes avec autisme n'ont pas de retard mental et que la majorité des personnes atteintes d'autisme développe au moins un certain langage parlé (Chakrabatti et Fombonne, 2005).

Les concepts de la théorie des systèmes familiaux fournissent un effet de loupe important par lequel on peut comprendre le fonctionnement de la famille (Mashal, Feldman et Sigal, 1989). Parce que chaque système familial exerce des efforts pour maintenir un équilibre émotionnel entre les membres, changer la nature des comportements et les attentes entre un parent et un enfant avec autisme affectera chaque membre de cette famille. Le système familial peut répondre d'une manière qui ne renforce pas les modifications qui se produisent, parce que l'équilibre de la famille est bouleversé et que les autres rôles dans la famille et les accès au renforcement sont aussi remis en question. Par exemple, un parent qui commence à passer chaque jour des moments où il est concentré pour travailler avec un jeune enfant avec TSA pendant des temps de jeu, les repas, et le moment du bain, peut commencer à entendre de la part des enfants plus âgés qu'il passe maintenant beaucoup trop de temps avec l'enfant atteint d'autisme, même si le parent a fait attention de ne pas réduire le temps avec les enfants plus âgés. Les plaintes des enfants plus âgés reflètent leur prise de conscience du fait que l'enfant avec autisme reçoit maintenant plus d'attention – dispose plus des ressources de la famille – qu'avant. La proximité qui se développe entre le parent et l'enfant avec autisme pendant un traitement intensif peut aboutir à des sentiments d'exclusion de la part des autres membres de la famille (époux, fratrie), ce qui induit des modifications de structure qui ont des implications tout au long de la vie pour le fonctionnement de la famille.

Les intervenants peuvent aider les membres de la famille à prédire et/ou reconnaître les changements dans le système familial qui peuvent se produire alors que l'intervention se déroule et que, les rôles et les attentes se modifient vis-à-vis de l'enfant avec autisme. Dans le même esprit, les intervenants doivent considérer l'effet du traitement sur les différents membres de la famille et être sûrs que chaque membre a une possibilité de faire l'expérience d'un « gain » lié à ses efforts pour soutenir l'enfant avec autisme (par exemple, à travers leurs propres contributions, par l'augmentation de temps de jeu ou d'autres activités familiales, par le fait d'avoir plus de plaisir avec la fratrie, ou peut-être quelques moments seul avec le parent). La compréhension et la réflexion sur les changements comportementaux chez les membres de la famille dans la perspective des systèmes familiaux peuvent permettre l'émergence d'un nouvel équilibre. Un membre de l'équipe ESDM ayant une formation clinique en dynamique familiale devrait pouvoir être consulté par les autres membres et apporter un soutien concernant cet aspect du traitement de l'ESDM.

Les intervenants qui travaillent étroitement avec les familles connaissent les stresseurs de la famille, aussi bien que leurs espoirs et leurs rêves pour l'enfant. L'équipe d'intervention peut aider chaque famille à identifier les points forts qu'ils apportent à la vie de leur enfant et ainsi alléger une certaine culpabilité parentale. Les forces ne sont pas seulement les finances, les compétences d'enseignement, le nombre de jouets, et l'espace de jeu, mais aussi la quantité de temps que la famille peut passer dans une interaction individuelle. Les points forts incluent aussi le nombre de frères et/ou sœurs pour le jeu et l'imitation, une grande famille élargie qui apporte du soutien, des talents interactifs ou créatifs des parents, le plaisir des parents avec leurs enfants et vice-versa, des routines familiales bien établies, ou, inversement, un style relaxé et acceptant des parents et la capacité des parents à vivre le moment présent, leur foi solide, leur forte éthique de travail, et leur détermination à faire du bien à leur enfant et à leur famille. Les intervenants peuvent aider les familles à accepter en leur for intérieur, le fait qu'ils ne sont pas responsables de l'autisme de leur enfant, et qu'ils sont une source continuelle d'aide pour leur enfant. Finalement, les intervenants sont une source de soutien social pour les familles et peuvent les aider à trouver d'autres supports dans des groupes de parents. Le lien avec d'autres parents d'enfants avec autisme peut aider les familles à identifier des manières de gérer correctement leurs enfants dans la communauté, ce qui leur permet de participer davantage aux activités de la communauté. Tous ces éléments apportent un supplément au réseau de soutien des familles, augmentent la qualité de vie et le bien-être, et réduisent le stress.

Les parents comme puissants défenseurs de leur enfant

Les besoins des enfants avec autisme sont nombreux, les ressources sont faibles, et les dépenses sont importantes. Il n'y a ni assez de services ni assez de fonds pour faire face aux besoins de tous les enfants avec autisme. Il n'y a plus non plus assez de compétences dans beaucoup de systèmes publics pour comprendre les besoins de chaque enfant et y faire face. Les parents doivent apprendre à devenir des défenseurs solides pour leurs enfants afin d'accéder aux ressources nécessaires qui sont disponibles pour eux.

> **Comment défendre pleinement son enfant**
>
> - Les parents doivent apprendre à comprendre les besoins de leur enfant dans de nombreux domaines.
> - Ils doivent être capables d'articuler ces besoins avec une variété d'autres personnes.
> - Ils doivent comprendre les systèmes de soin publics et privés et savoir où trouver les ressources pour faire face aux besoins de leur enfant.
> - Ils doivent comprendre les droits légaux de leur enfant et les voies de recours.
> - Finalement, les parents doivent prendre des décisions informées au sujet du choix parmi plusieurs types de services et de soins qui sont disponibles dans la communauté et le pays.

Dans l'expérience ESDM, ce traitement est souvent le premier système de services délivré aux familles, et il a la responsabilité de bien préparer les familles à être le défenseur de leur enfant pour une longue durée, souvent une vie entière. Ainsi, dans l'ESDM il y a un partenariat entre les parents et les chefs d'équipe qui donne une opportunité d'apprentissage aux parents. L'ESDM insiste sur le partenariat, la collaboration, et une responsabilité partagée avec les parents pour que ceux-ci puissent apprendre les éléments nécessaires pour endosser le rôle de défenseur. Le chef d'équipe n'adopte pas un rôle autoritaire. Au lieu de cela, la nature collaborative de la relation chef d'équipe – parent donne aussi des opportunités aux parents de pratiquer la défense de l'enfant dans une approche d'intervention familiale/amicale et les prépare pour les systèmes de soins suivants qu'ils rencontreront.

3 • Utilisation du modèle ESDM

■ Préparation pour des réunions PSIF/PEI[1]

Les réunions de projet d'éducation individualisé (PEI) peuvent être des expériences très douloureuses et difficiles pour les parents. Cependant, les membres de l'équipe ESDM peuvent aider les parents à se préparer pour ces réunions, à prendre un certain contrôle et à s'approprier le processus, en encourageant leur sentiment de compétence dans leur rôle de défenseur. La préparation des parents pour le processus de PEI inclut les éléments suivants :

- la connaissance des exigences et des assurances formulées dans l'IDEA[2] ;
- la compréhension des objectifs, des buts, et des étapes du processus d'élaboration du PEI ;
- une rencontre avec les membres de l'équipe du PEI avant la réunion ;
- le rassemblement et la compréhension des données d'évaluation qui seront discutées pendant la réunion (et, si possible, une réunion préalable avec chaque personne qui a évalué l'enfant pour entendre les résultats) ;
- la prise en considération des personnes à inviter à prendre part à l'équipe des parents et de l'enfant ;
- la réflexion sur les buts et objectifs des parents pour l'enfant pour qu'ils puissent contribuer au développement des objectifs annuels du PEI ;
- l'énoncé par les parents des points forts, des besoins, et des soutiens et adaptations nécessaires pour leur enfant ;
- les idées concernant les environnements les moins restrictifs ;
- les idées de décisions basées sur les besoins de l'enfant plutôt que sur les cadres et services existants.

Il y a d'excellentes publications à recommander aux parents qui expliquent les droits et les exigences du processus de PEI (Siegel, 2007). Certains parents peuvent souhaiter écrire un rapport parental concernant les points forts, les besoins, les caractéristiques de leur enfant, et leurs propres buts pour lui. Quelques parents pourraient tirer bénéfice d'un jeu de rôle sur le PEI et d'un examen de l'ensemble des parties du processus de manière à visualiser ce processus. Finalement, les parents pourraient utiliser le processus de PEI pour établir des réunions de suivi avec l'équipe d'intervention à venir, de telle façon qu'ils formalisent des stratégies de contrôle des progrès et de maintien d'une relation étroite avec la nouvelle équipe.

Il est courant pour un chef d'équipe ESDM d'assister à des réunions PSIF/PEI et de fournir un rapport sur le programme de l'enfant qui est en cours, et sur les aides dont il bénéficie

---

1. PSIF : Plan de Service Individualisé pour la Famille.
2. NDT : *Individuals with Disabilities Act*. Pour la France, la HAS (Haute Autorité de Santé) a publié des recommandations en 2012.

dans l'ESDM. Une des choses les plus importantes que le chef d'équipe peut faire est de faciliter le rôle actif des parents dans la réunion et de soutenir la défense qu'ils font de leur enfant. La première réunion PEI devient un modèle pour toutes les autres et les parents vont affronter ces réunions durant toute une vie, d'où l'importance de leur rôle de défenseur, de leur préparation, de leur connaissance, et de la confiance qu'ils ont en leur compréhension des droits et des besoins en éducation de leur enfant, et dans les filets de sécurité que représentent les aides disponibles pour répondre aux besoins de l'enfant.

Quand les parents ne sont pas à l'aise avec la philosophie et les procédures de l'ESDM

Pour certains parents, les types d'interaction au cœur de l'ESDM ne semblent pas naturels ou semblent inappropriés. Ils peuvent avoir l'impression que leur enfant tirera plus de bénéfices d'un environnement d'apprentissage plus structuré et dirigé par l'adulte. Si c'est le cas, ces familles devraient être orientées vers une intervention différente qui utilise une approche plus directive, comme un apprentissage traditionnel par essais distincts. Il n'y a pas d'étude comparative démontrant qu'une approche centrée sur l'enfant est meilleure pour l'évolution qu'une approche dirigée par l'adulte. Il y a les tenants de l'une et de l'autre, et les parents devraient être encouragés à choisir des interventions soutenues empiriquement dont ils pensent qu'elles seront les plus efficaces pour leur enfant et leur famille. La confiance en l'efficacité d'un traitement est une partie importante de la réponse au traitement (Beecher, 1955).

LA TRANSITION POUR SORTIR DE L'INTERVENTION ESDM

Avec le temps, les parents devraient être vraiment bien informés sur les processus et les procédures de l'intervention ESDM et leur relation avec le chef d'équipe peut changer. Les parents peuvent devenir beaucoup plus actifs en ce qui concerne les objectifs qu'ils veulent voir travailler, les membres de l'équipe qu'ils veulent pour travailler avec leur enfant, et les activités qu'ils trouvent utiles ou non. Ceci est la preuve de l'expertise des parents dans les besoins, le style et les réponses à l'apprentissage de leur enfant, et cela démontre qu'ils sont préparés à être les défenseurs de leur enfant dans les futurs environnements. Pour les chefs d'équipe et les membres de l'équipe qui sont habitués à avoir une grande autorité sur le programme de l'enfant, cela peut-être quelque peu inconfortable, et le membre de l'équipe peut penser que ses connaissances, ses compétences, ou son rôle sont remis en question. Cependant, ce niveau d'implication des parents servira probablement bien l'enfant dans les autres environnements. Si les parents déprécient les membres de l'équipe, se plaignent, ou demandent plus de contrôle que ce qui peut être partagé (comme les missions de l'équipe), alors les questions doivent être examinées pour déterminer la nature de ces conflits et trouver les meilleures solutions. En outre, la présence d'une supervision clinique devrait aider les membres de l'équipe à avoir le dialogue nécessaire avec les familles.

Il y a aussi des moments où les enfants et les familles ont tiré tout le profit qu'ils pouvaient obtenir de leur intervention actuelle, et c'est le moment d'en changer. Les remises en question de la part des parents peuvent signaler que le temps est venu pour la transition. Les autres éléments signalant qu'un programme de transition est nécessaire sont l'approche de l'âge de l'école maternelle ou l'absence de progrès, ce qui fait que les enfants ne bénéficient pas de l'intervention. Les discussions sur les programmes de transition marquent la dernière phase de l'intervention ESDM. Comme pour toutes les autres décisions dans l'ESDM, la décision concernant la nécessité d'une transition devrait venir de l'équipe, et l'équipe inclut les parents. Les parents peuvent être anxieux à propos de la transition à cause de la perte de la relation avec l'équipe ou de la perte des services qu'elle leur a fournis. Ils peuvent ne pas vouloir de transition parce que l'enfant a bien évolué et qu'ils ont peur que les progrès ne soient pas maintenus. Ou l'enfant peut ne pas avoir progressé et ils sentent que changer le mettra en danger. Accorder un temps important de transition aidera les parents et l'enfant à rencontrer les membres de la nouvelle équipe pour les connaître et cela permettra le transfert d'une information suffisante pour que le nouveau lieu d'accueil puisse bénéficier de tout ce que l'enfant a appris et puisse soutenir les compétences actuelles de l'enfant et poursuivre la progression.

Parfois, les parents veulent la transition pour leur enfant avant que l'équipe ne pense que cela est bénéfique pour l'enfant, et cela peut induire des sentiments négatifs. Il est vraiment important d'écouter avec soin le raisonnement des parents et de soutenir leurs objectifs pour l'enfant, puisqu'ils sont les experts de leur enfant et de la manière dont il sera élevé. Les membres de l'équipe peuvent avoir besoin d'aide dans la gestion de leurs sentiments à propos d'une fin inattendue, car ils peuvent s'être attachés profondément aux enfants durant leur intervention, et la décision d'un parent de partir peut être ressentie comme un rejet, un échec ou une perte pour certains membres de l'équipe. La supervision clinique est souvent vraiment utile dans la gestion de ces sentiments pour que les ponts ne soient pas coupés lorsque les parents interrompent l'intervention.

La préparation de la transition est inclue dans le programme, avec des réunions PEI, des plans de transition, et l'établissement de l'interface avec les membres de la nouvelle équipe. Il peut être utile pour les parents de se rappeler tout ce que leur enfant a appris dans le cadre de l'ESDM pour voir dans quelle mesure il est prêt pour le nouveau cadre. Les gains développementaux des enfants reflètent la bonne attitude parentale, et le fait que l'enfant soit prêt doit être porté au crédit des parents. C'est une expérience mitigée pour la plupart des parents de voir leur enfant parvenir à une transition de vie qui mène à une indépendance plus grande, et il peut être utile de souligner la normalité de cette réponse parentale pour les parents d'enfants avec autisme. Les parents peuvent être vraiment anxieux à propos de la transition, et inquiets à propos de la perte de soutien et d'expertise. Les aider à réfléchir aux systèmes de soutien qui continueront à être disponibles pour eux peut les aider. Si les parents n'ont aucun service autre que l'équipe ESDM pour leur enfant, d'autres prestations peuvent être développées dans la communauté pour qu'elle continue à fournir des services à l'enfant et à la famille après la transition. Si les parents n'ont rejoint aucun groupe de soutien familial ou groupe de défense, ils doivent être encouragés à le faire, car il s'agit de relations qui peuvent continuer après la transition. Heureusement, les membres de l'équipe ESDM peuvent continuer à être disponibles pour les parents et l'enfant comme consultants pour une période de temps définie après la transition, pour aider la nouvelle structure d'accueil et pour rassurer les parents sur le fait qu'ils seront soutenus durant la période de transition initiale.

3 • Utilisation du modèle ESDM

Conclusion

L'ESDM intègre une expertise pluridisciplinaire dans le modèle d'intervention parce que de multiples domaines sont affectés dans l'autisme : le fonctionnement moteur, le fonctionnement sensoriel, le développement de la communication, le développement intellectuel et les difficultés d'apprentissage, le fonctionnement comportemental, les problèmes de santé associés et les effets sur les membres de la famille. L'équipe pluridisciplinaire fournit une formation spécifique aux professionnels des autres disciplines et fournit une expertise spécialisée pour les enfants ayant des problèmes particuliers en plus de leur autisme. Cependant, l'utilisation d'un modèle généraliste soutenu par l'équipe pluridisciplinaire aboutit à une approche intégrée de la thérapie de l'enfant par les nombreux domaines dans lesquels il a des besoins. Il fournit une ligne unique de communication pour la famille, et assure une image d'ensemble des besoins et des progrès de l'enfant et de la famille pour le professionnel. Il s'agit d'une approche économique et efficace pour apporter des soins professionnels à de jeunes enfants avec autisme et à leurs familles. Cependant, cela requiert une formation pluridisciplinaire conséquente pour l'équipe et cela demande de renoncer à un rôle lié à une discipline unique pour réaliser le potentiel de cet aspect de l'ESDM. Quand cela est bien fait, cela crée un environnement passionnant pour les membres de l'équipe aussi bien que pour les familles, un environnement d'apprentissage continu au contact des autres membres de l'équipe, et le partage et le soutien dans l'équipe qui encourage la cohésion et la solidarité de l'équipe face à un travail qui est exigeant sur le plan physique et émotionnel.

Les parents et les familles sont les membres centraux de l'équipe pluridisciplinaire. Le travail avec les enfants dans l'ESDM est un travail à l'intérieur d'un système familial. La réussite peut être mesurée par la qualité des relations parents-enfant, la satisfaction parentale par rapport aux progrès de l'enfant et par rapport aux services ESDM reçus, la qualité de l'alliance de travail entre les parents et l'équipe ESDM, la connaissance parentale des besoins de l'enfant et des systèmes de services, et les compétences de défense développées par les parents. La fin des services directs de l'ESDM peut être une célébration de tout ce qui a été accompli par l'équipe, les parents et l'enfant, avec un optimisme joint à une planification soigneuse pour l'étape suivante dans le développement de l'enfant.

Dans le chapitre suivant, commence une approche plus détaillée de la manière d'enseigner aux enfants en utilisant l'ESDM. Le processus commence avec le développement des objectifs d'apprentissage à court terme.

Chapitre 4

Développement à court-terme des objectifs d'apprentissage

SOMMAIRE

Évaluation basée sur la liste de contrôle des compétences de l'ESDM **106**
    L'évaluateur 107
    Administration 107
    Cotation 108

Construction des objectifs d'enseignement **117**

Équilibre des objectifs dans les domaines **117**

Combien d'objectifs ? **118**

Sélection du contenu des compétences **118**

Les éléments de l'objectif **120**
    Détermination du stimulus antécédent 120
    Détermination du comportement qui fait l'objet d'une démonstration 122
    Définition du critère de maîtrise de la compétence 124
    Spécification du critère qui indique la généralisation ... 127

Rédiger des objectifs fonctionnels **128**

Les objectifs d'apprentissage d'Isaac pour douze semaines ... **130**

UNE DES PARTIES LES PLUS IMPORTANTES du processus d'intervention dans l'ESDM est la construction d'objectifs d'apprentissage à court-terme (douze semaines) pour l'enfant. Les objectifs guident l'intervention comme une carte routière guide un voyageur, en dirigeant le cours de tout l'enseignement. Il y a tant de choses à enseigner à un jeune enfant avec autisme qu'il est facile de perdre le fil des cibles d'enseignement pendant une séance de traitement basée sur le jeu. Les objectifs aident les intervenants, qu'ils soient nouveaux ou largement pratiqués, à rester centrés sur des compétences et des comportements spécifiques de telle manière qu'ils puissent fournir suffisamment d'opportunités d'apprentissage pour que l'enfant maîtrise les compétences ciblées.

ÉVALUATION BASÉE SUR LA LISTE DE CONTRÔLE DES COMPÉTENCES DE L'ESDM

La liste de contrôle des compétences de l'ESDM est un outil reposant sur des critères référencés et qui fournit des séquences développementales de compétences dans une variété de domaines développementaux : communication réceptive, communication expressive, habiletés sociales, compétences de jeu, compétences cognitives, compétences de motricité fine, compétences de motricité globale, et compétences de comportements adaptatifs. La liste de contrôle des compétences est organisée en quatre niveaux de compétences, qui correspondent à peu près aux périodes d'âge développemental de 12-18 mois, 18-24 mois, 24-36 mois, et 36-48 mois. Cependant, la liste de contrôle des compétences a été développée spécifiquement pour des jeunes enfants avec TSA et reflète leur profil développemental spécifique. Cela implique relativement plus de compétences motrices visuelles avancées et relativement moins d'habiletés sociales et de compétences de communication avancées que pour les autres enfants du même âge développemental.

Ainsi, dans chaque niveau, les items de communication et d'habiletés sociales sont plus immatures d'un point de vue développemental que les items de motricité fine et de motricité globale, si l'on utilise un standard de développement typique comme point de comparaison. Les compétences dans un domaine viennent d'une large revue de la littérature sur le développement typique de l'enfant. Le placement des items dans un niveau spécifique reflète à la fois la recherche sur le développement typique de l'enfant et l'expérience clinique de plusieurs équipes pluridisciplinaires expertes en ESDM travaillant avec des centaines de jeunes enfants avec TSA pendant les vingt-cinq dernières années.

L'évaluateur

La liste de contrôle des compétences est développée pour être administrée par des professionnels de l'intervention précoce. Elle peut être administrée dans plusieurs formats différents, dépendant de l'organisation de l'équipe et du programme d'intervention. Elle peut être utilisée par un seul professionnel en intervention précoce qui a une connaissance interdisciplinaire du développement dans les domaines variés et qui a pratiqué l'outil et sa cotation. Ce format d'évaluation est utilisé lorsque l'ESDM est délivré comme une thérapie issue d'une seule discipline, ou dans le cas d'une application intensive en individuel utilisant un modèle généraliste, avec le chef d'équipe qui administre la liste de contrôle des compétences. Si un intervenant d'une seule discipline doit l'utiliser, cette personne aura besoin d'une formation croisée dans les autres disciplines sur les items qui sont hors de sa propre base de connaissances. Dans les programmes de groupe impliquant une équipe pluridisciplinaire, différents domaines peuvent être administrés par différents membres de l'équipe professionnelle, chaque intervenant administrant les plus adaptés à son domaine de compétences.

Administration

Comme avec les autres outils d'évaluation qui couvrent une large gamme de compétences, le but est d'évaluer les niveaux actuels de compétence de l'enfant plutôt que d'administrer l'outil dans son intégralité. À la fin de l'évaluation, l'évaluateur doit avoir identifié les compétences de chaque domaine qui définissent les compétences les plus élevées de l'enfant, les compétences qui sont actuellement émergentes, et les compétences qui ne font actuellement pas partie de son répertoire. La plupart des compétences des enfants se regrouperont dans un des quatre niveaux pour chaque domaine. Cependant, pour les enfants dont les compétences chutent dans les premiers items d'un niveau, il faut s'assurer de revoir les items à la fin du niveau précédent pour identifier toute compétence critique que l'enfant échoue au niveau suivant. De la même façon, si un enfant a réussi la plupart des items d'un niveau et a seulement quelques échecs, il faut passer au niveau suivant et évaluer au moins la première moitié des items dans ce domaine particulier pour être sûr d'avoir la bonne information sur le répertoire réel de l'enfant à ce moment précis. Comme avec les autres tests développementaux, le but est de déterminer la base et le plafond des niveaux de l'enfant, et particulièrement d'identifier la zone dans laquelle les réussites se transforment en échecs dans chaque domaine. C'est cette zone qui sera visée pour l'enseignement.

La liste de contrôle des compétences est administrée de la même manière que l'intervention – dans un style d'interaction basé sur le jeu en utilisant un cadre d'activité conjointe. Utiliser des activités de jeu permet d'évaluer une variété de domaines dans une seule activité ; c'est parce que la plupart des interactions entre un enfant et un adulte, basées sur des jouets impliquent des compétences motrices, des compétences cognitives, des compétences de communication, et des habiletés sociales. Une évaluation basée sur le jeu permet aussi d'examiner les composantes sociales et communicatives dans les schémas d'interaction sociale typique pour de jeunes enfants. L'évaluateur organise une séance de jeu qui inclut les matériels nécessaires pour noter les items et développer des activités de jeu avec l'enfant. L'évaluateur doit engager l'enfant dans une activité de jeu qui l'intéresse, exécuter l'activité avec l'enfant jusqu'à son issue naturelle ou jusqu'à ce qu'il n'obtienne plus de comportements nouveaux. Il fait alors une pause et note les items qui ont été observés sur la liste de contrôle des compétences, aussi bien que ceux qui ont été sollicités sans succès. L'évaluateur commence alors une autre activité de jeu et procède comme auparavant.

Après chaque activité de jeu, il doit faire une pause, prendre des notes, vérifier les items, et déterminer quels sont les items qui doivent encore être administrés. Puis, l'évaluateur choisit le matériel et les activités de jeu qui permettent de tester les items restants. Pour les items qui ne peuvent pas être observés (par exemple, les comportements à l'heure du bain), le parent est interviewé. S'il y a des rapports d'autres thérapeutes, ces informations sont aussi intégrées. Il y a des colonnes pour chacune des sources d'information : l'observation directe, ce que rapporte le parent, et ce que rapporte un autre thérapeute ou l'enseignant. Le parent doit être présent pendant l'évaluation, et son niveau de participation est déterminé par l'évaluateur.

La liste de contrôle des compétences peut généralement être administrée au cours d'une séance de jeu d'une heure à une heure et demie. Le meilleur cadre est une salle de thérapie, avec une petite table et des chaises, un pouf en forme de poire, une aire de jeu au sol, une chaise confortable pour le parent, et le matériel qui sera nécessaire pour obtenir les comportements de la liste de contrôle des compétences. Une liste du matériel nécessaire est présentée au début de la liste de contrôle des compétences. Il est très utile d'enlever le matériel qui ne sera pas utilisé de la salle pour l'évaluation, pour que du temps ne soit pas perdu et que l'attention des enfants ne soit pas centrée sur un matériel qui ne peut pas fournir d'informations utiles pour l'évaluation. L'enregistrement vidéo de l'évaluation n'est pas indispensable mais elle est utile comme source d'informations pour la suite, et aussi comme document de point de départ du traitement.

Cotation

Trois conventions de cotation sont utilisées avec la liste de contrôle : R (pour réussi) ou + (pour performance régulière ou maîtrise complète), R/E (réussi/échec) ou ± (pour une performance irrégulière), et E (échec) ou – (utilisé quand il n'y a pas d'exemples observés ou que le comportement est difficile à obtenir).

4 • Développement à court-terme des objectifs d'apprentissage

La description des items de la liste de contrôle des compétences précise quel niveau de réponse est nécessaire pour réussir chaque item. L'évaluateur note ce que dit le parent et les scores d'évaluation directe dans les colonnes appropriées, avec les informations fournies par les autres membres de l'équipe si elles sont disponibles. Pour les items réussis et pour les items échoués, l'évaluateur a besoin de savoir si l'enfant présente ce comportement à la maison et/ou dans d'autres cadres, et si c'est le cas, à quelle fréquence. Il y a aussi des comportements qui ne peuvent être observés dans le cadre de l'évaluation, comme les compétences en autonomie personnelle, et le parent fournira les informations nécessaires sur ces compétences. À la fin de l'évaluation, l'évaluateur intègre les informations dans un code final pour chaque item, en indiquant le niveau de maîtrise de l'enfant pour chaque item dans un domaine et dans le niveau particulier qui contient à la fois des réussites et des échecs.

> **Remarque**
>
> Les items qui sont considérés comme maîtrisés ou réussis ne seront retenus pour aucun objectif d'enseignement, aussi, il est vraiment important de ne pas surévaluer la performance de l'enfant. Les réussites doivent être réservées pour les compétences qui sont utilisées régulièrement, de manière fidèle par rapport à la description de l'item et bien généralisées si cela est approprié, dans des contextes différents, avec des personnes et du matériel différents.

Quand l'évaluateur a une bonne connaissance du répertoire des compétences de travail de l'enfant et que la liste de contrôle des compétences reflète clairement le niveau de compétences actuel de l'enfant avec un groupe de « réussites », « émergences » et « échecs » dans chaque domaine, l'évaluation est terminée. Nous abordons ci-dessous la description de l'administration de la liste de contrôle des compétences de l'ESDM à partir d'un cas.

> ### Exemple de cas : l'évaluation ESDM d'Isaac
>
> Isaac est un garçon âgé de 26 mois, d'origine hispanique qui a reçu un diagnostic de trouble autistique la semaine précédente. Il est le troisième enfant de jeunes parents ayant un niveau scolaire correspondant au secondaire. Cette évaluation se déroule dans le cadre d'une consultation et il est prévu qu'elle dure 75 minutes. L'évaluatrice est une thérapeute de l'ESDM dont l'intervention consistera à faire le coaching des parents dans l'ESDM. Le cadre est une salle de thérapie, comme décrit ci-dessus, avec les jouets nécessaires pour l'évaluation qui sont placés dans des armoires fermées et sur des étagères en hauteur. La description ci-dessous se situe dans des intervalles d'environ 5 minutes, qui représentent la durée que cet enfant tendait à passer dans une activité. Le thérapeute exécute une activité, et remplit la liste de contrôle des compétences à la fin de l'activité, avant d'en commencer une nouvelle.

Entre 0 et 5 minutes : l'entrée

L'évaluatrice tient Isaac en le faisant sauter pour entrer dans la salle, en réponse à une grande résistance à marcher avec la famille depuis la salle d'attente jusqu'à la salle d'évaluation. Lorsqu'il entre, il regarde autour de lui et s'approche des jouets qui sont sur une étagère. Pendant que l'évaluatrice décrit les activités à venir à sa mère et à sa tante, il regarde les jouets, choisit une boîte transparente contenant deux camions, met la boîte par terre, et en sort les deux camions. Il retourne à l'étagère et fait fonctionner un jeu de cause à effet avec des éléments qui sortent et se rétractent, en utilisant un mouvement de main différent pour ouvrir chacune des cinq petites boîtes, et referme tous les couvercles. Il sort une boîte de matériel d'art plastique, la place sur le sol, en sort un feutre, enlève le bouchon, regarde autour de lui à la recherche d'une feuille de papier, et commence à griffonner dans de larges mouvements circulaires en utilisant une prise radiale de la main droite. Un autre membre de l'équipe ESDM entre dans la pièce pour observer, et il lève les yeux à son entrée mais ne répond pas à sa salutation. Il trouve une toupie sur l'étagère, la prend, la tient par la tige, fait un signe de la main pour la faire tourner, puis la fait tourner avec sa main.

Observations des items du niveau 1 de la liste de contrôle des compétences

Refus de marcher de manière coopérative avec l'aide de la main de l'adulte, comprend les relations contenant-contenu, compréhension des séquences moyens-buts avec des outils incluant un feutre, un crayon, un jouet avec des boutons à pousser et une toupie. Exécute plusieurs actions différentes de type boutons à actionner. Jeu conventionnel avec la toupie et le matériel d'art plastique. Prise radiale, griffonnages circulaires, absence de réponse aux salutations. Jeu en autonomie très bref – 60 secondes ou moins. Plutôt organisé pendant l'exploration.

Entre 5 et 15 minutes : jeu mère-enfant

Remarque : Il est important d'observer quelques jeux entre le parent et l'enfant et l'interaction entre eux au cours de l'heure. Quand cela a lieu au début, cela permet à l'évaluateur de commencer à apprécier le niveau de compétence de l'enfant, et cela aide les enfants à se sentir à l'aise dans le nouveau cadre. Quelques parents auront plaisir à ce qu'on leur demande de jouer avec leur enfant, et d'autres seront vraiment hésitants pour commencer de cette manière et seront plus à l'aise plus tard.

Sa mère se joint à lui par terre, choisit une boîte de petites pièces de trains magnétiques, et lui offre la boîte, en demandant : « Isaac, veux-tu jouer avec les trains ? » Il en prend un et ils s'assoient tous les deux. Elle lui montre la marche d'un train aller-retour sur le tapis, et il l'imite. Il tend le bras vers un téléphone jouet devant lui dans l'armoire, sa mère l'aide à le prendre, compose un numéro, et Isaac compose un numéro, prend le combiné, et gazouille dans celui-ci. Sa mère dit : « Bonjour Isaac », et il répond avec une large série de gazouillis variés ayant une forme mélodieuse, puis il raccroche le téléphone. La mère répète cette activité de composition du numéro, et Isaac exécute la séquence de composition du numéro, il soulève le combiné, vocalise, et raccroche une fois de plus avant d'avoir fini et retourne à la toupie.

La mère trouve une boîte de pâte à modeler et se tourne vers lui. Il la regarde et elle dit : « Assieds-toi », et pointe le sol où il s'assoit et ils commencent tous les deux à sortir le matériel. Il est à genoux et s'assied sur ses talons en étant positionné à 90 degrés par rapport à elle, et ils conservent cette position pour le reste de cet épisode de jeu. Il a du mal avec les couvercles, tire dessus et utilise ses dents, mais il ne peut pas les ouvrir. Il ne les lui tend pas ou ne lui

4 • Développement à court-terme des objectifs d'apprentissage

demande pas d'aide d'une quelconque manière, et quand elle essaye de l'aider et attrape les boîtes, il se détourne. Elle ouvre les boîtes pour lui, et il ignore sa demande « donne-moi » communiquée par le langage et les gestes. Ils s'engagent dans un jeu commun dans lequel ils sortent la pâte à modeler et en posent des morceaux sur le dessus des wagons du train. Ils commencent un tour de rôle en mettant les morceaux sur le dessus d'un wagon, et ils répètent ce tour de rôle trois fois. Il l'imite en déplaçant les wagons avec la pâte à modeler. Elle produit quelques effets sonores, « tut-tut », et il l'imite approximativement et ajoute un peu de jargon. Ses vocalisations semblent intentionnelles, mais il ne les dirige pas vers elle par le regard et l'orientation. Il tend la main pour prendre une des pièces à sa mère et elle les éloigne. Il proteste avec colère en disant : « Non, non, non », et fait des bonds sur ses genoux, et elle dit : « Tu dois partager », et elle le dirige vers sa pâte à modeler. Elle lui montre comment utiliser la presse de pâte à modeler, il regarde et imite alors ses actions, et les deux remplissent ensemble la presse à tour de rôle avant de retourner aux trains avec les morceaux aplatis par la presse. Comme elle conduit son train, il ajoute un effet sonore. Elle montre l'aimant sur le train et lui montre comment les wagons peuvent s'attacher. Il lui offre sa pièce pour voir l'effet magnétique. Ils retournent ensuite à un jeu de train en parallèle, et il sourit, rit et fournit un long chapelet de jargon varié tandis qu'il partage son plaisir pour l'activité avec un contact visuel. Une autre personne parle dans la salle, et il se tourne pour regarder, et il associe alors ses pièces de train et conduit la file entière de wagons.

Observations des items de niveau 1 de la liste de contrôle des compétences

Imitation vocale d'effets sonores, mot « non, non », babillages variés avec intonation, vocalisations intentionnelles, pas de regard accompagnant les vocalisations. Il a suivi les gestes et les consignes pour s'asseoir, il a imité plusieurs actions avec objets, en incluant une action nouvelle, et a présenté un jeu fonctionnel avec le téléphone, le train, et la pâte à modeler. Il a présenté une séquence de jeu avec le téléphone. Il a manifesté quelques demandes non verbales par les gestes et a émis une protestation verbale, mais pas de demande d'aide. Il a partagé son plaisir avec une alternance du regard. Il n'a pas donné les objets en réponse à une demande gestuelle. Il a regardé en direction d'une voix et a observé les actions d'un partenaire de jeu. Le tour de rôle a eu lieu de manière répétée, pour de brèves séquences.

Entre 15 et 20 minutes

L'évaluatrice se joint maintenant à l'activité avec le train sur le sol et la mère se déplace progressivement vers le côté. L'évaluatrice dit : « Mets dessus », en plaçant la pâte à modeler sur le train pour lui fournir un modèle et il le fait. Elle donne alors le modèle d'une activité de coloriage et la lui propose, mais il refuse en détournant les yeux. Elle dit : « C'est l'heure de ranger », et elle commence à mettre la pâte à modeler dans les boîtes. Elle lui tend une boîte, dit : « Range », et pointe la boîte du doigt, et il place son morceau de pâte à modeler dedans. Elle le remercie, en range davantage, répète la demande, et il ignore deux demandes de plus, alors elle l'aide à ranger, en le remerciant de nouveau, et range alors rapidement tous les accessoires de pâte à modeler. Il s'éloigne.

Compétences observées

Occasionnellement il a suivi des consignes simples et des gestes. Il a aidé à ranger. Il a suivi le pointé proximal et imité des actions avec objets.

Entre 20 et 25 minutes
Il va vers l'armoire de jouets et étend le bras pour prendre le sac de perles qui s'emboîtent. L'évaluatrice l'ouvre et assemble trois perles différentes et les agite. Il essaie d'en emboîter mais il ne peut pas et les jette par terre. Elle lui donne les siennes, il les sépare et les jette par terre. Alors il étend le bras vers un ressort (ondamania). Elle le ramasse, le nomme et le lui propose, et il dit : « Non, non, non », avec un gémissement de colère tout en essayant de l'attraper. Il saisit une extrémité pendant qu'elle tient l'autre et il s'éloigne. Elle commence à agiter le bout qu'elle tient, il se tourne alors pour regarder puis il agite aussi l'extrémité qu'il tient et lui sourit. Il lâche son extrémité ; elle rassemble rapidement le ressort et le lui propose avec les mots : « Tu veux ressort ? » Il s'approche d'elle, elle dit : « Encore ressort ? » et il fait des signes en se tendant vers le ressort en réponse. Elle lui en donne une extrémité, comme auparavant, et il s'éloigne, se tourne vers elle, et répète le jeu en agitant le ressort comme avant avec des sourires dirigés puis s'éloigne.

Observations des items de niveau 1 de la liste de contrôle des compétences
Manque de demande verbale appropriée, plaisir partagé avec le contact visuel, a imité une action nouvelle, a utilisé des gestes pour demander, et a apprécié le jeu à deux.

Entre 25 et 30 minutes
L'évaluatrice montre une trompette en soufflant à l'extrémité de celle-ci. Il sourit, regarde, bat des mains avec excitation, et attend qu'elle recommence. Elle répète et il sourit, prend la trompette, s'approche de sa mère et la lui tend. Sa mère souffle dedans pour lui et il regarde, sourit et rit, l'apporte alors à sa tante et la lui donne. Elle répète l'opération puis la met sur la bouche de l'enfant. Il souffle mais ne parvient pas à ses fins et il la lui tend en retour pour qu'elle souffle, de nouveau avec des sourires et des rires.

Entre 30 et 35 minutes
Il s'éloigne et tapote un gros ballon comme il passe à côté de lui. L'évaluatrice tapote le ballon aussi, puis elle donne un coup de pied dans le ballon en direction du mur pour lui donner un modèle. Il regarde mais n'imite pas quand elle lui propose le ballon. Elle répète, et à nouveau il ne répond pas à son modèle ou n'imite pas, alors elle attrape l'enfant et l'assoit sur le ballon, et le balance en comptant, « 1, 2, 3, stop ». Elle répète cela deux fois. Il sourit mais détourne le visage et s'en va. Elle le suit et propose un autre jeu : Elle le fait sauter comme elle l'a fait pour l'amener dans la salle. Elle le fait sauter en l'air et redescendre en comptant jusqu'à 5. Il sourit à nouveau, détourne le visage, et part quand elle arrête. Il s'approche du pouf en forme de poire et ramasse un livre d'images qui est posé là. Il tourne les pages une à une, en regardant les images. Elle pointe les poussins du doigt en disant : « Regarde les poussins – piou-piou-piou », et il regarde et dit : « Piou-piou ». Il tourne les pages et il répète cela avec la vache. Elle dit alors : « Apporte le livre à maman », et elle pointe le doigt vers la mère. Il ne suit pas son pointé et ignore sa demande. Elle répète une fois de plus, sans réponse.

Observations des items de niveau 1 de la liste de contrôle des compétences
Utilise le regard et donne des objets pour demander des actions aux autres, manifeste une préférence pour le parent comparé à l'évaluatrice, partage son plaisir avec des sourires directs et des rires, imite le fait de souffler. Il tourne les pages d'un livre, regarde les images, suit le pointé proximal des images, et imite un son d'animal. Il est beaucoup plus calme avec l'évaluatrice

4 • Développement à court-terme des objectifs d'apprentissage

qu'avec le parent. Son jeu est moins organisé et moins mature que pendant les quinze premières minutes. Il ne suit pas une consigne impliquant un objet et ne regarde pas sa mère quand son nom est mentionné.

Entre 35 et 45 minutes

Il dépose une boîte de « jouets sociaux sensoriels » (ballons de baudruche, balles, bulles, jeux sonores), et l'évaluatrice lui propose des balles antistress et un seau. Elle lance une balle dans le seau et lui propose une balle et l'encourage à faire de même. Il lance la balle vers le seau. Elle le félicite et lui en donne une autre, cette fois en dirigeant le panier pour attraper la balle. Il lance et réussit, et tout le monde applaudit. Il regarde autour de lui les personnes qui l'applaudissent en souriant. Elle fait rouler une balle vers lui, mais il ignore celle-ci de même que la suivante qu'elle fait rouler. Elle lui propose alors les bulles. Il sourit et dit : « Non, non, non », en s'étirant vers celles-ci, alors elle fait des bulles, en disant : « 1, 2, 3, partez », et il imite « 1, partez ! ». Il lui sourit, agite les mains, et regarde les bulles mais n'en demande pas plus et s'en va. Elle gonfle un ballon de baudruche et il se rapproche d'elle, en bougeant d'une façon bien coordonnée à travers le matériel au sol, en souriant et en tendant les bras vers le ballon, en agitant les mains pendant qu'elle souffle dedans, et qu'elle le dégonfle doucement, il amène un autre ballon à sa mère et le lui donne. Quand sa mère demande, « Encore ? » il gémit et dit, « Non, non, non », avec colère en attendant qu'elle souffle dans le ballon.

Observations des items de niveau 1 de la liste de contrôle des compétences

Imitation verbale de « 1, partez ». Les demandes sont confuses car il utilise le geste « donne » combiné avec la colère en gémissant et en prononçant « Non, non, non » pour demander. Il agite les mains quand il est excité. Il y a un manque d'engagement soutenu dans les activités avec l'évaluatrice. Il a un bon équilibre, contourne des objets au lieu de marcher ou de trébucher dessus, il est ouvert à l'environnement, et son tonus musculaire semble correct quand il s'assoit et se lève (dos droit, bonne posture, pas de lordose ou de dos voûté, pas les jambes écartées quand il s'assoit).

Entre 45 et 55 minutes

L'évaluatrice met une boîte de matériel de dessin sur une petite table et amène l'enfant par la main vers une petite chaise, lui demande de s'asseoir, et il le fait. Elle lui tend deux feutres pour qu'il choisisse, et il tend le bras vers l'un des deux, elle le lui donne, prend le sien, et ils font des marques tous les deux. Elle lui montre comment faire des cercles (« cercle, cercle, cercle ») et il imite. Elle passe aux traits (« trait, trait, trait ») et il copie. Elle passe à des mouvements rapides de va-et-vient et il copie, reproduisant les mouvements des deux mains. Il sort de la chaise pour prendre de nouveaux feutres qu'il ouvre avec sa bouche. Il ignore le « non » de sa mère et quand elle retire le bouchon du feutre de sa bouche, il est très en colère, hurle et proteste, mais il retourne aux feutres et colorie avec un feutre dans chaque main, en utilisant une prise palmaire et en présentant une rotation du poignet pendant qu'il décrit des cercles. L'évaluatrice commence à chanter une chanson avec des mouvements de main – « Tourne, tourne petit moulin... ». Il la regarde, sourit, écoute, et retourne au coloriage. Quand elle s'arrête, il lève les yeux et attend. Elle commence à chanter à nouveau et l'encourage à remuer ses mains ensemble pour « faire le moulin ». Il dit : « Non, non, non », et quitte la table. Il vocalise un peu, avec un jargon varié, retourne à l'armoire à jouets et se tient debout une minute, en vocalisant et en faisant de petits mouvements des mains et du corps, en bougeant ses mains en rythme de haut en bas comme un batteur, en pliant et en tendant les genoux, et en vocalisant comme s'il copiait une petite routine de danse. La thérapeute se joint à lui et imite ses mouvements, et il la regarde et les répète, comme s'ils dansaient tous les deux.

La thérapeute prend alors deux bâtons, met des boules aux extrémités, et tambourine sur une boîte au sol, en tendant un bâton à Isaac. Il l'imite en train de tambouriner. Elle tambourine sur le côté et il imite. Elle frappe deux bâtons ensemble et il imite. Elle y ajoute un mot : « Boum boum boum », et il imite. Elle lui montre le geste d'applaudir – il n'imite pas. Il prend ensuite deux bâtons et tape sur la boîte, la regardant et en souriant alors qu'elle se joint à lui. Il détourne son regard des bâtons avec lesquels il frappe pour partager des sourires. Elle lui montre comment fabriquer la baguette de tambour et lui tend les deux pièces qu'il assemble. Elle commence à faire une étoile avec les bâtons, avec des bâtons qui dépassent et qu'elle lui propose. Il ajoute les bâtons aux bons emplacements.

Observation des items du niveau 1 de la liste de contrôle des compétences

Il imite des actions avec objets, imite une construction de cubes, imite des mouvements familiers du corps, imite de nouveaux mots, et imite des lignes, des gribouillages, et des gribouillages circulaires. Il reproduit à la fois des actions et des tempos différents d'action. Il se fâche très rapidement, ignore le « non ! », réalise qu'il est imité et aime cela. Il aime le jeu d'imitation, et il détourne son regard d'un objet pour sourire à son partenaire en manifestant des affects partagés. Il aime qu'on chante mais ne se joint pas à la chanson. Il fait un choix entre deux objets proposés en s'étirant pour atteindre l'un d'eux.

Entre 50 et 60 minutes

Il ramasse le cadre d'un puzzle de douze pièces, et elle fournit la boîte avec les pièces du puzzle et lui dit de s'asseoir ; il dit : « Non, non, non », alors elle l'aide à s'asseoir et lui donne une pièce, qu'il place. Elle lui en fournit une autre, qu'il n'arrive pas à placer, elle montre l'emplacement correct, et il la place. Elle lui en fournit une troisième, il la place et se lève. Elle dit alors, « c'est fini », et il imite « c'est fini » et va vers la porte. Elle lui propose un sac avec petit tableau rond à trous et six bâtonnets, et il les prend avec intérêt. Sa mère dit : « Assieds-toi », et il se laisse tomber sur le sol, ouvre le sac, en sort les pièces, et commence à les placer sur le tableau. Au lieu de tous les placer, il en entasse quelques-uns et arrive même à les faire tenir en équilibre, mais il ne finit pas et les rejette. Un trieur de formes à trois éléments l'intéresse, et il essaye de placer les pièces mais a besoin d'aide pour toutes sauf pour la ronde et la carrée. Il ne finit pas cela non plus. Il vocalise maintenant librement.

Observations des items du niveau 1 de la liste de contrôle des compétences

Il n'achève pas les routines avec les jouets, mais place deux à trois pièces et se tourne ensuite vers autre chose. Il fait un appariement de formes simples, varie les schémas. Il est curieux et intéressé par les objets nouveaux.

Entre 65 et 75 minutes

L'évaluation s'achève avec une brève entrevue avec les membres de la famille. Ils sont extrêmement inquiets pour l'enfant à cause de son absence de langage et de ses comportements très difficiles. Les morsures, le sommeil et les accès de colère sont d'énormes problèmes. Il mord tout le monde et les enfants plus petits ne sont pas en sécurité avec lui. Sa tante, qui s'occupe de lui durant la journée, montre ses marques de morsures tout le long de ses bras. Quand il est en colère, il

4 • Développement à court-terme des objectifs d'apprentissage

crie, il se jette par terre et frappe sa tête. Il tente de mordre à de multiples reprises chaque jour et a des accès de colère toutes les heures. Il ne va pas au lit, il ne reste pas au lit, et se lève plusieurs fois par nuit. Cependant, il mange bien, avec une bonne utilisation d'une cuillère, d'une fourchette, et d'un verre. Il mange une grande variété d'aliments et mange avec la famille, bien qu'il ne reste pas sur sa chaise. Au lieu de cela, il grimpe sur sa chaise, mange quelques bouchées, part et revient. Il ne se promène pas dans la maison avec des aliments et il lui est interdit d'emmener autre chose que son verre d'eau loin de la table. Il sait utiliser une paille, accepte de manger des aliments nouveaux et il n'est pas nourri à la cuillère par les autres. Il n'utilise pas de biberon. Il aide à enlever ses vêtements pour se déshabiller et il aide à mettre son tee-shirt. Les couches ne sont pas un problème car il n'aime pas être mouillé. Il aime l'eau et apprécie les routines du lavage de mains et son bain. Il se frotte le corps avec un gant de toilette et une serviette et met sa brosse à dents dans la bouche, si bien qu'il ne laisse personne lui brosser les dents. Comme ses cheveux sont coupés très courts, se laver la tête et se peigner ne posent pas de problème. Il ne suit pas de consignes de façon fiable à la maison et ne fait pas de tâches ménagères comme mettre ses vêtements dans le panier à linge ou mettre sa tasse sur l'étagère. Il n'aide pas à ranger ses jouets. On exige très peu de sa part à cause de ses accès de colère sévères. En termes de points forts, les parents voient Isaac comme un petit garçon astucieux qui peut arriver à comprendre comment faire fonctionner les objets et comment atteindre son but. Ils le perçoivent comme athlétique et intrépide, capable de monter et de descendre sur des équipements hauts de la cour de récréation, et de courir, sauter, et capable de chahuter avec des enfants plus grands. Ils le décrivent comme coordonné sur son tricycle, quand il lance des balles, quand il monte sur un équipement, et aussi dans sa compétence à entasser des cubes, à colorier, et à utiliser une cuillère et une fourchette. Ses parents sont très jeunes, d'origine hispanique, et les deux travaillent à temps plein. L'anglais est leur première langue, mais ils y mêlent une quantité importante d'espagnol entre eux et avec Isaac. L'enfant reste avec sa tante et son oncle durant la journée, et l'espagnol est leur première langue avec lui et avec les autres. Isaac veut maintenant clairement partir. Il se lève et va à la porte. C'est l'heure de partir, donc l'examinatrice lui dit : « Oui, c'est l'heure de partir. » Elle s'accroupit à sa hauteur et lui adresse un « au revoir » très clair et le salue de la main. Il imite les deux après elle, et elle l'emmène hors de la salle pendant que sa mère et sa tante rassemblent leurs affaires et sortent. Les membres de la famille pensent qu'il s'est extrêmement bien comporté pendant la séance et ils sont contents des mots qu'il a prononcés, de sa bonne coopération, et de son absence de problème de comportement.

Le profil d'évaluation ESDM d'Isaac

Isaac a des points forts significatifs en motricité fine et en motricité globale. Son intérêt pour les objets et pour savoir comment ils marchent sera très utile dans la thérapie. Il est motivé pour agir sur le matériel, et il semble apprécier le jeu social avec un partenaire qui l'imite. Il est capable d'être attentif et de participer pour une durée raisonnable, il n'évite pas les autres et a quelques jeux réciproques. Il imite facilement les actions avec objets et imite occasionnellement des mots. Son discours contient beaucoup de consonnes, d'intonations qui ressemblent à celles du langage, et a une structure phonémique. Il imite quelques mots et en initie au moins un. Son jeu implique des séquences courtes d'actes reliés et quelques jeux conventionnels. Sa curiosité et son enthousiasme pour les objets seront d'une grande aide dans le traitement. Ses compétences s'inscrivent au niveau 1 dans tous les domaines à l'exception de la motricité globale, dans laquelle il réussit tous les items sauf un – donner un coup de pied dans un gros ballon – et il est prêt pour les items du niveau 2.

Communication réceptive

Il obtient des réussites ou des réussites partielles (R/E) pour les six premiers items, incluant le fait de regarder vers des sons et des voix et de répondre au pointé proximal. Il répond de manière régulière à la consigne : « Assieds-toi », avec et sans les gestes.

Communication expressive

Ses points forts en communication expressive concernent son développement de phonèmes et ses vocalisations intentionnelles. Il n'utilise pas régulièrement de gestes conventionnels dans le cadre de fonctions pragmatiques, il ne semble pas non plus comprendre les gestes de communication d'autrui.

Compétences sociales

En termes d'habiletés sociales, il regarde son partenaire de jeu quand il est engagé dans un jeu en parallèle, et il l'imite et prend quelques tours dans un échange réciproque. Il accepte d'être touché, mais il ne partage de sourires et n'utilise le contact visuel à but de communication qu'occasionnellement. Il présente l'imitation de quelques actions nouvelles incluant des actions avec objets, et des imitations vocales, bien que seules des actions avec objets soient régulièrement imitées. Nous nous attendons à voir l'imitation se développer rapidement étant donné son niveau de compétences actuel. Il n'a présenté aucune compétence d'appariement, bien qu'il regroupe des objets semblables dans son jeu (les trains, le matériel de dessin), et nous nous attendons aussi à voir ce domaine progresser rapidement. Plusieurs items de début du jeu sont réussis, incluant les 1, 2, 4, 5, et 7. Il a un bel éventail de schémas de jeu, mais il ne les maintient pas et ne semble pas encore avoir un but de réalisation entière de la tâche. Ceci sera le premier domaine ciblé dans ses objectifs. Ainsi, la construction de séquences de jeu avec plus de matériel et plus d'étapes sera un centre d'attention primordial dans les activités de jeu, incluant la séquence de rangement.

Compétences en motricité fine

Ses compétences de motricité fine sont bien développées, et la plupart de ses échecs sont en réalité des scores du type X « pas d'opportunité » parce que les comportements n'ont pas été observés, comme cela est fait avec la pyramide d'anneaux, la tour de Lego, et le fait de ramasser avec une pelle. Nous n'avons pas observé la prise par la pince digitale et avons besoin de la tester dans une routine de goûter avec des céréales.

Compétences en motricité globale

Son seul échec dans le domaine de la motricité globale a été pour donner un coup de pied dans le ballon ; le reste des items a été complété par le rapport des parents.

Le repas, l'habillage, la toilette, les tâches ménagères

Ses compétences en autonomie personnelle sont bien développées, bien qu'il ait besoin d'apprendre à rester à table pendant un repas. Le moment du coucher a besoin d'être géré, mais ses crises de colère sévères, son automutilation, et ses agressions empêchent les membres de la famille de savoir comment lui enseigner. Il sera crucial de réaliser une évaluation fonctionnelle de ses comportements problèmes et de fournir des plans de soutien des comportements positifs

4 • Développement à court-terme des objectifs d'apprentissage

à mettre en place rapidement, pour que l'on puisse s'occuper à la fois de ses difficultés développementales et comportementales.

CONSTRUCTION DES OBJECTIFS D'ENSEIGNEMENT

Le chef d'équipe et les parents de l'enfant formulent les objectifs qui devront être appris par l'enfant au cours des douze prochaines semaines. Les objectifs sont construits en utilisant les buts des parents, les données de la liste de contrôle des compétences, et les données des autres professionnels qui soutiennent l'enfant et sa famille. Nous écrivons des objectifs que nous pensons qu'un enfant maîtrisera entièrement en trois mois, mais qui sont suffisamment exigeants pour que cela prenne deux à trois mois pour les enseigner, étant donné l'intensité d'enseignement qui sera délivré.

ÉQUILIBRE DES OBJECTIFS DANS LES DOMAINES

Les défenseurs de l'ESDM choisissent un nombre équilibré d'objectifs dans tous les domaines, plutôt que de mettre l'accent sur un domaine aux dépens des autres. La raison pour cela est double. Premièrement, nous voudrions contrecarrer la tendance naturelle à mettre l'accent sur les domaines dans lesquels l'enfant a des faiblesses. Construire une série d'objectifs sur les domaines les plus affectés peut aboutir à une frustration pour le thérapeute, les parents, et l'enfant, parce que le progrès est susceptible d'être plus lent et l'enseignement plus difficile dans les domaines les plus déficitaires. Deuxièmement, nous ne voulons pas nous focaliser uniquement sur les forces. Il est bien sûr stimulant de voir un enfant réussir facilement dans le domaine où sa compétence est la plus forte. Le problème en se focalisant sur les points forts, est que les domaines qui sont au cœur de l'autisme, tels que la réciprocité sociale, sont dans ce cas, négligés aux dépens des domaines les plus forts. Un tel enseignement non équilibré ne fait qu'accentuer le profil inégal des forces et faiblesses qui sont caractéristiques de l'autisme. Dans l'ESDM, nous écrivons des objectifs dans tous les domaines, les plus forts aussi bien que les plus faibles pour soutenir le développement des domaines où l'enfant a du talent aussi bien que ceux dans lesquels il a des faiblesses. Cela a tendance à assurer des activités hautement motivantes pour l'enfant et le thérapeute.

COMBIEN D'OBJECTIFS ?

Il faut rédiger deux à trois objectifs pour chaque domaine. Cela se traduit en plus de vingt objectifs mais nous trouvons que cela procure une série qui est réalisable pour un traitement intensif d'une période de douze semaines. Que faire s'il n'y a pas deux à trois items de la liste de contrôle des compétences dans un domaine pour lesquels vous êtes confiant dans la capacité de l'enfant à les réussir en douze semaines ? Soit vous pouvez rédiger moins d'objectifs dans ce domaine, soit vous pouvez scinder un item particulier en deux étapes plus petites. Avoir plus d'objectifs aide l'intervenant à penser aux cibles d'enseignement dans les activités. Soyez conscient que les mêmes compétences sous-jacentes vont logiquement affecter le développement dans deux domaines différents ; vous pouvez ainsi écrire des objectifs pour les deux domaines. Par exemple, si vous écrivez un objectif qui spécifie que l'enfant utilisera dix verbes spécifiques différents pour le développement du langage expressif, il est logique d'écrire aussi un objectif de communication réceptive qui cible ces dix mêmes verbes.

SÉLECTION DU CONTENU DES COMPÉTENCES

La tâche consiste alors en l'identification de deux à trois compétences dans chaque domaine pour les enseigner pendant les douze semaines suivantes. L'information de l'évaluation par la liste de contrôle des compétences est utilisée de deux façons différentes pour construire des objectifs. Premièrement, on identifie les compétences dans chaque domaine qui représentent les premières réussites partielles (R/E) et les premiers échecs (E) de l'enfant. Nous nous attendons à ce que ces compétences soient enseignées en douze semaines. Deuxièmement, le chef d'équipe doit prévoir à l'avance la vitesse d'apprentissage de l'enfant pendant les trois mois à venir et penser à ce que l'enfant peut raisonnablement accomplir en bénéficiant d'un enseignement quotidien cohérent de la part des parents et/ou de l'équipe. Certains enfants apprennent rapidement, et ce sont généralement les enfants avec TSA qui ont plus de compétences par rapport à leur âge dans le langage, la cognition, et la motricité fine dans les objectifs. Pour ces enfants, vous ne devrez pas nécessairement choisir comme cible les premières compétences échouées, mais plutôt des compétences plus éloignées dans le même niveau qui concernent aussi les premières compétences échouées.

Exemple

À son évaluation initiale de vingt-quatre mois, Nathan a échoué à l'item 2 du niveau 2 de communication réceptive : « Suit huit à dix consignes verbales simples impliquant des actions du corps et des actions sur les objets. » Il suit seulement six d'entre elles à ce moment-là :

4 • Développement à court-terme des objectifs d'apprentissage

> donne-moi, viens ici, assieds-toi, regarde lorsqu'on l'appelle, agit en conséquence quand on dit : « Bien joué ! tope là ! » et fait au revoir. Pourtant, pour un enfant de vingt-quatre mois avec autisme qui n'a pas encore reçu de traitement, c'est un répertoire de langage réceptif impressionnant, et il semble évident qu'il ne lui faudra pas douze semaines de plus d'enseignement quotidien pour acquérir les deux autres consignes. Utiliser cet item comme il est écrit dans la liste de contrôle des compétences pour son objectif de douze semaines n'est pas approprié. Il vaut mieux fixer la barre plus haut en écrivant des objectifs de communication réceptive qui ciblent les items autour de la fin du niveau 2. Ce sont des compétences impliquant la localisation d'objets, un pointé sur des éléments réels et sur des images de personnes et d'objets variés, et la réponse à plusieurs mots d'action avec des objets différents. Avec ces objectifs d'apprentissage, le thérapeute aura enseigné pratiquement toutes les compétences de langage réceptif du niveau 2 à la fin des douze semaines.

D'autres enfants apprennent plus lentement dans certains domaines.

> *Exemple*
>
> Joshua a le même niveau de performance que Nathan au niveau 2. Cependant, Joshua a 38 mois, il a suivi l'intervention ESDM pendant douze mois, et a reçu un enseignement quotidien intensif. La communication est extrêmement difficile pour lui ; au cours des douze derniers mois il a maîtrisé tous les items du niveau 1 de communication réceptive et il suit six consignes. Étant donné la vitesse des progrès de Joshua, les objectifs écrits pour lui seront différents de ceux qui ont été écrits pour Nathan. Pour Joshua, il serait plus approprié de cibler l'item 2, maîtrise de dix consignes, pour ses objectifs de douze semaines du niveau 2 de communication réceptive. Il lui faudra probablement douze semaines pour apprendre quatre consignes de plus.

Ainsi, la connaissance de la vitesse d'apprentissage de l'enfant obtenue par l'évaluation est utilisée pour décider quelles compétences on peut raisonnablement s'attendre à voir maîtrisées en douze semaines d'enseignement. Garder des objectifs stimulants mais pouvant être accomplis est crucial pour la motivation de l'enfant, de l'équipe, et des parents, et pour donner suffisamment de choses à faire aux thérapeutes durant leurs séances.

En résumé, pour identifier les compétences qui doivent être enseignées, il faut regarder l'organisation des compétences réussies et échouées dans un domaine développemental spécifique. Il faut identifier le niveau de la liste de contrôle des compétences dans le domaine qui contient le plus de réussites avancées régulières pour cet enfant. Vos objectifs devront être de compléter ce niveau. Vous pouvez présumer que chaque enfant est capable de maîtriser ses items émergents (R/E) dans le niveau en douze semaines de bon enseignement, régulier, et quotidien ; ces compétences devront être nettement ciblées dans les objectifs. Ainsi, il faut regarder au-delà des premières émergences (R/E), les quelques premiers échecs (E). Vous devez utiliser votre propre connaissance de l'enfant glanée à partir de votre évaluation, pour jauger jusqu'où s'aventurer dans les secteurs non acquis avec vos objectifs. Quand vous doutez, soyez conservateur ! Pourquoi ? Cela permet de construire la confiance pour tout le monde, l'enfant inclus, lorsqu'il maîtrise les objectifs. Et cela est décourageant pour tout le monde quand l'enfant ne maîtrise pas la plupart des objectifs au bout des douze semaines. La maîtrise de l'enfant maintient une motivation élevée pour l'enseignement et l'apprentissage de l'enfant, pour les intervenants, et les parents, et la maîtrise de l'enfant requiert un choix approprié des objectifs d'apprentissage et des approches d'enseignement, et l'assurance de leur application quotidienne.

LES ÉLÉMENTS DE L'OBJECTIF

Tous les professionnels qui lisent ce livre ont probablement écrit des objectifs éducatifs ou de traitement auparavant. Cependant, nous utilisons un format très spécifique pour les objectifs de l'ESDM qui soutient l'adulte qui enseigne et l'enfant qui apprend d'une manière très utile. Une fois que les compétences cibles sont sélectionnées à partir de la liste de contrôle des compétences, comme expliqué précédemment, chaque compétence est alors décrite en des termes comportementaux mesurables.

> **Les quatre caractéristiques principales de chaque objectif ESDM**
>
> 1. L'énoncé du stimulus ou de l'événement antécédent qui précède et entraînera le comportement (la compétence).
> 2. La définition d'un comportement observable, mesurable (la compétence qui est enseignée).
> 3. Le critère qui définit la maîtrise de l'objectif.
> 4. Un critère qui implique une performance fonctionnelle, généralisée du comportement cible.

Nous proposons des lignes directrices pour écrire ces quatre éléments.

Détermination du stimulus antécédent

Des compétences et comportements se produisent en réponse à quelque chose, et ce quelque chose est un stimulus discriminatif (Sd) pour le comportement. Certains comportements sont présentés en réponse au comportement d'une autre personne (par exemple, s'approcher d'un adulte qui appelle votre nom, prendre un jouet quand un autre enfant vous le tend). D'autres comportements sont des réponses à un indice de l'environnement (par exemple, beaucoup de transitions préscolaires sont signalées par des lumières, des cloches, des chansons, et ainsi de suite en plus d'une consigne verbale). Certains comportements se produisent en réponse à un signal interne (par exemple, prendre un verre d'eau quand on a soif, choisir un jouet et jouer avec dans des activités de jeu libre, demander quelque chose à manger quand on a faim). Enfin, certains comportements font partie d'une chaîne ou d'une séquence et sont signalés par le comportement précédent (par exemple, fermer l'eau quand vous avez fini de vous laver les mains, éteindre la lumière quand vous sortez de la salle de bain, accrocher votre manteau quand vous l'avez enlevé).

Les raisons pour spécifier l'antécédent ou les conditions du stimulus dans l'objectif sont doubles. Premièrement, cela nous aide à enseigner aux enfants avec autisme à répondre aux mêmes stimuli que ceux qui déclenchent ce type de comportement chez les autres enfants. Deuxièmement, cela indique aux thérapeutes quels stimuli antécédents doivent être utilisés pour enseigner l'objectif, ceux qui devraient améliorer la régularité de l'enseignement et la rapidité d'apprentissage de l'enfant. Nous croyons que l'utilisation régulière des antécédents ou des conditions de stimulation dans l'enseignement améliore la vitesse d'apprentissage de l'enfant. C'est pourquoi nous insistons sur ce point.

Comment choisissez-vous un antécédent donné, ou Sd, pour le spécifier ? Il y a plusieurs points à considérer. Premièrement et avant tout, pensez aux stimuli discriminatifs dans des environnements naturels – maison, crèche, hôpital de jour – qui déclenchent ce comportement chez des enfants typiques du même âge. C'est le meilleur Sd à utiliser. Si cela ne semble pas approprié pour cet enfant, alors pensez à la manière dont les adultes apprendraient habituellement à faire ce comportement dans un cadre naturel à un enfant du même âge. Quel langage et quels gestes utiliseraient-ils ? Ceux-ci sont les Sd à cibler. (L'enfant n'a pas à comprendre l'antécédent ou le stimulus discriminatif pour que vous le reteniez. C'est ce qui sera enseigné.)

Voici des exemples d'antécédents retenus : « Quand un adulte établit le contact visuel, salue de la main, et dit au revoir » (l'enfant imitera le signe de main...) ; « Quand un autre enfant s'approche, étend son bras vers un objet que l'enfant tient, et demande son tour, demande de partager, ou de donner » (l'enfant tendra l'objet...) ; « Quand l'enfant s'approche des toilettes et reste debout 30 à 45 centimètres de celles-ci » (il enlèvera spontanément son pantalon...). (Note : ce dernier exemple d'antécédent est rédigé pour un comportement spontané. Les comportements spontanés ont aussi des stimuli discriminatifs ; soit environnementaux, soit internes, soit des comportements qui les précèdent dans un enchaînement.)

Quand le comportement cible est un comportement social spontané, l'antécédent peut être plus difficile à spécifier. Quel est l'antécédent pour une salutation spontanée ? Est-ce le fait de voir une personne familière pour la première fois de la journée, l'heure ? La personne familière peut aussi probablement vous regarder et vous sourire. Voici une phrase décrivant l'antécédent pour une salutation spontanée : « Quand Jason entre pour la première fois dans la salle de thérapie et que le thérapeute s'approche de lui avec un contact visuel et un sourire, Jason dira "Bonjour" ou le saluera de la main. » Voici une phrase décrivant l'antécédent pour une demande spontanée : « Quand Jason entre dans la cuisine et s'approche d'une bouteille qui est visible mais hors d'atteinte, il regardera l'adulte et demandera : "À boire, s'il te plaît" ». Dans ces deux situations, il y a un stimulus environnemental qui précède la demande et qui est incorporé dans l'objectif comme un antécédent, ou un stimulus discriminatif, pour un énoncé spontané.

> **Remarque importante**
>
> Les gens traitent souvent par erreur un cadre comme un antécédent. Un cadre est une situation ou un environnement dans lequel un comportement a lieu. Voici quelques exemples : « dans la classe », « pendant un traitement individuel », et « pendant un temps où les enfants sont en cercle ». Ces exemples sont des cadres, pas des antécédents. Ils peuvent être utiles pour décrire les situations dans lesquelles le comportement devrait se produire, mais ils ne sont pas des antécédents – ils ne provoquent pas un comportement donné.
>
> Un comportement peut se produire à la suite de plus d'une condition de stimulation. Dans ce cas, l'objectif doit spécifier plusieurs situations appropriées (par exemple, « Sara établira le contact visuel et dira : "Aide-moi", à son partenaire en offrant l'objet dans trois situations : quand elle se présente avec une boîte qu'elle ne peut pas ouvrir, quand elle n'arrive pas à manipuler une fermeture sur ses vêtements, et quand elle ne parvient pas à trouver la position correcte pour une pièce de puzzle »).

Détermination du comportement qui fait l'objet d'une démonstration

La seule preuve réelle de l'apprentissage de l'enfant est son comportement observable. Nous ne pouvons pas observer la connaissance des concepts de couleurs, mais nous pouvons observer les enfants qui apparient et trient par couleur, nomment les couleurs, et identifient les couleurs par leur nom. Parce que nous pensons souvent en termes plus abstraits à propos du développement de l'enfant, il peut être difficile de traduire un concept développemental, tel que « la connaissance de » ou « a les concepts de » ou « s'engage dans », en un comportement observable clair.

Chaque objectif doit décrire des comportements spécifiques de l'enfant. Les enfants donnent, pointent, disent, donnent un coup de pied, apparient, trient, pédalent, nomment et sautent. Ils présentent des comportements d'attention conjointe en donnant, montrant, regardant, pointant et en suivant des pointés. Ils répondent aussi aux autres avec des comportements observables – ils orientent leurs têtes et leurs corps, établissent un contact visuel, parlent et font des gestes. Il faut se représenter l'enfant accomplissant l'objectif que vous rédigez.

4 • Développement à court-terme des objectifs d'apprentissage

Que fait réellement l'enfant ? Quels muscles ont bougé ? Quelle action est intervenue ? Ces actions sont les comportements que votre objectif cible.

Un objectif simple peut impliquer plus d'un comportement. Cela se produit pour deux raisons. Premièrement, cela peut arriver parce que les comportements sont généralement combinés dans une séquence motrice. Par exemple, ranger implique de placer ou trier les choses (apparier) dans des boîtes, et ranger les boîtes, sur les étagères ou dans les tiroirs. Dans le niveau avancé d'attention conjointe les compétences impliquent de pointer, répondre aux pointés, ou montrer, en combinaison avec le contact visuel et le déplacement du regard de l'objet à la personne, et ces comportements sont aussi souvent accompagnés de vocalisations. L'habillage et la toilette impliquent de longs enchaînements de comportements. Des comportements tels que ceux qui ont lieu dans une séquence sont souvent enseignés ensemble, donc les objectifs concernant de telles séquences de comportement spécifieront les différents comportements impliqués dans un objectif.

Exemple

L'objectif suivant cible deux comportements d'attention conjointe, le regard qui se déplace de l'objet à la personne, et le suivi des pointés. En réponse à un adulte qui dit : « Johnny, regarde ! » en regardant ou en pointant l'objet sur l'étagère ou par terre à une distance allant jusqu'à trois mètres, Johnny suivra visuellement le pointé, regardera l'objet, et établira alors le contact visuel avec l'adulte à la première occasion, trois fois dans une période de 20 minutes, dans trois séances consécutives, et avec deux adultes différents ou plus.

Dans cet objectif, il y a trois comportements que Johnny aura à présenter dans une séquence : suivre le pointé avec les yeux et la tête, regarder l'objet et regarder ensuite son partenaire et établir le contact visuel. Ceux-ci vont se produire en réponse à un stimulus impliquant des comportements de l'adulte, incluant le fait de se tourner, de pointer et de parler. L'enfant devra présenter cette combinaison de comportements trois fois en 20 minutes et il devra le faire systématiquement à la première présentation du stimulus pour atteindre cet objectif.

La seconde situation dans laquelle il y a plusieurs comportements dans un objectif implique l'utilisation de la même catégorie de comportements, telle que nommer, pointer, ou imiter, dans plusieurs exemples.

Exemple

L'usage de verbes est un bon exemple : en réponse à l'exemple du partenaire ou pour décrire spontanément son activité, Shannon utilisera douze mots d'actions différents (verbes) de façon appropriée pour décrire ses propres actes, ceux des autres, ou décrire des objets pendant une période de jeu dyadique d'une heure.

Cet objectif est mesurable sans lister les verbes spécifiques à utiliser. Comme écrit dans l'objectif, la présentation par l'enfant de dix verbes valide cet objectif quels que soient les dix verbes. Cependant, s'il est important que l'enfant utilise certains verbes en particulier, ce qui peut se produire parce que certains verbes sont réellement difficiles pour cet enfant, ou qu'ils sont tout simplement nécessaires pour la communication, alors vous devrez les nommer dans l'objectif.

> ***Exemple***
>
> Shannon utilisera les cinq verbes suivants : *donne*, *aide*, *monte*, *descend* et *fini*, dans des énoncés de deux mots pendant des routines de goûter, soit en imitation ou spontanément, pour demander, quotidiennement pendant trois jours consécutifs.

Définition du critère de maîtrise de la compétence

Chaque objectif écrit doit spécifier le critère pour juger le succès de l'apprentissage et la maîtrise de l'objectif. Ceci est très utile à deux niveaux. Premièrement, cela aide à se centrer sur un certain niveau de réalisation de l'enseignement, et deuxièmement, cela permet d'être vite fixé sur ce que l'enfant a réussi ou échoué et fournit ainsi un feedback clair qui indique si l'enfant apprend ce que vous essayez d'enseigner.

Placer les critères de maîtrise à un niveau de difficulté approprié dépend de la connaissance que l'équipe a de la vitesse de développement de l'enfant. Comme établi plus tôt, nous écrivons les critères qui représentent la maîtrise d'une compétence tout en nous attendant à ce que l'enfant atteigne cette maîtrise en douze semaines. Déterminer les critères implique une bonne appréciation de la vitesse d'apprentissage de l'enfant, de la quantité d'enseignement qui va être délivré, et de faire preuve d'un solide optimisme. Comme mentionné plus tôt, quand il n'est pas évident de prévoir ce que l'enfant pourra raisonnablement apprendre en douze semaines, il vaut mieux être conservateur. Il vaut mieux se tromper en étant à un niveau trop simple plutôt que de placer la barre trop haut, parce que tout le monde – l'enfant, les parents, les enseignants, et l'équipe – est affecté de façon négative par l'échec. Mieux vaut que tout le monde soit content du niveau de maîtrise atteint.

Un critère pour le succès peut spécifier le nombre de compétences apprises (par exemple, nommer huit couleurs), ou la latence de réponse (par exemple, l'enfant répond à la salutation d'un ami en s'orientant, en le regardant, et en disant « Bonjour » en une seconde). Le critère peut impliquer un niveau spécifique d'autonomie dans une séquence de compétences (par exemple, l'enfant réalise 70 % des étapes impliquées dans le lavage des mains de façon autonome, sans incitation). Cela peut impliquer un temps déterminé (par exemple, joue de façon autonome et appropriée avec des jouets, sans incitation de l'adulte, pendant 10 minutes). La nature du comportement dans l'objectif indiquera le type de mesure appropriée.

4 • Développement à court-terme des objectifs d'apprentissage

> **Attention à l'utilisation de pourcentages**
>
> Une erreur commune est de trop utiliser les pourcentages comme critères de maîtrise. Pour de nombreux comportements, les pourcentages ne caractérisent pas bien la maîtrise. Les pourcentages marchent mieux quand l'objectif implique un nombre de comportements sur un pourcentage de temps, tel que nommer dix mots d'action en réponse aux questions de l'adulte en une heure de jeu interactif.

Exemple

l'objectif pourrait être écrit dans ces termes : pendant un jeu de mise en scène de 15 minutes impliquant des véhicules, des personnages de l'action, et des accessoires, Max utilisera dix mots d'action différents en réponse aux questions et aux commentaires de son partenaire ou pour commenter son propre jeu, dans 80 % des séances de jeu, pendant cinq séances consécutives.

Comme écrit ci-dessus, Max aura besoin de produire dix mots d'action différents quatre jours sur cinq d'affilée. Cependant, pour beaucoup de compétences importantes, telles que le contact visuel, le regard coordonné avec le langage, et ainsi de suite, un pourcentage n'est pas un bon critère. Le contact visuel ne se produit pas continuellement et indiquer que Max établira le contact visuel 80 % du temps en une heure de séance d'orthophonie n'est donc pas une bonne définition du critère. De plus, cela supposerait que le contact visuel soit contrôlé pendant toute la séance pour en mesurer la réussite, ce qui est très difficile à faire. Le contact visuel se produit à certains moments dans les interactions, par exemple, quand on initie un nouvel échange. Ainsi, le critère de maîtrise suivant saisit mieux la manière dont le contact visuel est utilisé dans les échanges typiques : « Max établira le contact visuel combiné avec le langage ou les gestes pour au moins trois demandes sur cinq. »

Il faut aussi éviter les pourcentages dans les critères de maîtrise pour des comportements spontanés ou autonomes qui font partie d'une séquence. Si le comportement cible implique de ranger après une activité de jeu, placer le critère à 85 % (c'est-à-dire, Johnny rangera après le jeu libre 85 % du temps) requiert que l'enfant exécute le rangement entier dans 85 % des opportunités mesurées. Pour de jeunes enfants, le fait de ranger complètement de manière autonome n'est pas habituellement attendu. Pour un enfant qui apprend à ranger, il serait plus utile pour lui apprendre et pour mesurer les progrès de préciser ce que vous attendriez des autres enfants.

Exemple

À la fin d'une activité, quand l'adulte dit : « Rangeons », Johnny participe en ramassant quatre pièces ou plus et en les mettant dans une boîte spontanément ou en réponse au modèle de l'adulte, pour quatre activités de jeu ou plus dans une heure d'intervention, au cours de quatre séances consécutives.

Une autre voie pour évaluer le répertoire actuel des compétences des enfants est leur première réponse à l'antécédent. La première réponse peut être considérée comme un bon indicateur de la stabilité d'un comportement. Si l'enfant réalise une compétence la première fois que l'antécédent se présente dans une séance pendant plusieurs jours ou séances d'affilée, c'est probablement que la compétence est stable pour l'enfant. Ainsi, on peut utiliser la réponse à un premier essai comme un critère de maîtrise.

> *Exemple*
>
> Becci répond à un pair qui s'approche, la regarde, et lui dit : « Bonjour », en lui répondant bonjour avec un contact visuel en moins d'une seconde à la première opportunité, quotidiennement pendant cinq jours consécutifs.

De plus, pour spécifier la quantité, la précision, l'aisance, ou la latence de la performance, le critère doit indiquer le niveau d'indépendance que l'on attend de l'enfant. Pour de nombreuses compétences, il n'est pas approprié d'attendre une performance complètement autonome des jeunes enfants. Habituellement les enfants d'âge préscolaire reçoivent des incitations, de l'aide, et des rappels répétés dans toutes les situations au cours de leur développement. Ainsi, de nombreux objectifs doivent contenir une indication du niveau d'aide de l'adulte : joue avec des jouets pendant 10 minutes sans plus de deux nouvelles sollicitations ; réalise toutes les étapes du lavage de mains sans plus de deux incitations physiques ou verbales ; répond à la première demande (ce qui signifie pas de répétition ou d'entraînement de la part de l'adulte) pour pointer dix images différentes ou plus d'objets familiers dans un livre pendant la lecture de celui-ci ; répond sans incitation aux salutations d'un adulte familier à la maternelle avec le contact visuel et dit « Bonjour » dans 80 % des opportunités sur trois jours.

> **Remarque**
>
> Pour aider à identifier le niveau d'aide à prévoir, évaluer les critères en termes de comportement typique des pairs permet d'assurer un enseignement approprié à l'âge. Quand il y a un doute, observez quelques enfants se développant de façon typique du même âge que l'enfant cible.

La définition de la maîtrise, n'est cependant, pas complète sans la spécification de la performance généralisée de la compétence. Ceci est le quatrième et dernier élément des objectifs d'apprentissage.

Spécification du critère qui indique la généralisation

Nous voulons être sûrs que la nouvelle compétence devienne une partie stable du répertoire de l'enfant, plutôt qu'une performance sur un très bon jour, avec une personne favorite ou dans un seul cadre. La généralisation implique habituellement la performance de la compétence dans plus d'un environnement naturel, la performance s'effectuant avec plusieurs objets ou matériels différents, et/ou la performance s'exprimant avec plusieurs personnes. Un critère de généralisation mesurable nous aide à savoir que ce que nous voyons représente une image réelle de la vitesse de réponse actuelle de l'enfant à l'antécédent. Pour un comportement qui ne se produit pas très souvent dans une journée, comme répondre aux salutations d'une personne, vous pouvez vouloir observer la production du comportement dans plus d'opportunités sur trois ou quatre jours consécutifs pour être sûrs que celui-ci est maîtrisé. Pour un comportement complexe qui se produit fréquemment, comme le lavage des mains, vous devriez être plus en mesure d'obtenir un échantillon représentatif du comportement de l'enfant en une seule journée ou en deux jours consécutifs. Par exemple, un critère de généralisation comme le suivant devrait vous donner un bon échantillon : « Remplit 90 % des étapes du lavage des mains sans aide ou incitation à chaque opportunité pendant deux jours. »

Finalement, nous savons que les comportements sont généralisés quand ils ont lieu dans différents cadres, en utilisant différents matériels, et avec des personnes différentes. À moins que le comportement ou la compétence soit lui-même spécifique à un environnement, à un objet, ou à une personne, chaque objectif pour douze semaines devrait inclure dans la présentation du critère que le comportement aura lieu dans deux environnements ou plus, avec deux matériels ou plus, et avec deux personnes différentes ou plus.

Il y a à la fois des forces et des faiblesses dans cette exigence. Les points forts sont que les intervenants et l'enfant devront pratiquer cette compétence dans plusieurs environnements et avec plusieurs personnes pour atteindre l'objectif, et cela conduira à une série de comportements beaucoup plus stable et plus permanente. Cela va demander aussi que des personnes travaillent sur la compétence dans différents environnements, ce qui élargit l'enseignement à des personnes variées et à des cadres variés de vie de l'enfant, et qui représente une autre force. Le point faible est que cela devient plus difficile à mesurer. Vous aurez besoin de données ou de rapports fiables en provenance d'autres cadres. Il faudra aussi plus de temps pour obtenir la maîtrise, puisque l'objectif demandera plus d'enseignement pour être atteint. Cependant, les points forts l'emportent généralement sur les faiblesses, et ceci étant, vous pourrez prévenir la situation de frustration que nous voyons trop souvent dans laquelle l'enfant a un répertoire de compétences qui ne s'expriment jamais en dehors de la salle de thérapie et qui ne sont pas utilisées de manière fonctionnelle.

RÉDIGER DES OBJECTIFS FONCTIONNELS

L'apprentissage des compétences prend du temps à l'enfant et à l'adulte, et nous voulons être sûrs que le temps est bien utilisé et que les enfants apprennent des compétences adaptées qui leur serviront dans de multiples environnements. La définition de l'antécédent peut et devrait cibler l'usage fonctionnel et adapté du comportement.

Utilisons le développement du vocabulaire expressif comme exemple. Les enfants ne se déplacent habituellement pas dans la salle en nommant les objets qui les entourent. Nous utilisons un langage pour demander les choses que nous voulons, pour donner aux gens ce qu'ils demandent, pour protester, pour débuter ou terminer des interactions, pour partager nos intérêts, nos expériences, nos sentiments, et nos pensées avec les autres, pour identifier nos propres besoins et demander de l'aide. Les enfants doivent apprendre à utiliser leurs compétences dans des situations ordinaires et qui requièrent une adaptation. Les objectifs qui tiennent compte de cela aident à maintenir l'aspect fonctionnel de l'enseignement. Écrire un objectif qui consiste à nommer vingt-cinq images sur des cartes dans une salle de thérapie ne permet pas un usage très fonctionnel du langage précoce. Un objectif de langage expressif plus fonctionnel serait de nommer des images dans plusieurs livres d'histoires pendant la lecture, ou de demander différents aliments préférés en les nommant pendant le repas, ou de demander les thèmes de jeux favoris pendant l'heure de jeu thématique, ou de demander des jouets favoris aux autres enfants pendant le jeu libre. Ces objectifs beaucoup plus fonctionnels permettent de s'assurer que l'enseignement et l'apprentissage serviront bien à l'enfant dans des situations de la vie réelle. Ils aident aussi à s'assurer que l'enseignement se produira dans des expériences de la vie réelle et dans des interactions à la maison, à la maternelle, dans la communauté sociale, et avec les parents, les amis, et les enseignants.

Comment peut-on vérifier le caractère fonctionnel d'un objectif ? Imaginez un enfant du même âge dont le développement est typique et que vous connaissez exécutant cet objectif. Est-ce quelque chose que l'enfant pourrait faire ou qui pourrait être attendu de lui ordinairement ? Où, avec qui, avec quels matériels, et en réponse à quels stimuli pourriez-vous attendre le comportement ? Si des camarades du même âge l'exécutent d'une manière similaire et dans les situations spécifiées, il est probable qu'il soit fonctionnel aussi pour un enfant avec TSA.

Avec la pratique, écrire des objectifs devient plus rapide et plus aisé. Il est plus facile d'écrire les objectifs aussitôt que possible après avoir administré la liste de contrôle des compétences. Les comportements cibles seront beaucoup plus clairs dans votre esprit et les objectifs en découleront plus facilement. Vérifiez chaque objectif pour les quatre éléments : antécédent, comportement, critère et généralisation. L'encadré ci-dessous résume les lignes directrices pour écrire des objectifs vus dans ce chapitre. Une information plus détaillée sur

4 • Développement à court-terme des objectifs d'apprentissage

le développement et l'écriture des objectifs éducatifs peut être trouvée dans une variété de textes pour les éducateurs. L'ouvrage de Cipani et Spooner (1994) est l'un de ces textes utiles.

Lignes directrices pour écrire des objectifs d'apprentissage

Sélectionner la compétence à apprendre
- Englober les items R/E actuels.
- Se centrer sur le le fait de compléter le niveau d'un domaine qui contient les réussites régulières les plus avancées.
- Regarder au-delà des R/E les quelques premiers échecs (E) et évaluer la vitesse d'apprentissage de l'enfant.
- Quand il y a un doute, être conservateur.

Sélectionner l'antécédent.
- Utiliser des signaux naturels pour le comportement (un autre comportement, des signaux environnementaux, des signaux internes, des comportements précédents).
- Si c'est approprié, plus d'un antécédent peut être spécifié pour le comportement.
- Se méfier de l'utilisation des événements de contexte comme antécédents.

Spécifier le comportement – le comportement cible doit être appris
- Il doit être spécifique, observable, et mesurable.
- Il peut être plus qu'un comportement.

Spécifier le critère de maîtrise
- Quantité.
- Précision.
- Facilité.
- Latence de performance.
- Première réponse.
- Niveau d'indépendance.
- Durée.

Spécifier le critère de généralisation
- À travers des cadres différents et/ou.
- Avec des objets ou des matériels différents et/ou.
- Avec différentes personnes.

LES OBJECTIFS D'APPRENTISSAGE D'ISAAC POUR DOUZE SEMAINES

Précédemment dans ce chapitre, nous avons décrit l'évaluation d'Isaac à 26 mois et le profil d'évaluation ESDM. La suite liste la série d'objectifs d'enseignement pour douze semaines écrits pour Isaac. Tous ceux-ci sont dans le niveau 1 et couvrent six domaines sur sept : la communication expressive, la communication réceptive, l'interaction sociale, l'imitation, les compétences cognitives, et les compétences de jeu. Comme il s'agissait d'une intervention brève entièrement réalisée par les familles, et qu'il n'a pas de retard moteur, nous n'avons pas écrit d'objectifs moteurs. Toutefois, Isaac a bénéficié d'un programme comportemental pour répondre à ses accès de colère et les morsures en plus des objectifs énumérés ci-dessous. Les initiales des domaines du niveau 1 avec les numéros des items de la liste de contrôle des compétences sont notées entre parenthèses à la fin de chaque objectif. Pour les trois premiers objectifs, nous avons nommé chacun de leurs quatre éléments.

> **Objectifs et compétences**
>
> **Communication expressive**
>
> [Antécédent :] Pendant des jeux vocaux ou des vocalisations intentionnelles à la maison et en consultation, [Comportement :] Isaac utilise spontanément deux à trois combinaisons voyelle-consonne différentes et vocalise cinq fois ou plus [Critère de maîtrise :] dans une période de 10 minutes [Généralisation :] sur trois périodes consécutives. (Communication expressive [CE] item 12)
>
> [Antécédent :] Quand des activités ou des objets désirés lui sont proposés, [Comportement :] Isaac les demande à son partenaire en utilisant des gestes directs, des vocalisations, et/ou le contact visuel [Critère de maîtrise :] dans 90 % des opportunités [Généralisation :] pour trois périodes de 10 minutes consécutives, dans au moins deux environnements et avec trois personnes ou plus. (CE items 1, 2, 3, 10)
>
> [Antécédent :] Pendant des interactions sociales à la maison et en consultation quand l'adulte propose du matériel désiré, du matériel non désiré, et du matériel pour lequel il a besoin d'aide, [Comportement :] Isaac communique ses protestations, négations, requêtes, et demandes d'aide en utilisant des gestes combinés au regard en repoussant les objets (protestation, négation), en tendant les bras de façon dirigée pour demander, et en tendant les objets aux personnes (aide), [Critère de maîtrise :] trois fois ou plus dans un jeu de 45 minutes sur trois jours consécutifs [Généralisation :] avec deux personnes et dans deux cadres ou plus. (CE items 5, 7, 8, 9)

Communication réceptive

4. Quand un adulte appelle Isaac par son nom depuis l'autre bout de la salle et hors de son champ de vision, il tourne son regard en direction de l'adulte avec contact visuel et orientation trois fois dans une période de 20 minutes pour trois séances consécutives, à la maison et en consultation. (Communication réceptive [CR] items 3, 7)

5. Quand un adulte pointe une localisation, une image, ou un objet à plus de trois pas de distance, Isaac suit le pointé et répond de façon appropriée par l'action associée, pour trois opportunités ou plus sur des périodes de 10 minutes consécutives à la maison et en consultation. (CR items 5, 8, 9)

6. En réponse à une demande verbale directe de l'adulte avec ou sans gestes, Isaac accomplit cinq consignes différentes impliquant des actions du corps : assieds-toi, lève-toi, range, donne-le (objet), donne-moi (objet) dans 90 % des opportunités pendant deux séances différentes d'une heure à la consultation et pendant deux périodes de jeu différentes avec un parent ou sa grand-mère à la maison. (CR items 13, 14, 15)

Interaction sociale

7. Pendant une chanson, une activité avec un livre, ou des routines sociales sensorielles à la consultation et à la maison, quand un adulte propose une routine ou l'interrompt, Isaac utilise régulièrement le contact visuel et les gestes pour demander ou poursuivre cinq routines différentes (par exemple, des chansons, des jeux physiques) avec trois personnes différentes ou plus. (Interaction sociale [IS] items 2, 3, 4, 5, 6 ; CR items 10, 11 ; CE items 1, 9)

8. Dans différents environnements, lorsqu'un adulte salue l'enfant en étant à proximité de lui avec un geste de la main en disant « bonjour » ou « au revoir », Isaac retourne la salutation en agitant la main à son tour dans 90 % des occasions sur deux jours consécutifs, avec deux personnes et dans des cadres différents. (IS items 8, 9 ; Imitation [IM] item 2)

Imitation

9. Pendant un jeu avec objet à la consultation et à la maison quand l'adulte s'engage dans des actions variées avec les objets, Isaac imite spontanément 80 % de dix actions ou plus, dont des actions familières et des actions nouvelles, pendant trois séances consécutives. (IM items 1, 2 ; IS item 7)

10. Pendant les chansons, les jeux de mains, et les routines sociales sensorielles à la maison, chez l'orthophoniste, et à la consultation, Isaac imite spontanément cinq mouvements différents du corps ou plus n'impliquant pas d'objet dans un intervalle d'une seconde après le modèle, sur trois séances consécutives (Il peut s'agir d'approximations plutôt que d'imitations parfaites). (IM items 2, 3 ; IS item 7)

11. Lorsqu'Isaac vocalise en utilisant des combinaisons consonne-voyelle-consonne-voyelle (CVCV) et qu'un adulte imite ses vocalisations, Isaac répète la vocalisation CVCV dans 80 % des occasions en trois périodes de 10 minutes, à

la maison, à la consultation, et chez l'orthophoniste. (IM item 4 ; Niveau 2 IM item 1)

Compétences cognitives

12. Pendant le rangement, lors des activités avec des cubes, et durant d'autres activités appropriées à la crèche, à la maison, et à la consultation, Isaac suit un modèle de l'adulte et apparie, groupe, ou classe correctement jusqu'à huit éléments du matériel selon leur identité dans 90 % des cas, dans trois occasions consécutives. (Cognitive [CG] item 1 ; IM item 1 ; CR items 10, 14 ; Jeu [JE] item 8)

Compétences de jeu

13. Pendant les activités avec des balles et des sacs de graines, en réponse aux demandes et initiations verbales ou gestuelles d'un partenaire, Isaac lance et fait rouler les objets à tour de rôle avec un partenaire durant trois à cinq tours ou plus, dans trois occasions consécutives, dans deux environnements ou plus et avec deux personnes ou plus. (JE item 1 ; IM item 1, IS items 3, 5, 7 ; CR items 10, 14 ; [MG] items 7, 8)

14. Pendant des activités de jeu utilisant cinq objets réalistes ou plus appartenant à des routines bien établies telles que le repas, le bain, le brossage de dents, ou le coucher, Isaac imite et initie cinq actions appropriées sur lui-même et sur un partenaire dans trois séances consécutives à la maison et à la consultation. (JE items 1, 4, 7 ; IM item1)

15. À la crèche, à la consultation, et à la maison, pendant un jeu avec du matériel de construction ou du matériel pour l'activité artistique, Isaac réalise cinq actes réciproques ou plus pendant une activité de 5 minutes impliquant un tour de rôle, une co-construction, ou le fait d'imiter et d'être imité dans une activité partagée, deux fois par séance dans trois séances consécutives. (JE items 1, 4 ; IM items 1, 12 ; IS items 3, 5, 7, 11).

Isaac et sa famille ont participé à nos séances hebdomadaires (une fois par semaine) parent-jeune enfant pendant douze semaines puis sont allés dans un programme préscolaire public. Il a bien progressé dans les consultations parent-jeune enfant, en faisant l'acquisition d'un discours très régulier de mots simples et de quelques combinaisons de deux mots, avec un excellent progrès sur le plan comportemental et un beau développement social, du jeu et de l'imitation. Il a maintenant quatre ans, avec un langage régulier et élaboré, d'excellentes compétences sociales avec ses pairs, et une absence de problèmes significatifs de comportement. Il a une relation affectueuse et ludique avec son nouveau petit frère. Il réussit bien à la maternelle Head Start et ne manifeste pas les problèmes sociaux que l'on s'attend à voir chez un enfant avec TSA.

4 • Développement à court-terme des objectifs d'apprentissage

Conclusion

Les objectifs bien écrits définissent le contenu de l'enseignement et permettent de jauger l'efficacité de celui-ci. Cela prend du temps de bien les écrire, et le temps qui est mis à faire cela est du temps bien dépensé. L'enseignement évolue beaucoup plus rapidement et prudemment si les objectifs établissent clairement ce que l'enfant doit apprendre et dans quelles conditions l'enseignement doit avoir lieu. La liste de contrôle des compétences de l'ESDM fournit une série complète de cibles pour les objectifs d'enseignement, et les objectifs constituent la pierre angulaire de l'enseignement dans l'ESDM.

Partagez les objectifs avec toutes les personnes qui passent du temps avec l'enfant. Plus les enfants auront l'occasion de pratiquer ces objectifs, plus ils apprendront vite. Dans une situation idéale, les objectifs ne sont pas uniquement utiles à l'équipe d'intervention, mais aussi à toute autre personne qui interagit avec l'enfant. Les parents peuvent les intégrer dans leurs interactions quotidiennes avec leur enfant pendant des routines de vie typiques. Les autres intervenants aussi – la maîtresse, l'orthophoniste, le psychomotricien, le musicothérapeute, l'enseignant d'éducation religieuse, l'intervenant de la crèche – peuvent aider l'enfant en introduisant des objectifs pertinents dans leurs propres interactions. Plus l'intervenant ESDM peut partager ce qu'il ou elle fait avec les autres et les aider à intégrer l'enseignement dans leurs interactions, plus l'enfant progressera rapidement.

Chapitre 5

Formuler des objectifs d'enseignement quotidiens et assurer le suivi des progrès

SOMMAIRE

Établissement des étapes d'apprentissage pour chaque objectif.. **136**
    Commencer par les extrémités 138
    Les étapes d'apprentissage intermédiaires 138

Suivi des progrès **145**
    La feuille de données quotidienne 145
    Utiliser les données pour éclairer vos activités au cours
    de la session 153
    Données à la fin de la session 154

Annexe : objectifs d'apprentissage et étapes d'apprentissage pour
Isaac **157**
    Communication expressive 157
    Communication réceptive 158
    Interaction sociale 159
    Imitation 160
    Compétences cognitives 161
    Compétences de jeu 161

Dans le dernier chapitre, nous avons décrit l'approche de l'ESDM pour la construction à court terme d'objectifs d'apprentissage pour l'enfant. Ces objectifs définissent le programme de l'enfant sur une période de douze semaines. Ce chapitre se concentre sur la transformation de chacun de ces objectifs en petites étapes d'apprentissage qui conduiront à la maîtrise de l'objectif complet. Le processus consiste à effectuer une analyse des tâches de chaque objectif en commençant par le niveau de base de l'enfant pour finir par l'objectif pleinement maîtrisé et généralisé tel qu'il est rédigé. Ces étapes d'apprentissages tirées de l'analyse de tâche, servent ensuite de guide pédagogique quotidien et ciblent les comportements pour le recueil des données quotidiennes au sein de la session. Les données de la session permettent un suivi précis des progrès de chaque enfant.

ÉTABLISSEMENT DES ÉTAPES D'APPRENTISSAGE POUR CHAQUE OBJECTIF

Le processus de définition des étapes d'enseignement de chaque objectif nécessite de combiner la connaissance des séquences du développement dans les différents domaines avec le processus d'analyse des tâches. La plupart des professionnels de l'intervention précoce lisant ceci sont familiarisés avec l'analyse de tâche d'une compétence. L'analyse de tâche d'une compétence motrice telle qu'enfiler une chemise ou enfiler des perles implique sa décomposition en actions motrices séparées. Chacune des actions est ensuite enseignée dans un ordre séquentiel (« chaînage »). Les incitations s'atténuent entre les actions de telle sorte que chaque action dans la séquence sert d'antécédent pour la prochaine action. Une fois apprise, la chaîne de comportements se produit indépendamment comme une séquence motrice qui commence avec l'antécédent et se termine avec la réalisation de l'enchaînement complet. Si vous avez besoin de revoir le processus d'analyse de tâche, lisez les textes pour les éducateurs spécialisés ou l'analyse du comportement (Cipani et Spooner, 1994 ; Cooper *et al.*, 2006).

L'analyse de tâche de base peut être réalisée en observant quelqu'un accomplir les étapes et en décrivant chaque action. Cependant, l'analyse de tâche d'un objectif d'apprentissage de l'ESDM est un processus quelque peu élargi. Lorsque vous faites une analyse de tâche d'un objectif d'apprentissage, il faut *imaginer* ou prévoir comment cette compétence se développera au cours de la période d'enseignement, en vous basant sur les expériences antérieures avec des enfants et sur vos connaissances du développement. Les analyses de tâche développementales intègrent la connaissance du développement typique de différentes compétences ainsi que la théorie de l'apprentissage. Effectuer une analyse des tâches développementales pour un objectif permet de fixer les étapes d'apprentissage de l'enfant ;

5 • Formuler des objectifs d'enseignement quotidiens et assurer le suivi des progrès

ces étapes peuvent impliquer une augmentation progressive de performance autonome, des approximations de plus en plus affinées du comportement servant de modèle, l'exécution d'une compétence dans un éventail de plus en plus large de formes, ou la généralisation croissante à des personnes et à des environnements différents, entre autres. Prenons la compétence *initier l'attention conjointe pour partager l'émotion* à titre d'exemple. Joshua âgé de vingt-huit mois utilise actuellement le contact visuel de manière occasionnelle pour demander des objets et des interactions sociales et partager l'intérêt. Il a un objectif de communication expressive qui a fait l'objet d'une analyse de tâche qui a donné les étapes d'apprentissages ci-dessous.

Objectif de communication expressive. Au cours de jeux sociaux avec des objets (par exemple, des bulles, crécelles), Joshua initiera l'attention conjointe pour partager une émotion avec un contact visuel avec son partenaire en alternant regard et sourire trois fois ou plus dans une période de 10 minutes, dans trois périodes consécutives, pour deux ou plusieurs partenaires et objets. Il est à noter qu'il n'est pas spécifié d'antécédent social délivré par le partenaire, car nous visons un comportement social spontané et indépendant.

Cet objectif de travail a été analysé dans les six étapes suivantes.

Étapes d'apprentissage

1. Établit occasionnellement un contact visuel pour poursuivre l'interaction.
2. Établit un contact visuel à plusieurs reprises et régulièrement pour poursuivre l'interaction.
3. Dirige occasionnellement le sourire avec le contact visuel pour poursuivre l'interaction.
4. Dirige régulièrement le sourire avec le contact visuel pour poursuivre l'interaction.
5. Alterne le regard et le sourire entre le partenaire et l'objet trois fois ou plus pendant l'activité.
6. Alterne le regard et le sourire avec deux partenaires ou plus, avec deux ou trois objets, trois fois ou plus pendant l'activité.

La première étape décrit la ligne de base actuelle des compétences de Joshua, un item qu'il a réussi sur la liste de contrôle du programme de l'ESDM. La dernière étape représente l'objectif pleinement accompli, généralisé. L'établissement des étapes d'apprentissage implique de tracer la progression de cette compétence par étapes à partir de la ligne de base jusqu'à sa maîtrise. Il n'y a pas de nombre défini d'étapes, mais en général on écrit de quatre à six étapes. Nous voulons suffisamment d'étapes pour que les progrès puissent être documentés de semaine en semaine, en supposant que la compétence est enseignée de manière régulière.

Commencer par les extrémités

La méthode privilégiée sur le site ESDM de Sacramento pour l'analyse de tâche concernant un objectif donné est de travailler « à partir des extrémités vers le milieu ». Commencer par la performance actuelle de l'enfant qui constitue la ligne de base. La première étape décrit le comportement de l'enfant par rapport au stimulus au moment présent. Si l'enfant ne produit que rarement ce comportement, l'étape décrira cette action comme se présentant rarement ou peu fréquemment. Si l'enfant ne produit jamais cette action en réponse au stimulus à moins d'y être pleinement incité, alors la description de l'étape du niveau de base comprendra cette incitation totale. La première étape doit être un comportement que l'enfant effectue actuellement, de quelque manière que ce soit, en présence du stimulus et qui a un lien avec le comportement cible. La compétence comportementale actuelle de Joshua par rapport à l'objectif est d'établir « un contact visuel occasionnel pour demander des interactions sociales », et cela constitue la première étape de l'analyse de tâche.

Ensuite, nous écrivons la dernière étape, qui est l'objectif pleinement maîtrisé, selon le critère spécifié dans l'objectif. Cette dernière étape consiste habituellement en une description de l'objectif généralisé, impliquant du matériel, des contextes et des personnes différents. Dans le cas de Joshua, la dernière étape la 6, décrit le critère de généralisation de l'objectif. L'étape qui précède cette dernière décrit généralement la compétence non généralisée réalisée au niveau du critère numérique, comme le montre l'exemple de Joshua. Cette avant-dernière étape peut également préciser la régularité de la performance (par exemple, 85 % des occasions dans trois sessions consécutives), ou la fréquence du comportement (par exemple, deux à trois fois en 15 minutes), ou il peut s'agir de la régularité croissante de la réponse à l'antécédent (par exemple, une opportunité sur trois, deux sur trois, trois sur trois). Toutefois, cette étape devra refléter le critère quantitatif pour la maîtrise tel qu'il est spécifié dans l'objectif.

Les étapes d'apprentissage intermédiaires

La nature des étapes intermédiaires dépend de la compétence impliquée. La plupart des objectifs des enfants correspondent à l'un de ces quatre types : ceux qui impliquent :

- des séquences développementales ;
- des enchaînements et des ensembles de comportements ;
- l'augmentation de la fréquence des comportements et l'ajout de contenu ;
- ou la liaison des comportements existants à de nouveaux antécédents.

Nous allons maintenant les aborder l'un après l'autre.

5 • Formuler des objectifs d'enseignement quotidiens et assurer le suivi des progrès

■ Séquences développementales

Certains aspects de l'apprentissage des enfants suivent une séquence observée chez pratiquement tous les enfants présentant un développement typique. Les jeunes enfants avec autisme ont tendance à suivre bon nombre de ces mêmes séquences – même dans leurs domaines les plus problématiques comme le langage et le jeu symbolique (Tager-Flusberg *et al.*, 1990 Lifter, Sulzer-Azaroff, Anderson, Coyle et Cowdery, 1993 ; McCleery, Tully, Slevc et Schreibman, 2006). Les membres de l'équipe interdisciplinaire sont souvent d'excellentes ressources pour ces étapes de développement telles qu'observées dans le développement typique. Les orthophonistes sont des experts dans les étapes du développement du langage typique. Les psychomotriciens ont beaucoup de connaissances sur le développement de la motricité fine. Les éducateurs spécialisés de la petite enfance ont une expertise dans de nombreux domaines de développement, de même que de nombreux psychologues du développement. Ainsi, nous pouvons nous appuyer sur l'expertise des disciplines de l'équipe pour trouver des idées.

Une seconde source pour les séquences de développement est la liste de contrôle du programme de l'ESDM. Elle organise ces séquences, dans les différents niveaux et entre ces niveaux. D'autres programmes de la petite enfance sont souvent organisés en stades de développement, et ceux-ci peuvent aussi constituer des aides.

■ Les enchaînements de comportements et les ensembles de comportements

De nombreuses compétences représentent une chaîne de comportements reliés entre eux, chaque comportement servant de stimulus pour le suivant. Lorsque l'objectif concerne une chaîne de comportements, telles que les compétences d'autonomie dans les soins personnels, les étapes d'apprentissage impliquent la maîtrise de comportements individuels et leur production en séquence ou en chaîne. Dans ce type de compétences, les étapes intermédiaires de l'analyse peuvent suivre l'ordre dans lequel vous avez l'intention d'enseigner cette compétence (par exemple, enlève le tee-shirt à partir de la tête, du cou, du dernier bras, des deux bras, du ventre). Sinon, les étapes peuvent représenter le nombre d'étapes effectuées de façon indépendante, ce qui fonctionne souvent bien pour une chaîne d'actions qui ne sont pas nécessairement reliées (par exemple, mettre la table : termine une étape de manière indépendante, complète deux étapes de façon autonome... cinq étapes de manière indépendante). Ce qui suit est un exemple d'objectif et un ensemble d'étapes d'apprentissage qui impliquent un enchaînement d'actions à l'envers pour enseigner la compétence nécessaire pour retirer une veste ouverte.

Objectif d'autonomie personnelle. Quand la veste de Joshua est ouverte et qu'on lui dit d'enlever sa veste en se tenant debout près de son casier et du portemanteau à l'école maternelle, il va l'enlever et le mettre sur le portemanteau, dans 90 % des opportunités.

Étapes d'apprentissage

1. Pend de façon autonome sa veste sur le crochet.
2. Enlève la veste à partir du deuxième poignet et la pend sur le crochet.
3. Enlève la veste de façon autonome à partir du second bras et la pend sur le crochet.
4. Enlève la veste à partir de la deuxième épaule et la pend sur le crochet.
5. Enlève la veste à partir du premier poignet et la pend sur le crochet.
6. Enlève la veste à partir du premier coude et la pend sur le crochet.
7. Enlève la veste à partir de la première épaule et la pend sur le crochet.
8. Enlève la veste dont la fermeture est détachée et la pend sur le crochet suivant la consigne dans 90 % des opportunités.
9. Enlève la veste dont la fermeture est détachée et la pend sur le crochet dans plus de 90 % des opportunités.

L'autre façon d'écrire ceci ressemblerait à ce qui suit.

Étapes d'apprentissage

1. Achève une à deux étapes avec seulement des aides partielles.
2. Achève une à deux étapes de façon autonome.
3. Achève trois à quatre étapes avec une aide physique partielle.
4. Achève trois à quatre étapes de façon autonome.
5. Achève cinq à six étapes avec des aides partielles.
6. Achève cinq à six étapes de façon autonome.
7. Achève la tâche entière avec pas plus d'une à deux aides partielles.
8. Achève la tâche de façon autonome dans 90 % des opportunités, dans un contexte.
9. Achève la tâche de façon autonome dans 90 % des opportunités, dans deux contextes ou plus.

Une compétence globale implique la performance de plusieurs comportements qui généralement surviennent simultanément dans une situation donnée – « ensembles de

5 • Formuler des objectifs d'enseignement quotidiens et assurer le suivi des progrès

comportement ». Dans le développement typique, on peut facilement observer ces ensembles dans le comportement communicatif précoce lorsque le contact visuel, le geste, et les vocalisations ou la parole sont généralement intégrés dans un seul acte de communication. Imaginez un enfant qui veut le jus de fruits dans le pichet qui est hors de portée. Il ou elle pointera ou tendra la main vers le pichet tout en regardant vers vous et en poussant des petits gémissements pour exprimer ce qu'il ou elle veut très clairement ! Plusieurs comportements de communication sont *regroupés* dans un ensemble. Ce qui suit est un exemple d'une analyse de tâche développementale d'un ensemble de comportements.

Joshua âgé de vingt-huit mois utilise actuellement les gestes pour atteindre les objets qu'il désire, et seulement de temps en temps le regard ou les vocalisations. Il ne dispose pas actuellement de l'intégration des gestes, du regard vers les adultes et les vocalisations.

Objectif de communication expressive. Lorsque des activités ou des objets qu'il aime lui sont proposés, Joshua les demande à plusieurs partenaires en associant les gestes dirigés, les vocalisations, et le contact visuel dans 80 % des demandes formulées dans un délai de 10 minutes sur trois périodes consécutives.

Étapes d'apprentissage

1. Dirige[1] la main ou le pointé de façon régulière.
2. Ajoute occasionnellement des vocalisations au geste.
3. Associe régulièrement les vocalisations avec le geste pour demander.
4. Associe occasionnellement le regard à la voix ou au geste pour demander.
5. Associe régulièrement le regard aux vocalisations ou au geste pour demander.
6. Associe les trois de manière irrégulière.
7. Associe les trois dans 80 % des demandes.
8. Associe les trois dans 80 % des demandes, avec deux ou plusieurs partenaires.

■ Augmenter la fréquence d'un comportement et y ajouter du contenu

Les objectifs de ce genre consistent à augmenter la fréquence d'un comportement existant ou à élaborer la base de connaissances de l'enfant et/ou l'étendue de son répertoire comportemental concernant une compétence donnée (par exemple, nomme neuf couleurs, identifie dix parties du corps, trie cinq formes géométriques). Le domaine cognitif et le

---

1. « Dirige » signifie que le regard et la vocalisation sont dirigés vers les adultes, mais le geste est dirigé vers l'objet désiré.

domaine du langage de la liste de contrôle contiennent tous les deux de nombreux items de ce genre. Pour ces objectifs, l'enfant a déjà le comportement sous-jacent nécessaire – il ou elle nomme des objets, donne des objets à la demande, et peut copier une forme avec des cubes ou un tracé simple. Ce qui lui manque, c'est le contenu ou le nombre d'exemplaires.

Lors de l'écriture des étapes d'apprentissage pour de tels objectifs, il est parfois efficace de décomposer les étapes selon un mode quantitatif. Par exemple, si le critère complet consiste à nommer huit couleurs ou plus, les étapes pourraient être décomposées comme suit : nomme une à deux, trois à quatre, cinq à six, et sept à huit couleurs. Ceci vaut mieux que de nommer chaque ajout de couleur dans une étape différente (par exemple, rouge, bleu, vert, jaune, blanc, noir, marron, violet). Nommer chaque couleur ajoutée peut conduire à un enseignement directif plutôt qu'au style d'enseignement plus souple que nous adoptons dans l'ESDM. Cependant, il n'y a pas de bonne ou mauvaise méthode. La décision doit être fondée sur ce qui va aider l'enfant le plus facilement et le plus rapidement. Le contenu de l'enseignement doit être précisé quelque part, dans l'objectif, dans les étapes d'apprentissage, ou sur une feuille de données ou une feuille de programme. Choisissez la méthode qui convient le mieux à votre enseignement.

Pour un exemple d'étapes d'apprentissage axées sur l'augmentation de la fréquence d'un comportement spécifique, nous nous tournons à nouveau vers Joshua, 28 mois. Nous voulons augmenter ses vocalisations. Ses vocalisations ne comportent actuellement que des voyelles, et celles-ci se produisent toutes les 10 minutes ou moins.

Objectif de communication expressive. Pendant les routines sociales sensorielles, Joshua vocalise spontanément cinq fois ou plus en utilisant les voyelles et plusieurs consonnes dans une période de 10 minutes sur trois sessions consécutives, avec différents partenaires et dans des contextes différents.

Étapes d'apprentissage

1. Produit une vocalisation de voyelles une fois toutes les 10 minutes.
2. Produit une vocalisation de voyelles deux à trois fois toutes les 10 minutes.
3. Deux à trois vocalisations avec une à deux consonnes toutes les 10 minutes.
4. Deux à trois vocalisations avec trois consonnes ou plus toutes les 10 minutes.
5. Cinq vocalisations avec trois consonnes ou plus toutes les 10 minutes.
6. Cinq vocalisations avec trois consonnes ou plus toutes les 10 minutes, avec deux ou plusieurs partenaires et contextes.

5 • Formuler des objectifs d'enseignement quotidiens et assurer le suivi des progrès

■ Lier les comportements actuels à de nouveaux antécédents

Dans cette situation d'enseignement, le comportement cible est déjà dans le répertoire de l'enfant : il ou elle s'assoit, tend la main pour attraper, regarde, sourit, rit, vocalise, saisit et manipule des objets. Toutefois, le comportement ne se produit pas régulièrement en présence de l'antécédent spécifié (le stimulus discriminatif, ou Sd). (Beaucoup de compétences du niveau 1 se situent dans cette catégorie.) Les étapes d'apprentissage impliquées vont susciter par incitation le comportement existant en réponse au stimulus antécédent souhaité, l'incitation va ensuite diminuer au fur et à mesure que le comportement tombe sous le contrôle du stimulus. Les techniques d'enseignement font largement appel à l'incitation et à la diminution de l'incitation (*fading*). Cependant, les étapes d'apprentissage de l'enfant, ou les jalons, seront focalisées sur l'autonomie. Nous avons tendance à ne pas rédiger les étapes qui impliquent les niveaux d'incitation parce que nous voulons diminuer les aides dès que possible. Lors de l'enseignement, nous devons rester sur la même étape jusqu'à ce qu'elle soit maîtrisée et qu'elle se manifeste sur plusieurs jours consécutifs. Ainsi, si les aides sont utilisées en tant qu'étapes, nous ne pouvons pas diminuer les aides aussi vite que possible, compte tenu de la règle qui est de rester sur une étape jusqu'à ce qu'elle soit maîtrisée. En se concentrant sur le degré d'autonomie obtenu, nous pouvons retirer les aides aussi vite que possible.

Dans l'exemple suivant, Joshua est capable de prendre une fourchette ou une cuillère, de prendre de la nourriture avec, et de la mettre dans sa bouche, mais il le fait rarement, car soit il mange avec les doigts, soit on doit le faire manger.

Objectif d'autonomie personnelle. Pendant les repas, Joshua se sert d'ustensiles pour se nourrir de façon autonome durant la plus grande partie de son repas, dans trois repas consécutifs, à la garderie et à la maison. Il faut noter que le critère n'a pas été fixé à 100 %, car il n'est pas inhabituel pour des enfants de 28 mois de mettre les mains dans leur nourriture occasionnellement ou de se faire donner une bouchée ou deux par un parent.

Étapes d'apprentissage

1. Utilise deux couverts, cuillères et/ou fourchette avec de l'aide pour cinq à dix bouchées.
2. Utilise spontanément les couverts de façon autonome pour cinq à dix bouchées.
3. Utilise spontanément les couverts de façon autonome pendant 25 % du repas.
4. Utilise spontanément les couverts de façon autonome pendant 50 % du repas.
5. Utilise spontanément les couverts de façon autonome pendant 75 % du repas.
6. Utilise spontanément les couverts de façon autonome pendant 90 % du repas, avec deux ou plusieurs personnes ou contextes.

Dans l'objectif et le projet ci-dessus, l'ustensile spécifique n'est pas nommé parce que cet enfant utilise à la fois une cuillère ou une fourchette sans difficulté, bien que rarement. Pour un enfant qui a du mal à gérer à la fois une cuillère et une fourchette, l'objectif pourrait cibler l'un ou l'autre plutôt que les deux.

■ Construire une compétence complètement nouvelle

L'enseignement d'une nouvelle compétence – donner un coup de pied dans un ballon, pointer pour demander, imiter les gestes de chansons – implique une variété de stratégies d'enseignement comme les incitations, la diminution des incitations, le modelage et l'enchaînement des comportements. Les étapes d'apprentissage que vous écrirez comporteront certainement une augmentation de la précision du comportement et la diminution des incitations et d'autres aides.

Joshua âgé de vingt-huit mois a l'objectif de jeu suivant qui implique la production spontanée d'actions de jeu fonctionnel avec des objets familiers. Il n'a pour l'instant aucun jeu fonctionnel spontané, et il n'imite les actions familières avec des objets qu'occasionnellement. Nous construisons un jeu fonctionnel à partir des compétences d'imitation qui sont couvertes dans un objectif distinct avec ses propres étapes d'apprentissage.

Objectif de jeu. Au cours des activités de jeux de faire-semblant sur le repas, le bain ou le coucher avec des accessoires, Joshua effectuera spontanément au moins trois actes de jeu fonctionnel sur lui-même, sur son partenaire, ou une poupée à l'aide de trois accessoires ou plus de manière appropriée (tissus, collier, lunettes de soleil, brosse à cheveux, chapeau, tasse, cuillère, bol, etc.) au cours de trois sessions consécutives.

Étapes d'apprentissage

1. Imite une action de jeu fonctionnel sur un objet de façon irrégulière.
2. Imite une à deux actions de jeu sur un objet de façon régulière.
3. Imite une à deux actions de jeu fonctionnel sur deux ou trois objets de façon régulière.
4. Initie spontanément une à deux actions de jeu fonctionnel sur un objet.
5. Initie une à deux actions de jeu fonctionnel sur deux objets.
6. Initie une à deux actions de jeu fonctionnel sur trois à quatre objets.

5 • Formuler des objectifs d'enseignement quotidiens et assurer le suivi des progrès

> **Remarque**
>
> Si vous n'êtes pas très sûr des étapes à suivre pour une compétence particulière, ne vous y arrêtez pas. Faites au mieux et commencez à l'enseigner. Si les étapes ne sont pas correctes, vous le saurez lorsque vous commencerez cet enseignement. Par la suite, si nécessaire, vous reverrez ces étapes en fonction de l'expérience que vous avez de cet enseignement. C'est la nature de l'enseignement dispensé qui nous apprend beaucoup de choses sur les processus d'apprentissage des enfants lorsque nous essayons de leur enseigner.)

Suivre les étapes ci-dessus pour découper chaque objectif en petits objectifs d'enseignement fournit au thérapeute ou au chef d'équipe un plan d'actions très spécifique qui couvrira l'ensemble de l'enseignement qui devra se faire au cours des douze semaines suivantes pour atteindre les objectifs. Il y a une série complète d'exemples à la fin de ce chapitre pour illustrer le processus plus en détail.

SUIVI DES PROGRÈS

Nous pouvons suivre les progrès de l'enfant pour les étapes d'apprentissage en ajoutant deux colonnes à la liste des étapes : date de début et date de réussite, comme indiqué sur le document 5.1. Ce document présente un des objectifs d'apprentissage avec ses étapes d'apprentissage pour Isaac, l'enfant vu au chapitre 4. Une liste complète des objectifs d'apprentissage d'Isaac et de leurs étapes d'apprentissage respectives figure dans l'annexe à la fin de ce chapitre. Sur le site de l'ESDM à Sacramento, nous avons trouvé utile d'utiliser ce format date de début/date de réussite comme un résumé pour suivre les progrès des enfants au travers des étapes. « Date de début » se réfère à la date de la première session dans laquelle nous commençons à apprendre à l'enfant cette étape d'une compétence. « Date de réussite » se réfère à la date à laquelle l'enfant effectue pour la première fois la compétence définie à cette étape selon le critère spécifié dans l'objectif. L'utilisation de ces colonnes fournit un historique simple traçant la chronologie des progrès de l'apprentissage. Pour un suivi des progrès de l'enfant plus détaillé, session par session, on utilise les feuilles de données quotidiennes.

La feuille de données quotidienne

La feuille de données quotidienne (voir document 5.2) est utilisée au cours de la séance d'intervention pour prendre note du comportement de l'enfant par intervalles ainsi que pour fournir des indications aux personnes de l'intervention sur les compétences et les étapes à enseigner à un enfant en particulier. La feuille de données quotidienne est essentiellement une version en style télégraphique des objectifs avec leurs étapes d'apprentissage. Généralement, elle peut tenir sur les deux faces d'une seule feuille de papier, ce qui la rend facile à utiliser et rapide à scanner. Elle peut être apportée à la session sur une planchette à pince avec un stylo.

Le document 5.2 montre une feuille de données quotidienne mise en place pour l'enseignement de Brittany le 8 mars 2007. Chaque objectif est présenté dans un style télégraphique de trois à cinq mots. Chaque objectif est suivi d'une description télégraphique de chacune des étapes d'apprentissage, avec des colonnes dans lesquelles on peut enregistrer les données (P1, P2, etc.) Le numéro des colonnes correspond au nombre de périodes de cotation (P) prévu pour une session donnée. Dans le cas de Brittany, les données sont recueillies toutes les 15 minutes pour une séance d'une heure. La feuille de données rassemble les objectifs des douze semaines, l'analyse des tâches d'enseignement et la performance individuelle de l'enfant. Elle fournit également un moyen de suivre ce qui a été enseigné au cours de chaque session d'intervention, et quelle a été la performance de l'enfant.

Document 5.1. Exemple de format date de début/date de réussite pour les étapes d'apprentissage

Communication expressive

1. Au cours de jeux vocaux ou de vocalisations intentionnelles à la maison et en consultation, Isaac utilise spontanément deux à trois combinaisons différentes de voyelle-consonne (VC) et vocalise cinq fois ou plus dans une période de 10 minutes sur trois périodes consécutives.

Date de début	Date de réussite	Étapes
		Produit plusieurs voyelles dans ses vocalisations spontanées dans une période de 30 minutes.
		Produit plusieurs consonnes dans ses vocalisations spontanées dans une période de 30 minutes.
		Produit deux à trois combinaisons VC différentes dans une période de 30 minutes.
		Produit deux à trois combinaisons VC différentes dans une période de 15 minutes.
		Produit quatre à cinq combinaisons VC dans une période de 10 minutes.

5 • Formuler des objectifs d'enseignement quotidiens et assurer le suivi des progrès

Document 5.2. Exemple de feuille de données quotidienne pour Brittany

Feuille de données quotidienne pour : Brittany   Date : 8/3/07   Intervenant :

Cotation du comportement

15 mn	30 mn	45 mn	1 h	Code final

1. Problèmes importants de comportement (ex. agression, comportement auto-agressif, crises de colère intenses et fréquentes).
2. Problèmes modérés de comportement (ex. non conciliant, quelques crises mais est capable de participer à une activité).
3. Autres comportements (ex. rigide, pleurnichard, une certaine désobéissance mais est capable de participer à la plupart des activités).
4. Pas de problème de comportement mais des difficultés à rester sur la tâche.
5. Obéissant, concentré sur la tâche, travaille au niveau de compétence.
6. Performances supérieures à la moyenne pour cet enfant ; agréable, excité par l'activité.

1. Utilise intentionnellement cinq consonnes (point essentiel de l'objectif).

P1	P2	P3	P4	Étapes
				1. Utilise une à deux consonnes, dirigées vers elle-même.
				2. Utilise une à deux consonnes en réponse.
				3. Utilise une à deux consonnes dans une période de 10 minutes.
				4. Utilise trois à quatre consonnes en réponse.
				5. Utilise trois consonnes dans une période de 10 minutes.
				6. Utilise cinq consonnes en réponse.

2. Utilise le regard pour des demandes spontanées.

P1	P2	P3	P4	Étapes
				1. Tend la main sans contact visuel.
				2. Utilise le regard trois fois avec une aide totale en 20 minutes.
				3. Utilise le regard pour demander avec une aide partielle.
				4. Utilise le regard pour demander après une aide vocale.
				5. Utilise le regard pour demander spontanément, objet hors de portée.
				6. Utilise le regard pour demander spontanément, trois fois pendant une activité.

3. Communique intentionnellement avec la voix.

P1	P2	P3	P4	Étapes
				1. Les vocalisations ne sont ni dirigées ni intentionnelles.
				2. La vocalisation intentionnelle se produit occasionnellement.
				3. La vocalisation intentionnelle se produit dans plusieurs activités.

Document 5.2. (suite)

P1	P2	P3	P4	Étapes
				4. La vocalisation intentionnelle se produit dans la majorité des activités.
				5. La vocalisation intentionnelle se produit dans chaque activité.

4. Utilise trois gestes conventionnels ou plus.

P1	P2	P3	P4	Étapes
				1. Tend la main pour saisir un objet.
				2. Utilise deux gestes différents.
				3. Utilise un geste combiné avec le regard.
				4. Utilise trois gestes différents.
				5. Utilise deux gestes différents avec le regard.
				6. Utilise trois gestes courants et différents avec le regard en 20 minutes.

5. Regarde régulièrement en direction des sons humains.

P1	P2	P3	P4	Étapes
				1. Regarde vers les bruits des objets de façon irrégulière.
				2. Regarde occasionnellement vers les sons humains à moins d'un mètre.
				3. Regarde fréquemment vers les sons humains, à moins d'un mètre.
				4. Regarde vers les sons humains, occasionnellement, à plus de 3 mètres.
				5. Regarde vers les sons humains, fréquemment, à plus de 3 mètres.
				6. Regarde vers les bruits des objets, une fois par minute.

6. Regarde régulièrement lorsqu'on l'appelle par son nom.

P1	P2	P3	P4	Étapes
				1. Regarde rarement à l'énoncé de son nom.
				2. Regarde occasionnellement lorsqu'on l'appelle, à moins d'un mètre.
				3. Regarde fréquemment lorsqu'on l'appelle, à moins d'un mètre.
				4. Regarde occasionnellement lorsqu'on l'appelle à plus de 3 mètres.
				5. Regarde fréquemment de plus de 3 mètres, lorsqu'on l'appelle.
				6. Regarde régulièrement lorsqu'on l'appelle une fois par minute.

7. Répond à plusieurs consignes, verbales et gestuelles.

P1	P2	P3	P4	Étapes
				1. Répond rarement aux consignes.
				2. Répond à une consigne, avec une aide partielle.
				3. Répond à deux ou trois consignes, avec une aide partielle.
				4. Répond à une consigne, dans 80 % des cas sans aide.

5 • Formuler des objectifs d'enseignement quotidiens et assurer le suivi des progrès

Document 5.2. (suite)

				5. Répond à trois ou quatre consignes, avec une aide partielle.
				6. Répond à trois ou quatre consignes, dans 80 % des cas sans aide.

8. Suit le pointé proximal.

P1	P2	P3	P4	Étapes
				1. Suit rarement le pointé proximal.
				2. Suit le pointé proximal une fois par 30 minutes.
				3. Suit le pointé proximal deux fois par 30 minutes.
				4. Suit le pointé proximal trois fois par 30 minutes.
				5. Suit le pointé distant de 10 cm une à deux fois par 30 minutes.
				6. Suit le pointé distant de10 cm trois fois par 30 minutes.

9. Répond aux salutations avec le regard et le geste ou la voix.

P1	P2	P3	P4	Étapes
				1. Répond aux salutations avec le regard occasionnellement.
				2. Répond avec le regard, le geste ou la voix 50 % des opportunités.
				3. Répond avec le regard, le geste ou la voix 70 % des opportunités.
				4. Répond avec le regard plus le geste ou la voix occasionnellement.
				5. Répond avec le regard plus le geste ou la voix 50 % des opportunités.
				6. Répond aux salutations avec le regard plus le geste ou la voix 70 % des opportunités.

10. Répond aux routines sociales et avec objets avec le regard plus le geste et la voix.

P1	P2	P3	P4	Étapes
				1. Répond avec le regard pour la routine sociale seulement.
				2. Répond avec le regard pour la routine sociale et avec objets.
				3. Répond avec le regard plus le geste ou la voix pour une routine sociale ou avec objet.
				4. Répond avec le regard plus le geste ou la voix pour une ou deux routines sociales et avec objets.
				5. Répond avec le regard plus le geste ou la voix pour trois routines sociales et avec objets.
				6. Répond avec le regard plus le geste ou la voix pour 10 routines.

11. Imite 10 actions familières différentes avec les objets.

P1	P2	P3	P4	Étapes
				1. Imite une à deux actions familières.
				2. Imite trois à quatre actions familières.

Document 5.2. (suite)

P1	P2	P3	P4	Étapes
				3. Imite cinq à six actions familières.
				4. Imite sept à huit actions familières.
				5. Imite neuf à dix actions familières.

12. Imite trois actions corporelles différentes dans les routines sociales.

P1	P2	P3	P4	Étapes
				1. Regarde les actions corporelles dans les routines sociales sensorielles.
				2. Imite une action corporelle, avec une aide partielle.
				3. Imite une action corporelle, sans aide.
				4. Imite deux actions corporelles, avec une aide partielle.
				5. Imite deux actions corporelles, sans aide.
				6. Imite trois actions corporelles, avec une aide partielle.

13. Imite trois à cinq modèles sonores différents.

P1	P2	P3	P4	Étapes
				1. Imite les formes vocales.
				2. Imite une à deux voyelles ouvertes.
				3. Imite une consonne familière.
				4. Imite deux consonnes.
				5. Imite un à deux cris d'animaux.
				6. Imite trois à cinq sons différents.

14. Imite trois mouvements faciaux différents.

P1	P2	P3	P4	Étapes
				1. Se regarde remuer la langue dans un miroir.
				2. Imite le partenaire imitant son mouvement de langue.
				3. Imite le partenaire qui remue la langue.
				4. Imite une seconde action faciale occasionnellement.
				5. Imite une troisième action faciale occasionnellement.
				6. Imite trois mouvements faciaux différents en 30 minutes.

15. Utilise plusieurs accessoires de façon appropriée.

P1	P2	P3	P4	Étapes
				1. Utilise rarement un accessoire.
				2. Utilise régulièrement un accessoire, avec une aide partielle.
				3. Utilise deux à trois accessoires, avec une aide partielle.

5 • Formuler des objectifs d'enseignement quotidiens et assurer le suivi des progrès

Document 5.2. (suite)

				4. Utilise deux à trois accessoires, de façon autonome.
				5. Utilise quatre accessoires ou plus sur lui et sur autrui avec une aide partielle.
				6. Utilise quatre accessoires ou plus sur lui et autrui, sans aide.

16. Répète des actions pour compléter un jouet.

P1	P2	P3	P4	Étapes
				1. Complète deux pièces en autonomie, un à deux jouets
				2. Complète deux pièces en autonomie, trois à quatre jouets
				3. Complète trois à quatre pièces en autonomie, un à deux jouets
				4. Complète trois à quatre pièces en autonomie, trois à quatre jouets
				5. Complète cinq à six pièces en autonomie, trois à quatre jouets
				6. Complète cinq à six pièces en autonomie, cinq à six jouets

17. Combine des actions de jeu dans une séquence.

P1	P2	P3	P4	Étapes
				1. Utilise une action de jeu sur des objets.
				2. Utilise deux actions de jeu sur plusieurs objets.
				3. Utilise deux actions de routines de jeu.
				4. Combine occasionnellement trois actions de jeu ou plus.
				5. Combine régulièrement trois actions de jeu ou plus sur un à deux jouets différents.
				6. Combine trois actions de jeu ou plus sur cinq jouets différents.

18. Suit le modèle, associe les objets.

P1	P2	P3	P4	Étapes
				1. Apparie deux objets identiques, aide physique totale.
				2. Apparie deux objets, aide partielle.
				3. Apparie un ensemble d'objets identiques, en autonomie.
				4. Trie deux ensembles d'objets identiques, quelques erreurs.
				5. Trie trois à cinq ensembles d'objets identiques, quelques erreurs.

■ Quand enregistrer des données ?

Le traitement de l'ESDM exige trop d'interaction en continu avec l'enfant pour permettre un enregistrement essai par essai. Au lieu de cela, l'ESDM utilise un système d'enregistrement par intervalles de temps. Les thérapeutes enregistrent les données toutes les 15 minutes au cours d'une session, ce qui donne quatre enregistrements sur une session d'une heure. Cela exige que les thérapeutes restent vigilants à l'égard de l'écoulement du temps et utilisent une montre, une minuterie ou une horloge très visible dans la salle de thérapie. Lorsque chaque intervalle de 15 minutes tire à sa fin, le thérapeute doit s'assurer que l'enfant a des jouets attrayants pour jouer seul pour quelques minutes. Si le thérapeute est en train de faire une activité conjointe avec des objets, il doit trouver un moment naturel dans le jeu pour arrêter le tour de rôle, prendre la planchette à pince, et enregistrer les données. Si le thérapeute est au milieu d'une routine sociale sensorielle, lorsqu'elle se termine, le thérapeute donne à l'enfant un jouet pour qu'il s'occupe seul pour quelques minutes – un puzzle, des voitures ou des cubes, ou autre chose – et ramasse la planchette à pince pour enregistrer les résultats. L'enregistrement des données ne prend que quelques minutes.

■ Comment enregistrer les données ?

Il peut être utile de préparer la feuille de données quotidienne avant la session en surlignant l'étape d'acquisition en cours pour chaque objectif, d'une couleur vive. Cela permet au thérapeute de voir très rapidement ce qui doit être enseigné et les données de comportements qui doivent être enregistrées. Le thérapeute notera les données sur l'étape surlignée (l'étape d'acquisition) et sur l'étape précédente (l'étape de maintien) pour chaque objectif. Les étapes d'acquisition en cours pour chacun des objectifs de Brittany sont facilement visibles car elles sont mises en évidence par un fond grisé sur le document 5.2. Prendre note des données consiste à enregistrer les performances des enfants pour au moins deux étapes d'apprentissage spécifiques pour chaque objectif abordé au cours des quinze dernières minutes. La première est l'étape d'acquisition qui est la cible d'enseignement actuel, la seconde est l'étape précédente, la plus récemment maîtrisée par l'enfant, ou étape de maintien. Vous pouvez également prendre des données sur les autres étapes, mais ce n'est pas nécessaire. Le thérapeute examine tous les objectifs sur la feuille de données et marque le niveau de performance pour l'acquisition et le maintien comme ce qui suit. Si l'enfant réalise l'étape régulièrement lorsque l'opportunité se présente au cours des 15 dernières minutes, le thérapeute indique un « + » ou « R ». Si le thérapeute a essayé de susciter la réponse et que l'enfant ne l'a pas produite ou qu'il la réalise très irrégulièrement, le thérapeute inscrit un « – » ou un « E ». Si le comportement est un comportement très fréquent et que l'enfant a manifesté cette compétence de manière irrégulière, utilisez le signe « +/– » ou « R/E ». Si le comportement n'a été sollicité qu'une seule fois, notez la performance en utilisant le signe « + » ou « – ». Si des comportements d'étapes plus avancées ont été observés, ils sont également enregistrés. Si le niveau de maintien de compétence n'est pas atteint, le thérapeute enregistre les comportements observés à partir des étapes qui ont précédé l'étape de maintien actuelle. Remarquez que tous les objectifs n'auront pas de données à une période de cotation spécifique. Il est difficile de suivre 20 objectifs dans une période d'enseignement de 15 minutes ! Si un objectif n'a pas été abordé dans une période de 15 minutes, le thérapeute va simplement laisser un blanc ou noter « P/O » (« pas d'opportunité ») ou « N/A » (« non abordé »). Au cours de l'évolution de la session, le thérapeute doit s'assurer de traiter et de noter le code de performance pour tous les objectifs actuels.

Parfois, un objectif repose sur la maîtrise d'un objectif antérieur qui fournit les compétences de base. Par exemple, les objectifs de jeu d'Isaac (mentionnés plus haut et dans l'annexe du chapitre), ne peuvent être maîtrisés avant l'acquisition de compétences d'imitation avec des objets, objectif 9. Les étapes pour l'objectif 13, jeu fonctionnel, impliquent aussi l'imitation avec des objets. Le thérapeute peut facilement concevoir des activités qui lui permettront de cibler les deux compétences et pourra ainsi enregistrer des données sur les compétences d'imitation et de jeu fonctionnel issues de la même activité. Ce n'est qu'après les dernières étapes du jeu fonctionnel que ce dernier se différencie un peu de l'imitation avec des objets. Lorsqu'on aborde une nouvelle période de douze semaines d'enseignement, lorsqu'il y a beaucoup de nouveaux objectifs, on commence rarement à enseigner tous les objectifs à la fois, on choisit plutôt de commencer avec quelques-uns, puis d'en ajouter d'autres. Ce sont des choix que les thérapeutes font afin de répondre aux besoins individuels et au style d'apprentissage de l'enfant.

■ Évaluation du comportement des enfants

La dernière partie de la feuille de données quotidienne contient une section intitulée « cotation du comportement ». Elle vous permet de quantifier le comportement de l'enfant pour chaque période de 15 minutes ainsi que pour la session dans son ensemble. Un score de 1 à 6 est utilisé pour caractériser le comportement de l'enfant. Une partie servant à noter des informations supplémentaires est également fournie à la fin de la feuille.

Utiliser les données pour éclairer vos activités au cours de la session

La séance de thérapie devrait permettre la sollicitation de chaque étape de maintien et de multiples occasions d'enseigner chaque étape de l'apprentissage. L'examen de la feuille de données quotidienne et des objectifs toutes les 15 minutes permet au thérapeute de voir ce qui a et n'a pas encore été fait. Les objectifs non cotés indiquent quels sont les objectifs qui n'ont pas encore été ciblés dans la session. Elles permettent également des ajustements dans la session en fonction des performances de l'enfant. Si un enfant échoue à une étape de maintien, elle doit être sollicitée à nouveau lors de la session suivante. Si des étapes de maintien sont réalisées de manière irrégulière, elles doivent aussi faire l'objet d'une sollicitation attentive à la session suivante. Si l'enfant continue à être irrégulier dans sa performance pour ces étapes à la session qui suit, ces compétences devront être reclassées en compétences d'acquisition et enseignées de nouveau. Enfin, remarquez bien les étapes d'acquisition qui n'ont pas été réussies. Si l'enfant n'a pas eu cinq à dix fois l'occasion ou la possibilité de les réaliser, ajouter des occasions supplémentaires à la session en cours. Comme le thérapeute passe en revue les feuilles de données toutes les 15 minutes, il ou elle devrait prendre des notes pour l'aider à se rappeler quels sont les objectifs qui doivent encore être traités dans l'heure.

Données à la fin de la session

À la fin de la session, le thérapeute devra disposer de données sur les performances de l'étape d'acquisition et de maintien de l'enfant pour chaque objectif enseigné dans la session. Si ce n'est pas le cas, assurez-vous que les objectifs qui n'ont pas été couverts lors de cette session seront traités en premier à la prochaine session. Écrivez-les dans un plan d'action pour la prochaine session ou entourez-les sur la feuille de données pour la prochaine session pour vous assurer qu'ils sont traités en premier la prochaine fois. Une fois que l'ensemble de la feuille de données quotidienne a été rempli pour une séance de traitement, il est temps de résumer la performance sur la feuille de résumé des données. Cette feuille contient des données sur un objectif durant plusieurs sessions. Elle permet d'examiner les données sur l'acquisition et de décider à quel moment passer à la prochaine étape d'acquisition.

Le document 5.3 présente la feuille de résumé des données pour les objectifs d'apprentissage du langage expressif sur quatre sessions de Daniel qui est âgé de 30 mois. Chaque colonne représente une session de thérapie. Le formulaire peut être adapté pour contenir des colonnes pour toutes les sessions au cours de la période de douze semaines. En haut de chaque colonne figure une ligne intitulée « Étape d'acquisition n°... », qui indique l'étape d'acquisition pour cette journée.

La ligne suivante fournit un espace pour écrire les observations. La troisième ligne comporte la notation de la performance de l'enfant en fonction de la feuille de données quotidienne suivant les codes de l'objectif comme indiqué au bas de la page pour l'étape d'acquisition. Il y a cinq codes : Refus (R), Acquis (A ; 80 % des essais correctement effectués), P1 (aide totale), P2 (aide partielle), et P3 (aide minimale). Refus signifie que pour la plupart des opportunités de ce jour-là, l'enfant n'a pas effectué l'étape d'acquisition, même lorsque le thérapeute tentait d'aider l'enfant. « Acquis » signifie que l'enfant a effectué l'étape d'acquisition telle qu'elle était rédigée et régulièrement, soit pour 80 % des incitations, soit

5 • Formuler des objectifs d'enseignement quotidiens et assurer le suivi des progrès

Document 5.3. Exemple d'une feuille de résumé de données pour Daniel

LANGAGE EXPRESSIF

Enfant : Daniel

Demande : « Qu'est-ce que c'est ? » (trois fois ou plus).

Étapes d'acquisition	Date de début	Date de réussite
1. « Qu'est-ce que c'est », une fois		
2. Deux fois + geste		
3. Trois fois + geste		

Objectif

Quand un adulte montre à Daniel un nouvel objet attractif, il demandera de l'information en disant : « Qu'est-ce que c'est ? » et en faisant un geste vers l'objet au moins trois fois par session de façon spontanée dans quatre à cinq sessions consécutives dans deux contextes ou plus et avec des personnes différentes.

Matériels/idées d'activité

Sac opaque contenant des cookies, une boîte à cadeau contenant des jouets, activer un jouet sous une petite couverture, activer une crécelle hors de son champ visuel.

Étape d'acquisition n°	3	3	3	3				
Notes	Sept tentatives, refuse d'imiter sous incitation quatre fois	Six tentatives, effectue avec une incitation verbale minimale quatre fois	Trois tentatives, refuse d'imiter après incitation pour les trois fois	Sept essais, quatre avec P3, trois avec P2				
Code but	R	P3	R	R				
Date	17/2	18/2	22/2	24/2				
Initiales	SR	MR	Maman	SR				

Étape d'acquisition n°								
Notes								
Code but								
Date								
Initiales								

Résumé des codes de performances : tenir compte de la majorité des codes de cet objectif indiqués au cours de cette session de cinq essais ou plus.

R = refus   P1 = aide totale   P2 = aide partielle   P3 = aide minimale   A = acquis : performances régulières (80 % des opportunités) lors du premier essai (pour des comportements dont la fréquence est réduite, comme dire au revoir à la fin de la session). Il existe trois niveaux d'aide codés P1, P2 et P3. Ceux-ci indiquent le niveau d'aide qui a été nécessaire pour atteindre l'étape d'acquisition. À la fin d'une session d'enseignement spécifique, le thérapeute évalue les performances globales de l'enfant sur chacun des objectifs de cette session selon le code qui reflète la majorité des réponses codées. S'il n'y a pas de code majoritaire parce que l'enfant est arrivé à deux niveaux différents un nombre égal de fois, utilisez les deux codes : P2/P3. La feuille de résumé des données fournit un résumé visuel rapide des progrès de l'enfant sur un objectif particulier au cours des sessions, et il permet au thérapeute de détecter rapidement les objectifs pour lesquels la progression n'est pas bonne.

La règle générale pour décider quand une étape d'acquisition est acquise et doit devenir une étape de maintien, c'est quand trois sessions consécutives obtiennent un code A. Une fois que cela se produit, la prochaine étape d'apprentissage devient l'étape d'acquisition, et on surligne alors les lignes correspondantes sur la feuille de données quotidienne pour la session suivante.

Conclusion

L'ESDM adopte une approche très structurée et pratique pour construire un projet d'enseignement quotidien à partir des objectifs trimestriels pour l'enfant. Grâce à une analyse de tâche développementale, les étapes d'apprentissage sont définies pour chaque objectif et ces étapes sont ensuite utilisées pour établir une feuille de données quotidienne. La feuille de données quotidienne guide le thérapeute sur ce qu'il faut enseigner et sert de dispositif de collecte de données sur la façon dont l'enfant répond à l'enseignement. Les efforts d'enseignement du thérapeute et l'enregistrement des données se focalisent sur (1) l'« étape d'acquisition » de chaque objectif, et (2) l'« étape de maintien » de ce que l'enfant a déjà maîtrisé. Les informations sont résumées pour permettre un examen facile des progrès afin que le chef d'équipe sache quand le progrès n'est pas optimal et où le plan d'enseignement doit être ajusté. Si l'enfant ne progresse pas rapidement, les méthodes d'enseignement doivent être adaptées ; la procédure à suivre pour cela est examinée dans le chapitre suivant.

L'approche de l'ESDM pour élaborer un plan d'enseignement pour un enfant permet une individualisation maximale, en commençant par l'utilisation de la liste de contrôle du programme de l'ESDM et par la participation des parents pour créer des objectifs qui ciblent un profil d'apprentissage individuel. Le profil utilise le matériel favori et les activités préférées de l'enfant pour enseigner les objectifs, un plan systématique pour modifier le type d'enseignement afin d'améliorer les progrès lorsque l'enseignement initial n'a pas conduit à des progrès suffisants. L'ESDM dans son ensemble nous permet d'enseigner à des enfants ayant des styles d'apprentissage individuels, des points forts et des besoins développementaux différents, des préférences personnelles, ainsi que des valeurs familiales et des priorités spécifiques. Ce n'est pas une approche qui s'applique indifféremment à tous, mais plutôt une approche profondément

5 • Formuler des objectifs d'enseignement quotidiens et assurer le suivi des progrès

> individualisée pour les enfants et pour les familles. Ce chapitre et le chapitre 4 se sont focalisés sur l'établissement d'objectifs de traitement pour l'enfant et le suivi de ses progrès sur ces objectifs. Dans les prochains chapitres, nous décrivons les stratégies d'enseignement qui vont être effectivement utilisées, en commençant par les routines d'activités conjointes.

ANNEXE : OBJECTIFS D'APPRENTISSAGE ET ÉTAPES D'APPRENTISSAGE POUR ISAAC

Communication expressive

1. Durant les jeux vocaux ou les vocalisations intentionnelles à la maison et en consultation, Isaac utilise spontanément deux à trois combinaisons voyelles-consonnes différentes et vocalise cinq fois ou plus dans une période de 10 minutes pendant trois périodes consécutives.

Date de début	Date de réussite	Étapes
		1. Produit plusieurs voyelles dans des vocalisations spontanées sur une période de 30 minutes.
		2. Produit plusieurs consonnes dans des vocalisations spontanées sur une période de 30 minutes.
		3. Produit deux à trois combinaisons CV différentes sur une période de 30 minutes.
		4. Produit deux à trois combinaisons CV différentes sur une période de 15 minutes.
		5. Produit cinq combinaisons CV ou plus sur une période de 10 minutes.

2. Lorsque les activités ou les objets souhaités lui sont offerts, Isaac les demande à son partenaire à l'aide de gestes dirigés, de vocalisations, et/ou contact visuel dans 90 % des opportunités sur trois périodes consécutives de 10 minutes, dans au moins deux environnements et trois personnes ou plus.

Date de début	Date de réussite	Étapes
		1. Utilise des gestes pour demander.
		2. Utilise le contact visuel pour demander.
		3. Produit des vocalisations pour faire des demandes intentionnelles.
		4. Combine deux moyens d'expression (contact visuel, gestes, vocalisations).
		5. Combine le contact visuel, les gestes et les vocalisations.

3. Au cours des interactions sociales à la maison et en consultation, lorsque l'adulte propose le matériel souhaité, le matériel non désiré, et le matériel pour lesquels il a besoin d'aide, Isaac proteste, communique par la négation, les demandes, et demande de l'aide en utilisant des gestes associés au regard : en repoussant les objets (protestation, négation), dirige la main tendue pour demander, et tend les objets aux personnes (pour réclamer une aide) trois fois ou plus en 45 minutes de jeu pendant trois jours consécutifs.

Date de début	Date de réussite	Étapes
		1. Donne un objet pour réclamer de l'aide, l'adulte ayant la main ouverte
		2. Repousse pour protester et refuser
		3. Donne pour avoir de l'aide, l'adulte n'ayant pas la main ouverte
		4. Repousse pour protester, sans problème ou crises de colère
		5. Donne pour avoir de l'aide en association avec le regard, l'adulte n'ayant pas la main ouverte

Communication réceptive

4. Quand un adulte appelle Isaac par son nom depuis l'autre côté de la pièce et hors de son champ visuel, il se tourne vers l'adulte avec contact visuel et orientation trois fois dans une période de 20 minutes sur trois sessions consécutives, à domicile et en consultation.

Date de début	Date de réussite	Étapes
		1. Regarde avec un contact visuel à l'appel de son nom – pas de distractions – partenaire près de lui.
		2. Se tourne et regarde à l'appel de son nom – sans distractions.
		3. Regarde à l'appel de son nom pendant qu'il joue.
		4. Se tourne et regarde à l'appel de son nom pendant qu'il joue.
		5. Se tourne et regarde à l'appel de son nom tout en jouant à 2 mètres.
		6. Se tourne et regarde à l'appel de son nom tout en jouant de l'autre côté de la pièce.

5. Quand un adulte pointe vers un endroit, une image ou un objet à plus de 3 mètres, Isaac suit le pointé et répond de façon appropriée avec l'action associée pour trois occasions ou plus dans trois périodes consécutives de 10 minutes à la maison et en consultation.

Date de début	Date de réussite	Étapes
		1. Suit le pointé proximal (moins d'un mètre) qui indique l'objet.
		2. Suit le pointé proximal qui indique une image.

5 • Formuler des objectifs d'enseignement quotidiens et assurer le suivi des progrès

		3. Suit le pointé à distance (plus d'un mètre) qui indique l'objet
		4. Suit le pointé à distance qui indique un endroit.

6. En réponse à une demande verbale directe de l'adulte avec des gestes naturels, Isaac exécute cinq consignes différentes portant sur des actions corporelles : assieds-toi, lève-toi, nettoie, attrape-le (objet), et donne-moi (objet) dans 90 % des occasions sur deux séances différentes d'1 heure en consultation et sur deux périodes de jeu différentes avec un parent ou un grand-parent à la maison.

7,5	Date de réussite	Étapes
		1. Suit une à deux consignes : aide physique totale.
		2. Suit une à deux consignes : aide physique partielle.
		3. Suit trois à quatre consignes : aide physique partielle.
		4. Suit une à deux consignes : seulement une aide gestuelle.
		5. Suit trois à quatre consignes : seulement une aide gestuelle.
		6. Suit cinq à six consignes : seulement une aide gestuelle.

Interaction sociale

7. Au cours d'une chanson, d'une lecture, ou de routines sociales sensorielles en consultation et à la maison, quand un adulte propose une routine ou arrête une routine, Isaac utilise le contact visuel et le geste de façon régulière pour demander ou poursuivre cinq routines différentes (par exemple, des chansons, des bulles, des jeux physiques) avec trois ou plusieurs personnes différentes.

Date de début	Date de réussite	Étapes
		1. Utilise le contact visuel pour demander/continuer.
		2. Utilise le geste pour demander/continuer.
		3. Associe le contact visuel et le geste pour demander une à deux fois en 15 minutes.
		4. Associe le regard et le geste trois à quatre fois en 15 minutes.
		5. Associe le regard et le geste de façon régulière pour demander.

8. Dans plusieurs environnements, lorsqu'il est accueilli par un adulte à proximité avec un signe de la main et « bonjour » ou « au revoir », Isaac répondra par un signe en retour

accompagné du regard, dans 90 % des occasions sur plus de deux jours consécutifs, avec deux personnes et dans deux contextes différents.

Date de début	Date de réussite	Étapes
		1. Utilise le contact visuel quand l'adulte le salue de la main et l'accueille.
		2. Imite le signe de salutation quand il est accueilli, avec une incitation partielle.
		3. Imite le signe de salutation quand il est accueilli, de près.
		4. Imite le signe de salutation associé au regard quand il est accueilli, de près.
		5. Répond par un signe de salutation en retour associé au regard depuis 1 à 2 mètres, spontanément.

Imitation

9. Pendant le jeu avec des objets en consultation et à la maison, quand l'adulte s'engage dans des actions avec les objets, Isaac imite spontanément 80 % ou plus de dix actions ou plus familières et nouvelles, au cours de trois sessions consécutives.

Date de début	Date de réussite	Étapes
		1. Imite une à deux actions, aide partielle.
		2. Imite une à deux actions, spontanément.
		3. Imite trois à quatre actions, spontanément.
		4. Imite cinq à six actions, spontanément.
		5. Imite sept à huit actions, spontanément.
		6. Imite 9-10 actions, spontanément.

10. Au cours des chants, des jeux de doigts, et des routines sociales à la maison, en séances d'orthophonie et en clinique, Isaac imite spontanément cinq mouvements du corps différents ou plus sans objets dans la seconde suivant le modèle, sur plus de trois sessions consécutives (celles-ci peuvent être des approximations plutôt que des imitations parfaites).

Date de début	Date de réussite	Étapes
		1. Imite un mouvement, aide partielle.
		2. Imite un mouvement, spontanément.
		3. Imite deux mouvements, spontanément.

5 • Formuler des objectifs d'enseignement quotidiens et assurer le suivi des progrès

		Étapes
		4. Imite trois mouvements, spontanément.
		5. Imite quatre mouvements, spontanément.
		6. Imite cinq mouvements, spontanément.

11. Quand Isaac vocalise en utilisant des combinaisons CVCV et qu'un adulte imite ses vocalisations, Isaac répète la vocalisation CVCV, dans 80 % des opportunités sur trois périodes de 10 minutes à la maison, en consultation et pendant la séance d'orthophonie.

Date de début	Date de réussite	Étapes
		1. Répète V occasionnellement
		2. Répète régulièrement V.
		3. Répète C occasionnellement.
		4. Répète régulièrement C.
		5. Répète CVCV occasionnellement.
		6. Répète régulièrement CVCV.

Compétences cognitives

12. Pendant le rangement, avec les cubes, et d'autres activités appropriées à la garderie, à la maison et en consultation, Isaac suit la démonstration de l'adulte et assortit, groupe ou trie un ensemble de huit éléments du matériel en les identifiant correctement à 90 %, en plus de trois occasions consécutives.

Date de début	Date de réussite	Étapes
		1. Apparie/trie un à deux objets identiques selon le modèle.
		2. Apparie/trie trois à quatre objets identiques selon le modèle.
		3. Apparie/trie cinq à six objets identiques selon le modèle.
		4. Apparie/trie sept à huit objets identiques selon le modèle.

Compétences de jeu

13. Au cours d'activités avec des objets de type ballon et balle à grains, en réponse aux demandes et initiations verbales et gestuelles des partenaires, Isaac lance ou fait rouler les objets en va-et-vient avec un partenaire pour trois à cinq tours ou plus en trois

occasions consécutives, dans deux ou plusieurs environnements et avec deux personnes ou plus.

Date de début	Date de réussite	Étapes
		1. Répond avec un tour.
		2. Maintient deux tours.
		3. Maintient trois tours.
		4. Maintient quatre tours.
		5. Maintient cinq tours.

14. Pendant les activités de jeu avec cinq objets réalistes ou plus à partir de routines bien établies, comme les repas, le bain, le brossage des dents, ou le coucher, Isaac imite et initie cinq actions appropriées ou plus sur lui-même et sur son partenaire dans trois sessions consécutives à la maison et en consultation.

Date de début	Date de réussite	Étapes
		1. Imite une à deux actions, dirigées sur lui-même ou le partenaire spontanément.
		2. Imite trois à quatre actions, sur lui-même ou le partenaire spontanément.
		3. Imite cinq actions, sur lui-même ou le partenaire spontanément.
		4. Initie une à deux actions, sur lui-même ou le partenaire.
		5. Initie trois à quatre actions, sur lui-même ou le partenaire.
		6. Initie cinq actions, sur lui-même ou le partenaire.

15. À la garderie, en consultation, et à la maison, pendant le jeu avec le matériel de construction ou le matériel d'art plastique, Isaac réalise cinq actes réciproques ou plus au cours d'une activité de 5 minutes nécessitant un tour de rôle, une construction commune, ou d'imiter et d'être imité dans une activité partagée, deux fois par session pour trois sessions consécutives.

Date de début	Date d'approbation	Étapes
		1. Un à deux actes réciproques, une activité.
		2. Trois à quatre actes réciproques, une activité.
		3. Cinq actes réciproques ou plus, une activité.
		4. Cinq actes réciproques ou plus, deux activités.

Chapitre 6

Développement des plans et des cadres pour l'apprentissage

SOMMAIRE

Devenir un partenaire de jeu **168**
    La motivation de l'enfant 168
    Attirer l'attention de l'enfant 170
    Prendre un rôle dans le jeu 173
    Devenir plus actif 174

Routines d'activités conjointes : cadres d'apprentissage **176**
    Phases des routines d'activités conjointes 176
    Enseigner dans le cadre des activités conjointes 177
    Activités conjointes basées sur des objets 178
    Activités conjointes centrées sur un partenaire : routines sociales sensorielles 179
    Alterner les activités conjointes centrées sur des objets et les routines sociales sensorielles 185
    Autres types de routines d'activités conjointes 185

Gérer les comportements indésirables **193**
    Renforcements positifs du comportement 194
    L'attention positive et l'enfant avec problèmes sévères du comportement 196
    Comportement stéréotypé 197

Organiser et planifier la séance **198**
    L'enchaînement des activités de la séance 199
    Planifier les activités pour soutenir les objectifs d'apprentissage 200
    Planifier le flux d'activités conjointes dans une séance 202
    Préparer la salle 203

Quand les enfants ne progressent pas : l'arbre de décision **205**
    Y a-t-il un renforçateur intrinsèque ? 206
    Non. Il n'y a pas de renforçateur intrinsèque pour cette compétence 206
    Y a-t-il des progrès mesurables ? 208

Que faire s'il n'y a pas de progrès ? 208
Puissance des renforçateurs 208
Structure d'enseignement 209
Supports visuels 210

6 • Développement des plans et des cadres pour l'apprentissage

> Dominique, âgée de deux ans et son papa, James, jouent par terre avec des jouets. Parent et enfant ont un sac de cubes devant eux. Ils construisent une tour avec les cubes, la détruisent en précipitant un camion miniature sur les cubes, et reconstruisent ensuite la tour. James et Dominique ajoutent chacun des cubes à la structure, et James lui donne le signal de les faire tomber en disant, « Où est le camion ? Peux-tu l'écraser sur la tour ? » pendant qu'il lui montre comment en faisant rouler le camion en direction des cubes. Ensuite, James fait rouler le camion vers elle, compte, « 1, 2, 3 », et Dominique fait tomber la tour. Ils s'exclament tous les deux, « Boum ! » avec une grosse voix, tout en échangeant des regards, des sourires, et des rires. Dominique commence à construire la tour à nouveau et le jeu se répète. Comme le jeu continue, James complique le jeu en changeant les tours en un pont, pour que Dominique et lui puissent faire passer le camion « sous » le pont. Elle commence à aligner les cubes et James appelle ça la route, et chacun conduit une voiture le long de la « route », en allant tour à tour « vite » et « lentement » avec quelques accidents en plus juste pour rire. Tandis que l'intérêt de Dominique diminue et qu'elle se tourne vers d'autres objets, James suit son regard en direction d'un livre d'animaux sur le sol et demande si elle veut lire le livre. Dominique se lève et va vers le livre et le ramène à son père, en se tournant pour s'asseoir sur ses genoux. Il lui tend le livre pour l'ouvrir et commente l'image d'un cheval sur la couverture. Dominique pointe le cheval du doigt, imite le mot, et James répond, « Oui, c'est un cheval », puis il produit les sons du hennissement. Dominique copie le hennissement, et James rit et l'imite, et ils rient tous les deux et se regardent, en échangeant des sourires. Il la serre un peu dans ses bras et elle tourne la page pour l'animal suivant.

Ils viennent de réaliser deux routines d'activité conjointe, une avec les cubes et l'autre avec le livre. C'est ce type d'interaction d'apprentissage que nous tâchons de créer dans l'ESDM. Huit éléments importants sont à noter :

1. l'intérêt de l'enfant provoque l'activité ;
2. l'adulte marque les aspects importants par son langage et un affect positif et suit les initiatives de l'enfant pour entrer dans l'activité ;
3. l'adulte rend cela intéressant et réciproque à travers le tour de rôle, en imitant les actions de l'enfant, et en ajoutant des effets intéressants pour maintenir l'attention et la motivation de l'enfant pour les objets et les actions ;
4. le « thème » du jeu se développe au fur et à mesure que les partenaires co-construisent cette activité conjointe, chacun apportant sa part au tout ;
5. l'adulte élabore l'activité avec un thème et une variation, ce qui permet l'élargissement de l'attention de l'enfant et son développement dans des compétences supplémentaires ;
6. l'adulte tisse un vocabulaire cible, des noms, des verbes, et des prépositions, stimule l'imitation de l'enfant, développe les aspects symboliques du jeu, et maintient l'activité en tant qu'activité sociale dyadique et réciproque ;
7. l'affect positif domine l'expérience de l'adulte et de l'enfant ;

8. la communication de l'enfant, à la fois verbale et non verbale, a lieu fréquemment, et exprime de multiples fonctions (demande, commentaire, maintien de l'interaction, protestation, partage de l'émotion) dans des échanges équilibrés avec l'adulte.

Comment créons-nous ce genre d'activité riche en enseignement avec de jeunes enfants atteints d'autisme ? L'essentiel de ce chapitre est focalisé sur cela. Nous séparons les procédures d'enseignement en deux phases. La première pour devenir un partenaire de jeu. Cela implique tout d'abord d'établir votre présence en tant que vecteur d'aide et de renforcement et de prendre ensuite un rôle plus actif dans le jeu. La seconde phase développe le jeu en des routines d'activités conjointes élaborées, avec et sans objets. Nous terminons le chapitre en décrivant les activités de préparation des thérapeutes pour mener une séance ESDM.

DEVENIR UN PARTENAIRE DE JEU

La motivation de l'enfant

■ L'intérêt de l'enfant provoque l'activité

Quand les enfants sont fortement intéressés par quelque chose, ils sont motivés pour atteindre l'objet, observer la scène, et répéter l'échange. L'enfant est en « mode d'approche », et l'énergie déployée pour l'objet ou l'activité et les émotions positives générées créent l'ouverture motivationnelle par laquelle passe notre enseignement. La motivation est essentielle pour enseigner et interagir avec tous les enfants, mais on doit mettre plus particulièrement l'accent sur elle quand on travaille avec des enfants atteints d'autisme. Ces enfants peuvent présenter des schémas motivationnels très différents de ceux des enfants ayant un développement typique. Pour nous, le terme « motivation » se traduit pour nous par un intérêt et un comportement d'approche : regarder avec un affect positif et de l'intérêt (par opposition à la méfiance), se pencher vers, ou s'approcher de, ou essayer d'atteindre quelque chose.

■ Qu'est-ce qui motive les enfants avec autisme ?

Les enfants avec autisme sont typiquement moins motivés socialement que les autres. Pour eux, l'attention sociale, l'approbation sociale, et le fait « d'être comme » les autres par l'imitation ne semble pas avoir le même degré de récompense ou de valeur motivationnelle que pour les autres (Dawson *et al.*, 2005a). Leur intérêt est habituellement focalisé sur leur environnement physique. Leur « focus d'attention », par lequel passera tout apprentissage, est en complète harmonie avec le monde physique. Cependant, les enfants avec autisme peuvent être fortement motivés pour obtenir des objets, manipuler des objets favoris, créer des effets intéressants avec les objets, et pour recevoir de l'aide pour des objets qu'ils aiment. Contrairement aux stéréotypes au sujet de l'autisme, beaucoup de jeunes enfants aiment les activités sociales impliquant le contact physique : jouer à des jeux de chahut, chaises musicales, chatouilles, course, faire des bonds, et se balancer. Pour traiter les enfants par l'application du programme ESDM, nous avons besoin de matériel et d'activités qui stimulent l'intérêt, l'énergie, et l'affect positif (trouver le sourire !) de l'enfant, et l'approche – cela produit l'énergie et l'attention nécessaire pour apprendre.

> **Pour découvrir ce qui motive l'enfant**
>
> Mettez-le dans une situation où il y a beaucoup d'objets appropriés à son âge, bien organisés et accessibles ; regardez ensuite ce qui se passe. Le comportement de l'enfant vous dira quels objets ou quelles activités sont intéressants et gratifiants. Un enfant motivé est un enfant focalisé, attentif et prêt pour apprendre. La forte motivation soutient les apprenants actifs plutôt que les apprenants passifs, et les apprenants actifs manifestent de l'initiative et de la spontanéité – deux caractéristiques que nous voulons inclure aux enfants atteints d'autisme.

Il y a parfois des enfants dont la motivation est très faible qui ne s'approchent pas des jouets. Néanmoins, ces enfants peuvent répondre à des spectacles avec objets. Les spectacles avec objets impliquent des jouets qui créent des effets physiques et sensoriels très intéressants – des bulles, des ballons, des pompons, des jouets qui se remontent et qui font de petits mouvements, de l'eau que l'on verse dans une bassine, des colliers de carnaval, des maracas, des flûtes et des pianos jouets, des cloches et des instruments à agiter, et des toupies. Ces objets peuvent susciter beaucoup d'attention et d'intérêt. Dans l'ESDM, nous appelons ceux-ci des « jouets sociaux sensoriels » – nous en reparlons plus longuement plus loin. Si l'enfant ne répond à aucun de ces types d'objets en se montrant intéressé, par des sourires, en faisant attention, ou en s'approchant, tournez-vous vers le corps de l'enfant. Jouez à des jeux physiques doux (ou animés !) – tournoyer, « La petite bête », à cheval sur les genoux, des jeux de mains et de pieds, rebondir sur un trampoline ou de petits ballons de thérapie, être roulé et enveloppé dans un pouf poire ou traîné dessus à travers la salle – quelque chose qui vous aidera à « trouver le sourire ». Si la nourriture est le seul objet de motivation, alors faites un goûter avec l'enfant, et ajoutez-y ces petits jeux physiques pour prolonger la durée du goûter. Nous devons commencer par trouver quelque chose qui éveille le sourire et l'intérêt de l'enfant et crée une énergie positive et un comportement d'approche. Pour être capable d'apprendre à un enfant, vous devez trouver des moyens sûrs pour déclencher le « focus d'attention » et la motivation qui le sous-tend.

Il y a peu, même très peu, de jeunes enfants avec autisme qui ne répondent pas positivement à l'un ou l'autre de ces stimuli (Ingersoll et Schreibman, 2006 ; Sherer et Schreibman, 2005). Ces enfants peuvent faire mieux avec un adulte plus directif et didactique, ayant une approche de l'apprentissage par essais distincts pour susciter plus d'intérêt et augmenter la valeur de récompense de l'interaction avec des objets et des personnes. Ils peuvent être gérés dans l'ESDM par l'application de l'arbre de décision, décrit plus loin dans ce chapitre.

Attirer l'attention de l'enfant

Il n'est pas suffisant que les enfants focalisent leur attention sur les objets. Pour qu'ils apprennent avec d'autres personnes, l'attention des enfants doit être orientée sur ces personnes. Nous devons faire partie du centre d'attention de l'enfant – nous devons entrer dans la zone de focalisation de l'attention. Ainsi, une fois que nous avons identifié les intérêts de l'enfant pour un objet ou une activité, l'étape suivante est d'attirer l'attention de l'enfant sur nos yeux et nos visages, nos actions, et nos voix, sur les sons, et mots que nous produisons. Nous devons nous aussi être dans ce « focus d'attention ». Comment y arriver ? Voici quelques stratégies.

■ Éliminer la compétition

L'environnement physique peut être une puissante source d'attraction de l'attention des enfants. En observant les enfants, nous pouvons souvent interpréter ce que sont leurs pôles d'attraction attentionnels dans un espace particulier. Les images d'une vidéo ou d'un ordinateur, les jouets, et les objets qui bougent peuvent constituer de puissantes sources de concurrence pour les adultes qui essaient de capter l'attention de ces enfants. Si l'attention de l'enfant s'écarte de vous parce qu'il est attiré par autre chose, vous devez maîtriser et modifier l'environnement pour avoir moins de concurrence en ce qui concerne son attention. Mettez les jouets que vous n'utilisez pas à l'écart ou hors du champ visuel, dans une armoire fermée ou sous des couvertures. Idéalement, la salle devrait pouvoir être aménagée sans rien, à part une table et des chaises et une armoire ou des étagères fermées ou couvertes.

D'autres personnes peuvent aussi être des pôles d'attraction pour l'attention ou pour s'échapper. Si d'autres personnes sont présentes pendant la séance de thérapie, il faut leur demander de se comporter comme de simples meubles dans la salle. Si les enfants s'échappent vers un parent, demandez au parent d'être absolument ennuyeux. Il ou elle doit répondre aux communications de l'enfant mais ne rien proposer de plus. Si l'enfant veut que sa mère lui donne son verre, demandez à celle-ci de vous donner le verre pour que vous puissiez le donner à l'enfant. Vous avez besoin d'être la source de tout ce qui est intéressant et désirable dans la salle.

6 • Développement des plans et des cadres pour l'apprentissage

■ Occuper le devant de la scène

La communication sociale se fait tout particulièrement par les yeux et les visages. Nous avons besoin que les enfants nous regardent, établissent un contact visuel de façon répétée, aient une vision claire de nos visages, de nos expressions, de l'organisation de nos regards, et des mouvements de notre bouche quand nous parlons. Cela signifie que nous devons établir nos interactions de manière à ce que les enfants aient une vision très claire de nos visages, et que nous voulons attirer leur attention sur notre visage et nos yeux. Autant que possible, nous allons nous placer de manière à être en face à face avec les enfants, à hauteur de leurs yeux, le matériel placé entre nous, et facile à amener près du visage. Que l'on joue socialement ou ensemble avec des jouets, nous voulons être en face de l'enfant.

Cependant, si les enfants détournent le regard, en tournant la tête, ou en se couvrant les yeux pour éviter le regard, reculez. La tentation naturelle est d'avancer, de s'approcher de leur visage et d'augmenter la saillance du visage. D'après notre expérience, cela ne fait qu'augmenter l'évitement du regard. Placez votre visage un peu plus loin de l'enfant pour votre premier ajustement et évaluez l'effet.

Il y a de nombreuses façons de vous placer et de placer l'enfant pour que cette position en face à face s'établisse facilement. S'asseoir par terre ensemble l'un en face de l'autre vous amène au face à face. Pour de petits enfants, asseoir l'enfant sur un siège pour enfant ou sur un petit marchepied tandis que vous vous asseyez par terre face à l'enfant est une excellente position pour les routines sociales sensorielles. Pour des activités avec un livre et les routines de salutation et d'habillage, asseoir l'enfant bas sur un pouf poire ou une petite chaise à dossier pour enfant avec un bon support pour son dos, face à vous, est une très bonne position. Bien que les adultes aient tendance à asseoir les enfants sur leurs genoux pour regarder un livre assis, il est préférable de le faire en face à face. Une petite chaise ou un pouf poire est une façon idéale d'asseoir l'enfant en face de vous, en tenant le livre devant l'enfant, votre visage et votre corps prêts à faire des sons d'animaux, à donner des mots-clés, à pointer sur des images, à susciter les pointés, et à produire des effets sonores. Pour des jeux sur les genoux, les enfants peuvent s'asseoir sur vos genoux face à vous. Les positions dans lesquelles l'adulte est assis sur le sol et l'enfant allongé sur le dos, sur les jambes de l'adulte ou par terre entre les jambes de l'adulte, facilitent un excellent contact visuel et sont idéales pour les jeux sociaux, les jeux de doigts, les chansons et des routines avec des petits mouvements du corps. Ce sont de très bonnes positions pour « La bêbête qui monte », « coucou », « guilli guilli » « Ainsi font les petites marionnettes », « Le grand cerf » et les jeux de doigts…

Une petite table est un grand atout. Souvent, les enfants aiment s'asseoir ou se tenir debout à une petite table pour faire des puzzles ou manipuler des jouets de cause à effet, et l'adulte peut se placer par terre ou sur une petite chaise face à lui de l'autre côté de la table. Asseoir un enfant aide à le mettre dans une bonne position parce que la chaise le soutient et l'empêche de s'éloigner facilement. Quand vous asseyez un enfant, assurez-vous que ses pieds sont bien à plat sur le sol et que son dos est soutenu (hanches, genoux, et chevilles à 90 degrés) ; les enfants sont plus à l'aise quand la chaise convient bien à leur taille et restent installés plus longtemps. Des chaises avec accoudoirs sont souvent utiles pour stabiliser un enfant sur sa chaise. Cependant, n'utilisez pas de ceinture pour maintenir l'enfant sur sa chaise. Nous voulons que les enfants s'assoient volontairement parce qu'ils apprécient l'activité. S'ils ne s'assoient pas ou ne restent pas assis volontairement, alors s'asseoir pour des activités agréables devint un de leurs objectifs d'apprentissage (c'est un item de la liste de contrôle de l'ESDM ; voir annexe 1).

Se joindre à l'enfant pour arriver à faire partie de l'activité dans l'esprit de l'enfant demande une approche délicate ; nous voulons nous joindre à l'activité mais nous devons le faire de manière à ne pas affaiblir la motivation de l'enfant. Une fois qu'un enfant nous connaît bien, nous sommes beaucoup plus libres d'ajouter nos propres éléments au jeu, mais souvent de prime abord, les enfants se méfient souvent de notre présence, ou semblent l'ignorer. Les adultes doivent ajuster leur niveau de participation délicatement en observant les signaux émis par l'enfant pour minimiser les signes d'inconfort. Nous voulons augmenter le confort de l'enfant en notre présence et ajouter à sa motivation pour l'activité en rendant le but de l'enfant plus facile à atteindre ou l'activité plus intéressante. Ceci renforce la valeur de notre présence.

■ Regarder et commenter

Placez-vous en face et aussi près que possible sans que cela mette l'enfant mal à l'aise. Ensuite, regardez juste l'enfant avec intérêt, en faisant un signe de tête et en souriant d'une façon naturelle et approbatrice, tout en ajoutant des mots simples et des effets sonores. En faisant cela vous communiquez votre présence et votre attention. Commentez les actions de l'enfant avec une émotion vivante en utilisant des mots et des phrases qui sont appropriées pour le niveau de langage de l'enfant. Ajoutez des effets sonores. Observez les actions intentionnelles de l'enfant et mettez des mots sur ceux-ci. Commencer ainsi établit que votre présence près de lui ne va créer aucun effet négatif. Cet acte de description du jeu de l'enfant (sans interrompre ou changer le centre d'attention de l'enfant) peut aider à *maintenir* l'attention de l'enfant sur l'activité tout en fournissant des opportunités pour l'apprentissage du langage.

■ Être utile

Quand l'enfant est clairement à l'aise avec vous près de lui et face à lui, attentif à son égard, commencez à l'aider à atteindre ses buts sans exiger quoi que ce soit de lui. Proposez une pièce de l'objet que l'enfant essaie d'attraper ou poussez-le plus près de lui. Laissez l'objet, bougez des choses plus près, ouvrez des récipients, donnez des éléments du matériel, et aidez l'enfant à volonté pour toutes les difficultés qu'il rencontre. Cela montre que votre présence est vraiment utile pour que l'enfant atteigne son but et que votre manipulation du matériel ne le bloquera pas. Vous développez maintenant une valence positive, votre propre valeur de renforcement. Continuez à être un partenaire de jeu utile, à commenter, à approuver, et à faciliter, jusqu'à ce que l'enfant accepte facilement votre aide. Ranger les jouets dans des boîtes difficiles à ouvrir vous donne un excellent moyen d'être très utile. Utilisez des sacs à fermeture éclair et des boîtes à couvercles transparents difficiles à ouvrir, et ouvrez-les pour les enfants avant qu'ils ne soient contrariés ou frustrés.

Les stratégies que nous venons de décrire fournissent des exemples de scénario pour la première séance de thérapie. Certains enfants seront à l'aise en votre présence et prêts pour que vous deveniez plus activement impliqué après quelques minutes d'interaction. D'autres, particulièrement ceux qui sont évitants ou rejetants, peuvent avoir besoin que vous utilisiez ce mode réceptif et facilitateur pour une période plus longue, 30 minutes ou même plus, et ils peuvent avoir besoin que vous commenciez chacune des quelques séances suivantes de cette manière avant que vous puissiez vous montrer plus actif. La réponse de l'enfant qui traduit le confort en votre présence et dans vos interactions avec le matériel vous indique qu'il est temps de prendre votre propre rôle dans le jeu.

Prendre un rôle dans le jeu

Une fois que les enfants sont à l'aise en votre présence et acceptent que vous manipuliez le matériel, une fois qu'ils vous prennent facilement les choses des mains et ne montrent aucun évitement ou méfiance, vous pouvez devenir un partenaire plus actif dans le jeu. Cette phase vous permet de démontrer combien vos activités sont intéressantes. Dans cette phase, vous vous joindrez activement et vous commencerez à rajouter des éléments au thème de jeu de l'enfant, et vous finirez par co-construire l'activité avec l'enfant. Il existe plusieurs techniques pour vous aider à vous établir comme partenaire actif.

■ Imiter l'enfant

Prenez du matériel apparié et faites ce que l'enfant fait. En imitant, vous créez un jeu parallèle. Le jeu parallèle implique de réaliser la même activité que l'enfant avec votre propre matériel, juste en face de l'enfant. Les enfants avec autisme en tant que groupe manifestent généralement des réponses positives lorsqu'on les imite (Dawson et Adams, 1984 ; Dawson et Galpert, 1990). Certains enfants acceptent bien cela, d'autres veulent contrôler eux-mêmes tout le matériel. Si l'enfant veut votre matériel, donnez-le lui facilement, prenez-en d'autres, et recommencez. Ne rentrez pas dans un rapport de force à propos des jouets, jouez tout simplement.

Une autre façon d'imiter consiste à se joindre à l'enfant et à créer des objectifs partagés, ou à imiter la façon dont l'enfant utilise le matériel pour atteindre son but. Si l'enfant entasse des cubes, vous ajoutez des cubes à la tour de l'enfant, à tour de rôle avec l'enfant. Si l'enfant percute des voitures, vous percutez doucement une voiture dans celle de l'enfant. Si l'enfant fait un puzzle, ajoutez-y une pièce ou deux. Cette stratégie d'imiter le jeu de l'enfant et de s'y joindre pour partager les buts de l'enfant aide à construire la prise de conscience du partenaire social et construit un cadre pour le jeu interactif, réciproque.

> **Que faire si l'enfant proteste ?**
>
> Quelques enfants aiment être imités et aiment la co-construction ; d'autres ne veulent pas que vous touchiez leur matériel, et dans ce cas vous pouvez revenir au jeu parallèle. N'entrez pas dans des rapports de force à propos du matériel ; évitez les conflits autant que vous le pouvez dans cette étape précoce du traitement. Vous essayez de développer une relation qui vous permettra de devenir de plus en plus actif. Essayez de ne pas faire des choses qui aboutiront à ce que l'enfant vous ignore ou vous évite. Des conflits se produiront ; c'est inévitable. Si cela arrive, trouvez un moyen pour résoudre le conflit au plus vite, avant qu'un problème de comportement n'apparaisse. Devenir un partenaire coopératif et établir une relation de travail maintenant vous permettra bientôt d'ouvrir d'excellentes nouvelles opportunités pour l'enfant. Pendant le jeu, continuez à commenter, à faire des effets sonores animés et des effets avec des objets, et observez avec intérêt cette fascinante petite personne en face de vous.

■ Ajouter des variations : développer le jeu

Une dernière façon de prendre un rôle est de rendre l'activité plus intéressante en y rajoutant quelques éléments complémentaires. Si vous construisez une voie de chemin de fer ensemble, vous pourrez y ajouter un pont. Si vous construisez une tour, vous pourrez faire tomber la vôtre (ne pas détruire celle de l'enfant !). Si vous conduisez des camions à benne basculante, vous pourrez mettre des objets dedans. Si vous appuyez sur la pâte à modeler, ajoutez-y un petit rouleau à pâte. Développer le jeu entretient l'intérêt, le rend nouveau et prolonge le laps de temps où vous et l'enfant êtes engagés dans l'activité.

Devenir plus actif

Une fois que l'enfant vous accepte facilement dans ce rôle de partenaire intéressant, vous pouvez commencer à être plus actif dans le jeu. Le temps de ces transitions est très personnel. Certains enfants passeront d'une phase à l'autre avec vous en une heure seulement. D'autres peuvent avoir besoin de plusieurs séances avant qu'ils ne se sentent suffisamment à l'aise avec vous pour que vous soyez plus actif. Dans cette phase, vous devrez ajouter deux techniques qui vous donneront le niveau de participation et de contrôle nécessaire pour introduire l'apprentissage dans le jeu : en contrôlant le matériel ou en établissant des tours de rôle.

■ Contrôler le matériel

Une fois que l'enfant a sélectionné du matériel et commencé l'activité, ramassez le reste du matériel. Cela peut être des pièces de puzzle, des balles, des rails de train, des cubes, des feutres. Les avoir en votre possession et les tendre lorsque l'enfant en a besoin vous permet de garder le contrôle sur des renforçateurs efficaces et vous place bien sous le projecteur. Cette étape représente un pas de géant, il faut donc vous assurer de donner facilement jusqu'à ce que l'enfant soit complètement à l'aise avec le fait que vous lui tendiez le matériel dans de nombreuses situations.

■ Faire des tours de rôle

Cela implique à nouveau le fait de manipuler le matériel et de compléter des étapes vous-même. Mais faire des tours de rôle est une action plus intrusive que toutes celles que nous avons examinées ; l'enfant doit être préparé par tout le jeu parallèle et les manipulations d'objets précédents. Le tour de rôle commence quand l'enfant est engagé dans une activité individuelle, telle que taper sur une bille de labyrinthe avec un marteau, faire des marques avec un feutre, agiter des maracas. Une fois que l'enfant a joué ainsi avec le matériel pendant une ou deux minutes, prenez votre tour très brièvement en disant : « À moi », en tendant votre main, et en prenant le jouet rapidement pour faire ce que l'enfant vient juste de faire, et en le lui rendant ensuite très vite en disant : « À toi » (et bien sûr, en racontant votre action pendant son exécution).

Cet échange de l'objet est nécessaire, mais il peut provoquer une lutte pour l'objet avec l'enfant. Un certain niveau de lutte peut être nécessaire au début pour que l'enfant expérimente le fait que le jouet lui sera rendu très rapidement. Si l'enfant ne vous laisse pas prendre le jouet, tendez-lui en un autre et faites un échange momentané, jusqu'à ce que l'enfant réalise que les objets que vous prenez pour un tour reviendront rapidement. Le clinicien doit savoir évaluer cela ; si l'enfant laisse le jouet ou refuse d'interagir plus longtemps, ce n'est pas la fin du monde, et retourner à un partenariat moins intrusif rétablira les fondements de la relation. Cependant, si vous avez procédé avec lenteur pour les étapes précédentes, l'enfant est probablement suffisamment à l'aise avec vous et avec votre utilisation du matériel pour que vous puissiez prendre votre un tour sans le contrarier. Faites des tours de rôle fréquemment dans le jeu ; c'est essentiel pour enseigner de nouvelles compétences, comme nous en discutons ci-dessous. (Note : n'utilisez pas le tour de rôle pour ranger ou terminer l'activité. Cela punit l'enfant pour avoir donné. Si quelque chose doit être terminé, alors vous dites « c'est fini » ou « fini ». Si vous demandez votre tour, offrez toujours à l'enfant un autre tour.)

ROUTINES D'ACTIVITÉS CONJOINTES : CADRES D'APPRENTISSAGE

Une activité conjointe est une activité dans laquelle deux partenaires sont engagés l'un avec l'autre dans la même activité coopérative, en prêtant attention aux mêmes objets, ou en jouant ou en travaillant ensemble dans une activité commune (Bruner, 1975, 1977). Les partenaires peuvent s'imiter l'un l'autre, construire quelque chose ensemble ou partager la même activité à tour de rôle. Ils construisent activement l'activité ensemble (co-construction). Les routines d'activités conjointes servent de cadre pour l'enseignement dans l'ESDM et l'élément social d'une activité conjointe est le plus riche outil d'enseignement. Dans les activités conjointes, les partenaires se regardent, se donnent le matériel, s'imitent réciproquement, communiquent entre eux, échangent des sourires et partagent leur plaisir. On peut commencer par des jeux amusants, et les sourires et les rires partagés peuvent ainsi apparaître. Ou bien le but peut être sérieux, comme la construction d'une grande tour ensemble ou de faire dérailler des trains.

Phases des routines d'activités conjointes

Jusqu'ici, nous avons surtout examiné des actes de jeu simples : faire des bonds, construire, faire des puzzles, et ainsi de suite. Nous utilisons le terme *routine d'activité conjointe* pour désigner l'intégralité du contenu, ou le scénario, qui englobe les actes de jeu avec un partenaire social et qui donne les conditions pour une activité d'enseignement complète. Dans l'ESDM, nous considérons qu'une routine d'activité conjointe est composée de plusieurs phases.

> **Phases d'une routine d'activité**
>
> 1. La *phase d'ouverture ou d'installation* implique les actes qui précèdent l'établissement de la première activité de jeu partagé – le thème du jeu.
> 2. Le *thème* implique la période de la première activité de jeu. L'enfant et l'adulte sont engagés dans une activité de jeu définissable, centrée sur les objets, tels que faire des constructions avec des cubes, verser de l'eau, marquer avec des crayons, ou qui comporte un jeu social comme chanter une chanson, danser sur de la musique, ou jouer à cache-cache.

6 • Développement des plans et des cadres pour l'apprentissage

> 3. La *phase d'élaboration* implique une variation sur ce thème pour qu'il continue à être intéressant ou pour souligner différents aspects de l'activité. Cela empêche le jeu de devenir répétitif et permet de traiter davantage de domaines de développement. La variation et l'élaboration permettent à l'adulte d'élargir l'attention de l'enfant, favorisent la flexibilité, développent la créativité, et permettent d'aborder un grand nombre d'aires de compétences.
> 4. La *clôture* est la quatrième et dernière phase quand l'attention diminue ou lorsque la valeur d'apprentissage liée à l'activité est entièrement consommée. C'est le moment de ranger le matériel et de faire la transition et de passer à autre chose. La clôture permet le développement de transitions agréables d'une activité à une autre, avec des changements de lieu et de rythme. Remettre le matériel à sa place et choisir une autre activité marque la transition d'une activité conjointe à une autre, de l'une qui s'achève à l'autre qui commence.

Une séance de traitement ESDM implique une série d'activités conjointes, commençant par une activité de salutation, pour réaliser ensuite une série d'activités différentes, certaines plus actives, certaines à la table, certaines plus focalisées sur les objets, et certaines plus sociales, jusqu'à la routine de salutation de clôture qui termine la séance de traitement.

Enseigner dans le cadre des activités conjointes

L'apprentissage se fait sur trois points :

- dans la réponse de l'adulte à l'initiative de l'enfant, quand l'adulte fournit un modèle, un mot, un geste, ou tout autre signal qui sert de stimulus pour le comportement suivant de l'enfant ;
- dans des incitations, si elles sont nécessaires, pour s'assurer que l'enfant réponde par un comportement cible au stimulus antécédent ;
- dans le fait de délivrer la conséquence positive qui suit la réponse de l'enfant. Ces trois actes sont des actes ayant une valeur d'instructions pour enseigner les étapes ciblées par chacun des objectifs.

L'enseignement commence quand vous répondez à l'initiative de l'enfant. Les enfants peuvent initier en se déplaçant en direction d'un élément du matériel et en essayant de l'atteindre. Une activité d'enseignement très courante à ce stade est de prendre l'objet et de le proposer à l'enfant tout en le nommant (modèle de langage) et d'attendre ou d'inciter le comportement communicatif ciblé (par exemple, un pointé, un mot, une phrase, un bruit, un regard comme l'indiquent les objectifs de communication de l'enfant) avant de tendre l'objet, c'est-à-dire de fournir le renforcement pour l'acte de communication de l'enfant. S'il y a plusieurs éléments de matériel, vous pouvez répéter l'échange communicatif et la consigne avec d'autres éléments, en accomplissant plusieurs répétitions.

Ensuite, vous et l'enfant commencez à développer une activité conjointe avec l'objet que l'enfant tient. Cette phase de jeu – qui définit le thème – sert de base pour atteindre un objectif cognitif, imitatif, de jeu, ou moteur. Vous suivez l'activité de l'enfant et ensuite vous utilisez un des objets pour fournir un modèle du comportement cible à partir des objectifs de l'enfant, en attendant ou en incitant l'enfant à suivre votre modèle, réalisant ainsi la compétence cible. Une fois que l'enfant a achevé la réalisation de l'acte donné en modèle ou indiqué par la consigne, il obtient le matériel et on lui donne l'occasion de jouer comme il ou elle le souhaite (renforcement pour la réalisation de l'acte cible). Ensuite, vous faites un autre tour, en répétant la même compétence ou en en ciblant une autre, en suivant le but de l'enfant, et en utilisant les actes cibles pour développer le jeu.

Ce schéma se poursuit pendant la phase d'élaboration, tandis que vous allez tous les deux continuer à agir ensemble avec les objets, l'adulte introduisant des comportements cibles et/ou du matériel supplémentaires dans la trame du jeu pour développer plus encore le thème, pour travailler des compétences cibles supplémentaires, puis reprendre des schémas favoris, tout en continuant à apprendre à l'enfant et en faisant en sorte que des choses intéressantes se produisent jusqu'à ce que l'intérêt de l'enfant commence à s'émousser.

Il existe plusieurs types d'activités conjointes, notamment les routines basées sur des objets comme celles utilisées dans l'exemple ci-dessus, des routines sociales sensorielles, des routines d'accueil et de départ, le rangement, et le goûter. Nous examinons celles-ci et des autres activités conjointes ci-dessous.

Activités conjointes basées sur des objets

Dans les activités conjointes basées sur des objets, le matériel fournit le thème du jeu. L'enfant et l'adulte s'intéressent tous deux aux actions avec objets, et l'élément social se tisse dans la trame des actions avec les objets grâce à toutes les techniques décrites ci-dessus : imitation, tour de rôle, organisation du matériel, thème, et variation. Les aspects sociaux des activités conjointes basées sur les objets sont extrêmement importants, et des interactions sociales avec regard et communication doivent se produire dans toutes les activités conjointes basées sur des objets. Ces activités préparent le terrain pour le développement de l'attention conjointe, dans laquelle deux partenaires partagent leurs propres intentions, leur attention, et le plaisir d'interagir ensemble avec les objets. Les enfants manifestent la conscience de l'attention conjointe en donnant, en partageant, en montrant, et en pointant le matériel du doigt, en alternant le regard entre les objets et le partenaire, et en détachant le regard des objets pour échanger des sourires avec le partenaire (Mundy, Sigman, Ungever et Sherman, 1986). Le développement de l'attention conjointe est typiquement très retardé pour les jeunes enfants avec TSA, et étant donné l'importance de cette base pour le développement social et du langage (Mundy, 1987 ; Charman, 1998 ;

6 • Développement des plans et des cadres pour l'apprentissage

Charman et Howlin, 2003), nous insistons sur le développement de l'attention conjointe dans l'ESDM dans les activités conjointes avec objets.

> **Comment faire des activités conjointes avec objets**
>
> Les activités conjointes impliquent toutes les mêmes techniques que celles évoquées jusqu'ici, avec l'ajout d'élaborations et de transitions. Dans la phase d'installation, commentez l'activité tandis que vous suivez l'initiative de l'enfant en nommant les objets, les actions, et les relations dans un langage simple. Tandis que l'enfant et vous-même établissez le thème de l'activité, faites des tours de rôle avec l'enfant en échangeant du matériel ou en utilisant du matériel en double exemplaire, en donnant parfois le modèle pour une nouvelle action et en obtenant que l'enfant suive votre initiative, et quelques fois en imitant l'enfant. Ces tours sont marqués par des actes de communication sociale et favorisent le transfert d'attention de l'objet vers la personne et vice versa – l'attention conjointe. Ces transferts d'attention doivent avoir lieu fréquemment dans des activités conjointes basées sur des objets, plusieurs fois par minute. Lorsqu'un thème de jeu ou une action est suffisamment répété, passez à la phase d'élaboration et donnez occasionnellement le modèle pour de nouvelles actions tout en encourageant l'enfant à vous imiter (le chapitre 7 sur l'imitation et le jeu explique comment faire cela en détail). Le thème et la qualité de la variation du jeu vous permettent d'élaborer le jeu pour enseigner plus d'objectifs et maintenir l'attention de l'enfant beaucoup plus longtemps. Lorsque l'intérêt pour le matériel diminue, ou si vous pensez que vous avez fini tout ce que vous aviez pensé pouvoir faire, exécutez la phase de rangement pour passer à un nouvel ensemble de matériel et à une autre routine d'activité conjointe.

Activités conjointes centrées sur un partenaire : routines sociales sensorielles

Nous avons inventé le terme « routine sociale sensorielle » pour évoquer les routines d'activités conjointes dans lesquelles chaque partenaire focalise son attention sur l'autre plutôt que sur les objets, comme c'est le cas dans les activités conjointes orientées sur un objet et dans lesquelles le plaisir et l'engagement conjoints dominent le jeu. Une routine sociale sensorielle est une routine d'activité conjointe dyadique (un partenaire et soi-même), alors qu'une activité conjointe orientée sur des objets est une routine d'activité conjointe triadique (objet – partenaire – soi-même). Une routine sociale sensorielle est une activité dyadique dans laquelle deux personnes sont engagées dans la même activité de façon réciproque : en faisant des tours de rôle, en s'imitant l'un l'autre, en communiquant par des mots, des gestes, ou des expressions faciales, et en construisant chacun sur l'activité de l'autre. Dans des routines sociales sensorielles, les objets sont secondaires ; le thème de l'activité conjointe est l'échange social. Les routines sociales sensorielles typiques comportent des jeux sur les genoux tels qu'« à cheval » ; des routines de chansons avec des mouvements, telles que « Frappe, frappe petites mains », « Le grand cerf » ; des jeux de doigts tels que « La petite bête » ; et les routines de mouvements telles que « l'avion », « la danse », « la course », et « le cache-cache ».

Alors qu'une activité conjointe avec des objets se focalise sur des activités de jeu parallèle avec objets, sur la communication à propos des objets, sur l'attention partagée pour les objets, et sur le tour de rôle avec les objets, les routines sociales sensorielles dirigent l'attention de l'enfant vers le visage, la voix, les mouvements du corps, et les gestes du partenaire. Bien que beaucoup de ces activités ressemblent à celles qui sont observées dans le RDI (Gutstein et Sheely, 2002) ou DIR/Floortime (Greenspan *et al.*, 1997), elles ont été créées indépendamment et plus tôt dans le développement du modèle de Denver (Rogers *et al.*, 1986 ; Rogers et Lewis, 1989), longtemps avant d'avoir eu connaissance de l'un ou l'autre de ces modèles.

> **Quatre buts principaux atteints par les routines sociales sensorielles**
>
> - Attirer l'attention de l'enfant vers les signaux sociaux et communicatifs des autres personnes, en particulier le contact visuel et le visage, mais aussi les gestes physiques, les postures, les mouvements d'anticipation, et les expressions faciales.
> - Développer chez les enfants la conscience des expressions faciales et leur capacité à partager l'expression d'une émotion en face à face avec autrui. Les adultes échangent des sourires, font des grimaces amusantes, rajoutent des bruits et des expressions pour toutes sortes de jeux, et attirent l'attention des enfants sur leur visage.
> - Augmenter la communication des enfants pour initier, répondre, et poursuivre les interactions sociales par le contact visuel, les expressions faciales, les gestes, les bruits, et les mots.
> - Optimiser l'éveil, l'état, et l'attention des enfants. Les routines sociales sensorielles peuvent animer un enfant passif, « fatigué » et calmer un enfant hyperactif, surexcité. Les routines sociales sensorielles peuvent modifier l'humeur des enfants, en rassurant un enfant contrarié ou en refocalisant un enfant étourdi ou dispersé.

■ Les routines sociales sensorielles encouragent l'orientation sociale et la communication

Les routines sociales sensorielles apprennent aux enfants que les corps et les visages des autres personnes « parlent » et sont d'importantes sources de communication. Donc, dans des routines sociales sensorielles, il est crucial que les enfants soient en face des adultes

6 • Développement des plans et des cadres pour l'apprentissage

et soient placés correctement pour se focaliser sur les visages et les gestes. Le contact en face à face est facilité si vous asseyez l'enfant sur vos genoux face à vous, ou sur une petite chaise, vous-même étant assis en face de lui, ou dans un pouf poire face à vous, ou sur un gros ballon devant lequel vous êtes assis ou debout pour le faire rebondir, comme présenté plus haut.

Les routines sociales sensorielles apprennent aux enfants à communiquer intentionnellement pour initier, maintenir, et terminer les interactions sociales. Les communications intentionnelles impliquent à la fois les gestes associés au regard, aux postures, à l'expression faciale, et les vocalisations, incluant le langage. Dans les routines sociales sensorielles, les adultes mettent en place des activités intéressantes jusqu'à ce que l'enfant s'y engage, puis font une pause et attendent un signe de l'enfant pour continuer. Au début, ces signes peuvent être très subtils comme un regard, une main tendue, une vocalisation, l'établissement d'un contact visuel, ou un autre geste. Cependant, ce signal marque le « tour » de l'enfant, et l'adulte répond alors en poursuivant l'activité. Les adultes amènent d'abord l'enfant à des communications non verbales isolées telles que le regard, des gestes de la main, ou des vocalisations intentionnelles. Ils les façonnent ensuite pour former des communications intégrées comportant le regard dirigé accompagné de gestes et de vocalisations, qui par la suite seront à leur tour façonnées en approximations de mots et en mots. De nombreuses communications de l'enfant surviennent dans une seule routine sociale sensorielle. Avec un thérapeute compétent, les enfants exécutent une communication intentionnelle ou un autre acte social toutes les dix secondes en moyenne, un peu plus fréquemment que dans des activités conjointes orientées sur des objets. Il est essentiel que l'enfant soit très actif dans l'initiation et la poursuite de l'activité pour bénéficier du potentiel que les routines sociales sensorielles peuvent offrir en tant qu'activités d'apprentissage efficaces pour les objectifs concernant la communication sociale.

■ Les routines sociales sensorielles optimisent l'attention et l'éveil pour apprendre

Le type de contact, de mouvement, et de rythme que l'adulte utilise dans la routine sociale sensorielle a des effets assez immédiats sur l'enfant. En général, des mouvements et des schémas lents, tranquilles, calmes, rythmiques ont un effet calmant. Faites l'expérience des réactions de l'enfant pour différents types de contacts – serré dans les bras d'un nounours, forte pression, chatouilles, frottement de la tête et du dos, faire sauter, le balancer, le faire tourner, le faire rebondir. Apprenez quels types d'actions suscitent l'éveil, et lesquelles induisent le calme, pour chaque enfant. Trouvez des routines qui calment et des routines qui suscitent l'attention et l'éveil. Le psychomotricien de l'équipe sera d'une grande utilité si ces concepts sont nouveaux pour vous ou si l'enfant n'est pas très réceptif à vos efforts. Utilisez ces routines pour aider l'enfant à réguler et à maintenir un état optimal d'attention et d'éveil pendant la thérapie. Utilisez ces routines lorsque vous voyez l'enfant perdre cet état optimal. La compétence du thérapeute à aider l'enfant à atteindre et à maintenir un état émotionnel idéal pour l'apprentissage est un aspect important du comportement du thérapeute dans l'ESDM et est un des items de fidélité utilisé pour mesurer la compétence du thérapeute.

■ L'utilisation des objets dans des routines sociales sensorielles

Les routines sociales sensorielles impliquent souvent des activités sans aucun objet. Cependant, des objets sont parfois utilisés pour aider à attirer l'attention vers les adultes ; cela est particulièrement le cas pour des enfants qui n'aiment pas encore les jeux physiques. Les objets manipulés par l'adulte tels que les bulles, les ballons gonflables, les toupies, ou les objets similaires créent des effets passionnants et intéressants, attirent l'attention sur le visage de la personne, et favorisent de merveilleuses routines sociales sensorielles dyadiques (ainsi que l'attention conjointe et le développement de comportements d'attention conjointe).

Exemple

Lisa, la thérapeute, et Robbie, un enfant avec TSA de 18 mois, regardent dans la boîte de jouets sociaux sensoriels. Lisa en sort le ballon. « Ballon », dit-elle, et elle le gonfle et le laisse voler dans les airs au grand plaisir de Robbie, aussi, elle le récupère et recommence. À chaque répétition, Lisa attend que Robbie regarde et anticipe. Elle met le ballon à la bouche mais ne souffle pas, et Robbie regarde en anticipant fortement. Il souffle légèrement. Immédiatement Lisa dit : « souffler » et commence à souffler, mais elle mesure l'effet produit chaque fois qu'elle souffle pour garder le contact visuel avec Robbie et faire monter son anticipation. Après avoir répété plusieurs fois ce jeu, la fois suivante le ballon est entièrement gonflé, Lisa tend le ballon à Robbie de manière à le tenter mais ne le lâche pas, et dit lentement : « À vos marques, prêt ? partez ! » et elle le laisse s'envoler. La troisième fois qu'elle le fait, elle attend avant de dire : « Partez ! » et Robbie complète avec un « Partez ! » avant qu'elle laisse le ballon s'envoler. Robbie court alors pour le chercher et le ramène jusqu'à la main tendue de Lisa (Lisa fait attention qu'il ne mette pas le ballon à la bouche). Lisa prend le ballon, regarde Robbie, et attend. Il sourit, établit un contact visuel, et souffle à nouveau. Elle gonfle le ballon et l'activité recommence.

Qu'est-ce qui fait de cette routine une routine sociale sensorielle plutôt qu'une routine avec des objets ? L'adulte manipule l'objet pour créer des effets enthousiasmants, l'enfant communique fréquemment et prête une attention intense au visage, à la voix, et au corps de l'adulte. Ils partagent tous les deux une excitation et un affect positif forts. L'enfant n'actionne pas l'objet ; mais l'interaction de l'enfant avec l'objet est limitée à aller le chercher et à le ramener à l'adulte. L'essentiel de l'attention de l'enfant se porte sur l'adulte. Parfois la limite entre les activités orientées sur les objets et les activités sociales sensorielles devient très subtile. Ce qui est important c'est la nature extrêmement sociale de l'activité.

> **Remarque**
>
> Quand vous utilisez des objets, il est très important d'attirer l'attention de l'enfant principalement sur vous plutôt que sur l'objet. Cela signifie que l'adulte doit garder le contrôle de l'objet. Même si l'enfant le demande, tenez-le fermement et faites-le fonctionner pour l'enfant, afin de maintenir l'attention de l'enfant sur vous. Traitez la demande comme une demande pour que vous actionniez l'objet plutôt que pour le lui donner.

Dans les routines sociales sensorielles, on ne fait pas de tour de rôle avec les objets ; au lieu de cela, l'enfant demande à l'adulte de déclencher des actions intéressantes ou de les poursuivre, et l'enfant échange des sourires et d'autres actes de communication sociale avec l'adulte. Une fois que l'adulte a réussi à capter l'intérêt de l'enfant, l'adulte fait des pauses et attend pour que l'enfant communique avec lui pour maintenir l'effet. Si l'enfant est tellement motivé par la manipulation de l'objet que l'interaction devient négative, changez d'activité.

■ Commencer une nouvelle routine sociale sensorielle

Lors de la première introduction d'une nouvelle routine sociale sensorielle, l'adulte peut avoir besoin de commencer et d'arrêter l'activité plusieurs fois sans y apporter de variante, pour que l'enfant apprenne quelle est la routine et sache à quoi il peut s'attendre. Lors de l'introduction d'une nouvelle routine, les enfants peuvent ne pas manifester de plaisir immédiatement. Ils peuvent sembler avoir des doutes ou être mal à l'aise. Il est bon de persister en produisant trois répétitions rapides du jeu pour le présenter, même si l'enfant ne semble pas motivé. Sur plusieurs jours, l'activité peut devenir de plus en plus intéressante. Cependant, si les enfants sont clairement mal à l'aise ou protestent vigoureusement, arrêtez la routine ou modifiez-la de manière à éliminer l'élément négatif. Nous ne voulons pas que l'enfant associe la routine avec des expériences négatives. Soyez vigilants face aux signes négatifs subtils. Un clignement rapide de l'œil, un regard inquiet, la diminution de l'affect positif, un sursaut de surprise, et un silence indiquent que l'enfant est mal à l'aise aussi nettement que le retrait, l'évitement physique, et la recherche du parent. *Si vous observez des signes négatifs, diminuez l'intensité du stimulus immédiatement*. Si les signes négatifs ne diminuent pas lors de chacune des trois démonstrations réalisées en douceur, arrêtez l'activité pour la journée. Essayez-la à nouveau dans les deux séances suivantes, encore plus délicatement que précédemment. Si l'enfant continue à réagir négativement, arrêtez et trouvez une activité différente.

■ Le tour de rôle dans les routines sociales sensorielles

Dans une routine sociale sensorielle, les deux partenaires doivent avoir beaucoup d'échanges, ou de tours de rôle, mais contrairement aux routines d'activités conjointes centrées sur les objets, les tours de rôle n'impliquent que des comportements sociaux ou de communication. Les enfants ont besoin d'être des partenaires sociaux actifs, prenant part à de nombreux tours de rôle pour demander, continuer, imiter ou donner une indication. La routine doit être très réciproque, chaque partenaire agissant en réponse à l'autre, et l'enfant produisant un comportement social ou de communication toutes les dix secondes environ.

> **Remarque**
>
> *L'adulte ne doit pas se contenter d'amuser l'enfant, celui-ci observant passivement l'adulte.* Au contraire, l'adulte et l'enfant communiquent en alternance tout au long de la routine, par des mouvements, des gestes, le contact visuel, des bruits, des mots, ou d'autres actions. Ces interactions réciproques sont relativement équilibrées. Souvenez-vous que le but pour l'enfant est de se focaliser sur le visage et le corps de l'adulte et de communiquer pour initier, répondre, ou poursuivre la routine sociale sensorielle. L'adulte devra commencer, faire des pauses, et attendre, pour donner une chance à l'enfant de communiquer à son tour.

■ Augmenter le répertoire de l'enfant

Nous voulons augmenter le répertoire de routines sociales sensorielles de l'enfant. Dès que l'enfant a appris une série d'échanges communicatifs dans une routine sociale sensorielle, nous devons en commencer une autre. Les chansons simples incluant des mouvements simples des mains sont particulièrement importantes à développer parce qu'elles impliquent un langage ritualisé, un contenu social partagé, et de l'imitation motrice. Commencez les chansons dès que l'enfant vous regarde en étant assis ou allongé tranquillement pendant une minute environ. Commencez par présenter une chanson au format télégraphique, en exagérant les gestes, et, si l'enfant est intéressé, répétez-la plusieurs fois. Reproduisez-la dans chaque séance de traitement jusqu'à ce qu'elle soit une source familière de plaisir et de participation de l'enfant. Ajoutez-en alors une nouvelle. Un des buts dans les douze premières semaines d'intervention est de développer un répertoire de dix à douze routines sociales sensorielles que l'enfant aime et dans lesquelles il communique et participe activement.

Alterner les activités conjointes centrées sur des objets et les routines sociales sensorielles

Dans les séances de thérapie de l'ESDM, nous alternons des routines d'activités conjointes centrées sur les objets et des routines sociales sensorielles. Les routines centrées sur les objets fournissent une base pour l'apprentissage des compétences cognitives, de l'imitation, de la communication, du langage, des compétences de motricité fine, et des compétences de jeu avec un jouet, tandis que les routines sociales sensorielles se focalisent sur les compétences sociales, les compétences de communication, de langage, et les compétences d'imitation. Les routines sociales sensorielles attirent les enfants avec autisme dans le monde social et les amènent au plaisir des échanges sociaux ; elles régulent l'éveil et l'attention vis-à-vis de l'adulte. Elles représentent une partie très importante de ce modèle d'intervention, et plusieurs activités sociales sensorielles appropriées à l'âge de l'enfant doivent se faire pendant chaque heure de traitement, pour tous les enfants, y compris les plus âgés, les enfants d'âge préscolaire avec un fonctionnement de haut niveau (pensez aux jeux de fête d'anniversaire !).

Autres types de routines d'activités conjointes

Il y a plusieurs autres activités conjointes que nous n'avons pas encore vues : l'ouverture et la clôture des routines, le goûter, le rangement, et les transitions. Celles-ci ne sont pas des activités de jeu typique, et elles ne se prêtent donc pas directement à l'organisation d'activités conjointes. Cependant, ce sont des activités tout à fait importantes pour la vie à l'école maternelle ou en famille, et elles deviendront dans quelque temps, des activités conjointes très importantes pour votre enseignement.

■ Bonjour et au revoir

La thérapie doit commencer et se terminer par des activités de salutation qui deviennent aussi des activités conjointes. Dans la première ou dans les deux premières séances, celles-ci peuvent se limiter à obtenir l'attention de l'enfant par un signe de la main en disant « bonjour » ou « au revoir », et à inciter l'enfant à faire un signe de la main en retour. Cependant, très rapidement cela sera élaboré dans une petite séquence d'activités impliquant de s'asseoir, d'enlever les chaussures et les chaussettes et de les placer dans une petite boîte, de saluer de la main, de dire, ou de chanter « Bonjour » dans une chanson d'accueil avec des imitations de mouvements, et peut-être l'exécution d'une routine sociale sensorielle. Les routines bonjour – au revoir et les routines avec un livre fournissent une préparation aux activités en cercle dans le cadre d'un groupe préscolaire.

Pour un enfant qui fera bientôt partie d'un groupe dans une maternelle, ajouter une « activité en cercle » au programme dans lequel des activités de la maternelle sont explicitement pratiquées fournit un excellent support pour la transition vers la maternelle. Les objectifs de langage réceptif sont aussi faciles à travailler dans les routines de salutation où vous donnez des consignes pour s'asseoir, se lever, taper dans la main, enlever les chaussures, prendre les chaussettes, et ainsi de suite. Les objectifs sociaux impliquant les salutations et le fait de prêter attention à autrui sont aussi des objectifs précoces soutenus par les routines de salutation d'arrivée et de départ.

■ Le goûter

Le goûter est une activité de communication efficace dont la valeur de renforcement intrinsèque est élevée pour la plupart des enfants, et pour les enfants en début de traitement, vous pouvez développer beaucoup de communication intentionnelle relativement rapidement pendant le goûter. En suivant les pratiques de l'ESDM, nous organisons le goûter comme une routine d'activité conjointe, ce qui suppose que le thérapeute comme l'enfant prennent un goûter et enrichissent l'activité en versant, remuant, et en utilisant des aliments à manger avec les doigts, des aliments à manger avec une cuillère/une fourchette, et des boissons. Vous pouvez servir l'enfant et le faire vous servir. Commentez chaque étape de la routine en utilisant la règle du mot de plus. Revoyez les objectifs de langage réceptif ciblés en demandant une serviette, une fourchette, une assiette, et ainsi de suite. Utilisez les couverts de manière à solliciter les compétences en motricité fine. Utilisez des gestes que les enfants peuvent suivre. Faites les bruits « mmmh » et « miam » quand vous mangez et buvez pour encourager l'imitation vocale.

Une fois que les enfants ont acquis le langage ou d'autres moyens symboliques pour demander, le goûter devient moins nécessaire comme activité de communication et il peut servir d'autres buts. Introduire des animaux en peluche et des poupées lors du goûter permet de le transformer en une activité de jeu symbolique, avec un repas pour les animaux et un goûter ou l'heure du thé pour les poupées. Le goûter peut aussi devenir une activité complexe et très intéressante qui peut concerner de nombreux domaines si vous intégrez une activité de préparation de cuisine ou de nourriture en plusieurs étapes. Le goûter peut concerner des compétences en comportements adaptatifs telles que ranger, mettre la table, verser, ramasser, et même étaler avec un couteau et couper, pour les enfants les plus âgés.

■ Le rangement

Les objets doivent être nettoyés et rangés à la fin de chaque activité. La phase de rangement est importante pour plusieurs raisons.

6 • Développement des plans et des cadres pour l'apprentissage

Premier objectif : laisser l'espace relativement vide. Ainsi, vous-même et l'activité choisie pourront être les pôles d'attraction de l'attention de l'enfant. Au début du traitement, le thérapeute range lui-même, ce qui peut se limiter à déposer le matériel dans une grande caisse pour être rangé plus tard. Si les enfants passent d'un matériel à un autre, vous devrez ranger rapidement afin de pouvoir aller avec l'enfant vers la nouvelle activité à développer.

Deuxième objectif : ajouter de la complexité à l'activité et de fournir ainsi plus d'opportunités d'enseignement. Les boîtes doivent être ouvertes, les éléments du matériel doivent y être placés, puis les boîtes et les récipients fermés puis rangés à leur place. On peut devoir trier et regrouper le matériel par taille ou par couleur. Chacune de ces actions fournit une occasion d'enseigner du langage, des compétences cognitives impliquant le tri, l'appariement, et la classification, le tour de rôle, et le partage des rôles. On peut compter les objets pendant qu'on les met dans la boîte. Le langage réceptif s'intègre facilement au rangement : « Donne-moi le cube », « Mets les marteaux dans la boîte et mets la boîte sur l'étagère », « Le vert va ici », et « Mets-le sous l'étagère sous les feutres ». Les activités de rangement constituent des activités naturelles pour les compétences d'appariement et de tri et un « rangement créatif » de la part du thérapeute permet de construire une variété de concepts d'appariement et de tri, et de faire un travail sur les prépositions. Toutes les formes d'activités cognitives d'appariement peuvent être réalisées lors du rangement :

- identité (les assiettes vont ici, les cuillères vont là) ;
- couleur (apparier les couvercles de couleurs différentes sur les pots de pâte à modeler ou mettre les bouchons sur les feutres pour les fermer) ;
- apprendre que les images représentent des objets (marquer les casiers ou les étagères avec des images : les stylos vont ici, les crayons vont là ; les blocs ronds ici, les cubes rectangulaires là) ;
- la taille et la forme (les gros animaux dans la grosse boîte, les petits animaux dans la petite boîte).

Troisième objectif : l'organisation en séquences et la planification temporelle. Le rangement implique une séquence temporelle – d'abord ça, ensuite ça. D'abord nous rangeons, ensuite nous choisissons une nouvelle activité. D'abord nous mettons les objets dans les boîtes, et ensuite nous mettons les boîtes sur les étagères. Dans une séquence temporelle, nous fournissons aux enfants une introduction au concept du temps au futur. « Que ferons-nous après avoir rangé les cubes ? », « Qu'est-ce qui vient après – de l'art plastique ou du tricycle ? », « Que ferons-nous avec la pâte à modeler ? », « Quel livre veux-tu lire aujourd'hui ? », « De quoi avons-nous besoin pour donner un bain au bébé ? ». Ce genre d'anticipation verbale permet aux enfants d'imaginer le futur et de planifier en conséquence ; le rangement offre toutes les opportunités en une heure pour planifier l'activité suivante. Les enfants avec autisme peuvent être très focalisés sur le présent et passer d'une activité à une autre dès que des stimuli visuels ou auditifs captent leur attention. Le rangement requiert de l'enfant qu'il contrôle son impulsion à se précipiter pour passer à autre chose et qu'au contraire il attende et agisse en fonction d'une planification cognitive et temporelle. Si l'enfant a exprimé le désir de passer à une nouvelle activité, il doit garder le nouveau but en tête, dans sa mémoire de travail, et rediriger ses pensées sur le fait de terminer le rangement.

Le fait de garder un nouveau but à l'esprit pendant que l'on termine l'action en cours nécessite un ensemble de compétences cognitives très spécifiques – les fonctions exécutives – qui sont des compétences mentales complexes impliquant de garder un but à l'esprit et de s'organiser dans une série d'étapes pour atteindre ce but (Russel, 1997 ; Hughes, Russel, et Robbins, 1994 ; Pennington et Ozonoff, 1996). Les fonctions exécutives sont sous-tendues par l'activité du lobe frontal et sont souvent atteintes dans l'autisme, particulièrement chez les enfants plus âgés (Ozonoff, Pennington, et Rogers, 1991 ; Griffiths, Pennington, Wehner et Rogers, 1999). Les séquences simples impliquées dans le rangement concernent certains aspects essentiels des fonctions exécutives : l'inhibition, la mémoire de travail, la formation d'un but, et le changement de d'activité.

Le rangement offre aussi une excellente opportunité de revoir la séquence d'activités qui vient juste de se dérouler tout en rangeant les éléments du matériel. « Qu'avons-nous fait avec les cartes de la Saint Valentin ? » « D'abord nous avons colorié, puis nous avons découpé des formes, puis nous y avons mis de la colle, puis nous les avons parsemées de paillettes. » « Et maintenant elles sèchent. » Cela prépare à l'histoire que l'enfant peut partager avec les autres.

Quatrième objectif : stimuler le langage comme moyen d'autorégulation. Pendant le rangement, l'adulte donne un modèle de langage que l'on peut utiliser pour s'autoréguler. En fournissant un langage simple pour accompagner les étapes – d'abord ça, puis ça ; après ça, puis ça – l'adulte fournit un scénario dont l'enfant pourra apprendre à se servir comme moyen d'autorégulation et de planification – Un rôle important du langage internalisé.

Cinquième objectif : préparer les enfants à ce que l'on attend de lui à la maison, à l'école maternelle, et au jardin d'enfants. Dans un cadre d'apprentissage collectif, le rangement est une partie importante des transitions entre les activités, et on attend des enfants qu'ils rangent avec un certain degré d'indépendance. En apprenant aux enfants des routines de rangement appropriées pendant les séances de thérapie, nous leur fournissons un enseignement utile pour le prochain environnement.

Développer le rangement

Ranger est une activité complexe qui se développe lentement au cours de séances de thérapie répétées. Pour un enfant qui vient de commencer la thérapie, l'adulte réalise le rangement, soit pendant que l'enfant regarde soit « dans la foulée » pour enlever rapidement le matériel et débarrasser l'espace pour un enfant qui est déjà parti. Cela correspond à la phase initiale de l'apprentissage du rangement. La phase suivante correspond à un enfant qui a suivi suffisamment de séances de thérapie pour avoir acquis un sens du rythme de la thérapie – passer ensemble d'une activité à la suivante. Le thérapeute s'attend alors à ce que l'enfant réalise une ou plusieurs étapes de l'activité de rangement. Il peut s'agir de mettre un élément ou deux dans une boîte, de mettre un couvercle sur une boîte, ou de mettre une boîte sur une étagère. Le thérapeute donne généralement un modèle de l'activité à faire et tend ensuite le matériel à l'enfant pour qu'il termine, en l'incitant si nécessaire à imiter le modèle de l'adulte (ici c'est une tâche d'imitation avec objet).

Le langage utilisé pendant cette phase met principalement l'accent sur les mots liés à *l'activité de rangement*. « C'est l'heure de ranger » ou « rangeons » ou « aide à ranger » qui ponctuent l'activité. Le thérapeute commente aussi les étapes dans un langage simple proche de la « longueur moyenne d'énoncé » (LME)[1] – « Mets dedans », « Couvercle dessus », « Balle dedans », sont des phrases narratives typiques, mais nous devons insister sur le terme plus général de *rangement* utilisé pour signifier qu'il faut ranger les éléments du matériel, quels qu'ils soient. Ainsi l'enfant termine quelques-unes des étapes, surtout vers la fin de l'activité, et le thérapeute termine le reste des étapes pour que l'enfant voie les étapes et se joigne au thérapeute pour le rangement final sur l'étagère ou dans un tiroir.

Préparation au rangement

Assurez-vous autant que possible, que les éléments du matériel soient « emballés » dans des sacs ou placés dans des boîtes lorsqu'ils sont rangés sur l'étagère ou à l'endroit où ils devront être choisis. Donnez les objets à l'enfant dans leur emballage. En déballant les éléments de sa boîte ou de son sac, l'enfant a l'opportunité de prévoir les étapes et l'organisation du matériel qu'il utilisera lors du rangement. Le remballage semble plus évident si l'on doit déballer au départ. Cela rend le rangement moins dépendant des directives de l'adulte ou d'une demande quelque peu artificielle de sa part, et lui confère un aspect plus intrinsèque aux activités et aux éléments du matériel.

Enseigner le rangement en passant par un enchaînement d'actions, comme toute autre activité en plusieurs étapes

Ranger est une activité en plusieurs étapes, comme s'habiller, se laver les mains, ou aller aux toilettes et s'apprend de la même façon. Si la capacité d'attention de l'enfant dure suffisamment, nous pouvons utiliser *la participation partielle* pour chaque étape de la séquence (Ferguson et Baumgart, 1991) du rangement. Une participation partielle implique que l'on accompagne l'enfant étape par étape, en obtenant qu'il/elle aide en produisant une action à chaque étape, et en utilisant une séquence d'aide allant de la plus légère à la plus forte pour impliquer l'enfant à chaque étape. Cependant, s'il y a beaucoup à ranger et

---

1. LME = Longueur Moyenne de l'Énoncé, traduction de MLU : *Mean Length of Utterance*.

que l'enfant a une capacité d'attention très courte ou n'a pas les compétences en imitation avec objets pour suivre le modèle, ou si l'enfant veut vraiment changer d'activité, on peut demander à l'enfant de ne réaliser qu'une seule étape. Pour les enfants qui ne peuvent pas rester suffisamment longtemps sur le rangement pour qu'une participation partielle et un enchaînement progressif des comportements soient possibles, adoptez plutôt l'approche du rétro-enchaînement ou l'enseignement par des aides allant de la plus forte à la plus légère pour développer la séquence.

Considérer les renforçateurs

Il faut bien réfléchir au renforcement utilisé pour le rangement. Le rangement n'est généralement pas l'activité préférée des enfants (bien que certains enfants aiment mettre des objets dans des boîtes et autres récipients ce qui fait que certaines étapes peuvent comporter des renforcements intrinsèques). Les activités qui ne font pas partie des activités préférées de l'enfant exigent un renforcement externe. Le renforcement externe du rangement est constitué par la possibilité qui en découle de choisir une nouvelle activité. Les enfants qui ont appris à ranger savent qu'après le rangement se fera le choix de l'activité et c'est donc la perspective d'une nouvelle activité agréable qui motivera le rangement.

Cependant, pour les enfants qui n'en ont pas encore fait l'expérience assez fréquemment, cette association doit être développée. Le thérapeute doit motiver l'enfant pour l'activité suivante *via* le choix de l'enfant. Le thérapeute peut laisser entrevoir la nouvelle activité en tenant les éléments du matériel dans une main ou en les maintenant hors d'atteinte pendant que l'enfant termine l'étape de rangement de telle manière que la présentation du nouvel objet désiré suive, et ainsi renforce, l'activité de rangement qui la précède. Ceci est un exemple du principe de Premack – quand une activité préférée suit une activité moins appréciée cela sert de renforçateur pour l'activité la moins appréciée. Le langage utilisé souligne cette relation : « D'abord on range, après... »

■ Les transitions

Le rangement marque le commencement du processus de transition d'une activité à une autre. Dans la situation décrite ci-dessus, l'enfant est prêt à quelque chose de nouveau, et l'adulte introduit la routine de rangement entre l'activité précédente et la nouvelle. En général, nous souhaitons que les enfants se déplacent d'un espace à un autre pour des activités différentes. Certaines activités se déroulent à la table, d'autres dans le coin des livres, d'autres sur le lieu d'arrivée ou de départ, et d'autres au sol pour les activités physiques. Nous voulons que l'enfant fasse ces déplacements de façon autonome, sans être dirigé. Diriger l'enfant d'un endroit à un autre indique souvent que l'enfant ne sait ni où il va, ni pourquoi il y va. Un enfant qui se déplace de façon autonome et intentionnellement

6 • Développement des plans et des cadres pour l'apprentissage

en direction de son but, a déjà un but en tête, sait où il va et pourquoi, et s'engage déjà mentalement dans une activité, il est prêt à participer et à apprendre avec vous.

Au fur et à mesure que le thérapeute fixe la cadence des activités thérapeutiques, les enfants commencent à apprendre l'endroit où les activités ont lieu. Les activités artistiques ont habituellement lieu à la table. Les activités avec des balles ont lieu dans l'aire destinée à la motricité. Les activités avec les livres se déroulent sur le pouf poire. Les salutations se déroulent sur la chaise près de la porte. Lors de la transition, le déplacement de l'enfant doit se faire en relation avec ces activités. Lorsque l'enfant choisit la boîte de coloriage, le thérapeute emporte la boîte vers la table et demande à l'enfant de l'aider à porter la boîte. Cela entraîne l'enfant à la table. Ou, lorsque l'enfant choisit la boîte, le thérapeute peut dire, « Allons à la table », et mettre la boîte sur la table, l'enfant suivra alors le matériel et s'assiéra à la table. Dans ces deux exemples, l'enfant se déplace vers la table et est attiré par l'activité – le matériel est un pôle d'attraction durant la transition. Les enfants en thérapie depuis un certain temps peuvent choisir la boîte, porter le matériel à la table, et s'asseoir sans recevoir d'indications supplémentaires, accomplissant ainsi la totalité de la transition de façon autonome. C'est ce résultat que nous voulons obtenir.

> **Soyez vigilants !**
>
> Le fait que l'adulte conduise les enfants d'un endroit à un autre, les place physiquement sur le siège plutôt de les amener à s'asseoir seuls, ou les soulève pour les transporter montre que les enfants ne sont pas engagés de façon autonome dans une transition. Lorsque l'adulte dit à l'enfant de s'asseoir à une table vide, et que l'enfant s'assoit et attend sans savoir ce qui va se passer ensuite, cela est un autre signe indiquant que l'enfant n'est pas mentalement engagé dans la transition. Tâchez de ne pas asseoir un enfant à une table vide ; le matériel et les choix de l'activité doivent être évidents pour l'enfant pour qu'il sache à quoi il peut s'attendre et soit motivé par l'activité qui va se dérouler.

■ Les transitions pour sortir des activités répétitives

Il y a des moments où l'enfant ne veut pas changer d'activité, et ceci entraîne des difficultés de transition. Parfois l'enfant prend plus de plaisir dans une activité très répétitive. Quand arrêtez-vous l'activité pour passer à une autre ? Vous le faites quand vous n'arrivez plus à trouver autre chose à faire dans cette activité pour qu'elle continue à être une activité d'apprentissage, ou au moment où vous ne pouvez pas supporter beaucoup plus longtemps de rester dessus. Les enfants peuvent être contrariés par une transition forcée, et ce, même si nous essayons de les aider à franchir ce pas. Toutefois, l'éventualité d'une réaction de contrariété n'est pas une raison suffisante pour éviter une transition. Notre travail n'est pas de faire en sorte que les enfants soient toujours contents, mais de leur apprendre leurs objectifs. La flexibilité concernant le changement d'activité constitue un objectif important pour des enfants dont l'attention se fixe longuement sur une activité répétitive et qui ne changent pas facilement de centre d'intérêt. Le changement flexible de centre d'attention est une compétence cognitive souvent affectée dans l'autisme, tout comme les autres fonctions exécutives. Apprendre à porter notre attention sur une autre cible quand les autres vous le demandent est une compétence très importante pour nous tous.

■ Faciliter les transitions pour les enfants résistants

Lorsque les enfants sont très résistants au changement d'activité ou de matériel, la séquence générale des étapes d'enseignement se déroule comme expliquer dans l'encadré ci-dessous.

Séquence des étapes d'enseignement

- Arrêtez de participer à l'activité pour que l'attention sociale ne renforce plus l'activité.
- Essayez de rendre l'activité très ennuyeuse. Si l'activité répétitive implique des objets avec plusieurs éléments (par exemple la construction de tours de cubes, ou empiler des anneaux sur une tige), commencez à ranger le reste des objets pour que l'enfant n'ait plus qu'un ou deux éléments, ce qui rend ainsi l'activité moins intéressante.
- Amenez une ou deux autres activités dans le champ de vision de l'enfant. Attirez l'attention de l'enfant et actionnez ou animez le matériel d'une façon attractive directement face à l'enfant. Tandis que l'enfant change de centre d'attention pour s'intéresser au nouveau matériel, offrez-le lui, et essayez de provoquer un geste de sa part pour atteindre ou saisir l'objet (main tendue ou ouverte vers l'objet.
- Tandis que l'enfant tend le bras vers le nouveau matériel, faites subrepticement glisser le matériel précédent hors de sa portée et de son champ de vision (ce n'est pas le bon moment pour travailler sur le rangement !).

Au fur et à mesure que la thérapie progresse et que le nombre de routines hautement préférées avec des objets augmente, il devient généralement plus facile d'aider les enfants à passer d'une activité à une autre, et, bien entendu, une routine de rangement aide à marquer cette transition.

■ Autres questions concernant l'interférence d'un objet

Il arrive que les enfants aiment tellement un matériel que vos meilleurs stratagèmes ne peuvent pas les faire passer à une autre activité. Si un matériel particulier commence à interférer avec la thérapie, avant votre prochaine séance de thérapie, enlevez-le de la salle.

Si ce matériel prend tellement d'importance qu'il perturbe l'apprentissage pendant la séance de thérapie actuelle et que vous avez tenté toutes les transitions possibles, vous devrez mettre ce matériel hors de portée ou même en dehors de la pièce. Ceci finit très souvent par une crise de colère ou contrarie l'enfant pendant un moment, mais, bien gérée, cette contrariété passe et vous pouvez doucement reprendre l'apprentissage. Il vaut mieux perdre dix minutes pour une contrariété que quarante minutes à cause du matériel qui interfère. Certains enfants peuvent êtres calmés par la présentation d'un nouveau matériel intéressant. Ceci dit, l'enfant irrité devient souvent plus irritable lorsque vous initiez une autre activité. Dans ce cas, pour gérer la crise, il vaut mieux éviter de proposer autre chose à l'enfant contrarié, et plutôt se mettre un peu à l'écart et faire quelque chose d'intéressant tout seul avec un jouet attrayant. L'enfant finira par se calmer et, souvent, commencera à vous regarder ou à regarder votre activité, soit en s'approchant soit en montrant suffisamment d'intérêt pour que vous puissiez maintenant vous approcher avec le matériel.

GÉRER LES COMPORTEMENTS INDÉSIRABLES

Les comportements indésirables entraînent des conséquences sociales qui sont destructrices pour l'apprentissage et le développement de l'enfant, et il est crucial que les comportements indésirables soient remplacés dans le temps par des comportements qui sont socialement plus acceptables et plus compréhensibles pour les autres. Cependant, notre expérience nous a appris que la mise en œuvre des principes et des activités d'apprentissage que nous avons examinés jusqu'ici, constituent en soi, une intervention efficace qui réduit les comportements indésirables chez beaucoup d'enfants et les remplace par des comportements plus conventionnels sans avoir à se focaliser spécifiquement sur un objectif de diminution du comportement.

Ainsi, dans ce modèle, nous commençons par identifier des comportements indésirables et par rassembler des données concernant leur fréquence. Pour des comportements dangereux et destructeurs, nous faisons immédiatement appel à un analyste du comportement ou à une autre personne formée à l'évaluation des comportements indésirables en utilisant l'évaluation/analyse fonctionnelle et une approche par le soutien positif au comportement. Pour les comportements qui ne constituent pas un danger pour l'enfant ou pour les autres, notre philosophie est de se focaliser sur la mise en œuvre du « coaching » par les parents et de mettre en place un traitement de qualité tout en suivant l'évolution de la fréquence des comportements indésirables par intermittence. Si les comportements problématiques ne diminuent pas dans le premier mois, il faudra alors se focaliser spécifiquement sur la diminution du comportement. À ce stade, l'analyste du comportement de l'équipe dirige ou supervise l'évaluation fonctionnelle des comportements problématiques (O'Neill *et al.*, 1990) et le développement d'un plan de gestion positive des comportements.

Renforcements positifs du comportement

L'approche générale pour les comportements indésirables que nous utilisons dans l'ESDM suit les principes du soutien au comportement positif (Carr *et al.*, 2002 ; Duda *et al.*, 2004). Il s'agit d'une façon d'appliquer les principes de l'ABA qui se focalise sur l'utilisation de stratégies de renforcement pour apprendre aux enfants des comportements conventionnels adaptés pour satisfaire leurs besoins et exprimer leurs sentiments, autant que pour favoriser un fonctionnement autonome. Il y a vingt ans, les approches comportementales pour les comportements indésirables mettaient l'accent sur l'utilisation des conséquences négatives en réponse à ces comportements, que ce soit par la punition (comprenant la correction verbale, la sur-correction, l'exclusion, le coût de la réponse) ou uniquement l'extinction (aucune conséquence pour le comportement, ce qui mène une importante augmentation du comportement – la courbe d'extinction – avant que la diminution du comportement ne se produise). Aujourd'hui, les approches positives constituent des approches de choix pour les comportements indésirables.

Cette approche suppose l'identification des fonctions du comportement indésirable de l'enfant, et l'identification d'un comportement conventionnel (habituellement un comportement communicatif) que l'enfant pourra utiliser pour atteindre son but (dire « non » au lieu de crier, demander une « pause » au lieu de s'enfuir, faire signe que l'on veut « plus » au lieu de saisir, demander à l'adulte de le laisser passer en disant « Pardon, s'il vous plaît » au lieu de le pincer). Une fois que ce nouveau comportement cible est identifié, on apprend activement à l'enfant à l'utiliser en simulant la situation et en provoquant ce comportement *avant* que l'enfant n'utilise le comportement indésirable. La combinaison de renforcements réguliers pour le nouveau comportement et de l'absence de renforcement pour le comportement indésirable conduit à une augmentation progressive de l'utilisation spontanée du nouveau comportement.

Deux des défis lorsque l'on utilise le renforcement des comportements positifs sont :

- l'identification de la fonction du comportement indésirable et des indices environnementaux qui précèdent le comportement indésirable ;
- le choix d'un comportement de remplacement déjà présent dans le répertoire de l'enfant qui peut être aussi rapide, facile, et efficace à utiliser pour atteindre le but de l'enfant que ne l'était le comportement indésirable.

L'enfant utilise le comportement indésirable parce que c'est le comportement le plus efficace qu'il ait trouvé pour exprimer son besoin ou atteindre son but. Le comportement de substitution doit être encore plus facile à utiliser et plus efficace pour obtenir le renforçateur

6 • Développement des plans et des cadres pour l'apprentissage

que ne l'était le comportement indésirable, sinon il sera très difficile d'enseigner cette substitution.

Dans l'encadré suivant, nous examinons pas à pas les grandes lignes de l'approche de l'ESDM pour gérer les comportements indésirables.

Comment gérer les comportements indésirables

- Décrire les comportements indésirables d'après les rapports et l'observation directe des parents et collecter les données concernant la fréquence de ces comportements.
- Doit-on s'attendre à des blessures ou la destruction du matériel ? Si oui, agissez sans attendre ! S'il y a une préoccupation concernant des blessures infligées à l'enfant ou à autrui, et la notion de telles blessures dans un passé récent, appelez votre analyste du comportement pour qu'il mène une évaluation fonctionnelle (voir O'Neill *et al.*, 1997, pour son excellente description de la méthode à suivre pour faire une évaluation fonctionnelle du comportement). L'évaluation définira les comportements indésirables, leurs fonctions, leurs renforçateurs, et leur fréquence.
- Pour les enfants avec des automutilations sévères, ou avec un début soudain d'automutilations, demandez l'avis du médecin de famille, et si nécessaire, d'un pédiatre spécialiste du développement et du comportement pour qu'il l'intègre dans la phase d'évaluation. L'automutilation, et les changements soudains avec apparition de comportements indésirables, peuvent indiquer un problème biologique qui doit être pris en compte et éliminé ou traité dans le cadre du programme de l'enfant.
- Une fois que le programme comportemental est créé, il peut être appliqué simultanément avec la mise en œuvre des objectifs développementaux et des autres objectifs d'apprentissage, mais il doit être appliqué en tant que plan comportemental séparé et spécifique, avec des données collectées et revues par l'analyste du comportement à intervalles appropriés pour détecter des changements. Le plan comportemental devra être continué et modifié si nécessaire jusqu'à ce qu'il réussisse à diminuer l'intensité et la fréquence de ces comportements. Pendant cette période, des précautions pour la sécurité de l'enfant et contre les risques de blessures à autrui doivent être mises en place et correctement contrôlées. Tous les incidents doivent être enregistrés et des modifications doivent être apportées si nécessaires.
- Si l'on considère qu'il y a peu de risques que le comportement conduise à des blessures ou à une destruction significative de matériel, le thérapeute peut procéder au plan développemental d'apprentissage qui a été élaboré sans attendre la mise en forme ou l'application d'un programme comportemental. Les comportements problématiques qui surviennent doivent être notés sur la feuille de données quotidienne, dans la section « Cotation du comportement » qui est sur chaque feuille. Le thérapeute doit connaître parfaitement les fonctions des comportements indésirables qui ont été identifiés pour que ces comportements ne soient pas renforcés lors du traitement. Examinez les données chaque semaine lors de vos

> sessions de thérapie, en tenant compte des informations récoltées par les parents à la maison et de celles que vous avez recueillies dans votre séance de thérapie. Si le comportement diminue dans les deux contextes, et si l'enfant utilise maintenant un comportement plus conventionnel pour atteindre ses buts, poursuivez le plan de traitement développemental.
> - Continuez à suivre le comportement au moins une fois par semaine. Si après huit à douze semaines, le comportement est toujours un problème, il faudra alors ajouter un programme supplémentaire dont la cible sera le remplacement de ce comportement. Il est possible que ce comportement soit toujours présent parce qu'il a plusieurs fonctions qui n'ont pas toutes été traitées lors de la phase initiale. Adressez-vous à l'expert du comportement de l'équipe pour planifier et diriger cette intervention.

L'autisme peut comporter des anomalies très spécifiques qui ne font pas partie des symptômes fondamentaux que constituent les troubles socio-communicatifs et les comportements répétitifs, mais apparaissent plutôt comme des aspects secondaires ou des symptômes associés aux troubles de l'autisme. Certains d'entre eux incluent la dyspraxie du langage, des troubles du tonus, une dépression, des crises d'épilepsie, une automutilation sévère, ou des tremblements lors des mouvements intentionnels. Chacun de ces états requiert une base de connaissances disciplinaires afin de diagnostiquer et de traiter l'anomalie de manière appropriée, et le traitement des problèmes sévères de comportement est tout aussi complexe que le traitement pour les crises d'épilepsie ou pour une dyspraxie. C'est pourquoi nous recommandons que l'expert comportemental de l'équipe interagisse avec les membres de l'équipe spécialistes d'autres disciplines pour réaliser l'évaluation, acquérir une compréhension fonctionnelle du comportement, élaborer le plan de traitement du comportement, et diriger sa mise en œuvre. Utiliser une expertise au sein de l'équipe renforce l'intégrité du plan de traitement et ses priorités. C'est aussi beaucoup plus facile pour les familles qui ont déjà rencontré les membres de cette équipe lors de la phase d'évaluation, de les revoir plutôt que commencer une nouvelle relation avec un thérapeute qui ne connaît pas encore l'enfant, sa famille, son historique, ses progrès, ou le programme de l'enfant.

L'attention positive et l'enfant avec problèmes sévères du comportement

Avec le temps, les enfants avec des problèmes sévères du comportement peuvent recevoir de moins en moins d'attention positive des membres de la famille, des enseignants, et d'autres personnes, parce que les tensions générées par ces problèmes stressent leur entourage. La création et la réintégration de hauts niveaux d'interactions positives non contingentes doivent faire partie du plan d'intervention pour s'assurer que les enfants reçoivent fréquemment au cours de la journée de l'attention sociale positive de toutes les personnes qui les entourent. Aidez les parents et tous ceux qui entourent l'enfant à trouver quotidiennement des moments propices à des interactions amusantes dans des situations qui ne mèneront pas à des conflits ou à des comportements problématiques. Il est essentiel d'appliquer un taux élevé d'attention soutenue et d'interaction positive inconditionnelle car cela constitue une partie extrêmement importante de l'approche générale pour gérer les enfants avec des problèmes sévères du comportement, et cela doit être mis en œuvre en tant que partie intégrante de tout plan d'intervention.

Comportement stéréotypé

Les stéréotypies constituent une autre classe de comportements indésirables qui n'amènent pas à des comportements de destruction ou à des blessures, mais qui interfèrent avec l'apprentissage et la participation. Les stéréotypies sont des comportements répétitifs du corps ou avec des objets. Les stéréotypies peuvent capter l'attention des enfants si bien qu'ils ne regardent pas et n'apprennent pas des autres. Elles empêchent la pratique de nouvelles compétences avec des objets. Elles ne fournissent à l'enfant aucune nouvelle information ou compétence, elles ne favorisent donc pas l'apprentissage. Elles peuvent être repoussantes pour les autres enfants et pour les adultes et peuvent faire obstacle aux interactions sociales. Et bien que certains soutiennent que les stéréotypies sont pour les enfants un moyen de se calmer ou de leur fournir l'apport sensoriel dont ils ont besoin, ce point de vue n'est pas validé à ce jour sur la base de données empiriques.

> **Stéréotypies et schémas de comportements adaptés**
>
> Dans l'ESDM, nous cherchons à remplacer les schémas stéréotypés par des schémas de comportements plus adaptés. Lorsque les stéréotypies impliquent des objets, nous devons apprendre aux enfants à imiter des comportements plus appropriés avec les objets.
>
> Voici comment nous faisons : nous prenons l'objet, nous donnons un modèle du comportement désiré, nous incitons l'enfant à imiter le modèle, et nous renforçons l'imitation de l'enfant, exactement de la même façon que nous le ferions s'il n'y avait pas de stéréotypie.

Avec un peu de chance, il y a des renforçateurs plus efficaces pour l'enfant que l'engagement dans la stéréotypie. Si le geste stéréotypé est le but de l'enfant, il n'y a probablement pas de renforçateurs intrinsèques pour cette activité qui soient aussi efficaces que la stéréotypie. C'est donc le moment où vous aurez besoin d'une gratification extrinsèque, quelque chose qui soit encore plus puissant que la stéréotypie pour l'enfant. Pendant que vous leur apprenez des actions alternatives avec objets en utilisant de puissants renforçateurs, les enfants développeront de nouveaux schémas, et pratiquer ces nouveaux schémas avec des objets affaiblira quelque peu la relation avec la stéréotypie, puisqu'elle n'aura pas été renforcée aussi fréquemment ou aussi fortement que les autres.

Parfois il n'y a vraiment rien qui ait plus de valeur renforçatrice pour l'enfant que la production de sa stéréotypie préférée. Dans ce cas, écartez l'objet de la thérapie. Toutefois, pour les enfants qui agitent ou tripotent absolument tous les objets, il est impossible de tous les éliminer. Pour ces enfants, le fait de pouvoir contrôler l'objet comme ils le veulent, et produire leur stéréotypie est un renforçateur. Dans ce cas, vous pouvez demander qu'ils imitent votre action et les renforcer par leur contrôle de l'objet et la liberté de « se stimuler » pour un bref laps de temps.

> **Remarque**
>
> Ceci n'est à faire qu'en dernier recours, ce n'est pas nécessaire pour la plupart des jeunes enfants dans le traitement de l'ESDM.

Il est très difficile d'éliminer complètement les stéréotypies. Notre objectif est d'augmenter le répertoire comportemental spontané des compétences adaptatives et fonctionnelles des enfants, et non d'éliminer toutes les stéréotypies. Au fur et à mesure que ce répertoire fonctionnel augmentera, les stéréotypies représenteront une portion beaucoup plus petite des activités globales de l'enfant avec des objets.

Les problèmes de comportement sont souvent considérés comme faisant partie intégrante de l'autisme. Toutefois, se focaliser sur la construction des compétences de communication, suivre les initiatives des enfants, et augmenter la valeur de renforcement de l'interaction sociale peut contribuer largement à la diminution des comportements problématiques des enfants. C'est pourquoi les interventions apprennent aux enfants des moyens adaptés pour obtenir la satisfaction de leurs besoins.

ORGANISER ET PLANIFIER LA SÉANCE

Les routines d'activité conjointe examinées ci-dessus servent de cadre, ou de contexte dans lesquels se déroule l'apprentissage. Dans cette section, nous exposons la manière d'organiser les activités et les objectifs d'apprentissage dans une séance de thérapie.

6 • Développement des plans et des cadres pour l'apprentissage

L'enchaînement des activités de la séance

Une séance d'intervention en ESDM comporte une série d'activités conjointes d'une durée de 2 à 5 minutes environ au début du traitement. Les activités s'allongent au fil du temps et peuvent durer jusqu'à 10 minutes. Dans une séance de deux heures, tous les objectifs de l'enfant doivent être traités au travers des activités, y compris la révision des compétences maîtrisées (compétences de maintien) – et la pratique de la compétence cible (étape d'acquisition actuelle pour chaque objectif) en de nombreuses occasions.

Nous suivons plusieurs lignes directrices pour déterminer les activités à proposer et dans quel ordre. Les séances commencent et finissent par des routines de salutation qui elles-mêmes comportent des routines d'activités conjointes. Ensuite le thérapeute alterne les routines sociales sensorielles et les routines d'activités conjointes orientées vers des objets durant toute la séance afin de cibler les différents objectifs d'apprentissage de l'enfant. Comme nous l'avons dit plus haut, les thérapeutes installent les différentes activités dans des endroits différents de la pièce : la chaise d'accueil avec une boîte pour les chaussures, une table et une chaise pour les activités de motricité fine, un pouf poire pour les livres, une aire au sol pour les activités de motricité globale, et un espace pour jouer par terre avec des objets (par exemple, de la chaise d'accueil, puis au sol, à la table, puis sur la poire, et par terre). On change fréquemment d'emplacement pour changer d'activité, afin de garder et d'optimiser le niveau d'énergie et le niveau d'intérêt des enfants. Bien que ce ne soit pas obligatoire, on change généralement de lieu lors de chaque changement dans l'activité. On change également de rythme d'une activité à l'autre. Une activité assise impliquant la focalisation de l'attention sur un objet est habituellement suivie d'une routine plus active par terre. Une activité motrice hautement stimulante est suivie par une activité assise, moins stimulante physiquement. L'adulte détermine la quantité d'activité physique et d'excitation pour chaque activité, sur la base du niveau d'éveil actuel de l'enfant et de ce qui sera optimal pour l'apprentissage et la participation de l'enfant.

Le tableau 6.1 présente une séquence typique d'une heure de thérapie pour Landon, âgé de 18 mois, nouvellement entré dans le processus de thérapie. Dans le programme de thérapie de Landon, on peut voir beaucoup d'activités qui sont des activités conjointes avec des objets et celles qui relèvent de routines sociales sensorielles. Les routines d'activité conjointes sont nouées pour travailler sur des objectifs de motricité fine et globale, les objectifs sociaux, cognitifs, de jeu, et de communication. Pour des enfants qui sont depuis plus longtemps en thérapie et qui ont développé un certain nombre de routines, ces routines se rallongent habituellement, en fonction de l'expérience et de leur élaboration croissante. Souvenez-vous qu'une des techniques clé du traitement consiste à élaborer des activités plus complexes pour l'enfant afin de travailler sur plus d'objectifs dans plus de domaines. Ainsi, l'élaboration transformera les routines en séquences d'activités plus complexes.

> **Exemple**
>
> Une activité d'imitation graphique peut impliquer initialement une activité de 3 à 5 minutes avec utilisation de feutres et de papier, et peut-être quelques gommettes, de la colle, et des paillettes rajoutées pour les élaborations. En revanche, l'année suivante, des images représentatives devraient être utilisées pour les objectifs graphiques, et l'activité graphique pourra comporter des images simples d'animaux (un cercle pour le corps, des bâtons représentant les pattes, et des points pour les yeux) en rapport avec un livre d'animaux ou une chanson que l'enfant aime particulièrement (par exemple une comptine avec des cris d'animaux). Cette routine peut comporter un premier dessin représentant un chat ou un chien, ensuite on chante et on imite les cris de l'animal, tout en le dessinant, puis on choisit un autre animal à dessiner, on chante, on dessine, et ainsi de suite, en terminant peut-être ensuite par le dessin d'une clôture et d'une grange. Ainsi, nous avons une activité de 10 à 15 minutes, qui implique toutes sortes d'objectifs.

Les routines d'arrivée, de départ, et particulièrement les routines avec objets se prolongeront parce qu'elles impliqueront une séquence très longue en plusieurs étapes et parce que le rangement et la transition feront également partie intégrante de chacune d'entre elles. C'est ainsi que les routines avec objets évolueront pour en arriver à des activités de 5 à 10 minutes, et les routines sociales sensorielles impliqueront des chansons apprises, des danses, et des rondes avec un nombre croissant d'accessoires, de choix, de strophes, de musiques, et d'autres élaborations. Ceci aboutira à des activités moins nombreuses, mais plus élaborées, comportant plusieurs étapes pour les enfants les plus âgés ou de l'âge de la grande section de maternelle, et qui seront très similaires à celles que l'on utilise dans les classes de maternelle typiques, ce qui favorise l'intégration dans une maternelle ordinaire.

Planifier les activités pour soutenir les objectifs d'apprentissage

Susciter le plus d'apprentissages possible en une séance demande de la planification et de la préparation.

Pour le thérapeute, un des aspects les plus agréables mais potentiellement difficile dans l'ESDM est l'absence de scénarios préétablis de « programmes d'enseignement ». Alors que les objectifs et l'analyse des tâches développementales sur la feuille de données quotidienne dictent les *compétences* qui doivent être apprises dans une séance, l'*activité* utilisée pour enseigner la compétence est créée par le thérapeute lors d'une routine d'activité conjointe développée à partir du choix de l'enfant. En d'autres termes, les opportunités d'apprentissage qui ciblent des compétences spécifiques doivent être créées sur la base de l'évolution naturelle de routines de jeu. Pour un thérapeute expérimenté cela devient comme une seconde nature. Pour des thérapeutes moins expérimentés en ESDM, quinze minutes de planification avant la séance aideront à trouver les activités.

6 • Développement des plans et des cadres pour l'apprentissage

Tableau 6.1. Séquence typique d'activités pour une séance d'une heure de thérapie

Activité	Localisation	Activité	Objectifs
Salutation d'arrivée	La chaise d'accueil	Routine d'arrivée avec une chanson (et des gestes) et on enlève ses chaussures.	Objectifs de communication sociale, d'autonomie personnelle, et d'imitation.
Activité avec objet 1		Puzzle – routine d'activité avec objet.	Objectifs de motricité fine, de compétences cognitives, de jeu, de communication.
Activité sociale sensorielle 1	En mouvement sur le tapis	« La petite bête » – routine sociale sensorielle.	Objectifs sociaux, d'imitation, de communication.
Activité motrice 1	Debout sur le tapis	Lancer des balles sur une cible – mouvement physique – activité de motricité globale.	Objectifs d'imitation, de motricité globale, de communication.
Activité avec objet 2	Assis à la table	Tours de cubes de couleurs à apparier – routine d'activité avec objet.	Objectifs de motricité fine, de compétences cognitives, de communication.
Activité sociale sensorielle 2	Debout sur le tapis	Crever et faire éclater des bulles – routine sociale sensorielle.	Objectifs sociaux, d'imitation, de communication.
Goûter	Assis à la table	Goûter – utiliser la fourchette pour les morceaux de fruits.	Objectifs d'autonomie personnelle, de communication sociale, de motricité fine.
Activité motrice 2	Debout sur le tapis	Faire rouler une balle de thérapie d'avant en arrière – routine avec objet.	Objectifs sociaux, de communication, d'imitation, de motricité.
Livres	Assis sur le pouf poire	Touche et fait le bruit des animaux – routine avec livre.	Objectifs de communication, d'attention conjointe, objectifs sociaux.
Activité avec objet 3	Assis sur le tapis	Activité rythmique avec de la musique.	Objectifs de communication, objectifs sociaux, d'imitation, de jeu.
Salutation de départ	La chaise d'accueil	Chanson de fin et routine avec les chaussures.	Objectifs d'autonomie personnelle, objectifs sociaux, de communication, d'imitation.

Gardez à l'esprit que, dans toute séance, il faut travailler sur plusieurs exigences :

1. comme il a été dit plus haut, vous devez tenter de cibler les étapes d'acquisition et de maintien pour chaque objectif dans chaque séance (et bien sûr garder les informations relatives à celles-ci) ;
2. chaque activité doit s'adresser à des objectifs issus de plusieurs domaines. Ceci correspond à un item du système de fidélité de la pratique de l'ESDM (annexe 2). Tandis que vous planifiez vos activités, cherchez à cibler dans cette activité plusieurs objectifs issus de différents domaines ;
3. chaque activité doit cibler au moins un objectif de communication.

Planifier le flux d'activités conjointes dans une séance

Quand on utilise l'ESDM pour la première fois, il est utile de dresser un plan général approximatif des activités que l'on veut créer. Nous avons élaboré un format pour cela et un plan de séance d'intervention vierge présenté dans document 6.1 que vous pouvez copier et utiliser comme modèle.

1. Commencez par mettre le plan de la séance d'intervention de l'enfant, les étapes des compétences à enseigner, et la feuille de données quotidienne devant vous, écrivez une ébauche d'une ou deux activités susceptibles de convenir dans chaque bloc d'activité du Plan. Par exemple, dans le tableau 6.1, la séance d'une heure de Landon comprend onze blocs d'activités. La séance commence et finit par des salutations, avec un goûter vers le milieu, quelques routines avec des livres, des activités en alternance entre la table et le sol, et des routines d'activités conjointes avec objets en alternance avec les routines sociales sensorielles. Chaque activité dure de 2 à 5 minutes pour un enfant jeune ou ayant nouvellement intégré le traitement, et de 5 à 10 minutes pour un enfant expérimenté et plus âgé. Cette durée inclut le temps du rangement et de l'installation, des pauses, de l'enregistrement des informations sur les feuilles de données, et un temps de discussion avec le parent.

2. Vérifiez chaque objectif sur la feuille de données quotidienne de la séance et utilisez un surligneur pour indiquer l'étape d'acquisition actuelle de l'enfant pour chaque objectif. Il est à noter que l'étape de maîtrise précède l'étape d'acquisition pour chaque objectif. Celles-ci sont les deux étapes que vous ciblerez pour l'apprentissage et la collecte de données.

3. Commencez à faire correspondre les étapes d'enseignement surlignées pour chaque objectif avec les différentes activités que vous envisagez de faire dans le cadre de chaque bloc d'activité. Réfléchissez aux objectifs un à un, insérez-en un dans une activité ou plus et notez-le dans le cadre d'un bloc d'activité de votre plan. Souvenez-vous que vous travaillerez sur des objectifs de plusieurs domaines au cours de chaque activité, vous pouvez donc mettre deux à trois objectifs différents dans chaque activité. Un de ceux-ci doit toujours être

un objectif de communication. Par exemple, certains objectifs d'habillage et de déshabillage peuvent s'inscrire dans les routines de salutation ainsi que dans les activités de jeu d'eau. Les objectifs de lavage de mains et de repas sont couverts dans le goûter. Les activités de livre d'images vont dans l'activité de routine avec des livres. Les activités de motricité fine telles que le dessin peuvent également impliquer la communication (en nommant les formes que vous dessinez). Une activité de motricité fine telle que la construction avec des cubes peut correspondre en même temps à un objectif cognitif et à un objectif de communication, comme dans la construction de tours de différentes couleurs avec des cubes que l'on doit apparier et trier par couleur en répondant à vocabulaire réceptif ou expressif ciblé relatif à des noms de couleurs.

4. Continuez à travailler sur le plan d'intervention jusqu'à ce que vous ayez (1) deux activités possibles planifiées pour chaque bloc d'activité du plan ; (2) deux objectifs ou plus ciblés pour chaque activité, vous permettant à la fois de revoir l'étape de maintien et d'enseigner l'étape d'acquisition ; et que (3) tous les objectifs soient couverts par les activités planifiées. Vous avez presque fini la planification. Pour la dernière étape, dressez une liste du matériel dont vous aurez besoin pour chacune des activités que vous avez planifiée. Cette liste vous aidera à préparer la salle avant la séance de l'enfant. Faites cette liste en haut de la feuille pour que vous puissiez facilement la consulter lorsque vous rassemblerez et organiserez les objets et les meubles dont vous avez besoin pour cette séance.

Amenez ce plan et votre feuille de données quotidienne surlignée à la séance. L'enfant pourra choisir les activités dans un ordre différent de celui que vous avez anticipé, mais comme vous avez déjà réfléchi à ce que vous alliez faire avec le matériel disponible, et à la manière de travailler sur tous les objectifs, le changement de l'ordre des activités n'est pas important. Suivre les intérêts de l'enfant, changer de rythme, d'emplacement, de types d'activités, et suivre votre projet à l'aide de la feuille de données quotidienne vous assurera que vous travaillez sur les compétences les plus importantes à apprendre à l'enfant.

Préparer la salle

Une fois que votre projet est prêt, préparez la salle de thérapie. Rassemblez tout le matériel de votre liste et placez-le dans la salle, dans des boîtes, dans des tiroirs, sur des étagères, bien organisé, à portée de l'enfant, tous les éléments nécessaires pour une activité particulière étant rassemblés. Enlevez tout matériel qui peut parasiter votre heure de thérapie : les jouets que l'enfant veut manipuler d'une manière rigide, les jouets que l'enfant ne peut pas lâcher ou partager facilement, les jouets qui ne contribuent à aucun apprentissage, ou les jouets qui sont bien en dessous ou au-dessus du niveau développemental de l'enfant. Vous devez avoir un environnement qui, quel que soit le choix de l'enfant, vous permettra de créer une activité qui ciblera certains des objectifs de l'enfant. Habituellement, nous préparons les différents emplacements dans la salle avec un ou deux objets pour qu'il y

Document 6.2. Plan de séance d'intervention

Enfant :	Date : ....
Matériel nécessaire :	
Salutation : Routine d'arrivée	
Activité avec objet 1 :	
Routine sociale sensorielle :	
Activité avec objet 2 :	
Activité motrice au sol : activités avec balle :	
Activité avec objet 3 :	
Activité motrice :	
Livres :	
Goûter :	
Activité avec objet 4 :	
Routine sociale sensorielle 2 :	
Salutation : routine de départ :	

Extrait du *Modèle d'intervention précoce de Denver pour jeunes enfants avec autisme* de Sally J. Rogers et Geraldine Dawson. ©2010 The Guilford Press. La permission de photocopier ce document est accordée aux acheteurs de ce livre exclusivement pour leur utilisation personnelle.

ait des choix à chaque emplacement. Cela facilite généralement les activités initiées par l'enfant. La plus grande partie du matériel doit être hors du champ visuel de l'enfant, mais facilement accessible pour vous.

■ Trop de choses ?

Pour certains enfants, la présence de jouets dans la salle de thérapie crée une trop grande distraction, et l'enfant se précipite de jouet en jouet sans « se poser » sur un élément donné du matériel assez longtemps pour que vous puissiez créer une activité. Dans ce cas, enfermez les jouets et sortez-en deux à la fois, pour chaque choix d'activité. Une fois que vous avez fini avec un élément du matériel, enfermez-le à nouveau, ou sortez-le de la pièce si nécessaire, pour qu'il ne cause pas de distraction par la suite.

■ Créer des zones d'activité

Organisez l'espace et les meubles en zones d'activités qui correspondent aux blocs d'activité de votre plan d'intervention. Créez un espace d'activité à la table avec une table et des petites chaises convenant à la taille de l'enfant. Si vous le désirez, vous pouvez mettre un petit chariot à roulettes avec le matériel de l'activité près de la table pour qu'il soit facile d'y accéder. Créez un espace de jeu actif au sol à l'aide d'une carpette ou d'un tapis et d'une balle de thérapie. Créez une aire de lecture, avec un pouf poire, une couverture, et des livres. Vous pouvez utiliser d'autres séries d'étagères ou de tiroirs pour ces zones. Il est très utile d'avoir le matériel à portée de main dans l'endroit où vous voulez l'utiliser. Les petits perdent souvent le fil du but qu'ils visaient lors de leur premier choix de matériel s'ils doivent faire un grand déplacement dans la salle durant la transition pour atteindre un autre endroit. Vous devez vite passer au début de l'activité à partir du choix de l'enfant pour que sa motivation soit maintenue, mais vous devez aussi varier les emplacements pour favoriser la flexibilité et l'enthousiasme.

QUAND LES ENFANTS NE PROGRESSENT PAS : L'ARBRE DE DÉCISION

Il n'existe pas d'approche de l'enseignement qui soit efficace pour tous les enfants. Dans la dernière partie de ce chapitre, nous examinons comment les décisions concernant le changement d'approche de l'apprentissage peuvent être prises face à de faibles progrès. Dans l'ESDM, nous commençons par un enseignement naturaliste parce que cela est approprié d'un point de vue développemental pour encourager les relations et favoriser le développement social, la communication, et le jeu, chez les très jeunes enfants et également parce que l'enseignement naturaliste a des effets collatéraux sur l'initiative, la motivation, l'affect positif, le maintien, et la généralisation. Toutefois, le but premier de l'intervention est de faciliter l'apprentissage et la réussite de l'enfant et si l'enfant ne présente pas de progrès après application des techniques d'apprentissage de l'ESDM dans la limite de temps spécifiée, nous changeons les approches d'enseignement pour tenter d'accélérer le rythme d'apprentissage. Nous avons généralement défini les progrès afin qu'ils soient mesurables à chaque étape d'acquisition, comme le reflètent les feuilles de données quotidiennes, dans les trois à cinq jours pour des enfants recevant 20 heures ou plus d'enseignement individuel par semaine ; et en une à deux semaines pour des enfants recevant une à deux heures par jour d'enseignement individuel. Favoriser l'apprentissage est la priorité. Ne laissez pas passer plus de deux semaines sans changer le plan d'apprentissage pour tout objectif dans lequel on n'enregistre aucun progrès.

Nous avons développé un arbre de décision pour aider les thérapeutes de l'ESDM qui doivent changer leurs procédures d'enseignement à cause de l'absence de progrès pour une étape d'apprentissage spécifique à un objectif. La figure 6.1 illustre cet arbre de décision. Le texte qui suit décrit pas à pas les actions à mener selon l'arbre de décision. La première décision à prendre est de déterminer si la compétence et les activités au cours desquelles elle peut être apprise contiennent un renforçateur intrinsèque.

Y a-t-il un renforçateur intrinsèque ?

Si oui, l'utilisation de renforçateurs intrinsèques est appropriée pour un apprentissage naturaliste. On utilise les techniques de base décrites dans les chapitres concernant l'apprentissage. Tant que les enfants font des progrès mesurables pour une étape selon le rythme défini ci-dessus, continuez à utiliser un enseignement naturaliste.

Non. Il n'y a pas de renforçateur intrinsèque pour cette compétence

Beaucoup de compétences en autonomie personnelle n'ont pas de renforçateur intrinsèque (par exemple, l'habillage, la toilette, le rangement). Une compétence pour laquelle il n'y a pas de renforçateur intrinsèque nécessitera toujours un renforçateur externe. Dans ce cas, trois variables distinctes peuvent être manipulées pour maintenir un apprentissage aussi naturel que possible. On adapte l'enseignement en y ajoutant de la force au renforcement, en ajoutant une structure et des essais groupés pour la session d'apprentissage, et en ajoutant des supports visuels ou spatiaux. Nous examinons cela ci-dessous.

6 • Développement des plans et des cadres pour l'apprentissage

La compétence peut-elle engendrer un renforçateur intrinsèque ?

— Oui →

Commencer par un enseignement naturaliste :
Intégrer la compétence dans diverses activités initiées par l'enfant, en utilisant le but de l'enfant comme renforçateur.

Y a-t-il des progrès mesurables après six jours ?
— Oui → Continuer à utiliser cette approche.
— Non →

— Non →

Trois variables peuvent être manipulées indépendamment pour que les procédures d'enseignement soient aussi naturelles que possible.

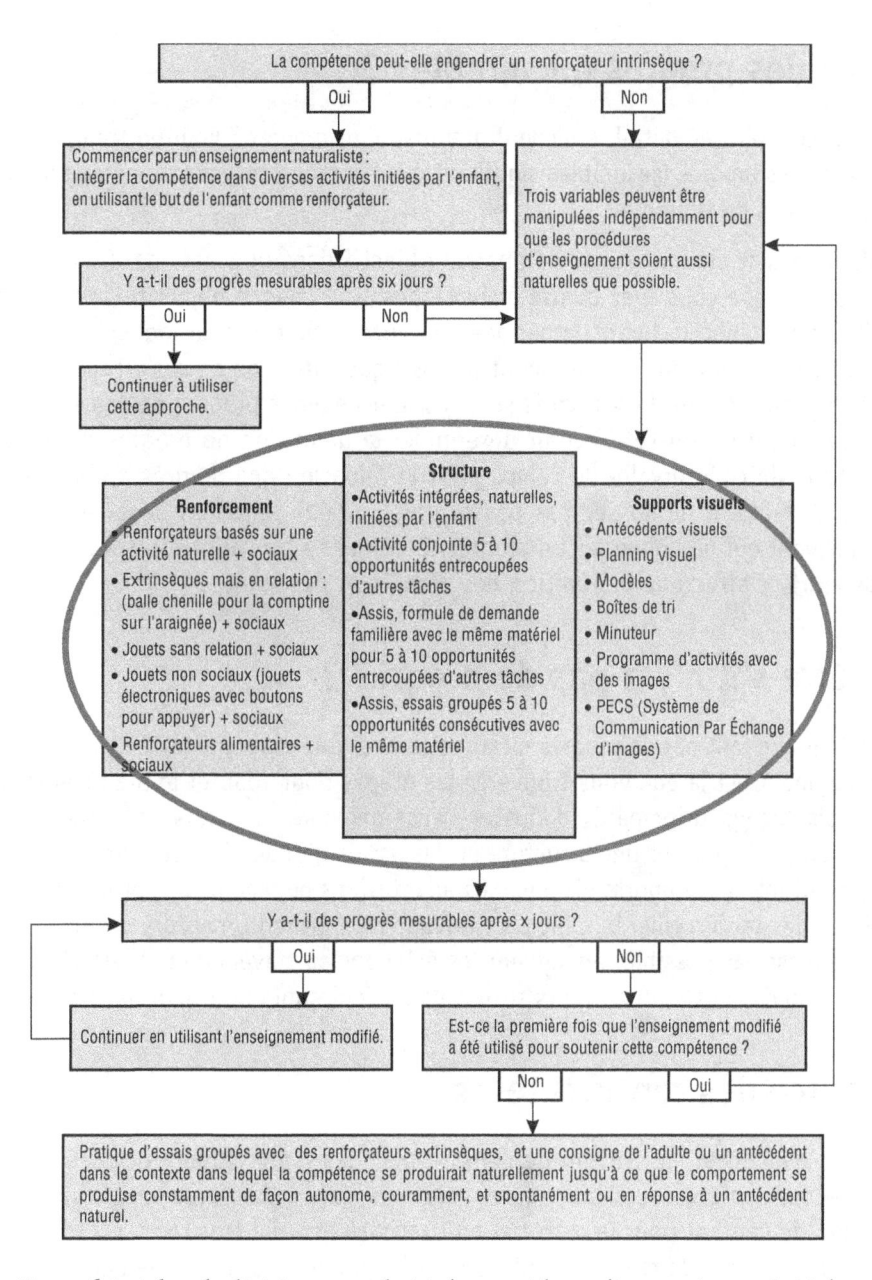

Renforcement
- Renforçateurs basés sur une activité naturelle + sociaux
- Extrinsèques mais en relation : (balle chenille pour la comptine sur l'araignée) + sociaux
- Jouets sans relation + sociaux
- Jouets non sociaux (jouets électroniques avec boutons pour appuyer) + sociaux
- Renforçateurs alimentaires + sociaux

Structure
- Activités intégrées, naturelles, initiées par l'enfant
- Activité conjointe 5 à 10 opportunités entrecoupées d'autres tâches
- Assis, formule de demande familière avec le même matériel pour 5 à 10 opportunités entrecoupées d'autres tâches
- Assis, essais groupés 5 à 10 opportunités consécutives avec le même matériel

Supports visuels
- Antécédents visuels
- Planning visuel
- Modèles
- Boîtes de tri
- Minuteur
- Programme d'activités avec des images
- PECS (Système de Communication Par Échange d'images)

Y a-t-il des progrès mesurables après x jours ?
— Oui → Continuer en utilisant l'enseignement modifié.
— Non → Est-ce la première fois que l'enseignement modifié a été utilisé pour soutenir cette compétence ?
— Non →
— Oui →

Pratique d'essais groupés avec des renforçateurs extrinsèques, et une consigne de l'adulte ou un antécédent dans le contexte dans lequel la compétence se produirait naturellement jusqu'à ce que le comportement se produise constamment de façon autonome, couramment, et spontanément ou en réponse à un antécédent naturel.

Figure 6.1. Arbre de décision pour choisir les procédures d'apprentissages initiales (spécifiques à la compétence).

Y a-t-il des progrès mesurables ?

Examinons ceci plus en détail. Comment définit-on les *progrès* ? Pour un traitement une fois par semaine, les progrès mesurables signifient que l'enfant a terminé une étape d'acquisition en deux séances de thérapie.

Si l'enfant réussit chaque étape de chaque objectif dans une période de deux semaines, en considérant que vous avez quatre à six étapes pour chaque objectif, l'enfant maîtrisera complètement l'objectif durant la période de douze semaines pour laquelle l'objectif a été écrit – un trimestre. Pour un traitement intensif quotidien, on peut s'attendre à ce qu'une étape soit maîtrisée en deux à trois séances, qui peuvent prendre seulement deux jours. Chaque groupe utilisant l'ESDM doit déterminer la définition du progrès qui lui convient et ensuite établir l'intervalle de temps pour l'évaluation des progrès à chaque étape de l'objectif. Attention, ne laissez pas passer plus de deux semaines sans modifier un plan d'enseignement qui ne donne aucun progrès. Continuer à travailler sur des étapes qui n'ont pas été apprises affecte la motivation des enfants et des adultes.

Que faire s'il n'y a pas de progrès ?

Si les enfants ne font pas de progrès mesurables pour une étape, regardez le cercle au milieu du diagramme, c'est là que vous trouverez les étapes pour adapter le plan d'enseignement. Il y a trois façons principales d'ajuster l'enseignement : en faisant varier la force du renforcement, en ajoutant une structure et des essais groupés à la session d'enseignement, et en y ajoutant des supports visuels. Les adaptations commencent par la hiérarchisation de la force des renforcements, soit en trouvant plus de renforçateurs naturels motivants, soit, si ce n'est pas possible, en suivant les échelons au travers de la hiérarchie jusqu'à ce que vous trouviez des renforçateurs suffisamment puissants pour motiver l'enfant.

Puissance des renforçateurs

Considérez d'abord la motivation de l'enfant pour les renforçateurs utilisés. Examinez la hiérarchie des renforçateurs qui figurent dans la case « Renforcement », figure 6.1. La motivation de l'enfant pour le matériel ou l'activité est-elle très forte ? Si oui, vous êtes sur le premier niveau de renforcement : les renforçateurs basés sur une activité naturelle – le but initial de l'enfant – et une attention sociale. Si la motivation de l'enfant n'est pas très forte, il est probable que le problème d'apprentissage se trouve là.

Lorsqu'aucun renforçateur intrinsèque hautement motivant ne peut être développé pour un objectif d'apprentissage, la première série de réajustements commence par le deuxième point de la rubrique « Renforcement » : « Extrinsèques mais en relation + renforçateurs

6 • Développement des plans et des cadres pour l'apprentissage

sociaux ». Notre première option est d'utiliser les activités comme renforçateurs, selon le principe de Premack. Le principe de Premack (Premack, 1959) indique simplement que les comportements dont la probabilité d'apparition est élevée peuvent être utilisés pour renforcer des comportements dont la probabilité d'apparition est plus faible. En d'autres termes, une activité moins appréciée peut être renforcée en la faisant suivre d'une activité fortement préférée. Ce principe est également connu sous le nom « règle de la grand-mère » : « Faites vos devoirs avant de sortir pour jouer » ; « Mange tes légumes avant le dessert ». En d'autres termes, pour une compétence comme celle de se déshabiller, nous devrions la faire suivre par une activité favorite, telle qu'un jeu d'eau. De la même façon, le fait de se rhabiller devra précéder une activité favorite telle que le goûter. D'autres exemples pourraient être de se laver les mains, juste avant le goûter, ou d'aller aux toilettes avant les activités de l'aire de jeux. À condition que l'activité favorite suive immédiatement l'activité moins appréciée, cette option fonctionne généralement bien pour des enfants qui sont en traitement depuis un certain temps et qui anticipent ainsi les activités inclues dans le planning et aiment bien ces activités.

Toutefois, au début de la thérapie, avant que l'enfant n'ait commencé à anticiper ou à prendre plaisir aux activités, l'enfant peut progresser davantage et plus vite si vous lui tendez ses objets préférés ; ces étapes comprennent des « jouets sans relation + des renforcements sociaux » ou « des jouets électroniques + des renforcements sociaux », en utilisant la force du renforcement comme critère de choix. Pour les enfants qui ne sont pas très motivés par les objets mais qui sont très motivés par la nourriture, de tout petits morceaux d'aliments nutritifs peuvent être utilisés avec des renforçateurs sociaux. Dans tous ces exemples, associez renforçateurs extrinsèques et renforçateurs sociaux, et utilisez le principe de Premack (Premack, 1959) pour déterminer l'ordre des activités. Cela vous permettra de changer de renforçateurs et de plans de renforcement au cours de l'acquisition de toutes les étapes d'une certaine compétence par l'enfant. Faites des plans pour augmenter la puissance des renforcements pour la séance suivante en utilisant la hiérarchie ci-dessus. Notez ces plans sur votre feuille de données quotidienne. Si l'enfant manifeste une excellente motivation pour le renforçateur et qu'il accomplit régulièrement l'étape du niveau de maintien pour le renforçateur, alors le problème d'apprentissage se trouve probablement ailleurs.

Structure d'enseignement

La structure de l'enseignement fait référence au niveau de structuration des routines d'apprentissage. Nous augmentons le niveau de structuration de l'enseignement en y ajoutant plus d'essais, en diminuant la variation du matériel et des antécédents utilisés, et en diminuant le nombre d'actions et d'événements différents qui se produisent dans une activité conjointe. En diminuant la variation et en augmentant la régularité de l'expérience de l'enfant, nous espérons augmenter l'intensité de l'apprentissage de l'enfant. Lorsque vous faites ces ajustements, mettez d'abord en œuvre le premier item au sommet de la hiérarchie pour l'objectif particulier qui ne progresse pas bien. Ne changez pas de structure pour les autres objectifs qui progressent bien. Notez sur votre plan de séance les changements à inclure lors de l'enseignement de cette compétence dans la prochaine séance hebdomadaire. Mettez en œuvre la nouvelle étape pendant trois à quatre séances et observez le rythme de l'apprentissage. Si aucun progrès n'apparaît, faites l'ajustement suivant dans la hiérarchie. Continuez à suivre les étapes impliquant une structuration renforcée jusqu'à ce que vous déterminiez le niveau de structuration auquel les progrès reprennent. Si vous avez suivi toutes les étapes et qu'il n'y a toujours pas de progrès, allez à la case suivante intitulée « Supports visuels ».

Supports visuels

C'est le dernier niveau d'ajustement de l'enseignement. Vous ne devez pas aborder cette étape avant d'avoir suivi toute la hiérarchie des étapes concernant la structuration de l'enseignement. Lors de cet ajustement, vous devrez considérer la manière de changer les stimuli pour l'enseignement. Comment pouvez-vous rendre la discrimination que vous introduisez dans cette étape d'apprentissage plus significative pour l'enfant ? Pour les tâches de discrimination auditive, ajoutez une information visuelle ou tactile. L'ajout d'une information correspondant à une autre modalité sensorielle va-t-elle être aidante ? Pour les tâches de discrimination auditive ajoutez de l'information visuelle ou tactile. Pour les tâches visuelles, ajoutez une information tactile ou kinesthésique. Pour l'apprentissage de scénarios de jeu symbolique, ajoutez un modèle en vidéo. Peut-on augmenter la clarté visuelle de la tâche ? Pour des tâches de langage réceptif, pouvez-vous ajouter des symboles visuels ? Pour un apprentissage de séquences, pouvez-vous ajouter une approche de type TEACCH avec des corbeilles de travail ou un emploi du temps en images (Schopler et al., 1995 ; Hodgdon, 1995) ? Pour des tâches de tri, d'appariement, et de dénombrement, pouvez-vous ajouter des modèles visuels ? C'est ici que l'usage d'images, de mots, de plannings avec des symboles, de système d'images, système de communication par échange d'images (PECS) (Bondy et Frost, 1994), des adaptations du TEACCH (Traitement et éducation d'enfants avec autisme et autres troubles de la communication) et d'autres supports pour l'autorégulation et l'autonomie peuvent être inclus dans le programme (Koegel et al., 1992 ; Stahmer et Schreibman, 1992 ; Kem, Marder, Bayajian et Elliot, 1997).

Cela peut sembler illogique d'attendre aussi longtemps pour ajouter des supports visuels, un apprentissage par essais groupés, ou des renforçateurs externes. Toutefois, nous préférons apprendre aux enfants des compétences qui leur seront utiles dans leur vie quotidienne et dans de nombreux contextes avec de nombreuses personnes. Notre but n'est pas de développer des compétences pour que les enfants puissent bien fonctionner lors la séance

6 • Développement des plans et des cadres pour l'apprentissage

de thérapie mais de développer des compétences transférables à la maison et dans le cadre de la maternelle ordinaire. Nous commençons donc l'apprentissage des enfants en utilisant du matériel, des renforçateurs et des antécédents qui sont présents dans un cadre et des contextes de vie typiques – des environnements naturels. Nous pensons que cela optimise la participation dans différents environnements (et donc la pratique des compétences en continu), le maintien des compétences au moyen des renforçateurs naturels disponibles dans l'environnement, et la généralisation des compétences.

Une des raisons de ne pas utiliser d'images pour accompagner le langage dès le début est que nous voulons que les enfants développent une discrimination auditive pour le langage. Si l'image est là, elle devient dans ce cas le stimulus pour le comportement, ce qui signifie que le langage qui l'accompagne ne constitue ni un stimulus ni une incitation – il n'est pas utile d'y faire attention. En utilisant le langage, les gestes, ou toute autre communication sociale typique comme stimulus, et en diminuant méticuleusement les incitations, nous savons que les enfants apprennent à discriminer le langage. Bien qu'il existe des données prouvant que certains enfants avec autisme apprennent le langage verbal en utilisant des systèmes basés sur des images, aucune donnée scientifique ne prouve qu'ils apprennent le langage verbal plus vite en utilisant le PECS qu'en utilisant un système verbal (Yoder et Layton, 1988 ; Yoder et Stone, 2006).

Par ailleurs, mettre en œuvre un bon système visuel prend beaucoup de temps. Utiliser le PECS (Bondy et Frost, 1994) ou utiliser l'approche TEACCH exige un apprentissage important sur de longs mois. Aucune preuve scientifique ne démontre que ces approches sont meilleures que d'autres pour le développement du langage et des autres compétences. Les inconvénients possibles de ces approches sont liés au caractère artificiel du matériel, qui limite les environnements dans lesquels les enfants peuvent l'utiliser. Un autre prix à payer pour le temps passé à apprendre un système visuel est qu'il s'agit d'un temps non passé à apprendre à parler et à comprendre le discours et les gestes. Nous pensons qu'il est plus bénéfique pour les enfants de consacrer le temps d'enseignement directement à l'apprentissage du langage, aussi longtemps que des progrès sont observés. Nos données sur le développement du langage avec l'approche ESDM sont convaincantes. 80 % ou plus des enfants traités selon l'ESDM et les principes du modèle de Denver sont devenus verbaux. Dans notre étude la plus récente concernant des enfants âgés de 2 ans ou moins au début du traitement intensif avec l'ESDM, 90 % ou plus des enfants recevant l'ESDM ont acquis une communication verbale avant l'âge de 5 ans (Dawson *et al.*, 2010). Pour les quelques enfants qui ne progressent pas rapidement, l'arbre de décision nous amène à utiliser des systèmes visuels s'ils sont nécessaires pour stimuler les progrès. Nous considérons donc que les supports visuels, les autres supports, et les systèmes de communication alternative sont nécessaires pour certains enfants avec autisme, mais seulement pour quelques-uns, pas tous.

Conclusion

Qu'elles soient avec objets ou sans, les routines d'activités conjointes servent de base à l'apprentissage dans l'ESDM. Un certain type de relation se développe pendant ces premières étapes au cours desquelles vous devenez un partenaire agréable dans le jeu de l'enfant, et le jeu devient plus amusant et plus intéressant grâce à votre présence. Votre positionnement, votre activité, et vos commentaires attirent l'attention de l'enfant vers vous, et vos contributions au jeu transforment le solo en duo. Amusez-vous. Les routines d'activités conjointes dépendent de relations positives. Soyez créatif. Si une activité devient ennuyeuse, changez-en. Alternez les routines avec objets et les routines sociales sensorielles. Variez les emplacements pour chaque activité. Déplacez-vous du sol à la table et au pouf poire. Changez également le niveau d'activité, assis ou en mouvement, de plus attentif à plus vivant. Changez de rythme, d'objets, et d'emplacements tout en variant les routines sociales sensorielles. Cela aide les enfants à rester en éveil, attentifs, et engagés. Lorsque vous aurez réussi, vous le saurez – l'enfant vous regardera, vous tendra des objets pour obtenir de l'aide, et attendra si c'est votre tour. Les activités de jeu évoluent en routines d'activités conjointes, marquées par la réciprocité, le plaisir et le contrôle partagé. La structure de l'activité du moment apparaît. Une fois la qualité de la relation et de l'attention acquise ainsi que les schémas d'interaction, nous devons nous focaliser plus spécifiquement sur les consignes dans le cadre de ces routines ; nous pouvons passer à une focalisation plus importante sur l'apprentissage des objectifs.

En développant un plan de séance de traitement on s'assure que le matériel est disponible pour soutenir les objectifs et le développement des routines d'activités conjointes qui formeront le cadre dans lequel vous enseignerez les objectifs. Ce plan permet au thérapeute de réfléchir aux activités qui cibleront tous les objectifs sur la Feuille de données quotidienne ; qu'il s'agisse des tâches de maintien ou des tâches d'acquisition actuelles. Des transitions fluides, indépendantes entre les activités conjointes entraînent les enfants à faire des choix, autant qu'à terminer et à ranger après leur passage et les impliquent dans la planification de ce qui suivra, en encourageant l'apprentissage de concepts, des séquences temporelles, de l'autorégulation, et l'autonomie personnelle.

La structure qui sous-tend cette thérapie « naturaliste » est maintenant claire. Pour un observateur, il pourrait sembler que la thérapie ne fait qu'évoluer naturellement à partir de l'interaction de l'enfant et de l'adulte. Toutefois, l'esprit ludique du moment dissimule le degré de planification et de préparation qui ont été nécessaires pour la séance ainsi que l'enseignement actif intriqué dans le jeu.

Cependant, l'essentiel est l'apprentissage de l'enfant. Si les enfants ne progressent pas régulièrement, la stratégie d'enseignement pour cet objectif doit être adaptée pour parvenir à des progrès maximums. Notre arbre de décision est fourni pour servir de base à une méthode systématique de variation du cadre de l'enseignement afin de réaliser les progrès le plus rapidement possible.

Chapitre 7

Développement de l'imitation et du jeu

SOMMAIRE

Apprentissage de l'imitation... **216**
    L'imitation se manifeste dans de nombreux domaines 217
    L'imitation dans l'autisme.. 217
    Comment enseignons-nous l'imitation ?...................... 218
    L'imitation avec objets... 219
    Imiter et élaborer 221
    Imitation gestuelle 223
    Imitation buco-faciale... 224
    Imitation vocale.. 226

Enseigner les compétences de jeu................................... **230**
    Enseigner des jeux de faire-semblant sensori-moteurs spontanés 230
    Enseigner des jeux de faire-semblant fonctionnels 231
    Enseigner les comportements de jeu symbolique 234
    Enseigner le jeu de rôle... 237

BIEN QUE L'APPRENTISSAGE SE FOCALISE sur tous les objectifs développementaux lors des séances de thérapie, cinq domaines sont fortement accentués dans le modèle de Denver :

- l'imitation ;
- la communication non verbale (y compris l'attention conjointe) ;
- la communication verbale ;
- le développement social ;
- et le jeu.

On leur accorde une très grande importance en premier lieu parce qu'ils jouent un rôle primordial dans les troubles spécifiques de l'autisme durant la petite enfance (Rogers, 1998), et, deuxièmement, parce qu'ils constituent les outils fondamentaux pour l'apprentissage social chez les jeunes enfants (Bruner, 1972) (et, peut-être à l'exception du jeu, ils sont même probablement tout aussi fondamentaux pour l'apprentissage social de l'homme à tout âge). Ce chapitre décrit les types d'enseignement pour l'imitation et le jeu en utilisant des routines d'activités conjointes.

APPRENTISSAGE DE L'IMITATION

L'imitation est un outil d'apprentissage efficace dans l'ensemble des groupes d'âge. Après avoir observé autrui en train d'accomplir une action d'une certaine manière, ce comportement s'intègre à nos propres compétences par le biais d'un processus que les théoriciens de l'apprentissage appellent l'apprentissage par observation (Bandura, Ross et Ross, 1963). L'imitation ne requiert pas une intention consciente ; nous imitons de façon automatique, sans prise de conscience, (c'est l'effet caméléon) (Chartrand et Bargh, 1999 ; Niedenthal, Barsalou, Winkielman, Krauth-Gruber et Ric, 2005), par un processus que l'on appelle parfois le mimétisme (Whiten et Ham, 1992 ; Tomasello, 1998). Nos capacités d'imitation permettent une transmission facile de compétences, de sentiments et même de pensées d'une personne à un partenaire social, et d'une génération à l'autre. L'imitation est le fondement de l'apprentissage culturel comme le langage (Carpenter et Tomasello, 2000). Nos cerveaux sont spécifiquement programmés pour l'imitation d'une manière spécifique, grâce à certaines cellules du cerveau – les neurones miroirs – qui relient les actions que nous voyons faire par les autres à nos propres schémas d'actions, uniquement en les observant (Iacoboni, 2005, 2006).

L'imitation se manifeste dans de nombreux domaines

Bien que nous pensions généralement que l'imitation concerne des actions avec objets, en réalité, elle implique un certain nombre de comportements différents. Par le biais de l'imitation faciale, l'enfant reproduit les expressions des autres qui paraissent faciliter la synchronisation émotionnelle (McIntosh, 1996). Par l'imitation vocale, l'enfant explore et acquiert de nouveaux sons et mots qui lui serviront de base pour le langage parlé (Bates, Bretherton et Snyder, 2001). Par l'imitation gestuelle, l'enfant apprend l'efficacité des gestes communicatifs à la fois pour s'exprimer et pour comprendre les actes communicatifs d'autrui. Par l'imitation d'actions avec objets, l'enfant étend ses capacités de réflexion et de compréhension sur la façon dont les humains utilisent les objets pour agir sur l'environnement ou pour s'exprimer. Par l'imitation avec objets, les enfants se préparent à prendre des rôles d'adultes en imitant des tâches liées au travail, aux loisirs, et à la vie quotidienne.

L'imitation implique également un échange de tours de rôle, dans lequel le modèle et l'apprenant alternent ou sont dans une relation de réciprocité. Dans des interactions de jeu, les jeunes enfants et leurs parents utilisent l'imitation comme moyen de partager des thèmes, et ils enrichissent leurs imitations pour maintenir l'intérêt du jeu. Ce tour de rôles, les thèmes et la variation qui se produisent dans les échanges imitatifs entre les jeunes enfants ressemblent à la structure d'une conversation entre adultes. Ainsi, l'imitation dans le jeu peut être importante dans la mise en place de la structure de la conversation et de certaines des règles de pragmatique (le maintien du sujet, les tours de rôle) bien avant que les enfants ne possèdent suffisamment de langage pour converser (Nadel, Guerini, Peze et Rivet, 1999).

L'imitation dans l'autisme

Par ailleurs, les jeunes enfants atteints d'autisme ne sont pas beaucoup dans l'imitation (Rogers et Williams, 2006). Ils sont beaucoup moins enclins à imiter les mots, les gestes, et les actions des autres que leurs pairs (Rogers *et al.*, 2003). Cette absence d'imitation peut réduire radicalement leurs opportunités d'apprentissage, et si ce manque subsiste, cela peut entraver considérablement les possibilités d'apprentissage qu'offrent les enseignants, les parents, les thérapeutes, et les autres enfants. Nous ne savons pas encore pourquoi il existe un tel problème d'imitation dans l'autisme, mais nous savons que les jeunes enfants atteints d'autisme sont capables d'apprendre à imiter un large éventail de comportements dans une variété de domaines. En raison de l'importance de son rôle dans l'apprentissage social et du langage, la construction des compétences d'imitation chez les jeunes avec autisme est une composante cruciale de l'intervention par l'ESDM. Nous ciblons :

- l'imitation des actions avec objets ;

- l'imitation des mouvements du corps sans objets, que nous appelons l'imitation gestuelle ;
- l'imitation buco-faciale ;
- l'imitation vocale de sons et de mots. Nous recommandons cette séquence pour l'apprentissage de l'imitation.

Comment enseignons-nous l'imitation ?

L'approche de base de l'enseignement implique de capter l'attention des enfants par une activité motivante, de présenter le modèle d'une action, puis d'inciter l'enfant à imiter avant de continuer l'activité gratifiante. Nous suivons une série d'étapes d'apprentissage issues de la science développementale qui représentent les étapes de développement typique que suivent les jeunes enfants et les enfants d'âge préscolaire tout au long du développement de leurs compétences d'imitation (Piaget, 1963 ; McCune-Nicholich, 1977).

Les actions avec objets s'effectuent tout au long d'une séance d'ESDM, ce qui fournit de nombreuses opportunités de cibler l'imitation dans le jeu. De la même manière, le langage et les vocalisations se produisent pendant toute la séance, offrant ainsi de nombreuses opportunités pour donner un modèle de langage ou pour imiter le langage. Les gestes, la position du corps, et les mouvements du visage demandent un peu plus de planification. Les expressions faciales peuvent être travaillées durant le goûter et les jeux de faire-semblant impliquant de la nourriture : de grands sourires pour « miam-miam mmm », une expression dégoûtée pour « dégoûtant, pouah ». Les expressions faciales fonctionnent également bien dans les histoires, lorsque l'adulte exagère les émotions impliquées et les manifeste à la fois par l'expression de son visage et par sa voix. Utiliser les images d'un livre dans lequel un personnage présente une expression faciale nette donne au thérapeute l'opportunité de nommer l'émotion, d'en donner un modèle et d'encourager l'enfant à la reproduire. Faire les clowns peut devenir un jeu social. On peut faire des imitations des positions et des mouvements du corps pendant les jeux de faire-semblant : imiter différents animaux (en marchant à quatre pattes comme un lion, en sautant comme un kangourou). Le jeu de faire-semblant permet aussi le mime, ce qui implique l'imitation de gestes.

L'utilisation d'objets en double peut être *très* utile pour enseigner de nouvelles imitations, et pour construire une reproduction automatique et rapide en réponse aux modèles. Avoir le matériel en double et le poser directement devant l'enfant fournit un stimulus efficace pour que l'enfant observe vos imitations de ses propres actions, et pour qu'il prête attention aussi à vos actions et qu'il les copie (Nadel et Peze, 1993). Pour certains enfants, l'utilisation d'un scénario reposant sur des jouets en double est la façon la plus efficace d'enseigner l'imitation. Toutefois, si l'enfant se focalise trop sur ses propres jouets pour pouvoir prêter attention à vos actions avec vos jouets, vous pouvez échanger le matériel de jeu dans le cadre d'un tour de rôle, ou mettre le second ensemble de côté jusqu'à ce que vous ayez présenté le modèle avec le premier ensemble – pour ensuite donner le second ensemble à l'enfant afin qu'il l'utilise pour l'imitation.

Il n'y a aucune consigne verbale particulière pour l'imitation. Nous voulons que le modèle de l'adulte serve de stimulus pour l'imitation, et pas une consigne verbale particulière. On peut dire « regarde », « à toi de le faire », « à toi », ou bien ne pas donner de consigne et plutôt compter sur la demande non verbale implicite incluse dans la démonstration pour faire comprendre à l'enfant qu'il doit copier l'adulte.

Quand ils enseignent l'imitation, les adultes doivent identifier l'action dont ils fournissent un modèle par du langage ou tout autre type d'effet sonore vocal. Généralement, les adultes commentent leurs actions dans les tâches d'imitation de la même façon qu'ils racontent leurs actions lors d'autres activités ludiques (ceci est examiné plus en détail dans les chapitres suivants). L'imitation concerne souvent les actions, bien que dans certains types de tâches (par exemple, l'appariement), elle concerne des noms. Identifiez les aspects les plus marquants de l'action par un mot ou une phrase courte en adaptant le niveau de complexité de votre langage à celui de l'enfant. Les mots typiques sont « dans » ou « mets dedans », « enlève », « frappe », « fais rebondir », « secoue », « lance », « fais rouler », « empile ou construis » et « dessus ». Mais aussi « vite », « lentement », « grand », « petit », « applaudis », « serre », et d'autres. Les onomatopées comme « zip » fonctionnent bien quand il n'y a pas de mot conventionnel pour identifier une action.

Exemple

Si le modèle donné est l'action qui consiste à secouer un pompon, l'adulte peut dire : « Luke, secoue, secoue, secoue », au rythme de l'action. Ensuite, en donnant le pompon à Luke : « À ton tour » ou « À toi de le faire. » Et ensuite, tandis qu'il secoue : « Oui, secoue, secoue, secoue. » Les enfants verbaux peuvent imiter à la fois l'action et le mot : « secoue, secoue », et l'adulte peut ensuite lui répondre en développant : « Oui, secoue le pompon. » Dans les pages suivantes, nous examinons plus en détail les approches de l'enseignement.

L'imitation avec objets

Pour l'enfant non imitateur, l'apprentissage de l'imitation progresse généralement plus rapidement pour l'imitation avec objets, parce qu'elle a une plus grande signification pour l'enfant (il ou elle peut expérimenter les effets de l'action), et elle est facile à provoquer. Par opposition, l'imitation vocale est très difficile à provoquer. Quand on commence à travailler sur l'imitation avec objets, on utilise des actions qui font déjà partie du répertoire de l'enfant. Vous pouvez les déterminer simplement en observant l'enfant lorsqu'il joue et vous verrez comment il manie et manipule les objets ou le matériel.

Par exemple, si l'enfant est en train de taper avec un marteau, prenez votre tour, tapez, et rendez le marteau à l'enfant. Vous pouvez dire quelque chose comme, « à mon tour », et ensuite « bang, bang, bang » tandis que vous frappez avec le marteau. Ensuite, rendez le marteau à l'enfant. Si l'enfant frappe à nouveau, répondez positivement et dites quelque chose comme : « Oui ! Bang bang ». Laissez le marteau un petit moment à l'enfant – ne le reprenez pas tout de suite pour un tour de rôle. Cela ne serait pas une conséquence positive au fait d'avoir imité ! Si l'enfant ne frappe pas, alors provoquez vite l'action par une aide physique complète, en ajoutant des effets sonores, puis laissez le marteau à l'enfant après l'avoir incité à exécuter l'action – pour le renforcer. L'enfant vous imite-t-il vraiment ? Pas forcément. Il peut être en train de poursuivre son propre comportement, mais il expérimente la synchronisation de deux personnes faisant la même chose ; et c'est là que l'imitation commence.

Vous pourrez rester à ce niveau de compétence jusqu'à ce que l'enfant vous imite systématiquement après que vous l'ayez imité en premier et ceci, pour de nombreuses actions différentes. Une bonne règle de base est d'utiliser huit à dix actions différentes comme critère déterminant pour passer au niveau de difficulté suivant.

Dans un premier temps, vous avez présenté le modèle d'un comportement que l'enfant venait de produire. Une fois que l'enfant a systématiquement imité huit à dix actions différentes ou plus, dans ces conditions, ce sera le moment de passer au niveau de difficulté suivant. Ceci implique que l'enfant imite une action qui est dans son répertoire mais en réponse à *votre* initiation de cette action (par exemple, dans l'étape précédente, l'enfant initiait l'action en premier). Vous pourriez maintenant taper en premier avec le marteau pour donner le modèle, avant que l'enfant n'ait l'opportunité de l'utiliser (mais bien entendu, une fois que l'enfant a choisi le marteau, pour que vous sachiez que c'est ce qu'il veut). Vous pourriez ensuite donner le marteau à l'enfant, en disant « Tu frappes », ou toute autre phrase de ce type. Si l'enfant imite cette action, laissez-le jouer un moment avec le marteau. Si l'enfant n'imite pas cette action, reprenez le marteau, faites une nouvelle démonstration, incitez-le à imiter l'action pour être sûr que l'imitation se produise, puis laissez-lui le marteau. Continuez à ce niveau jusqu'à ce que l'enfant imite huit à dix actions de son répertoire lorsque vous les initiez. Ceci est un exemple de la maîtrise complète du niveau 1, Imitation item 1 de la liste de contrôle du programme ESDM (annexe 1). (Voir Ingersoll et Schreibman, 2006, pour une description supplémentaire et la preuve de l'efficacité de l'apprentissage naturaliste par l'imitation d'actions.)

Le niveau suivant d'imitation avec objet consiste à imiter de nouvelles actions avec les objets. Cela implique de fournir le modèle d'une action inhabituelle (mais simple) avec les objets : planter un bâton de jeu de construction dans une boule de pâte à modeler, tapoter un shaker avec un bâton, mettre une balle dans le trou inférieur du labyrinthe plutôt que dans le trou du haut – des actions simples, inhabituelles, mais intéressantes. Vous les lui apprenez exactement comme décrit plus haut. Le type de matériel qui fonctionne très bien pour aborder l'imitation avec des actions nouvelles comporte la pâte à modeler, les activités artistiques, et un ensemble d'objets complexes comme des voies ferrées et des voitures, des cubes et des voitures, des jeux de construction et du matériel de jeu de faire-semblant. C'est également un moment idéal pour sortir des jouets neufs avec lesquels l'enfant n'a pas établi d'habitudes, et pour lesquels tout ce que fournirez comme modèle sera nouveau. Le type de matériel qui ne fonctionne pas bien pour l'apprentissage de l'imitation avec objets est celui que l'enfant manipule de façon figée et répétitive. Une fois que l'enfant imite bien, vous pouvez introduire les jouets qui sont manipulés de façon répétitive et utiliser l'imitation pour introduire une manière plus variée et plus flexible de jouer avec eux. Cependant, pour commencer l'enseignement de l'imitation, l'apprentissage se fera plus rapidement si vous choisissez des actions et des objets que l'enfant est davantage susceptible de manier de façon flexible.

Imiter et élaborer

Une fois que l'enfant peut imiter des actions simples, l'imitation sera plus intéressante s'il y a plus de variété. Le fait d'ajouter un nouvel élément à l'imitation attire fréquemment l'attention avec force. Cela implique d'imiter initialement le comportement de l'enfant, puis d'introduire un nouveau comportement pour développer l'interaction dans le jeu et encourager cette imitation-là. Cela favorise également l'imitation et le jeu avec objets reposant sur l'utilisation de schémas multiples et flexibles.

Par exemple, lorsque le thérapeute et l'enfant imitent le fait de faire rouler leurs voitures d'un côté à l'autre, le thérapeute commence à diriger sa voiture un peu vers la voiture de l'enfant et ajoute quelques bruits de voiture (par exemple, « vroum, tut-tut »). L'adulte peut également varier l'action de rouler en conduisant sa voiture avec des mouvements rapides et des arrêts soudains, ou encore rentrer dans la voiture de l'enfant ou s'écraser sur un autre obstacle. Le jeu du pompon est un autre exemple : l'adulte montre le modèle en secouant le pompon et l'enfant l'imite. Après plusieurs répétitions, l'adulte met le pompon sur sa tête et nomme cette partie du corps (objectif de langage réceptif) tandis qu'il incite l'enfant à l'imiter. Le thérapeute met ensuite le pompon sur son ventre, le nomme et encourage l'enfant à l'imiter, puis il montre le modèle du pompon sur ses orteils. L'enfant imite, et c'est alors que le thérapeute met le pompon devant son visage puis l'écarte en disant « coucou », ce que l'enfant imite, et les deux jouent au jeu de « coucou » à tour de rôle. L'enfant a imité une série d'actions, toutes différentes de la précédente, manifestant ainsi une imitation rapide et flexible de l'adulte ; Ce niveau de performance représente le niveau 2 de la liste de contrôle du programme, Imitation item 6. De plus, ce thème et cette variation de jeu d'imitation sont devenus une routine sociale sensorielle ayant une grande valeur de renforcement.

En résumé, les étapes de l'apprentissage de l'imitation avec objets sont dictées par l'analyse des tâches développementales que vous écrivez pour un enfant en particulier, et chaque étape établie en amont devra probablement être décomposée davantage pour un enfant qui n'imite pas encore d'action avec objets.

> **Étapes générales d'enseignement**
>
> **Continue une action après que le modèle l'a imité**
> L'adulte prend son tour au sein des actions de l'enfant avec un objet, imite l'action de l'enfant, rend le matériel à l'enfant, et l'enfant imite le même acte.
> **But** : L'enfant imite 8 à 10 actions différentes.
>
> **Imite une action familière dont l'adulte a d'abord donné un modèle en premier**
> L'adulte présente le modèle d'une action qui fait partie du répertoire de l'enfant avec ce jouet, mais pas celui que l'enfant vient juste d'utiliser, et tend le matériel à l'enfant.
> **But** : L'enfant imite 8 à 10 actions familières différentes.
>
> **Imite des actions nouvelles simples**
> L'adulte présente le modèle d'une action simple faisant partie des compétences de l'enfant mais une que l'enfant n'a pas réalisée avec cet objet particulier auparavant, et tend le matériel à l'enfant.
> **But** : L'enfant imite 8 à 10 nouvelles actions différentes avec objets.
>
> **Imite une série d'actions différentes et fonctionnelles**
> L'adulte fournit une série de trois ou quatre actions différentes à étape unique, en faisant une pause entre chacune pour que l'enfant l'imite (l'utilisation d'un ensemble de jouets en double peut faciliter cela).
> **But** : L'enfant imite rapidement chaque action à tour de rôle, et peut le faire avec plusieurs ensembles de matériel.
> **Note** : Les actions doivent correspondre à un usage fonctionnel et conventionnel du matériel.
>
> **Imite une série d'actes non conventionnels**
> C'est le niveau d'imitation avec objets le plus évolué que nous enseignons aux enfants d'âge préscolaire. Cela concerne l'imitation d'actions qui dévient de la fonction réelle ou de l'usage conventionnel de l'objet. Comme les enfants d'âge préscolaire préfèrent ne pas agir ainsi, cela fonctionne mieux dans un contexte loufoque où « l'on fait les clowns » ; par exemple, dans un scénario de faire semblant de prendre un repas avec de la vaisselle, des cuillères, des verres, et des poupées, mettez tout à coup le bol sur votre tête et dites que c'est un chapeau.

Imitation gestuelle

Nous enseignons l'imitation gestuelle, ou l'imitation des mouvements du corps, lors d'activités ayant du sens. Les deux situations dans lesquelles les gestes sont le plus souvent enseignés sont les routines sociales sensorielles, en particulier les routines de chansons, et des gestes communicatifs conventionnels tels que faire oui et non de la tête, pointer du doigt, geste pour dire « le mien », et ainsi de suite. Au fur et à mesure que le répertoire de l'enfant se développe, l'enseignement de l'utilisation et de la compréhension des gestes descriptifs peut être fait dans le jeu avec objets pour dire aux autres ce qu'il faut faire avec les objets. Les gestes descriptifs typiques communiquent les consignes de mettre dedans et enlever, placer, tourner, attendre, « mets-le ici », grand, court, long, gros, et petit.

■ Imitation des gestes dans les chansons ou les jeux de doigts

Renforcez le plaisir de l'enfant pour vos gestes ritualisés dans des « jeux sur les genoux de l'adulte » tels que « coucou », « grand comme ça », frapper dans la main de l'autre en chantant, « à dada » et des chansons simples. Dès que l'enfant reconnaît et aime la chanson ou la routine, commencez à l'inciter à faire les mouvements avec vous, en utilisant la routine de la chanson comme « récompense » pour l'imitation du mouvement. Prenez soin de faire progresser les enfants à travers toutes les étapes de la chanson en faisant bouger leurs mains. Ceci peut tourner rapidement en routine passive, ou peut conduire à un désir d'évitement si l'enfant est méfiant et n'aime pas beaucoup être manipulé. Concentrez-vous sur un seul mouvement à la fois, et passez très rapidement des incitations physiques totales à des incitations physiques partielles – après seulement un ou deux essais. Les incitations gestuelles à partir des poignets, des coudes, ou des parties supérieures des bras plutôt que des mains peuvent également contribuer à éviter la dépendance envers l'incitation.

> **Soyez prudent !**
>
> Si les enfants vous tendent les mains (au lieu d'essayer de faire le geste correct) lors d'une chanson au moment même où vous fournissez toujours une incitation en mettant votre main sur la sienne pour le guider, vous savez ce qui se passe ! Un manque de diminution de l'incitation ! Un moyen de diminuer l'incitation consiste à mettre vos mains plus haut sur les bras de l'enfant, loin de ses mains. Faites le rapidement, dès que vous lui aurez bougé les mains plusieurs fois.
>
> Ne poursuivez pas les incitations pour obtenir des imitations plus précises de la part de l'enfant. Il vaut mieux que l'enfant fasse l'imitation grossièrement mais que ce soit de façon autonome plutôt qu'il fasse une imitation parfaite à condition d'y être longuement incité. Vous pourrez toujours façonner une imitation approximative plus tard. Obtenir des enfants qu'ils imitent des gestes de façon autonome aussi vite que possible est la partie la plus importante des premières phases de l'apprentissage.

> ☞ Lorsque vous apprenez aux enfants à faire une action au cours d'une chanson, arrêtez la chanson après avoir donné le modèle du geste à faire et attendez que l'enfant l'imite (avec une incitation si nécessaire) avant de continuer la chanson, pour que la reprise de la chanson soit le renforçateur pour la tentative d'imitation (prenez des chansons que l'enfant aime vraiment !). Les enfants qui peuvent produire des sons commencent souvent à fredonner et imiter certains mots de la chanson. Quand ils commencent à reprendre des mots, vous pouvez les inciter à imiter un mot ou à compléter lors d'une pause dans la chanson, en attendant qu'ils parlent avant de continuer, et développer ainsi une routine de langage tout autant qu'une routine de gestes imitatifs dans la chanson.
>
> Faites attention de ne pas faire traîner la chanson en attendant la réponse de l'enfant. Ralentir la chanson et attendre peuvent la rendre ennuyeuse et elle peut ainsi perdre de l'intérêt pour l'enfant. Incitez rapidement pendant que vous chantez, ou présentez votre modèle légèrement plus tôt dans la chanson pour que l'imitation de l'enfant suive le bon rythme. Ainsi, vous n'aurez pas à vous arrêter et à attendre.

Imitation buco-faciale

Les imitations buco-faciales sont assez difficiles à apprendre pour beaucoup de jeunes enfants avec autisme. Cependant, nous savons qu'elles sont importantes pour le développement de l'imitation vocale chez les enfants qui ne l'utilisent pas spontanément. Pour ces enfants, l'imitation buco-faciale doit être développée avec précision.

■ Commencer lorsque l'enfant imite déjà beaucoup d'actions manuelles

Nous nous sommes aperçus qu'il était plus efficace de commencer à insister sur l'imitation du visage une fois que l'enfant imite couramment, de façon autonome, et régulièrement huit à dix actions du corps ou plus. Nous fournissons des stimuli pour l'imitation faciale depuis le début : en soufflant exagérément pour faire des bulles, dans les routines de chansons, en faisant de drôles de grimaces et des bruits d'animaux pendant les routines de lecture, dans les jeux face au miroir, etc. Si les enfants commencent à les imiter, ils doivent toujours être renforcés.

■ Utiliser des activités impliquant les parties du corps

Les jeux et les activités impliquant des parties du corps fournissent un cadre facile pour commencer à enseigner des mouvements buco-faciaux. Apprenez aux enfants à se toucher le nez, la langue, se tapoter les joues, la bouche, les oreilles, la tête, se toucher les dents, ou envoyer une bise lors des jeux en chansons ou impliquant des parties du corps. Ceci peut se développer en activités conjointes soutenues par une variété d'activités dont les parties du corps constituent le thème : des livres, les activités liées au bain avec des poupées et des animaux, et des chansons. Certains thérapeutes trouvent utile d'utiliser un miroir comme outil supplémentaire pour enseigner les imitations buco-faciales alors que d'autres trouvent qu'utiliser un miroir est plus difficile que l'enseignement face à face, parce que l'enfant doit alors prendre en compte deux stimuli – le visage du thérapeute et celui de l'enfant dans le miroir. Quoi qu'il en soit, si les progrès n'arrivent pas rapidement, allez-y, essayez le miroir ! Par ailleurs si l'enfant fait déjà des mouvements faciaux dans le miroir, utilisez le miroir comme support de développement de l'imitation avec vous.

Utilisez des mouvements buco-faciaux spécifiques avec les jouets sociaux sensoriels et commencez à attendre de l'enfant qu'il les imite pour faire une demande. Donnez des modèles d'actions telles que gonfler les joues et souffler avant de gonfler un ballon de baudruche, de faire des bulles, de souffler sur un moulin, ou une plume. Avec le temps, les enfants commenceront généralement à imiter ces gestes faciaux pour demander l'action de souffler. Beaucoup d'enfants avec autisme aimeront les démonstrations idiotes mais amusantes que vous ferez avec la bouche pour imiter de gros pets, lorsque vous agiterez la langue, ferez des bruits de grosses bises avec les lèvres (« smack ») ou en vous léchant les babines (pendant les routines de repas), ou si vous reniflez fortement en faisant des bruits de cochon, et ces mouvements peuvent devenir aussi des antécédents pour l'imitation faciale. Envoyer des baisers de la main et se donner des accolades à la fin de la routine de départ peuvent être de bonnes activités pour imiter les baisers et autres comportements affectueux.

■ Enseigner l'imitation gestuelle pour les gestes conventionnels

Une fois que les enfants peuvent imiter de nouveaux mouvements du visage, de la tête et du corps, ils possèdent les prérequis pour apprendre les gestes conventionnels au travers de l'imitation. Pour les leur apprendre, appariez le geste qui doit être enseigné au comportement communicatif que l'enfant utilise déjà pour exprimer cette fonction pragmatique (si l'enfant n'a pas encore développé de geste naturel pour exprimer des communications sociales de base pour protester, demander, montrer de l'intérêt, et être dans l'interaction sociale, elles doivent d'abord être développées – voir le chapitre 8 sur la communication non verbale). Mettez en place une activité qui vous permet de susciter le geste communicatif existant chez l'enfant et qui exprime cette fonction (par exemple repousser la nourriture non désirée). Une fois que l'enfant a produit cette communication, cachez le renforçateur, donnez un modèle du geste désiré (exagérez-le), et incitez l'enfant à vous imiter. Renforcez immédiatement. Vous avez maintenant associé le geste existant de l'enfant à un nouveau geste conventionnel et le renforçateur a suivi le geste conventionnel. Après avoir répété les essais, lorsque l'enfant imite facilement le geste, commencez à atténuer votre modèle (l'incitation), mais assurez-vous que vous utilisez ce geste fréquemment lors de vos propres communications sociales. L'intention communicative est le véritable antécédent du geste. Ne demandez pas un geste à toutes les occasions qui se présentent ; cela ne serait pas naturel.

> *Exemple*
>
> Nicky a appris à dire « Non » quand on lui propose un aliment qu'il ne veut pas. L'objectif est de lui apprendre le « non » conventionnel qui se fait en secouant la tête. Lors du goûter, Kayla offre à Nicky une carotte (il déteste ça !) en demandant : « Veux-tu une carotte ? » et il dit : « Non ». Elle montre le modèle, « pas de carotte » en secouant la tête exagérément, tout en continuant à offrir la carotte. Il dit alors : « Non » à nouveau et secoue sa tête un peu, alors elle retire immédiatement la carotte, en secouant sa tête et en disant : « Nicky a dit non-on-on pas de carotte. » (Notez que retirer la carotte détestée est un paradigme de renforcement négatif.)
> Si Nicky n'avait pas imité le fait de secouer la tête, Kayla l'aurait incité à le faire encore une fois. S'il avait à nouveau dit : « Non » sans secouer la tête, elle aurait immédiatement donné une consigne d'imitation impliquant le fait de secouer la tête. Elle aurait dit : « Nicky, fais ça », en secouant sa tête vigoureusement. Dès qu'il imite en secouant la tête, elle retire la carotte tout en répétant : « Pas de carotte », en secouant la tête, et ensuite, elle lui présente une de ses nourritures préférée.

Imitation vocale

L'imitation vocale/verbale est certainement à elle seule la compétence la plus importante que vous puissiez apprendre à un enfant non verbal, mais c'est une des compétences les plus difficiles à apprendre à un enfant qui n'imite pas les sons. L'imitation vocale est nécessaire pour apprendre à parler. Pour un enfant relativement silencieux, l'imitation vocale se construit selon une longue série d'étapes.

■ Augmenter les vocalisations

Les activités sociales sensorielles hautement stimulantes sont souvent les meilleurs vecteurs d'éveil pour tout type de vocalisation. Les jeux de « la petite bête » et les autres jeux impliquant un haut niveau de suspense poussent généralement les enfants à vocaliser. Lorsque l'enfant vocalise, imitez le immédiatement et fournissez l'action renforçatrice. Si vous pouvez provoquer une vocalisation lors d'une routine sociale sensorielle, intégrez votre imitation du son de l'enfant dans le jeu. Pour des enfants relativement silencieux, assurez-vous de renforcer toute vocalisation autre que crier, hurler, râler, et gratifiez la vocalisation plus fortement que tout autre comportement de l'enfant (renforcement différentiel des vocalisations). Assurez-vous que la vocalisation permet bien d'obtenir la récompense la plus forte et la plus immédiate et que les récompenses sont bien l'objet désiré ou l'activité désirée. Ceci reste valable si le son que l'enfant émet paraît involontaire.

7 • Développement de l'imitation et du jeu

Apprendre l'imitation vocale à des enfants qui ne vocalisent que rarement, exige que vous augmentiez d'abord le taux de vocalisations et que vous développiez la vocalisation intentionnelle.

■ Imitez les actions et les vocalisations de l'enfant

Imitez les enfants quand ils agissent sur des objets et vocalisent. Lorsque vous les imitez, vous captez l'attention de l'enfant et créez l'opportunité pour un jeu d'imitation dans lequel l'enfant et l'adulte s'imitent mutuellement à tour de rôle. Les enfants semblent devenir plus conscients de l'autre personne et plus enclins à l'imiter si l'autre les imite aussi (Dawson et Galpert, 1990). Une fois que ce jeu devient familier, l'adulte peut commencer le schéma qui est à la base du jeu d'imitation et l'enfant s'y joindra. À travers ces échanges répétés, l'enfant apprendra à imiter de plus en plus de comportements et de sons.

■ Développez des séries vocales imitatives

Au fur et à mesure que les vocalisations de l'enfant augmentent et que vous les imitez régulièrement, vous commencerez à repérer des séries vocales dans lesquelles l'enfant vocalise, vous vocalisez en réponse, et l'enfant vocalise ensuite à nouveau. Il s'agit d'une étape très positive que vous renforcerez bien entendu de manière différentielle avec l'objet désiré ou l'activité désirée. Toutefois, votre réponse vocale elle-même peut fort bien être le renforçateur. Si l'enfant vous regarde, dans l'attente de votre imitation, puis en la répétant, vous saurez alors que votre vocalisation est la gratification.

> **Remarque**
>
> Cette étape est analogue à l'étape initiale de l'apprentissage de l'imitation d'actions, dans laquelle le thérapeute imite une action que l'enfant vient juste de faire. Lorsque les séries vocales se manifestent de manière régulière, vous êtes prêts à amener l'enfant à l'étape suivante : l'imitation de sons faisant partie du répertoire vocal de l'enfant.

■ Imitez des vocalisations bien établies

Jusqu'à maintenant, c'était l'enfant qui commençait les séries vocales. Dans l'étape suivante, c'est le thérapeute qui commence les séries vocales, en utilisant des sons de séries que vous et l'enfant avez faites précédemment, pour voir si l'enfant imite le son. Pour initier la série vocale, utilisez le même type de jeu physique ou de positionnement physique que ceux qui encourageaient ces sons précédemment. Mettez l'enfant en position pour l'activité, attirez le regard de l'enfant, produisez la vocalisation, et ayez l'air d'attendre. Si l'enfant ne produit pas la vocalisation, refaites-la, avec un peu de l'action qui l'accompagnait. S'il n'y arrive toujours pas, avancez normalement dans le jeu et continuez votre travail de l'étape précédente avec les séries vocales imitatives. L'enfant finira par vous imiter un peu quand vous commencerez les séries vocales.

■ Augmentez les vocalisations différenciées

Pour que les enfants commencent à imiter le discours, il faut se servir de vocalisations fréquentes ainsi que d'un éventail de vocalisations, de voyelles ainsi que de consonnes, qui doivent être précisées très clairement dans les objectifs de l'enfant sur la feuille de données quotidienne (voir le chapitre 5, document 5.2). Écoutez et notez les voyelles et les consonnes que vous entendez à chaque séance. Pour les nouveaux sons qui viennent juste de s'intégrer dans le répertoire de l'enfant, renforcez-les différentiellement à l'aide de son objet préféré ou de son activité préférée. En plus d'imiter les sons de l'enfant tels qu'il les produit, essayez d'introduire les nouveaux sons de l'enfant dans le déroulement de votre jeu. Essayez d'accorder les sons de l'enfant avec un mot conventionnel utilisé dans une activité favorite. Si vous jouez aux voitures et que l'enfant gazouille « za za », imitez le immédiatement après puis transformez le son en « zoum zoum » en l'accompagnant d'une accélération rapide de la voiture vers l'enfant. Faites de la vocalisation une partie du jeu avec objets, en l'accompagnant de l'action. Si l'enfant fait une vocalisation « bababa », interprétez-la comme signifiant « balle », « ballon » ou « bulle », imitez-la en retour, et prenez immédiatement le matériel favori pour commencer l'activité. Si vous faites le modèle « encore » et que vous obtenez « aah » comme réponse, changez pour « ouais ! » et essayez d'obtenir une autre imitation, que vous renforcez ensuite.

Ne vous attendez pas à ce que l'enfant imite de nouveaux sons. L'imitation vocale doit toujours se construire sur des sons qui font déjà partie du répertoire de l'enfant. Choisir vos cibles pour l'imitation vocale dans le répertoire vocal déjà existant de l'enfant permet à l'enfant de se focaliser sur la production d'un son familier dans un contexte spécifique.

■ Quand l'enfant ne produit pas de phonème

Si l'enfant ne produit pas spontanément de phonèmes (c'est-à-dire, des syllabes semblables à celles du langage qui contiennent des consonnes et des voyelles), vous devrez les construire. On peut aider les enfants à développer de nouveaux phonèmes en utilisant leur propre capacité à imiter certains sons et en combinant cela avec l'imitation buco-faciale. Dans tous ces cas, travaillez avec un orthophoniste pour choisir les meilleurs sons avec lesquels commencer. (Note : si l'enfant a besoin d'une aide intensive pour produire des phonèmes, une approche de thérapie du langage telle que PROMPT (Hayden, 2004), qui cible les dyspraxies du langage) peut lui être bénéfique. Envoyez l'enfant chez un orthophoniste compétent pour le traitement d'enfants ayant de sévères difficultés à produire les sons du langage puis intégrez les recommandations de l'orthophoniste pour développer les phonèmes dans l'application de votre traitement.)

■ Utilisez des contextes et des sons fonctionnels

Le but de la construction de l'imitation vocale est de développer un langage fonctionnel lié à des activités. L'imitation vocale doit trouver sa place de façon fonctionnelle dans une activité conjointe. L'imitation vocale doit souligner un mot ou un effet sonore qui a un lien avec la routine. Si le contexte est une activité conjointe avec objets, les sons doivent ressembler à un mot ou un effet sonore qui est en accord avec la routine. Il est évident que le jeu d'imitations vocales est une routine sociale amusante pour beaucoup de jeunes enfants au cours du développement du langage et qu'il peut être une routine sociale sensorielle en soi. N'oubliez pas de renforcer tous les sons avec un objet désiré ou une activité désirée.

■ N'insistez pas sur l'articulation

L'éventail de précision de l'imitation du langage dans les vocalisations des débutants est très large. N'attendez pas des enfants qu'ils aient une articulation évoluée ; gratifiez généreusement les approximations vocales. N'oubliez pas le temps qu'il faut aux enfants dont le développement est typique pour parler clairement. L'orthophoniste de l'équipe doit voir l'enfant régulièrement. Adressez vos inquiétudes concernant l'articulation à l'orthophoniste, qui possède l'expertise nécessaire pour évaluer l'articulation de l'enfant et pour traiter ou donner des indications pour le traitement de l'articulation si nécessaire. L'articulation s'améliore avec le temps, au travers de l'expérience du langage. Apprendre à produire plus de sons et de mots est la première façon de faire progresser l'articulation dans les débuts du langage.

■ N'insistez pas sur l'imitation d'énoncés à plusieurs mots pour des locuteurs débutants

Pour des enfants avec d'excellentes compétences d'imitation vocale, il est très tentant d'utiliser leur imitation pour enchaîner des phrases de plusieurs mot. *Ne le faites pas !* Pour des enfants qui imitent généralement le langage plutôt que l'initier, la chose la plus importante à faire est d'encourager l'initiation de mots uniques. Suivez la règle de la surenchère qui spécifie que la longueur moyenne de l'énoncé du thérapeute (LME) devrait être égale à la longueur moyenne de l'énoncé de l'enfant + 1. Ceci concerne les expressions verbales spontanées, générées par l'enfant – mais pas les phrases écholaliques. Nous pensons qu'en fait, l'utilisation de l'imitation pour construire la longueur de la phrase chez des locuteurs essentiellement écholaliques a pour effet de renforcer l'écholalie et de ralentir la capacité de l'enfant à apprendre l'efficacité du langage pour la communication.

■ Répétez mais ne vous appesantissez pas

Les actions motrices demandent à être répétées afin d'établir et de consolider les connexions neuronales qui les sous-tendent (Vidoni et Boyd, 2008 ; Remy, Wenderoth, Lipkins et Swinnen, 2008). Que ce soit pour l'imitation gestuelle ou vocale, essayez rapidement d'obtenir plusieurs répétitions. Toutefois, si la tâche a été difficile pour l'enfant, n'exigez pas qu'il la répète immédiatement. Passez à une action plus facile (n'oubliez pas d'alterner acquisition et maîtrise). Ne vous inquiétez pas si l'enfant a besoin de quelques incitations après avoir accompli difficilement une imitation une seule fois de manière autonome – renforcez pleinement celle-ci. Assurez-vous d'entretenir une très forte motivation chez l'enfant avec des objets ou des activités hautement préférés. Si sa motivation fléchit, n'essayez pas d'obtenir une imitation. Changez de cap pour vous focaliser sur la construction de la motivation de l'enfant. Essayez d'éviter les échecs ; rajoutez une incitation ou visez rapidement une imitation plus facile. L'imitation est une compétence si importante que nous devons nous assurer qu'elle ne devienne pas une activité désagréable ou trop difficile pour les enfants.

ENSEIGNER LES COMPÉTENCES DE JEU

En réalité, l'enseignement des compétences de jeu est une partie de l'enseignement de l'imitation avec objets. On utilise l'imitation comme outil de base pour enseigner les compétences de jeu dans un format initié par l'enfant comme décrit ci-dessus. Le jeu sensorimoteur fait partie intégrante des routines utilisées pour enseigner les imitations avec objets, et le jeu sensorimoteur et l'imitation avec objets sont parfaitement adaptés aux activités conjointes avec objets.

Enseigner des jeux de faire-semblant sensori-moteurs spontanés

L'enseignement du jeu sensorimoteur suit exactement les procédures décrites ci-dessus pour enseigner l'imitation d'actions avec objets. La seule différence est que l'objectif du jeu sensorimoteur est que l'enfant initie le schéma des actions. Dans l'imitation avec objets, l'objectif ne concerne que l'imitation.

> **Pour enseigner des schémas de jeu sensorimoteur spécifiques**
>
> - Tout d'abord, utilisez le format d'imitation avec objets décrit ci-dessus pour enseigner à l'enfant comment faire l'action cible avec l'objet.
> - Une fois que l'enfant peut imiter l'action cible, présentez le matériel sans donner un modèle de l'acte cible, pour donner à l'enfant l'opportunité d'initier l'action spontanément. Si l'enfant le fait, renforcez par la poursuite du jeu en donnant un objet supplémentaire, en aidant ou en imitant l'enfant, et en fournissant une attention sociale.
> - Si l'enfant n'initie pas l'acte cible, donnez un bref modèle de l'action, ou faites en une petite représentation gestuelle, ou commencez-le sans le finir, afin d'utiliser une quantité d'incitations aussi peu importante que possible par rapport au besoin de l'enfant : une hiérarchie d'incitations allant de la plus faible à la plus poussée. La poursuite du jeu avec le jouet est la récompense pour avoir présenté l'acte cible.

Enseigner des jeux de faire-semblant fonctionnels

Un acte de jeu fonctionnel implique l'utilisation d'un objet d'une manière socialement conventionnelle. Ceci est une étape importante dans le développement du jeu, parce que cela signifie que l'enfant a appris certaines actions en regardant les autres personnes et/ou par ses propres expériences avec autrui (comme se faire brosser les cheveux par un de ses parents). Ainsi, dans le jeu fonctionnel, l'enfant fait des utilisations sociales d'un jouet ou d'un autre objet, plutôt que des actions ayant une base perceptive (telles que caresser les poils de la brosse avec ses doigts). L'objet a maintenant un sens défini culturellement pour l'enfant plutôt qu'un sens basé sur des aspects perceptifs.

Prenez, par exemple, un mouchoir en papier. Pour un jeune enfant, la caractéristique perceptive la plus intéressante d'un mouchoir est soit qu'il se déchire facilement, soit que quand on le tire de la boîte, un autre en émerge et on peut le sortir à son tour. Par conséquent, quand un jeune enfant sort un mouchoir et le porte à son nez, au lieu de faire une de ces actions basées sur des aspects plus perceptifs, nous le voyons réaliser un acte social conventionnel avec le mouchoir, ce qui illustre notre définition du jeu fonctionnel (Ungerer et Sigman, 1981).

Pour apprendre à un enfant à utiliser un comportement de jeu fonctionnel, introduisez le schéma de jeu fonctionnel comme une *variation* ou une *élaboration* du jeu sensorimoteur. Offrez à l'enfant une boîte contenant des objets de jeu fonctionnel comme une voiture, un animal miniature, un peigne, une brosse, un verre, une fourchette, un mouchoir, un chapeau, un collier, un miroir, des lunettes de soleil, une brosse à dents, des aliments de dînette, etc. Il est utile d'avoir ces objets en double dans la boîte, pour que vous puissiez utiliser un objet identique pour donner un modèle – l'approche du « jouet en double » ou du jeu parallèle. Si l'enfant montre de l'intérêt, laissez-le choisir un objet et l'explorer, tout comme dans n'importe quelle autre routine de jeu avec objets. Si l'enfant l'utilise de manière conventionnelle, l'adulte montre son admiration et imite l'enfant. Si l'enfant ne le fait pas, quand vient le tour de l'adulte, l'adulte présente un modèle d'action conventionnelle avec l'objet, en utilisant des mots ou des effets sonores appropriés (par exemple, « brosse les cheveux » ; « vroum vroum » en faisant rouler la voiture vite ; des bruits pour boire avec un verre, « hum, bon jus »), puis l'adulte tend l'objet à l'enfant pour qu'il imite, en incitant, en modelant, et en diminuant les incitations exactement comme pour l'enseignement de toute imitation avec objets, jusqu'à ce que l'enfant imite l'action fonctionnelle facilement et de manière autonome.

Une fois que ceci se produit facilement en imitation, commencez à travailler sur la production spontanée de l'acte de jeu fonctionnel, de la même façon que nous venons juste de le décrire pour le jeu sensorimoteur spontané. Présentez l'objet à l'enfant et attendez, ou faites l'effet sonore. Si l'enfant accomplit l'acte fonctionnel, montrez de l'enthousiasme et imitez-le ou élaborez dans un jeu dyadique (l'utilisation d'ensembles doubles d'objets est ici très efficace). Si l'enfant ne produit pas spontanément l'acte fonctionnel, prenez votre tour, présentez un modèle de l'acte fonctionnel brièvement, et rendez l'objet à l'enfant. Utilisez les hiérarchies d'incitation allant de la plus faible à la plus poussée qui impliquent l'utilisation d'un modèle pour favoriser l'usage spontané des schémas fonctionnels dans l'exploration initiale de la tâche par l'enfant. Si l'enfant les produit, ponctuez-les avec enthousiasme d'effets sonores et de félicitations, et développez le jeu, en utilisant votre propre réponse, ou en utilisant des poupées ou des animaux, pour développer le jeu de façon plus élaborée.

■ L'inversion des rôles dans le jeu fonctionnel

Lorsque vous présentez des modèles de comportements de jeu fonctionnel, donnez le modèle de ce que vous faites tous les deux, vous-même et l'enfant. Lorsque l'enfant prend l'objet, incitez-le à faire une action sur vous avec l'objet, ainsi qu'à faire une action sur lui-même avec l'objet. Encouragez des jeux d'inversion de rôles dans lesquels vous mettez le chapeau sur la tête de l'enfant, puis l'enfant met le chapeau sur vous. Chapeaux, colliers, brosses, verres et cuillères fonctionnent très bien pour les inversions de rôles. Expérimentez-les avec des ensembles de jouets en double et voyez s'ils sont efficaces. Pendant que vous pratiquez l'inversion des rôles avec ceux-ci, utilisez des noms propres ou des pronoms selon les objectifs de l'enfant dans ce domaine. Une fois que l'enfant réussit à imiter ces actions et qu'il prend aussi l'initiative de ces actions fonctionnelles avec objets sur lui et sur vous, introduisez une grande poupée ou un ours en peluche ou un autre animal dans le jeu. Donnez un modèle de jeu fonctionnel avec ces jouets en l'accompagnant d'un langage narratif simple, en encourageant et en incitant l'enfant à « nourrir Poo », « brosser Teddy », « le chapeau pour le bébé, le chapeau pour moi », et ainsi de suite., Vous avez maintenant les fondamentaux dont vous avez besoin pour enseigner le jeu symbolique, comme pour le jeu interactif simple. Vous avez aussi un excellent cadre pour l'enseignement de l'emploi des pronoms et des relations agent – action – objet !

■ Les compétences de jeu parallèle

Le jeu en parallèle est un type de jeu avec les pairs que les petits enfants pratiquent fréquemment. Il implique essentiellement deux enfants, chacun ayant du matériel similaire et faisant en parallèle des actions similaires (Parten, 1933). Dans le programme, il apparaît dans les compétences de niveau 3. Lors de l'enseignement de l'imitation utilisant un scénario avec des jouets en double, vous avez déjà appris à l'enfant comment jouer en parallèle avec vous. Le travail que vous avez fait sur l'imitation des actions familières, des nouvelles actions et des actions en série a déjà appris à l'enfant comment on joue en parallèle avec un adulte. Une fois que l'enfant a développé cette base, vous pouvez transférer, ou généraliser ces compétences pour focaliser sur un autre enfant comme partenaire de jeu.

L'utilisation d'un ensemble de jouets en double est *très* efficace pour focaliser l'attention de l'enfant avec autisme sur le pair ; c'est le format naturel pour le jeu parallèle chez les enfants avec un développement typique. Placez l'enfant avec autisme à une petite table en face de son pair typique de sorte que chaque enfant soit à la hauteur du regard de l'autre et assez près pour qu'ils puissent toucher leurs propres jouets ainsi que ceux de l'autre. Ceci réduit les changements d'attention visuelle nécessaires à l'enfant avec autisme pour observer le pair et semble favoriser la saillance des actions du pair pour l'enfant avec autisme. Laissez les enfants choisir le matériel et donnez à chacun le même. Les adultes doivent alors réduire leur activité de sorte qu'il n'y ait pas de source d'interférence dans l'attention réciproque que les enfants se portent. Attendez un peu pour voir comment le jeu commence. Fournissez des supports supplémentaires ou des idées de jeu au pair typique si le jeu commence à paraître répétitif ou ennuyeux et, si nécessaire, aidez l'enfant avec autisme à focaliser son attention sur le pair. Si le pair a des éléments de matériel hautement intéressants et les associe de manière intéressante, l'enfant avec autisme imitera certainement spontanément puisque cela aura été très bien maîtrisé avec les adultes au cours des sessions de niveau 1 et 2. Si ce n'est pas le cas, il faut alors utiliser la même approche d'enseignement que celle utilisée précédemment, avec les adultes qui incitent à imiter le pair, qui récompensent en laissant à l'enfant une certaine liberté avec le matériel, et en renforçant de manière différentielle l'imitation spontanée du pair. Assurez-vous que l'enfant avec autisme a également des supports intéressants à sa disposition pour que le pair typique l'imite. Au cours du jeu en parallèle, les rôles de leader et de suiveur doivent alterner de manière fluide.

Enseigner les comportements de jeu symbolique

Le jeu symbolique implique de construire davantage de représentations abstraites des aspects du jeu conventionnel (McCune-Nicholich, 1977), et vous devrez enseigner le jeu symbolique de la même manière que celle que nous venons de voir pour le jeu fonctionnel. Nous nous focalisons sur trois catégories de schémas de jeu symbolique :

- ceux qui utilisent des poupées et des animaux comme agents ;
- ceux qui reposent sur des substitutions symboliques dans lesquelles un objet est utilisé comme s'il était quelque chose d'autre ;
- les combinaisons symboliques dans lesquelles le jeu contient plusieurs actions symboliques différentes, arrangées en une suite de séquences fonctionnelle significative (McCune-Nicholich, 1977).

Lorsque vous enseignez ceci, utilisez un ensemble intéressant de supports réalistes et une grande poupée et des animaux en peluche pour qu'il y ait assez de matériel pour créer une scène intéressante. Utilisez plusieurs objets non identiques pour favoriser la généralisation. Intriquez la compétence ciblée que vous enseignez dans une petite scène de jeu avec les accessoires, créez un format plus riche que celui que l'enfant peut produire actuellement. Comme dans les autres enseignements naturalistes, vous devez intriquer l'apprentissage dans une activité conjointe que vous et l'enfant allez co-créer avec le matériel.

■ L'utilisation des poupées comme agents

Pour enseigner le jeu de rôle avec les poupées ou les animaux en peluche, l'adulte montre d'abord le modèle d'une action fonctionnelle déjà présente dans le répertoire de l'enfant. Cette action devra impliquer un comportement fonctionnel dirigé d'abord vers l'adulte puis vers un « autre » spécifié : l'adulte nomme l'action ainsi que « l'autre » (« donne à manger à Kitty », « donne à boire au bébé », « peigne les cheveux de Poo »). Tendez ensuite l'objet à l'enfant en l'incitant verbalement à continuer : « Joshua donne à manger à Kitty », « Joshua donne à boire au bébé ». Si l'enfant ne répond pas à la demande verbale, poursuivez avec des incitations, puis atténuez les incitations jusqu'à ce que l'enfant agisse de manière autonome.

Pour passer de l'imitation aux actions spontanées, attendez que l'enfant ait maîtrisé ces actions en imitation. Fournissez le matériel et les autres supports réalistes à l'enfant sans donner de modèle, et attendez, en ayant l'air intéressé. Fournissez un scénario verbal (par exemple : « C'est l'heure du dîner » « Le bébé a faim ! » « Le bébé veut manger ! »). Si l'enfant produit une action spontanée, commentez-la et participez-y en faisant une action en rapport avec l'action de l'enfant. Si l'enfant ne produit pas spontanément une action fonctionnelle avec « l'autre », incitez-le à la faire en utilisant une hiérarchie croissante comportant des consignes verbales, puis un modèle bref et ainsi de suite. De telles actions constituent le début du jeu symbolique.

Une fois que l'enfant produit facilement plusieurs actions spontanées dans lesquelles il agit sur une poupée ou un animal, commencez à donner un modèle de la façon dont « l'autre » peut être l'acteur. Maintenant, la poupée ou l'animal donne à manger, peigne, joue, colorie pour vous ou pour l'enfant et ce, avec le récit approprié. Accompagnez l'enfant dans les mêmes étapes que ci-dessus, d'abord en développant la compétence de l'enfant à imiter, puis en favorisant les actions spontanées de l'enfant qui impliquent « l'autre » en tant qu'être animé.

■ Enseigner la substitution de l'objet

Pour enseigner l'utilisation d'objets de substitution, choisissez un thème et des accessoires que l'enfant comprend bien. Les cuillères, les tasses et les biberons sont des types d'objets extrêmement courants qui marchent bien quand on commence cet apprentissage. Faites la mise en scène du jeu en établissant d'abord le thème du jeu à l'aide des objets et des agents appropriés (par exemple, poupées, animaux, soi-même, la mère, l'enfant) et en faisant produire spontanément ou imiter par l'enfant l'activité ciblée avec des objets réels pour définir le thème. Ensuite, répétez avec du matériel miniature mais très réaliste.

Si l'enfant utilise facilement les objets miniatures comme des substituts réalistes, répétez immédiatement l'action ciblée mais avec un objet neutre, ou un substitut – un objet qui n'a pas de fonction spécifique et qui est à peu près de la même taille et de la même forme que l'objet qu'il représente. Un cylindre est un objet neutre. Une tasse cylindrique ne l'est pas ; sa fonction est définie en tant qu'ustensile pour boire. Au fur et à mesure que vous répétez l'action cible avec l'objet neutre, continuez à commenter les actions. Par exemple, si le but est que l'enfant utilise un petit cylindre comme si c'était un biberon, ayez le cylindre, le biberon, et le bébé à disposition. Montrez d'abord un modèle de l'action de nourrir le bébé avec le vrai biberon, et faites imiter l'enfant. Ensuite, poursuivez immédiatement avec le biberon miniature. Si l'enfant joue de manière appropriée avec le biberon de poupée, poursuivez avec l'objet de substitution, en produisant un modèle avec le cylindre que vous appelez le biberon pour nourrir le bébé, et faites imiter l'enfant. Mélanger les objets réels, les miniatures et les objets neutres dans le jeu de faire-semblant facilite le jeu symbolique.

Lorsque les enfants utilisent facilement des objets neutres comme substituts des vrais, vous pouvez utiliser le même processus pour passer des objets neutres au mime – l'utilisation des objets est représentée uniquement par des gestes (imaginez un enfant de 2 ans vous donnant à manger un gâteau « invisible » qu'il prend sur un plat ; ceci est un mime).

Répétez d'abord avec les vrais objets pour que l'enfant imite, puis mimez le modèle sur l'enfant avec votre main, puis faites imiter ce mime par l'enfant. Utiliser la main comme un marteau, une brosse à dents, pour le bébé, le peigne ou la brosse, la cuillère ou les clés sont les premiers mimes courants chez les enfants d'âge préscolaire. Comme l'enfant a déjà appris à imiter des gestes dans le programme dédié à l'imitation, et que vous avez soigneusement travaillé ces concepts, le pas à franchir n'est pas énorme, et les enfants avec autisme doivent évoluer harmonieusement dans cette séquence, apprise pour les niveaux 3 et 4 du programme de l'ESDM.

Pour passer des actions imitées à des actions spontanées, fournissez à l'enfant un ensemble de jouets dont la plupart sont réalistes mais où il manque un objet clé, alors qu'un objet pouvant servir de substitut fait partie de l'ensemble (par exemple, dans un scénario de repas, il manque la cuillère mais il y a un abaisse-langue). Donnez les accessoires à l'enfant et commencez à construire une scène de jeu pertinente. Au fur et à mesure que le jeu évolue, regardez si l'enfant utilise symboliquement l'objet ambigu. Si ce n'est pas le cas, tendez l'objet ambigu à l'enfant et demandez-lui de nourrir le bébé, de lui peigner les cheveux, etc. Les enfants préfèrent généralement utiliser des accessoires réalistes plutôt que des accessoires ambigus, vous devrez donc peut-être préparer un peu la scène de manière à encourager l'enfant à utiliser l'accessoire de substitution. Vous pouvez aussi feindre l'ignorance, et dire, « J'ai besoin d'une cuillère pour nourrir le bébé. Il n'y a pas de cuillère. Qu'est-ce que je peux utiliser ? ». Avec un peu de chance, l'enfant donnera l'accessoire. Sinon, tendez-le lui et demandez : « Est-ce que ça peut être une cuillère ? » puis regardez si l'enfant l'utilise.

■ Enseigner les combinaisons symboliques

La dernière catégorie de jeu symbolique est la combinaison symbolique, soit des séquences d'actes de faire-semblant qui, mises ensemble permettent un jeu dont le thème est tiré de la vie courante. Commencez à enseigner cela une fois que les enfants maîtrisent l'imitation et produisent spontanément de nombreuses actions symboliques simples avec un objet spécifique – c'est la compétence prérequise pour les combinaisons. À votre tour, faites un modèle de deux actions liées – des actions qui se produisent ensemble dans le scénario que vous jouez (par exemple, versez un liquide de la carafe dans la tasse, puis buvez à partir de la tasse), tandis que vous commentez : « Verse le jus, bois le jus, hum, c'est bon », et ensuite donnez les accessoires à l'enfant et faites-lui signe : « Prends du jus », en utilisant autant d'incitations que nécessaire pour qu'il y parvienne. Les jouets en double peuvent être très utiles ici pour inciter l'enfant au travers de l'imitation. Comme vous avez utilisé le jeu thématique en activité conjointe pour tous ces actes symboliques, vous avez présenté des combinaisons à l'enfant assez longtemps. Ce n'est pas un grand pas à franchir pour les enfants de passer des actes isolés à des séquences d'actes, surtout s'ils ont observé et participé à des routines de jeu élaborées depuis un certain temps.

Au cours de toutes ces activités, vous devez consciencieusement les développer et les faire varier pour que l'enfant apprenne beaucoup de schémas de jeu de faire-semblant appropriés qui peuvent être utilisés de manière flexible dans des jeux de faire-semblant élaborés. Développez en ajoutant plus d'accessoires et de personnages pour la scène, par exemple en mangeant et en buvant, faites verser les boissons, remuer la cuillère et servir à manger. Vous pouvez aussi développer en ajoutant des schémas associés – dresser la table avant le repas, ou nettoyer et laver les assiettes après le repas (utiliser du vrai savon et de l'eau et dans une bassine en plastique et regardez comme c'est amusant pour l'enfant !).

■ Choisir des thèmes pour le jeu symbolique et fonctionnel

L'enfant doit déjà avoir expérimenté les scénarios dans sa vie quotidienne et connaître les objets et les actions réelles pour qu'ils aient un sens pour lui dans le jeu. Choisissez du matériel correspondant à un thème de la vie quotidienne et choisissez comme thèmes des événements de la vie quotidienne que l'enfant a vécus de nombreuses fois. Les repas, le bain, la cuisine, le coucher, le coiffage, se brosser les dents, chanter des chansons et faire des gestes ou des jeux de mains et jouer avec les jouets sont des thèmes que les jeunes enfants avec autisme connaissent bien. Les routines avec les poupées ont une signification spéciale pour les enfants qui ont des frères et sœurs très jeunes à la maison. Connaître les actions que l'enfant a déjà expérimentées dans la vie quotidienne aide à construire des compétences. Mettez en scène un thème relatif au zoo après que l'enfant y est allé. Jouez à la visite chez le docteur après la consultation annuelle de l'enfant et jouez à l'anniversaire après un goûter d'anniversaire. Les livres préférés des enfants contiennent des histoires qu'ils connaissent. Les routines apprises à la maternelle ou en thérapie peuvent être des scénarios : l'heure de la ronde, l'heure du goûter et diverses chansons.

Une fois que l'enfant a appris à utiliser des objets de substitution, reliez les schémas et utilisez-les sur les poupées, nous voulons donner aux enfants de nombreux scénarios ou interprétations de jeux symboliques pour qu'ils puissent participer au jeu avec les autres enfants de leur âge. (Voir Goldstein, Wickstrom, Hoyson, Jamieson et Odom, 1988, pour une description détaillée. Les scénarios peuvent également partir d'un livre, et les livres peuvent aussi servir d'intermédiaires efficaces entre les expériences de la vie réelle et le jeu symbolique et fournir une autre manière d'aider les enfants à apprendre les scénarios.)

Enseigner le jeu de rôle

Pour certains adultes, il est très facile de créer des scripts pour le jeu symbolique et ceux-ci n'ont aucun problème à trouver les accessoires qu'ils peuvent utiliser, ni pour savoir ce qu'il faut dire, ni les actions à présenter comme modèle. Pour d'autres, c'est une tâche difficile. Quoi qu'il en soit, il existe certaines étapes que les thérapeutes peuvent utiliser pour se préparer. Au fil du temps et avec l'expérience de plusieurs scénarios différents, cela devient plus facile. Voici quelques suggestions pour préparer les activités de jeu symbolique.

■ Développer le plan de l'histoire

Comment construire le plan d'une histoire ou un scénario de jeu ? Un scénario trace le plan d'un événement de la vie quotidienne dans la perspective de l'enfant : les actions, les objets, les mots, les personnes et les interactions qui définissent cette activité et la rendent différente des autres. Imaginez-la du point de vue de l'enfant. Aller au McDo implique au moins trois personnes : l'enfant, le parent et la personne au comptoir. Les actions principales sont :

- entrer par la porte ;
- faire la queue ;
- demander votre plat ou donner votre commande au serveur ;
- donner votre argent à la personne au comptoir ;
- récupérer les plats au comptoir ;
- aller à une table avec le plateau et s'asseoir ;
- déballer la nourriture et manger ;
- se lever et jeter ses déchets ;
- partir.

Chacune de ces actions implique quelques mots, quelques objets et une autre personne. Écrivez-les pour vous-même, ainsi que les principaux accessoires et mots qui marquent chaque action. Une fois que les enfants peuvent faire toutes les routines précédentes, ils sont prêts pour apprendre des thématiques de jeu plus élaborées y compris les rôles. Voici quelques étapes pour enseigner cela.

■ Construire le schéma de l'histoire

Avec l'enfant, faites le schéma de l'histoire dans un cahier de dessin ou sur un tableau en feutre. Nous utilisons le scénario du McDonald mentionné ci-dessus comme exemple. C'est une bonne façon de préparer l'enfant à cette expérience. Faites neuf dessins ou prenez neuf photos de l'enfant, de l'autre personne et de l'objet pertinent chacun étant accompagné d'une formule ou d'une phrase pour décrire l'action. La longueur et la complexité des phrases ou des formules doit être adaptée au niveau de langage courant de l'enfant. Vous avez maintenant réalisé le script pour ce scénario de jeu de faire-semblant.

Préparer des planches d'histoires simples avec les enfants est une excellente préparation pour les scènes de jeu symbolique complexes, et vous avez également réalisé une « histoire sociale » pour l'enfant (Gray et Garand, 1993). Assemblez les planches dans un classeur et « lisez-les » plusieurs fois avec l'enfant pour qu'il se familiarise avec la séquence. Une fois que l'enfant connaît l'histoire, enlevez les images et mélangez-les. Ensuite, demandez à l'enfant de vous aider à remettre les planches en ordre en utilisant les termes « d'abord », « après » et « enfin ». « Que faisons-nous d'abord ? D'abord, nous entrons au McDonald's. Après, nous faisons la queue » et ainsi de suite. Mettre les images en ordre met en valeur la séquence temporelle.

■ Ensuite, jouez la scène avec des personnages

Vous pouvez jouer cette histoire avec des personnages et des accessoires pendant le traitement. La première fois, jouez la scène pour l'enfant, en utilisant de petites poupées pour représenter les gens, des meubles de maison de poupée et des cubes comme accessoires. Après avoir lu l'histoire avec l'enfant plusieurs fois (en le laissant compléter les mots et raconter l'histoire au fur et à mesure qu'il l'apprend), jouez la scène avec les personnages et les accessoires. Faites-le assez rapidement pour maintenir l'intérêt de l'enfant. L'enfant peut dire quelques mots de l'histoire tandis que vous avancez dans le scénario. Utilisez les mêmes formules rituelles que vous avez utilisées dans le cahier. Suivez bien le cahier et ne vous en écartez pas la première fois que vous jouez le scénario. Lorsque l'enfant l'a vu plusieurs fois, commencez à reporter quelques parties du scénario et des accessoires sur l'enfant. Faites en sorte que l'enfant commence à jouer son rôle dans le jeu et prenez le rôle du serveur ou du parent. Une fois qu'il connaît les rudiments du rôle de l'enfant, vous pouvez lui faire prendre le rôle du serveur et assumer le scénario et les actions. Vous pouvez utiliser les mots « d'abord », « après », « enfin », que vous avez utilisés pour raconter avec les planches.

■ Enfin, jouez la scène vous-même

Installez les accessoires essentiels dans la salle de thérapie : un comptoir avec une caisse enregistreuse, un plateau, un sac contenant quelques accessoires, une table, des chaises et une poubelle. Accompagnez l'enfant dans la salle en jouant le rôle des adultes et en passant du rôle du parent à celui de serveur, pendant que l'enfant joue son propre rôle. Incitez-le à suivre le script verbal et la séquence des événements. Assurez-vous qu'à la fin, l'enfant apprenne les trois rôles. L'enfant peut apprendre le rôle du parent et utiliser une poupée pour faire l'enfant.

■ Utiliser cette approche pour préparer de nouvelles expériences

Dès que les enfants comprennent le jeu symbolique, possèdent un peu de langage et peuvent produire un acte de manière autonome, vous pourrez utiliser ce type de jeu symbolique pour préparer les enfants à des événements de la vie courante qui ne leur sont pas familiers. Répétez une scène de fête d'anniversaire, jouez aux consultations chez le docteur, chez le dentiste et jouez des scènes de visite entre poupées pour que les enfants apprennent le scénario social qui va de pair avec ces routines. Faites des réponses empathiques lorsque la poupée est « blessée ». Les routines de jeu de faire-semblant peuvent également être utilisées pour se préparer à des situations effrayantes et constituent une désensibilisation pour les phobies : un premier voyage en avion, un séjour à l'hôpital, le premier jour dans un nouveau programme de groupe, un nouveau bébé dans la famille, ou s'adapter à un nouvel animal de compagnie. Le jeu symbolique peut aussi être utilisé pour aider les enfants à pratiquer des jeux et des activités de groupe. Apprendre les règles des jeux « 1, 2, 3, soleil », « le facteur n'est pas passé » et du jeu des chaises musicales peut être amusant et extrêmement utile lorsqu'elles qu'elles sont écrites sous la forme d'un schéma d'histoire, qu'on les joue avec des poupées et que l'on joue les rôles avec des personnes que l'on connaît. Les enfants peuvent utiliser l'imitation pour apprendre les scénarios des actions comme les scénarios verbaux. (C'est ainsi que nous apprenons les scénarios sociaux ; mais la plupart des enfants apprennent les scénarios à partir d'exemples de la vie courante. Les enfants avec autisme ont besoin de plus d'entraînement que les autres.) Les enfants d'âge préscolaire ont tendance à aimer les maisons et les meubles de poupée, or ces accessoires peuvent être utilisés pour jouer à toutes sortes d'événements et de scénarios qui se produisent dans la vie quotidienne des enfants avec un développement typique.

Une fois développé, le jeu symbolique peut avoir les mêmes fonctions pour les enfants avec autisme que pour les enfants sans autisme – assimiler des situations de la vie courante.

7 • Développement de l'imitation et du jeu

> **Conclusion**
>
> Nous avons exposé les principales méthodes d'enseignement de l'imitation avec objets, de l'imitation des gestes, de l'imitation buco-faciale et verbale, et nous avons décrit comment utiliser les compétences d'imitation pour construire le jeu sensorimoteur, le jeu fonctionnel et le jeu symbolique. Cette approche utilise les activités préférées significatives et fonctionnelles, avec un langage approprié en utilisant scrupuleusement le schéma d'apprentissage ABC dans lequel les conséquences renforçatrices comportent l'accès aux activités et aux objets fortement préférés. Si nous n'avons pas insisté explicitement sur la nécessité de maintenir l'affect vivant et positif et de maintenir le niveau d'attention et d'intérêt de l'enfant à un niveau optimal pour l'apprentissage, ce n'est que parce que nous sommes persuadés que nos lecteurs savent que cela fait partie de tout traitement avec l'ESDM.

Chapitre 8

Développer la communication non verbale

SOMMAIRE

L'attention coordonnée à la base de la communication **245**

Développer l'utilisation et la compréhension des gestes naturels. **246**

    Techniques d'intervention sous-jacentes pour les gestes naturels 247

&suasp;   Susciter la coordination entre le regard et les gestes............ 250

    Aider les enfants à lire les gestes des autres 251

Enseigner l'utilisation des gestes conventionnels **252**

    Enseigner les gestes conventionnels de la main et du corps 253

    Enseignement des expressions faciales 254

    Développer des comportements d'attention conjointe 255

    Donner pour obtenir de l'aide 256

    Donner pour partager ou montrer 257

    Pointer du doigt 258

BIEN QUE LA PLUPART DES GENS pensent que communication est synonyme de langage verbal, la communication implique beaucoup plus que le langage. Les enfants en bas âge et les jeunes enfants développent une variété de manières de communiquer avant de commencer à parler. Ils utilisent le contact visuel, les expressions du visage, les gestes, les postures corporelles et les vocalisations pour faire passer leurs messages et ils deviennent très compétents en communication avec ce système de communication non verbale avant de développer le langage formel. Le langage devient un système de communication supplémentaire. Il se construit sur la base d'un système de communication non verbale déjà très fonctionnel correspondant à un « langage du corps ». Les gestes – les comportements de communication non verbale – fournissent un système que les enfants utilisent pour exprimer ce qu'ils veulent dire aux autres. Les gestes correspondent à des actions motrices réalisées avec les doigts, les mains, le corps entier et le visage, produites intentionnellement pour communiquer avec un partenaire (Crais, Douglas et Campbell, 2004). Les jeunes enfants apprennent également à comprendre les signes de communication non verbale d'autrui, à lire les « corps qui parlent » et à interpréter la signification et les intentions exprimées par leurs partenaires. Lire le corps de l'autre est un moyen de lire sa pensée !

La communication intentionnelle délivre un message concernant ce que le locuteur a en tête, ses pensées, ses sentiments et ses objectifs lorsqu'il communique. Les objectifs de communication du locuteur sont les fonctions pragmatiques qui lui servent à communiquer. Nous exprimons certaines fonctions pragmatiques courantes à l'attention des jeunes enfants : attirer leur attention, partager leur centre d'intérêt et d'autres émotions avec eux, interagir socialement juste pour le plaisir d'interagir, leur proposer de l'aide et les amener à changer leur comportement d'une certaine manière. Enseigner la communication à de jeunes enfants atteints de TSA consiste à enseigner non seulement les formes de communication – les sons, mots, gestes et leurs combinaisons – mais aussi la gamme de ces messages ou des fonctions pragmatiques qui peuvent être communiquées. Les objectifs de la communication précoce des jeunes enfants incluent également le partage de l'intérêt, de l'attention et des émotions concernant les événements (ceux-ci servent la fonction pragmatique de l'attention conjointe), l'interaction sociale (la fonction pragmatique de l'interaction sociale) et demandent certains comportements de notre part (la fonction pragmatique de la régulation du comportement) (Bruner, 1981b).

Ce chapitre décrit les principaux procédés d'enseignement utilisés dans l'ESDM pour développer la communication non verbale intentionnelle et les compétences d'attention conjointe pour exprimer ces trois fonctions pragmatiques principales chez les jeunes enfants atteints de TSA. Le chapitre 9 porte sur la communication verbale.

L'ATTENTION COORDONNÉE À LA BASE DE LA COMMUNICATION

Le vaste corpus de recherches sur le développement précoce de la communication indique que l'attention coordonnée entre l'enfant et la personne qui s'occupe de lui, constitue le fondement du développement de la communication. Les nourrissons âgés de 3 à 6 mois dont le développement est typique maintiennent de courts épisodes d'attention coordonnée avec leurs proches (Legerstee, Markova et Fisher, 2007). Ils échangent des signaux sociaux par le regard, la voix, les mouvements du visage et du corps dans des échanges coordonnés et réciproques transmettant ainsi des informations émotionnelles à leurs partenaires, alors que les nourrissons n'ont pas encore développé d'actions de communication intentionnelle. De même, les bébés captent les messages émotionnels que leurs partenaires leur envoient. L'action même de porter son attention sur un partenaire social par un contact visuel et l'attention partagée est considérée comme le début de l'immersion de l'enfant dans la « culture commune » de l'interaction sociale. Cela constitue la base de la communication et la base de la transmission de la culture d'une génération à l'autre (Vygotsky, 1978). Cette capacité dyadique à porter son attention sur un partenaire et à interagir réciproquement n'est généralement pas bien développée chez les jeunes enfants atteints d'autisme (Maestro *et al.*, 2002) et elle caractérise la communication initiale et la compétence sociale qui seront enseignées dans le programme ESDM.

L'attention coordonnée est un précurseur de l'attention conjointe. On peut dire de cette dernière que c'est une opportunité pour un enfant et son partenaire social de partager un centre d'attention concernant un objet ou un événement courant. Bruner a le mieux expliqué que « l'attention conjointe n'est pas seulement l'attention conjointe, mais la participation commune à une culture commune » (1995, p. 12).

L'attention conjointe implique un acte intentionnel de communication. L'enfant a quelque chose à l'esprit qu'il veut partager avec une autre personne et il se comporte intentionnellement de façon à capter l'attention de l'autre et à transmettre le message qu'il veut partager. Ainsi, l'attention conjointe implique le partage des états mentaux avec un autre et montre que le petit enfant est conscient d'un état mental chez son partenaire (Bruner, 1995). L'attention conjointe est un vecteur primordial pour apprendre le langage par les autres, parce que le sens partagé par l'échange non verbal correspond aux mots qui sont utilisés. Quand un enfant attire l'attention d'un adulte vers quelque chose d'intéressant pour lui, l'adulte répond en utilisant le langage parlé approprié, et l'enfant peut faire correspondre les nouveaux mots avec la signification qui est déjà présente dans son esprit. Inversement, quand un adulte attire l'attention d'un enfant, l'attention de l'enfant dirigée vers l'adulte et la compréhension de l'événement que ce dernier partage, donne à l'enfant les significations dont il a besoin pour les faire correspondre aux mots entendus. L'attention conjointe est un point faible pour les enfants atteints d'autisme. Ainsi, non seulement les enfants avec autisme se montrent inefficaces dans leur communication avec autrui, mais ils sont isolés de la culture commune de l'interaction sociale (Mundy et Neal, 2001). L'attention conjointe est spécifiquement développée au cours du programme, dès que les enfants ont appris à coordonner et à soutenir leur attention avec un adulte.

L'ESDM développe l'attention conjointe et construit les compétences de communication non verbale en deux temps. Dans un premier temps, on se focalise sur le développement des gestes naturels que l'enfant peut utiliser pour les trois fonctions principales de la communication sociale – la régulation du comportement (demandes et protestations), l'interaction sociale (entamer et maintenir des activités sociales dyadiques) et l'attention conjointe (partager son attention à l'égard d'un objet ou d'un événement avec un partenaire). Dans un deuxième temps, les enfants vont apprendre les gestes conventionnels – ceux que tout un chacun reconnaît dans notre culture – secouer la tête pour dire non, hocher la tête pour, dire oui, pointer du doigt ou hausser les épaules, entre autres.

DÉVELOPPER L'UTILISATION ET LA COMPRÉHENSION DES GESTES NATURELS

La première étape consiste à susciter des gestes naturels chez les enfants en commençant délibérément par des activités qui comportent un élément moteur, puis, une fois l'activité mise en place, « faire émerger » les gestes naturels des enfants. Par exemple, on peut offrir un objet à un enfant et le retenir jusqu'à ce que l'enfant tende la main pour le saisir, ou tenir deux objets à choisir hors de sa portée pour que l'enfant fasse un geste vers l'un des deux objets ; ou offrir à l'enfant des choses qu'il ne veut pas pour qu'il les repousse. Nous voulons établir un répertoire d'actions naturelles qui rende les désirs et les intentions de l'enfant beaucoup plus évidents. Bien entendu, toutes ces actions sont accompagnées d'un langage simple – utilisant un seul mot pour les enfants préverbaux.

Voici un exemple d'une activité sociale sensorielle provoquant plusieurs gestes naturels chez Landon, âgé de 18 mois, déjà présenté plus haut. C'est un enfant très passif qui ne communique pas encore intentionnellement de quelque manière que ce soit.

Exemple

Landon, pieds nus et vêtu d'un short et d'un t-shirt, couché au sol sur le dos, joue avec ses pieds. La thérapeute va vers lui et s'assied à ses pieds, face à lui. Elle prend un pied nu dans chaque main et commence à les tapoter l'un contre l'autre au rythme d'une version de la chanson *Pattycake*, appelée « Pattyfeet » qu'elle chante. Elle chante, en souriant et en regardant son visage, tandis qu'elle lui tapote les pieds l'un contre l'autre. Il la regarde et sourit (le contact

> visuel et le sourire communiquent son désir, ce sont des gestes naturels de communication), elle frappe alors fermement la plante de ses pieds l'une contre l'autre. À la fin de la chanson, arrivée à la phrase « jetez-le dans la casserole », elle lui rabat les deux pieds vers la tête puis les lâche. Il sourit largement et maintient un contact visuel tout au long de la chanson. Elle lui reprend les pieds et l'accompagne une deuxième fois jusqu'au bout de la chanson, et il continue à répondre avec de larges sourires et un contact visuel constant. La troisième fois, elle met les mains près des pieds de l'enfant (amorce le geste), mais ne les prend pas ; au lieu de cela, elle le regarde et dit : « Pattyfeet ? Encore Pattyfeet ? » Il lève les pieds vers les mains de la thérapeute (geste naturel) et elle recommence. À la fin, elle attend et il frappe dans ses mains (geste naturel). Elle interprète cela comme étant une sorte d'imitation du mouvement fait précédemment avec les pieds et répond par un : « encore Pattyfeet ? ». Elle tient ses mains près des pieds de l'enfant (le geste), il les tend (geste naturel) et elle répète. Encore une fois, il frappe dans ses mains (geste) et elle chante à nouveau la chanson.

Dans cette petite routine sociale sensorielle, la thérapeute élabore rapidement un jeu à partir des actions répétitives de l'enfant et provoque un certain nombre de gestes communicatifs, y compris les sourires, le contact visuel et les mouvements des mains et des pieds qui se mettent en action pour que le jeu continue. Landon prend plusieurs tours au cours desquels il manifeste son désir de continuer le jeu par les mouvements de son corps. La thérapeute réagit de manière contingente à chaque geste et, au cours du jeu, Landon utilise de nombreux gestes pour demander et continuer le jeu.

Techniques d'intervention sous-jacentes pour les gestes naturels

Il existe plusieurs techniques d'enseignement sur lesquelles nous nous appuyons fortement pour développer ces gestes naturels chez l'enfant.

■ En faire moins pour qu'ils en fassent plus

L'absence de communication dirigée par l'enfant conduit facilement l'adulte à deviner ce que l'enfant veut ou ce dont il a besoin et à le lui fournir sans qu'il ait besoin de l'exprimer par la communication. Cela supprime toute nécessité pour l'enfant d'agir de manière intentionnelle pour exprimer ce qu'il souhaite. Nous devons éviter de lui donner des choses, de faire les choses *à* sa place et *pour* lui ; attendez plutôt de lui qu'il prenne l'initiative aussi souvent que possible et assurez-vous que cela se fasse, lors des routines de jeux et des routines de la vie quotidienne. Lorsque nous attendons, les enfants utilisent leur corps pour communiquer et, ce faisant, apprennent ce qu'est la communication sociale.

En en faisant moins, nous aidons les enfants à développer le « langage corporel » et nous leur donnons une chance d'en faire plus. En faire moins, c'est souvent agir comme si nous ne savions pas ce qu'ils veulent, offrir les choses plutôt que de les donner, offrir plus qu'un seul choix, proposer aux enfants des choses dont ils ne veulent pas. Cela signifie que nous devons *attendre* un geste, un contact visuel, ou une vocalisation. En début de traitement, ces comportements peuvent être extrêmement subtils chez l'enfant et peuvent ne pas être intentionnels. C'est l'interprétation de l'adulte de ces comportements en tant qu'actes de communication potentiels et leur renforcement en tant qu'actes de communication, qui permet de faire évoluer ces gestes de communication dans les routines de jeux.

■ Modeler les gestes subtils pour en faire des gestes plus nets

Initialement, nous cherchons à faire en sorte que les jeunes enfants avec autisme utilisent le contact visuel, un geste, ou une vocalisation pour exprimer leurs intentions et ce qu'ils veulent dire. Nous trouvons le moyen d'obtenir de l'enfant des actions qui indiquent ses buts ou ses intentions, puis nous utilisons des techniques de renforcement et de modelage pour obtenir des gestes plus forts, plus nets et plus significatifs. Par exemple, nous voulons que les enfants montrent qu'ils veulent des objets qui sont hors de leur portée. Pour modeler cela, on commence par susciter le fait de tendre la main vers l'objet placé à proximité, puis nous attendons que l'enfant l'atteigne avant de libérer l'objet. Une fois que les enfants tendent la main pour le demander, nous leur offrons fréquemment un choix de deux objets ou plus, toujours à proximité. Lorsque les enfants peuvent communiquer leur choix, nous commençons à leur proposer des objets hors de leur portée, à une distance suffisante pour qu'ils ne puissent pas toucher l'objet, nous marquons un bref temps de pause, puis nous leur donnons l'objet. Ensuite, nous proposons des choix d'objets hors de portée, de telle sorte que la main tendue ne puisse pas atteindre l'objet, et nous lui remettons l'objet choisi, une fois qu'il a fait un geste net pour atteindre l'objet. Enfin, nous sélectionnons l'objet attrayant, l'objet étant placé bien en évidence sur une table ou une petite étagère en face de l'enfant, mais hors de sa portée, et nous attendons que l'enfant essaye d'atteindre l'objet avant de le lui donner. Nous avons utilisé le modelage pour apprendre à l'enfant à faire des gestes clairs vers des objets distants pour les demander.

■ Choisir les gestes à cibler

Chez les nourrissons typiques, les gestes apparaissent dans un ordre assez constant et cette séquence peut servir de guide pour choisir le geste à cibler. Le tableau 8.1 présente un ordre approximatif du développement des gestes non verbaux typiques chez les nourrissons de 6 à 8 mois jusqu'à environ 18 mois pour les trois principales fonctions de la communication précoce. Ces informations sont basées sur la recherche de Crais *et al.* (2004).

8 • Développer la communication non verbale

Tableau 8.1. Âge moyen de l'émergence des gestes intentionnels de communication dans le développement typique

Âge	Régulation du comportement	Interaction sociale	Attention conjointe initiée
5-6 mois	Regarde et vocalise.		
6 mois	Repousse, tend les bras pour être porté	Montre de l'intérêt.	
7-8 mois	Atteint les objets avec toute la main	Comportement d'anticipation.	Regarde l'adulte et vocalise.
8 mois	Repousse des deux mains.	Fait signe de la main en fonction du contexte.	
9 mois	Atteint les objets avec la main ouverte/fermée.	Comportement participatif, frappe dans ses mains.	Donne les objets.
10 mois	Touche l'adulte.	Fait des signes de la main sur incitation, initie des jeux sociaux, danse au son de la musique.	Montre les objets.
11 mois	Pointe du doigt.	Montre la fonction de l'objet.	Pointe pour commenter
12 mois	Donne les objets, regarde alternativement l'objet et l'adulte.		
13 mois	Secoue la tête pour dire « Non ».	Prend les objets contre lui, frappe dans ses mains avec enthousiasme.	Pointe pour demander « Où est la lumière ? ».
14 mois	Prend l'adulte par la main.	Pointe pour demander de l'information.	
15 mois		Fais claquer ses lèvres, envoie des bises.	
16 mois		Hoche la tête pour dire « Oui ».	
17 mois		Hausse les épaules, « chut ».	

Données de Crais, Douglas et Campbell (2004).

Susciter la coordination entre le regard et les gestes

Les gestes sont souvent, mais pas toujours, accompagnés d'un contact visuel pendant les deux premières années de la vie. Pour les gestes autres que ceux utilisés pour commenter et demander, les jeunes enfants de 12 à 24 mois ayant un développement typique accompagnent les gestes d'un contact visuel pour moins de 50 % du temps (Blake, McConnell, Horton et Benson, 1992). Bien que dans un premier temps, nous apprenions aux enfants à utiliser des gestes naturels sans exiger de contact visuel, une fois qu'ils ont appris à utiliser chacun de ces comportements séparément, nous voulons ensuite qu'ils associent le regard aux gestes lors de leurs demandes. Comment pouvons-nous ajouter le contact visuel à ces gestes ?

Exemple

> Luke a appris à donner un objet à un adulte pour demander de l'aide. Nancy, la thérapeute, assise en face de lui, lui tend un petit pot transparent avec le couvercle bien vissé. À l'intérieur du pot, il y a cinq voitures miniatures (un objet favori). Il prend le pot, essaie de le dévisser, ne peut pas et il le tend vers la main de la thérapeute pour avoir de l'aide. Habituellement elle le prend, en disant : « Tu veux de l'aide. Tu as besoin d'aide ! » Mais là, elle ne le prend pas et au lieu de cela, elle attend. Luke lève les yeux vers elle pour voir ce qui se passe et dès qu'il la regarde, elle dit : « D'accord. Je vais t'aider », tandis qu'elle prend le pot, l'ouvre et en sort une voiture. Lorsqu'elle ouvre le pot, il essaye d'attraper la voiture. Mais elle ne la lâche pas et, au contraire, elle la retient. Il lève de nouveau les yeux vers elle pour voir ce qui se passe et elle la lâche immédiatement en disant : « Voici la voiture » et lui tend aussi le pot. Ils répètent cette séquence plusieurs fois, jusqu'à ce que toutes les voitures soient sorties du pot. La dernière fois qu'il donne le bocal à Nancy pour qu'elle l'ouvre, Luke le lui tend et la regarde, associant geste et regard pour la première fois.

Dans cette séquence, on voit l'adulte attendant un contact visuel, ainsi que le geste avant qu'elle n'aide ou ne donne des objets à l'enfant. Elle utilise des techniques d'incitation dont elle sait qu'elles permettront d'obtenir un contact visuel de cet enfant – attendre, faire blocage, ne pas répondre à des moments où il est très habitué à ce qu'elle réponde. Si besoin est, elle peut l'appeler par son nom lorsqu'elle attend pour obtenir un contact visuel. Dans ces situations, Nancy doit être sûre qu'elle renforce bien le contact visuel plutôt que le geste de communication seul. Lorsque Luke regarde toujours après les incitations de la thérapeute, elle doit atténuer ses incitations, en utilisant des incitations partielles, des incitations verbales, ou attendre, pour obtenir un regard spontanément coordonné avec le geste. En suivant ces procédures, elle utilise l'incitation, la diminution des incitations (*fading*) et les techniques d'enchaînement des comportements – en enchaînant le geste et le regard et en renforçant au même moment ces deux comportements. Un petit conseil concernant la coordination du geste et du regard : d'après la recherche sur les enfants typiques, pour atteindre les objectifs en matière de gestes conventionnels, il n'est pas nécessaire d'obtenir une coordination des gestes et du regard dans plus de 50 % des cas pour qu'elle soit considérée comme maîtrisée (Blake *et al.*, 1992 ; sauf pour faire des commentaires ou demander).

Aider les enfants à lire les gestes des autres

Les jeunes enfants atteints d'autisme sont souvent remarquablement peu conscients de la signification de la communication sociale non verbale des autres. Il n'est pas rare de voir un enfant ne comprenant pas le geste de la main ouverte « donne-moi », ou le sens d'un pointé lorsque vous voulez que l'enfant place un objet à un endroit donné ou qu'il regarde un objet intéressant. Il ou elle peut ne pas comprendre le sens d'une expression de colère sur le visage d'un autre. Nous devons apprendre aux jeunes enfants avec autisme ce que les mouvements du corps signifient de manière ciblée.

> **Suggestions pour apprendre aux enfants avec autisme la signification des mouvements**
>
> - *Mettez en évidence et exagérez les gestes ciblés* lors des activités d'attention conjointe avec des objets. Accompagnez vos gestes d'un langage simple, mais insistez sur le geste et exigez que l'enfant suive et exécute le geste avant de lui laisser atteindre son objectif. Incitez-le à faire le geste, puis renforcez-le par une forte gratification sociale avec accès immédiat à l'objet ou l'activité préférée. Dans le cas de l'apprentissage du geste correspondant à « donne-moi », assurez-vous de rendre l'objet à l'enfant immédiatement pour qu'il ne perde pas l'objet ce qui ferait qu'il soit puni par inadvertance pour vous l'avoir cédé. Faites les gestes très souvent. Intégrez-les dans les actions que l'enfant va faire de toute façon, par exemple pointez du doigt l'objet que l'enfant est sur le point de prendre, en disant : « celui-ci » ; pointez vers le cube au sommet d'une tour de jeu de construction en disant : « ici » ou « mets-le ici » quand l'enfant est sur le point d'empiler les cubes, ou montrez le trou dans lequel l'enfant est sur le point d'insérer une pièce du puzzle et en disant : « Il va ici ». Faites des gestes marqués lors des routines pendant lesquelles vous demandez aux enfants de donner ou de ramasser des éléments, de préparer ou de ranger les objets d'une activité, ou de prendre son tour.
> - Ajoutez des gestes vivants, des expressions faciales et vocales aux étapes et aux séquences de routines d'activité conjointe avec des objets. Par exemple, construisez une tour et ensuite utilisez un geste pour lui faire signe que c'est le moment de la faire tomber. Faites en sorte que ces gestes fassent partie du jeu – le scénario social qui va avec l'activité. Au fur et à mesure que les compétences d'imitation de l'enfant se manifestent, apprenez à l'enfant à imiter les gestes et les mots de ces petits scénarios. C'est un moyen important de rendre sociales les routines avec objet et d'augmenter le plaisir.
> - Dans les routines sociales sensorielles, mettez en évidence les expressions faciales et les mouvements du corps pour marquer les situations de jeu. Exagérer l'affect et

> les gestes ou les positions du corps c'est marquer les routines sociales sensorielles de signaux ; ceux-ci deviennent ensuite l'indication pour l'enfant lorsque vous lui proposez un jeu. Jouer à ces jeux de façon plutôt ritualisée aide les enfants à apprendre à associer certains gestes et expressions avec certains jeux et à commencer à se concentrer de plus en plus sur le visage, les gestes et le corps des adultes.
> - *Procurez des jouets et des tâches* de discrimination visuelle qui sont trop difficiles pour que l'enfant puisse les faire seul (par exemple, un trieur de formes ou un puzzle), puis *pointez du doigt pour indiquer à l'enfant où il peut mettre l'élément* en disant « ici » ou « le cheval va ici ». Le fait de voir que l'élément rentre bien à l'endroit indiqué répond immédiatement à l'objectif de l'enfant et c'est un renforçateur. Assurez-vous que l'élément rentre facilement et rapidement dans son logement ; aidez à l'insérer s'il le faut – si l'enfant a du mal à le faire, vous aurez perdu le bénéfice du renforcement pour avoir suivi votre pointé. Au fil du temps, ceci apprendra à l'enfant l'importance de votre pointé.

ENSEIGNER L'UTILISATION DES GESTES CONVENTIONNELS

Comme le montre le tableau 8.1, dans le développement typique les gestes conventionnels suivent les gestes naturels. Nous suivons cet ordre avec les jeunes enfants atteints de TSA. Nous commençons à apprendre les gestes conventionnels à l'enfant une fois qu'il a acquis une variété de gestes naturels qu'il utilise pour réguler le comportement des autres, pour prendre l'initiative des interactions sociales dyadiques et les maintenir et pour coordonner son attention envers un objet ou un événement avec un partenaire. Lorsqu'on choisit les gestes conventionnels à apprendre à un enfant, il faut être sûr que la fonction du geste sous-jacent à cette communication fait partie de celles que l'enfant exprime pour que le geste qu'on lui apprend ait un sens pour lui.

Une manière utile d'enseigner le sens d'un geste efficacement, est de l'introduire dans vos propres actions en insistant dessus dans un premier temps ainsi que sur le langage qui l'accompagne dans le contexte. Intégrez-le aux routines que vous pratiquez déjà avec l'enfant. Le geste peut faire partie d'un scénario social que vous avez élaboré autour d'une activité conjointe favorite avec des objets (comme appeler un animal dans un jeu avec des figurinesen remuant les doigts dans le geste pour dire de s'approcher, en disant : « Lion, viens ici, viens ici », et en faisant marcher le lion vers vous). Ou bien le geste peut faire partie d'une routine naturelle de la maison, telle qu'un goûter, en prenant quelque chose de délicieux et en le mangeant avec un plaisir exagéré, des hochements de tête d'appréciation et des sourires, et en montrant la différence avec un geste accompagnant un aliment « déplaisant » que vous goûtez à peine en manifestant un dégoût exagéré puis repoussez en secouant la tête vivement tout en disant : « Non, pas de choucroute. Pas de choucroute ! » Vous pouvez ajouter des gestes à une de ses chansons préférées, comme une chanson d'au revoir, en faisant un visage exagérément triste tout en chantant : « Adieu, adieu, Nathan, Nathan, je suis triste de te voir partir. » Ces gestes deviennent significatifs pour l'enfant par le biais de la routine. Le tableau 8.1 donne des idées concernant les gestes de base qui doivent être appris et l'observation des jeunes enfants typiques en interaction peut servir pour apporter des idées supplémentaires sur les gestes dont il faut donner un modèle et qu'il faut apprendre aux tout-petits atteints de TSA.

> **Comment faire ?**
>
> - **Pour enseigner les gestes conventionnels**, nous nous appuyons sur les compétences d'imitation gestuelle traitées dans le chapitre 7 sous la rubrique « Imitation gestuelle ». En général, nous élaborons une situation pour donner l'opportunité à l'enfant d'exprimer un geste conventionnel dans un contexte naturel, puis nous incitons l'enfant à faire ce geste conventionnel en lui en donnant un modèle, en l'incitant à imiter ce geste et en lui offrant l'objet renforçateur ou l'activité une fois que le geste est exprimé. L'adulte doit mettre en place cette pratique à plusieurs reprises et utiliser les techniques de diminution des incitations de façon appropriée pour que ces gestes se fassent de manière autonome et spontanée. Bien que dans de nombreux cas, nous enseignons un geste dans une situation particulière, il faut que l'adulte soit sensible aux autres moments pendant lesquels l'enfant exprime cette même fonction communicative au cours de la session de traitement. Ensuite, l'adulte doit susciter le geste dans de multiples situations. Cela permet à l'enfant d'apprendre la signification généralisée du geste au fil du temps.
> - **Pour enseigner les mots appropriés qui accompagnent les gestes**, on procède de la même manière, en associant le langage verbal au geste. Faites attention de ne pas exagérer cet apprentissage et de ne pas systématiquement exiger le geste et les mots d'accompagnement à chaque opportunité. Nous ne voulons pas que les enfants paraissent mis en scène dans leur utilisation des gestes.

Enseigner les gestes conventionnels de la main et du corps

Lorsqu'on a passé un certain temps à travailler avec des enfants atteints d'autisme, on oublie souvent la fréquence d'utilisation des gestes utilisés dans la communication typique. Il s'agit notamment de « donne-moi », du haussement d'épaules, du hochement de tête ou des mouvements de la tête pour dire oui ou non, et des gestes de la main pour refuser. Profitez des occasions d'observer les enfants dont le développement est typique et qui ont le même niveau de langage verbal que l'enfant avec autisme que vous traitez. Regardez comment l'enfant communique, notez les gestes et les postures qui accompagnent la parole de cet enfant à l'épicerie, au restaurant et au parc. C'est là que vous trouverez la source du répertoire de gestes, postures et expressions du visage à cibler pour l'enfant que vous traitez et cela vous servira également de guide pour les modèles vous aurez à fournir.

> **Comment faire ?**
>
> Pour enseigner ceci, utilisez les mêmes approches d'enseignement que nous avons examinées jusqu'à présent. Organisez une situation impliquant le choix d'objets préférés et non préférés ou d'activités dans lesquelles vous pouvez induire chez l'enfant le sens sous-jacent du geste (« encore », « non », « je veux », « ça m'est égal »). Pour les gestes de demande, présentez un objet fortement préféré. Pour les gestes de rejet ou de protestation, proposez un choix entre un objet fortement préféré et un objet qui ne l'est pas. Pour le « ça m'est égal », présentez deux objets de moindre intérêt. Une fois que vous avez fait une offre et que vous avez obtenu l'expression d'une « signification » dans le comportement de l'enfant, incitez-le à faire le geste cible par l'imitation ou par des aides physiques. Une fois que l'enfant a produit une approximation du geste, continuez avec la source de motivation qui servira de renforcement. Pour les comportements de demande, ce sera l'objet désiré. Pour les gestes de protestation ou de refus et ceux traduisant « ça m'est égal », ce sera le retrait de l'objet non préféré et le choix immédiat d'un objet fortement préféré (voir Ingersoll et Schreibman 2006, pour une description de l'efficacité d'une procédure très similaire).

Enseignement des expressions faciales

Apprendre aux enfants à produire des expressions faciales commence par un travail d'imitation des expressions du visage examiné au chapitre 7. Lorsqu'on apprend aux enfants à copier les « grimaces amusantes » dans des jeux d'imitation, on doit inclure les aspects de l'expression faciale – tels que rire, faire la moue, froncer les sourcils et prendre un air renfrogné. Comme on ne peut pas aider à produire les expressions faciales, on doit compter sur leur modelage pour les améliorer au fil du temps. Les jeux de miroir peuvent être développés comme moyens amusants de pratiquer l'imitation des expressions faciales ; le feed-back immédiat du miroir vous permet d'inciter l'enfant à produire une expression et de renforcer ses approximations.

Lorsque les enfants sont devenus de bons imitateurs des mouvements isolés du visage, ajoutez les expressions faciales au « jeu », en les nommant au fur et à mesure que vous les produisez : content, en train de rire, triste, etc. Lorsque vous commencez à le faire dans un jeu d'imitation faciale, c'est le moment de commencer à marquer fortement les expressions émotionnelles et les expériences émotionnelles dans beaucoup d'aspects du traitement. Utilisez des livres tels que *Max et les Maximonstres* qui comportent des expressions émotionnelles marquées (Sendak, 1963) pour que vous puissiez imiter les images de ces livres.

Mettez en évidence les expériences émotionnelles qui se produisent lors de la séance de traitement et manifestez les émotions exagérées correspondantes pour les associer aux expériences affectives que fait l'enfant sur le moment pendant la thérapie. Pendant la thérapie, il arrive des choses qui vous rendent, vous et l'enfant, contents, tristes, vous mettent en colère, ou vous effraient. Utilisez ces événements naturels pour faire le lien entre les mots et les expressions de l'affect vous concernant et faites en un modèle pour que l'enfant fasse l'expérience des affects. Vous pouvez également les faire ressortir en exagérant les éléments affectifs que vous exprimez par des grimaces pendant que vous racontez l'expérience. Faites une petite photo de l'événement et racontez-le comme nous l'avons décrit sous la rubrique « Enseigner les comportements de jeu symbolique » du chapitre 7. Ensuite, lorsque vous revoyez l'événement, rajoutez de l'expression aux affects par le ton et l'expression de votre visage. Encouragez l'enfant à les imiter et, plus tard, à vous les « lire », en rajoutant des expressions du visage au scénario. Jouez des scènes émotionnelles intenses avec des poupées, des animaux et des marionnettes, afin qu'il y ait des « scénarios » appropriés dans le jeu pour pouvoir représenter ces expressions émotionnelles. Ajoutez des expressions émotionnelles à vos chansons d'accueil – des expressions joyeuses pour « Bonjour, je suis content de te voir » et des expressions de tristesse pour « Au revoir, tu vas me manquer ».

Développer des comportements d'attention conjointe

Comme examiné plus haut dans ce chapitre, les comportements d'attention conjointe sont des compétences de communication très spéciales qui commencent à émerger dans la période de 6 à 12 mois et augmentent en fréquence et en variété pendant la deuxième année de la vie des enfants sans problèmes développementaux (Legerstee *et al.*, 2007). L'attention conjointe implique une communication partagée entre deux personnes concernant un objet ou un événement. Avant que l'attention conjointe ne se développe, les enfants focalisent leur attention soit sur un objet soit sur une personne lors d'une interaction de jeu, mais ils ne semblent pas être en mesure de se concentrer sur les deux à la fois. L'attention conjointe marque la capacité des enfants à se concentrer sur les deux à la fois – le partenaire et l'objet, par le mouvement des regards entre la personne et l'objet. Il s'agit d'une communication triangulaire enfant, partenaire et objet. L'enfant communique avec le partenaire à propos de l'objet.

De nombreuses significations de la communication qui peuvent être partagées passent par le regard et l'affect. L'enfant peut exprimer l'intérêt, l'intention, le plaisir, le désir, ou la méfiance. Le résultat et le but des comportements d'attention conjointe sont de partager son état mental sur un objet ou un événement avec un partenaire.

L'attention conjointe implique généralement plusieurs comportements spécifiques. Les regards qui passent de l'objet ou de l'événement intéressant au partenaire et inversement sont les premières manifestations de l'attention conjointe et les plus précoces. En redirigeant son regard, l'enfant peut également diriger une émotion faciale particulière vers le partenaire, lui transmettant ainsi ses sentiments concernant la cible d'intérêt. Lorsqu'il utilise l'attention conjointe pour partager ses émotions, l'enfant regarde l'objet, puis regarde l'adulte avec un sourire ou en fronçant les sourcils et communique ainsi ses sentiments *à propos de* l'objet ou l'événement.

Si les manifestations de l'attention conjointe nécessitent l'expression de ses propres pensées ou de ses propres sentiments – partager quelque chose de son état d'esprit – elles impliquent également la lecture des signaux d'un partenaire et la compréhension des désirs ou des sentiments du partenaire concernant l'objet, c'est-à-dire la lecture dans les pensées de son partenaire. Les enfants répondent aux communications par l'attention conjointe des autres en lisant leurs gestes, leurs expressions faciales et l'orientation de leur regard. Ainsi, les enfants initient des comportements d'attention conjointe de même qu'ils les comprennent lorsque c'est leur partenaire qui les présente.

Comment peut-on enseigner l'attention conjointe ? Nous avons déjà examiné la manière d'augmenter la fréquence du contact visuel des enfants en nous plaçant face aux enfants pour faciliter le contact visuel. Nous avons également présenté comment mettre en évidence les gestes et susciter leurs premiers gestes en général. Après avoir augmenté le contact visuel avec nous, nous devons cibler plusieurs des gestes qui correspondent particulièrement à l'attention conjointe : donner, montrer et pointer.

Donner pour obtenir de l'aide

Nous enseignons aux enfants à comprendre le sens d'une main tendue comme étant le signal pour donner un objet. La prise de tour de rôle sur laquelle nous nous sommes concentrés précédemment fournit une bonne base pour cela. Il y a deux fonctions pragmatiques qui sont souvent communiquées en donnant : l'une consiste à donner pour obtenir de l'aide – une façon d'exercer une influence sur les autres pour qu'ils vous aident à atteindre votre objectif (régulation du comportement, dans le langage de Bruner, 1977). Il s'agit d'un geste facile à enseigner parce que le renforçateur en fait partie intégrante. Nous obtenons de l'enfant qu'il donne pour avoir de l'aide en mettant en place des activités qui nécessitent notre aide : pots de bulles, boîtes de jus et caisses de jouets à ouvrir, flûtes pour souffler et feutres trop bien fermés ou bocaux dont les couvercles sont vissés trop fort pour que l'enfant puisse les ouvrir. Nous donnons à l'enfant l'objet désiré et lorsque l'enfant essaie mais n'y arrive pas, nous l'incitons à demander de l'aide en lui tendant une main ouverte.

Notre objectif est que l'enfant prenne l'initiative de donner pour demander de l'aide, la main ouverte est donc une incitation que nous devons diminuer rapidement. Chaque fois que vous faites ce geste à nouveau, attendez plus longtemps avant de tendre la main (procédure de temporisation) et réduisez votre geste de la main au minimum. Augmentez la distance entre la main de l'enfant et la vôtre. Chaque fois, faites-en moins et attendez un peu plus longtemps. Votre but est que l'enfant vous tende l'objet sans que vous ne fassiez un mouvement quelconque. Nous aborderons plus tard le sujet de l'obtention du regard. Pour le moment, il ne s'agit que de donner pour obtenir de l'aide. Lorsque l'enfant place l'objet dans votre main, dites : « Oh, tu as besoin d'*aide* », « Aide-moi », ou « Ouvre », « Ouvre la boîte » ou : « Je vais ouvrir. » Puis ouvrez, rendez-lui l'objet en disant, par exemple : « Voici le biscuit » ou : « Le feutre est ouvert. »

Donner pour partager ou montrer

La deuxième fonction du geste de donner est le partage. Apprendre aux enfants à donner pour partager (montrer), signifie qu'il faut rendre l'objet immédiatement avec une manifestation émotionnelle attractive, ou actionner le jouet une fois pour créer de l'intérêt et le rendre à l'enfant.

> **Comment faire ?**
>
> - Incitez l'enfant à donner en tendant la main ouverte, prenez l'objet et montrez-le lui, répondez par un renforcement comme un grand sourire et un contact visuel, dire : « Wow, super la voiture ! » faites-la rouler sur le ventre de l'enfant, puis rendez-la lui : « Voici la voiture ».
> - Lorsque vous répétez ces comportements, observez le moment où l'enfant commence à prendre l'objet et vous regarde en attendant votre réaction. Répondez en faisant le geste pour « donne » et réagissez par une manifestation complète.
> - Après quelques répétitions réussies, attendez que l'enfant donne avant que vous ne fassiez le geste et ne lui répondiez. À présent vous avez un « donne » à partager. *Assurez-vous de toujours rendre l'objet après votre manifestation.*
> - L'étape finale de modelage consiste à passer de « donne » à « montre ». Lorsque l'enfant vous présente le jouet, ne le prenez pas et remplacez ce geste en répondant au geste de l'enfant qui donne par une manifestation positive (si besoin est, tenez la main de l'enfant pour que l'« offre » se poursuive jusqu'à la fin de votre manifestation, mais ne prenez pas le jouet). Vous avez maintenant provoqué et renforcé un « montre ».
> - En plus d'apprendre à l'enfant comment montrer, nous devons lui apprendre à montrer en réponse à une consigne verbale, « Montre-moi ». Pour ce faire, accompagnez les mots « Montre-moi » d'un geste « donne-moi » dirigé sur un objet que l'enfant tient à la main ou qui est en face de lui. Tendez la main pour inciter l'enfant à donner l'objet. *Mais lorsque l'enfant vous présente l'objet, ne le prenez pas ; il suffit de regarder l'objet avec admiration et enthousiasme, tout en apportant les renforcements que vous avez utilisés pour les manifestations spontanées.*

Ne modifiez pas vos attentes concernant la coordination du regard et du geste. Le faire reviendrait à enfreindre la règle concernant la combinaison des tâches de maintien et des tâches d'acquisition, et vous risqueriez de parvenir à l'extinction du « donne ». Au lieu de cela, commencez à solliciter le regard par intermittence, peut-être une fois sur quatre. Une fois que l'enfant coordonne plus fréquemment le « donne » et le regard, commencez à l'inciter à regarder toutes les deux ou trois occasions de donner. Une fois que l'enfant a acquis ce niveau de régularité, passez à des attentes plus fréquentes concernant le regard, demandez-le la plupart du temps et ne renforcez pas le don s'il n'est pas accompagné d'un regard. Faites attention à la fréquence du don pendant cet apprentissage : n'ignorez pas l'enfant quand il « donne » sinon vous courez le risque de l'extinction de ce comportement. Assurez-vous de fournir de puissants renforcements.

Regardez attentivement la façon dont les enfants au développement typique utilisent le regard lorsqu'ils donnent pour partager ou obtenir de l'aide : c'est là notre modèle !

Une dernière étape de cette séquence est la persistance. De temps à autre, ne répondez pas à la première demande complète de l'enfant, même avec le regard. Faites semblant de regarder ailleurs. Attendez que l'enfant répète sa demande. Renforcez la deuxième tentative mais pas la première. Amenez l'enfant à placer le jouet juste en face de votre visage et à persister. Continuez à façonner le comportement jusqu'à ce que vous ayez construit une demande forte et persistante.

Dirigez fréquemment vos propres comportements d'attention conjointe vers l'enfant. Pendant que l'enfant apprend ces routines, assurez-vous aussi de lui donner des objets pour vous aider et pour partager, de sorte que vous puissiez donner un modèle de ces comportements et aider l'enfant à apprendre comment y répondre et comment les produire. Utilisez les méthodes d'enseignement typiques que nous avons examinées en fournissant l'offre (l'antécédent) et en incitant l'enfant à réagir (le comportement), puis renforcez le comportement en donnant l'objet à l'enfant pour qu'il l'utilise comme il veut. Cela favorise le développement de la compréhension réceptive et expressive de l'attention conjointe de l'enfant et favorise l'inversion des rôles et la coordination qui se produit entre partenaires sociaux.

Pointer du doigt

Nous devons enseigner aux enfants à saisir la signification du pointé aussi bien qu'à le produire. Pour lui en apprendre le sens, nous utilisons notre propre doigt pour pointer et attirer l'attention des enfants vers quelque chose : vers l'endroit où un élément du puzzle doit être placé, sur la tour pour empiler des cubes, sur le bouton d'un jouet pour l'actionner, sur les images d'un livre, sur le biscuit que nous voulons qu'ils prennent après. Nous devons voir que les enfants apprennent à suivre notre pointé des yeux et qu'ils montrent par leurs actions qu'ils comprennent la signification du pointé. Lorsqu'ils agissent intentionnellement à la place correspondant à celle que nous désignons du doigt dans une variété de situations et avec une variété de matériaux, nous savons qu'ils apprennent le sens du pointé.

■ Pointer pour indiquer une demande

Pour enseigner le pointé, les enfants doivent d'abord être en mesure de tendre la main de manière fiable vers des objets distants pour demander – pour indiquer leurs choix et leurs désirs. Si l'enfant ne sait pas encore étendre le bras vers un élément situé hors de sa portée pour indiquer son choix, il faut d'abord développer ce comportement, selon les modalités décrites dans la section précédente de ce chapitre. Lors de l'enseignement du pointé, nous incitons effectivement l'enfant à atteindre un objet désiré qui est situé à sa portée, puis très rapidement nous lui modelons la main pour obtenir un pointé. Nous faisons en sorte que l'enfant touche l'objet désiré par le pointé et ensuite, nous donnons l'objet à l'enfant. Utilisez l'instruction « Pointe ». Mettre des petits points ronds ou des gommettes sur les objets peut aider les enfants à apprendre le pointé. Dès que l'enfant pointe spontanément et régulièrement sur ces points pour demander, enlevez les gommettes tout en continuant à l'inciter à pointer par une aide physique ou verbale si besoin est. L'enfant doit pointer sur ces objets. Nous pouvons profiter de beaucoup d'opportunités pour répéter cet exercice en contrôlant du matériel à éléments multiples, comme par exemple les éléments d'un puzzle, les formes à encastrer, les fiches à insérer dans une planchette perforée et obtenir des enfants qu'ils demandent en pointant du doigt.

> **Comment faire ?**
>
> Un moyen très efficace d'obtenir un pointé est d'utiliser un bol pendant la collation, avec un point ou un autocollant et un peu de nourriture dedans. L'enfant doit vous voir mettre de la nourriture dans le bol. Montrez à l'enfant la nourriture dans le bol, ou utilisez un bol transparent. Tendez le bol vers l'enfant le point lui faisant face et tandis que l'enfant essaie d'atteindre la tasse, modelez-lui rapidement la main pour que son index touche le point. Tendez immédiatement le bol à l'enfant et laissez-le l'atteindre et prendre la surprise qui est dedans. Une fois que l'enfant a touché le point spontanément, utilisez ce point rond de la même manière pour d'autres choses que l'enfant demande.
>
> Une fois que l'enfant, pointe régulièrement et spontanément sur des objets proches pour demander, passez au pointé à distance en maintenant les objets hors de sa portée, afin qu'il puisse pointer le doigt vers l'objet mais qu'il ne puisse pas le toucher. Augmentez systématiquement la distance jusqu'à ce que l'enfant pointe régulièrement et spontanément à quelques mètres pour faire son choix, en réponse à la question : « Lequel veux-tu ? » ou simplement en réponse à la proposition visuelle sans langage d'un choix entre deux choses.

■ Ajouter le contact visuel au pointé pour demander

Comme pour les gestes pour donner et montrer, on enseigne d'abord le geste du pointé sans exiger de contact visuel. Une fois que le geste est maîtrisé et utilisé spontanément, on commence à exiger le contact visuel après le geste en attendant avant de donner l'objet et donc en contrariant ainsi les attentes de l'enfant ou, si nécessaire, en l'appelant par son nom. Puis, on commence à exiger que le pointé pour demander soit accompagné du regard, tout d'abord par intermittence, puis avec une plus grande fréquence. C'est ainsi qu'une fois que l'enfant pointe de façon fiable pour demander, on commence également à travailler sur la coordination entre le contact visuel et le pointé.

■ Pointer pour commenter

Les enfants utilisent le pointé pour exprimer plusieurs significations (fonctions pragmatiques). Le pointé peut vouloir dire « Je veux cela » (demander), « Fais ceci » (diriger), « Regarde cela » (montrer, ou fonction de commentaire). La fonction de commentaire est particulièrement importante pour le développement du langage et du vocabulaire parce qu'en général, les parents nomment les objets et les événements intéressants. Nous avons déjà parlé de l'enseignement du pointé et du comportement de donner comme moyens de demander. Comment pouvons-nous développer le fait de commenter à un niveau non verbal pour les jeunes enfants atteints d'autisme ? Un des meilleurs moyens consiste à élaborer des routines avec des commentaires à partir de livres comportant plusieurs images claires par page, des albums photos, des puzzles imagés. Lors de ces routines, l'adulte (en face de l'enfant) pointe sur chaque image à son tour et quand l'enfant regarde l'image, l'adulte la nomme. L'adulte peut également rajouter des effets sonores pour y ajouter de l'intérêt. Les adultes doivent s'assurer que l'enfant fait attention à l'élément qui est nommé. Lorsque l'intérêt de l'enfant diminue, l'activité est terminée. Faire les mêmes livres de la même manière à chaque fois renforce l'apprentissage de la routine ainsi que l'intérêt de l'enfant et élargit son attention. Une fois que l'enfant montre qu'il aime cette activité, l'adulte commence l'activité comme d'habitude, fait le pointé pour attirer l'attention de l'enfant sur l'objet, mais ensuite attend avant de le nommer. Il est probable que l'enfant lève les yeux pour voir pourquoi l'adulte ne nomme pas l'objet ; lorsque l'enfant lève les yeux, l'adulte nomme l'objet. Dans cette variante, nous renforçons l'enfant pour avoir utilisé le contact visuel pour que quelqu'un produise un nom – autrement dit, commente. Si l'enfant ne lève pas les yeux ou ne vous fait pas de signe et qu'il commence à tourner la page, empêchez-le de le faire et attendez qu'il vous regarde ou, si nécessaire, incitez le plus directement à regarder en l'appelant ou par un geste. Ensuite, continuez le jeu. À présent, apprenez à l'enfant à utiliser le pointé pour obtenir le commentaire. Pour ce faire, ajoutez cette variation à la routine : au lieu de l'adulte qui pointe, prenez la main de l'enfant et faites-le pointer sur chacune des images, pendant que l'adulte fournit le mot comme précédemment. Au fur et à mesure que cela devient la routine, l'adulte apporte de moins en moins d'aide jusqu'à ce que l'enfant mène l'activité en pointant et que l'adulte réponde au pointé par le mot. L'élaboration finale de cette étape se produit lorsque l'adulte est assis en face de l'enfant (bien entendu), de sorte que lorsque l'enfant pointe, l'adulte attende un contact visuel et contrarie ainsi son attente. Ceci va souvent provoquer le regard, et l'adulte va fournir le mot chaque fois que l'enfant établit un contact visuel. L'enfant combine maintenant le pointé et le regard pour demander le mot – exactement comme cela se produit dans le développement typique.

> **Conclusion**
>
> Dans les descriptions ci-dessus, nous avons donné des indications sur la façon d'apprendre aux enfants à la fois à utiliser et à comprendre la communication gestuelle pour les trois fonctions pragmatiques. Donner pour avoir de l'aide implique une régulation du comportement. Répondre à des routines sociales sensorielles en maintenant et en poursuivant un jeu implique des interactions sociales dyadiques. Apprendre aux enfants à pointer, montrer et donner pour manifester leur intérêt implique l'attention conjointe. Vous avez maintenant des stratégies pour développer le large éventail de gestes de communication non verbale qui caractérisent le développement typique de la communication dans la petite enfance.
>
> Les techniques ci-dessus, associées aux techniques d'enseignement de l'imitation des gestes décrites au chapitre 7, peuvent être utilisées pour développer toutes sortes de gestes de communication sociale. Les procédures sont toujours les mêmes. Identifier le geste à enseigner, en donner le modèle de façon contextuellement appropriée lors d'une activité préférée ou d'une routine sociale pertinente, demander que l'enfant l'imite en retour avant de continuer la routine et inciter l'enfant à le faire si nécessaire. Lorsque vous enseignez ces gestes, assurez-vous de les utiliser abondamment au cours de la thérapie, parallèlement au langage typique qui accompagne ces gestes. Au fur et à mesure que les enfants commencent à les produire spontanément, renforcez-les de manière différentielle. Continuez toutefois à renforcer les réalisations n'impliquant pas la totalité de ces gestes. Il n'est pas dans nos intentions de créer une utilisation anormale et rigide des gestes dans les routines de communication sociale.
>
> En développant le répertoire de communication non verbale décrit ci-dessus et en avançant dans la liste de contrôle de l'ESDM (annexe 1), vous augmenterez également les vocalisations communicatives intentionnelles des enfants, au travers de l'intégration du contact visuel, des gestes et des vocalisations. Cela prépare bien les enfants pour le passage au langage verbal qui est le thème du chapitre suivant. Toutefois, au fur et à mesure que vous progressez en direction du langage verbal, assurez-vous de continuer à travailler sur la communication non verbale. La communication non verbale accompagne *toujours* la communication verbale dans le développement typique et l'absence de communication non verbale appropriée est un symptôme bien connu de l'autisme, même chez les personnes très verbales atteintes de TSA. Continuez à travailler sur les gestes par le biais du mime, avec des jeux comme « devine ce que je mime » et de nombreuses autres activités tout au long du traitement du TSA.

Chapitre 9

Développer la communication verbale

SOMMAIRE

Stimuler le développement de la production du langage.......... **265**
    Le développement du langage typique........................... 265
    Développer un répertoire de sons............................... 266
    Passer des sons aux mots....................................... 267
    Obtenir des mots spontanés à partir de mots imités............. 270
    Développer les mots pour les actions : les verbes.............. 273
    Construire des énoncés de plusieurs mots....................... 274
    Aller au-delà des énoncés de deux mots......................... 276
    L'impact du langage de l'adulte sur l'apprentissage de l'enfant... 276
    Les enfants qui ne progressent pas dans le développement du langage 279

Le langage réceptif **280**
    Attendre et exiger une réponse................................. 282
    Suivre des consignes verbales.................................. 282

LA COMMUNICATION VERBALE se compose du langage expressif et du langage réceptif. La compréhension du langage est essentielle pour son utilisation car elle en fait partie intégrante ce qui fait que nous nous attendons à ce que le langage réceptif et le langage expressif se développent simultanément. Dans ce chapitre, nous nous concentrons sur les moyens de favoriser le développement des bases du langage expressif, en utilisant exclusivement les techniques qui amènent au passage du développement de la communication verbale spontanée et générative au stade des deux mots.

Le discours communicatif utile résulte de plusieurs compétences fondamentales : comprendre l'utilité pragmatique, ou l'effet social de la communication verbale ; avoir la maturité appropriée et le contrôle intentionnel du système de production du langage ; pouvoir imiter le langage des autres pour en acquérir les formes ; et pouvoir apprendre la signification des mots. Le langage verbal n'est pas un système de communication isolé ; il est au contraire associé à des comportements communicatifs non verbaux tels que des schémas de regards, de gestes et d'intonations qui ajoutent du sens. L'essentiel de ce chapitre se focalise sur la construction de ces ensembles de communication verbale et non verbale.

Comme pour la communication non verbale, l'objectif principal est d'apprendre aux enfants à utiliser le langage pour exprimer un large éventail de fonctions pragmatiques : le commentaire, l'attention conjointe, l'affirmation, la protestation et le refus, l'accueil et l'obtention de l'attention, tout autant que la régulation du comportement (Bruner, 1981a). Dans l'ESDM, l'enseignement du langage verbal est réalisé dans des activités conjointes qui ciblent également les communications pragmatiques non verbales décrites précédemment. Dans ces activités conjointes le traitement cible tout d'abord le développement des vocalisations intentionnelles, puis les combinaisons de consonne-voyelle (syllabes imitant la production d'un mot), ensuite des approximations de mots isolés et, enfin, des combinaisons de plusieurs mots. Tous ces apprentissages se font au cours d'activités partagées pour fournir le contenu et les fonctions de la communication de l'enfant.

À présent concentrons-nous sur l'ajout de vocalisations intentionnelles aux éléments de communication non verbale déjà développés. Construire le langage se fait exactement de la même manière que pour la construction de la communication non verbale. Les pages suivantes décrivent comment élaborer un répertoire de sons intentionnels en stimulant le développement de la communication verbale de l'enfant et le contrôle intentionnel de sa voix. Ce travail se fait dans le contexte de routines d'activités conjointes en mettant en évidence les routines sociales sensorielles qui seront utilisées comme point de départ. Lorsque l'enfant parvient facilement à produire des sons intentionnellement et à imiter quelques sons, l'adulte utilisera l'incitation pour ajouter ces sons à la communication non verbale que l'enfant manifeste déjà. Le même processus sera utilisé pour transformer les sons en mots et les productions de mots isolés en productions de plusieurs mots. Le travail se fera dans des routines d'activités conjointes, en construisant sur les fonctions pragmatiques que l'enfant utilise déjà et sur les nouvelles fonctions qui se présentent lors des interactions entre l'enfant et l'adulte. « Les premiers mots se développent pour remplir des fonctions sociales qui, à l'origine, sont transmises par des gestes » (Owens, 1996).

Ainsi, la pragmatique de la communication se poursuit sur la base de la communication développée et étendue en continu au travers des expériences, des modèles de l'adulte et des techniques d'enseignement naturalistes. Les adultes vont *suivre* les intérêts et les motivations de l'enfant dans les routines d'activités conjointes en utilisant un langage et des supports pertinents pour favoriser la communication de l'enfant. Que ce soit pour les enfants typiques ou pour les enfants avec autisme, les techniques d'enseignement du langage des adultes qui suivent les initiatives et le centre d'attention de l'enfant se sont révélées plus efficaces pour améliorer le développement du langage que celles qui employaient des moyens directifs (Hart et Risley, 1975 ; Siller et Sigman, 2002). Ceci est un des points forts de l'ESDM : un enseignement de la communication solidement ancré dans la pragmatique de la communication.

STIMULER LE DÉVELOPPEMENT DE LA PRODUCTION DU LANGAGE

Le langage se développe à partir des vocalisations intentionnelles de l'enfant. Les composantes de base essentielles à ce développement sont la capacité à produire un nombre croissant de phonèmes (sons du langage) et à imiter le langage produit par les autres.

Le développement du langage typique

Au départ, les nourrissons développent de nouveaux sons de façon non intentionnelle, en étant exposés à leur langue maternelle par le jeu vocal et par la maturation neurologique des mécanismes du langage. Les productions langagières des jeunes enfants suivent un ordre caractéristique dans le développement typique. Elles commencent par la production des sons de voyelles essentiellement centrales ou postérieures, qui sont suivies par du babillage (vocalisations de séries de consonnes et de voyelles [CV] ou de voyelles et de consonnes [VC], souvent en réponse au langage des autres).

Avec la maturation se produit une variation accrue de l'intonation et de la production de voyelles, ainsi que l'ajout de nouvelles productions de consonnes. Au fur et à mesure que le développement typique se poursuit, les très jeunes enfants produisent des répétitions de syllabes CV ou VC, ou un babillage dupliqué (par exemple, *ba-ba*, *di-di*) et commencent ensuite à imiter ceux qui les entourent, y compris les schémas d'intonation du langage des adultes. Puis, le babillage panaché apparaît, autrement dit le babillage dans lequel les séquences CV-CV ou VC-VC ne sont pas identiques (*ba-da*, *da-di*) et peuvent également inclure des combinaisons CVC ou VCV (*pap*, *aba*). Le stade final de la production du langage précoce a lieu quand les jeunes enfants commencent à produire de longues séries de sons avec des schémas d'intonation semblables à ceux des adultes qui constituent le jargon.

Dans le développement typique, les consonnes nasales /m/ et /n/, les consonnes occlusives /p/, /b/, /t/ et /d/ et les semi-consonnes /y/ sont majoritaires dans les vocalisations du très jeune enfant (Leonard, Newhoff, & Mesalam, 1980) ; cependant, à ce stade, les productions ne sont ni entièrement formées ni forcément précises. On doit donc également prendre en compte l'âge typique de *maîtrise* lorsqu'on détermine les cibles de l'intervention.

Maîtriser tous les phonèmes de notre langue prend normalement de nombreuses années et les enfants typiques d'âge préscolaire peuvent encore présenter des erreurs développementales pour les sons les plus élaborés (par exemple /ch/, /j/ et /r/). Quelques uns des phonèmes généralement maîtrisés le plus précocement incluent le /p/, /t/, /k/, /b/, /d/, /g/, /m/, /n/. Ces phonèmes sont souvent suivis de la maîtrise du /s/, /l/ puis du /f/, /s/ et /z/ (Sander, 1972). Aussi, lorsque vous travaillez avec un enfant avec autisme qui commence juste à développer le langage parlé, gardez ces schémas de développement du langage à l'esprit lorsque vous choisissez les activités et le matériel pour l'intervention et optez pour des cibles qui utilisent les sons dans la première position du mot et qui soient appropriés pour le niveau de production du langage de l'enfant. Les jeunes enfants avec autisme semblent produire le même répertoire de phonèmes, ou sons du langage, que les enfants au développement typique (McCleery *et al.*, 2006).

Développer un répertoire de sons

Certains enfants avec autisme produisent très peu de sons, en particulier pour les consonnes. Cliniquement, nous observons que leurs vocalisations sont rares en nombre, le nombre de sons ou de phonèmes différents utilisés est faible et leurs schémas d'intonation peuvent être très inhabituels. Le ton et la mélodie du jeu vocal typique du nourrisson leur fait souvent défaut. Leurs voix peuvent être inhabituellement douces ou fortes, étrangement élevées ou faibles dans le ton et leurs schémas d'intonation peuvent être plutôt plats et monotones, ou inhabituels dans leurs schémas d'accentuation et très différents du langage typique (McCann et Peppe, 2003).

Pour les enfants qui produisent un taux et une variété de sons réduits, notre premier objectif est d'augmenter la fréquence et la variété des sons que l'enfant produit. Pour y parvenir, nous repérons les activités dans lesquelles les enfants ont tendance à vocaliser et nous renforçons chaque fois que les vocalisations se produisent. Les activités sociales

9 • Développer la communication verbale

sensorielles impliquant des mouvements sont souvent particulièrement utiles pour stimuler la vocalisation non intentionnelle des enfants.

Imiter les vocalisations des enfants a souvent une fonction de renforcement (bien que cela puisse également arrêter les vocalisations – soyez très attentif à l'impact de vos imitations sur la vocalisation de l'enfant). Pour des enfants qui ne produisent pas beaucoup de sons, il est important de renforcer les vocalisations de manière différentielle ce qui sera utile pour augmenter leur fréquence. Cela signifie que, sans tenir compte du comportement cible que vous cherchez à obtenir dans l'interaction, si l'enfant vocalise, il doit recevoir un renforcement immédiat pour sa vocalisation. Un renforcement contingent et naturel du langage est que le partenaire de communication réponde. L'adulte doit arrêter ce qu'il fait immédiatement et vocaliser en réponse ou imiter l'enfant (à nouveau, en étant conscient de la réaction de l'enfant aux imitations de l'adulte) et poursuivre en fournissant à l'enfant ce qui correspond à l'objectif pragmatique qu'il a exprimé par le biais de cette vocalisation.

Dans le chapitre sur l'imitation, nous avons examiné les façons de stimuler la fréquence et la diversité croissantes des vocalisations. Les adultes élaborent un répertoire de sons du langage de l'enfant par des petits jeux où l'on produit des sons, en ajoutant des effets sonores ritualisés aux routines de jeu avec des jouets et des livres et au travers de routines sociales sensorielles. Imiter les sons émis par les enfants et développer des jeux vocaux comportant l'imitation à tour de rôle sont des types d'activités extrêmement utiles. Reportez-vous au chapitre 7 pour les façons de construire un répertoire de vocalisations intentionnelles au travers de jeux d'imitation. Ce sont des compétences prérequises pour le développement du langage. Le but est de construire en s'appuyant sur les productions spontanées de l'enfant, par l'utilisation de l'imitation des sons de l'enfant pour aider ces sons à devenir intentionnels et ensuite utiliser l'imitation initiée par l'adulte pour que ces sons passent entièrement sous le contrôle de l'enfant. Une fois que l'enfant vocalise de façon fiable en réponse aux sons de l'adulte, ce dernier commence à façonner ces sons en mots.

Passer des sons aux mots

L'adulte utilise deux procédés pour modeler les sons en mots.

Il fait d'abord correspondre les sons de l'enfant avec des mots qui ont un lien avec eux dans des activités pertinentes.

Exemple

Molly produit la syllabe *ba* – et imite régulièrement sa thérapeute, Jill, lorsqu'elle lui donne le modèle. Jill commence alors à choisir des activités pour lesquelles la production du son *ba* est pertinente – bulles, balles, ballon, bouteille, bébé et bain. Jill propose un gros ballon de thérapie à Molly pour jouer au jeu préféré de Molly : rebondir sur le ballon. « Veux-tu le ballon ? » Molly

> tend le bras et regarde pour demander. Jill répète, « Ballon ? Ba ? » Et Molly imite « ba ». « Oui, ballon » dit Jill, qui la soulève pour qu'elle commence immédiatement à rebondir sur le ballon. Elle la fait rebondir brièvement, s'arrête, puis maintient le ballon immobile. Molly se tortille pour continuer à rebondir. « Ballon ? » demande Jill. « Ballon ? » Molly répond « ba » et Jill fait un signe de tête, sourit, dit « Oui, saute ! » et commence à la faire rebondir à nouveau. Cette routine d'arrêts/reprise se fait six fois de suite. À la sixième, Jill attend le mot avant de donner le modèle, n'obtient pas spontanément le « ba », chuchote alors « ba » et Molly répond, « ba, ba ». « ballon », dit Jill, tandis qu'elle fait rebondir Molly pendant un long moment.

Dans cet épisode, l'adulte crée l'activité pour que son modèle provoque l'imitation du mot par l'enfant qui l'utilise pour demander. Puis, une fois que l'enfant a parlé, l'adulte lui fournit immédiatement le renforcement. Dans cette situation, « ba » est associé avec un événement particulier et est en passe de devenir un mot.

La seconde stratégie consiste à façonner des sons du répertoire de l'enfant pour qu'ils ressemblent plus à des mots. Une fois que l'enfant produit un son bien maîtrisé pour l'activité, l'adulte commence à donner le modèle d'un son quelque peu modifié qui est plus proche du vrai mot tout en faisant encore partie du répertoire de l'enfant. Pour revenir à Jill et Molly, le son « ba » est également utilisé dans leurs jeux de bulles et de ballon. Pendant une activité avec des bulles, une fois que « ba » est bien établi, Jill commence à différer le renforcement pour la syllabe simple en donnant le modèle « baba » pour les bulles et en renforçant de façon différente une production de deux syllabes de la part de Molly pour façonner « ba » en bulles ; Il s'agit d'approximations successives. La production de l'enfant est façonnée par une série d'approximations de plus en plus proches de la production du mot faite par l'adulte.

Exemple

> De la même façon, dans le jeu de ballon, Molly est également capable d'imiter le son *on*. Donc, une fois que le *ba* est bien acquis pour demander le ballon, Jill donne le modèle de « ballon » et lorsque Molly répond avec « ba », Jill donne le modèle et obtient ensuite le son *on*. Elle continuera à obtenir « ba » et « on » dans le jeu de ballon et lorsque Molly imite régulièrement chacun des deux sons, Jill commencera à attendre les deux syllabes une fois qu'elle aura donné le modèle « *ball-on* ». Elle renforcera différentiellement cette combinaison de sons et au bout d'un moment Molly deviendra plus fidèle dans l'imitation de « ballon » en disant « baon ». Les procédés d'incitation, de modelage et de diminution des incitations sont utilisés pour passer des sons aux mots.

■ Imprégner de sens les productions spontanées

Au fur et à mesure que les enfants apprennent à accompagner leurs gestes communicatifs de vocalisations intentionnelles, les adultes doivent commencer à traiter ces vocalisations comme des tentatives de formation de mots et commencer à donner des modèles de mots simples en retour. Une de ces techniques consiste à répondre aux productions verbales spontanées de l'enfant par des mots réels, appropriés pour le contexte et qui correspondent aux schémas phonétiques produits par l'enfant lors de l'interaction.

Exemple

Jason fait des vocalisations à plusieurs syllabes qui contiennent des consonnes et des voyelles avec une intonation comme celle du langage. Il gazouille « zaza » dans un jeu vocal pendant une routine d'activité conjointe avec des voitures, que Laurie, la thérapeute, intègre immédiatement dans un « zoom zoom » et renforce par une action vivante et intéressante avec la voiture. Laurie arrête alors la voiture et regarde Jason en attendant. Elle lui demande, « zoom zoom ? » et attend qu'il produise le « zaza » pour avoir la routine de la voiture comme conséquence. S'il ne le fait pas, elle en donnera le modèle en disant, « zaza » et attendra qu'il le dise à nouveau, puis poursuivra le jeu, qu'il le dise à nouveau ou non. Ainsi, en associant « zoom zoom » au jeu avec les voitures, une des activités préférées de l'enfant, elle aura imprégné de sens la vocalisation spontanée de l'enfant.

■ Imprégner de sens la réalisation d'imitations

L'utilisation des productions que l'enfant imite suivra exactement le même processus. Les imitations vocales font partie des routines d'activités conjointes significatives de l'ESDM. Pour ajouter une signification sémantique aux imitations, l'adulte choisit des modèles qui correspondent à un mot-clé dans l'activité et donne comme conséquence de l'imitation par l'enfant une de ses activités préférées. Ceci ressemble beaucoup à l'exemple ci-dessus avec Jill et Molly, mais ici, l'objectif est d'ajouter un sens au son de l'enfant plutôt que de façonner le son de l'enfant.

Exemple

La thérapeute, Diane, a appris à Kerry à imiter « ba » pour demander des balles et des bulles. Dans une activité au sol, Diane propose à Kerry des bulles ou un tambour, en nommant les deux. L'enfant tend les bras vers les bulles et l'adulte dit, « *bu*lles, *bu*lles », en insistant sur la première syllabe, la regarde en attendant et en retenant les bulles. Kerry ne dit pas « ba » et Diane donne le modèle « ba ». Kerry dit « ba » et Diane développe immédiatement en « ba – bulles » en tendant à Kerry le flacon de bulles fermé. Kerry rend le flacon à Diane pour qu'elle l'ouvre et Diane donne le modèle « aide-moi », en cherchant à obtenir une imitation (une approximation). Kerry dit « ai » et Diane répond : « De l'aide, bien sûr, je vais t'aider », et elle ouvre le flacon et trempe la baguette dans le liquide et se tient prête à souffler. « Je souffle ? » demande-t-elle, et Kerry dit « sou », sur ce Diane répond : « Souffle » et souffle un long flot de bulles. Kerry saute pour les toucher et Diane se joint au jeu de bulles, en faisant éclater les bulles et en disant « pic, pic », tandis qu'elle fait éclater les bulles des doigts. L'enfant dit « ba » et touche les bulles du doigt et Diane dit : « Les bulles, pique les bulles. »

Dans cet exemple, nous voyons que les imitations de l'enfant ont toujours pour conséquence la réalisation de l'objectif de l'enfant et que l'adulte répond toujours par des mots cibles qui correspondent aux schémas phonétiques que l'enfant produit. Les actions de l'adulte avec les objets donnent une signification aux sons imités par l'enfant autant qu'au langage produit en réponse à ces actions.

Parce que dans l'ESDM, la communication se produit lors des routines d'activités conjointes, la communication de l'enfant a toujours une fonction et une signification. Nous sommes certains que les sons et les approximations de mots de l'enfant ont une signification sémantique lorsque l'enfant les produit spontanément en présence d'un objet ou d'une action cible, lorsque l'enfant réclame ces objets ou actions en leur absence et lorsque nous proposons verbalement l'activité ou l'objet et que l'enfant agit immédiatement d'une telle manière qu'il est évident qu'il comprend. Ainsi, lorsque l'enfant montre qu'il comprend la signification des mots, il faut s'écarter du format de l'imitation et passer à l'acquisition d'un discours et d'un langage réceptif spontanés. C'est le sujet que nous abordons ensuite.

Obtenir des mots spontanés à partir de mots imités

Faciliter le développement de la spontanéité implique l'élaboration d'une routine d'imitation des mots puis la diminution du modèle au fil des essais. Pour ce faire, les mots ne doivent pas changer et doivent être répétés dans un enchaînement.

Exemple

Le thérapeute Greg enfile de grosses boules[1] sur une tige avec Lee et ils renversent ensuite celle-ci en rentrant dedans avec une petite voiture, ce que Lee apprécie beaucoup. Greg prend le contrôle du matériel et provoque l'approximation « ba » pour demander une boule en fournissant le modèle, « Boule ? » tout en offrant une boule à Lee. Ils sont assis par terre l'un en face de l'autre et Greg tient la boite de boules sur ses genoux. Il fournit une boule ou deux à Lee et commence à empiler deux boules sur la tige entre eux. Lee empile sa boule sur cette base. Alors, Greg ajoute une boule et propose une autre boule, « boule ? ». Lee répond par « ba », Greg lui laisse prendre une boule en répétant, « boule » et Lee la place. Greg répète cette séquence deux ou trois fois de plus (incitations totales) et la fois suivante il propose une boule à Lee mais ne donne pas le modèle du mot. Si Lee dit « ba », Greg donne la boule et dit « boule ». Si Lee ne dit pas « ba », mais au lieu de cela essaie de la prendre, Greg chuchote « boule », obtient « ba » de la part de Lee et lui tend la boule. Greg vient de fournir une incitation partielle au lieu d'une incitation totale. Il va continuer à diminuer l'incitation jusqu'à ce que Lee produise le « ba » en réponse à l'objet proposé, sans que le langage de l'adulte ne précède sa réponse.

---

1. NDT : Le jeu a été modifié par rapport à la version initiale afin que les sons travaillés puissent correspondre à la langue française.

9 • Développer la communication verbale

Ceci est la procédure générale pour passer de l'imitation verbale à la production spontanée de mots. Établissez cette routine de communication sociale avec de nombreuses répétitions d'un seul mot puis commencez à diminuer les modèles verbaux. Ceci nécessite un nombre suffisant de répétitions. Alors que dans d'autres parties de ce manuel nous ayons examiné l'élaboration d'activités conjointes au travers de tours de rôle, de changements dans le langage, du développement pour éviter l'excès de répétitions, dans cette situation particulière, nous avons besoin des répétitions pour créer « un élan comportemental », pour amener l'enfant à produire une parole spontanée. Nous utilisons donc le même mot quatre à cinq fois de suite, « sou souffle », pour faire imiter le son « sou » par l'enfant à chaque fois avant de souffler. Ensuite, au sixième essai, nous évitons de dire « sou » et à la place, nous regardons l'enfant en attendant le son « sou » et si nécessaire en faisant la forme du « sou » avec la bouche, en attendant que l'enfant dise « sou » avant que nous fassions des bulles. Nous procédons ainsi de façon plus répétitive pour soutenir l'initiative verbale spontanée de l'enfant. Après avoir obtenu plusieurs productions spontanées ou lorsque l'attention et la motivation de l'enfant commencent à décroître, nous pouvons élaborer ou varier la routine d'activité conjointe.

La surgénéralisation

Ne soyez pas découragés par la surgénéralisation. Typiquement, les enfants surgénéralisent leurs premiers mots et les utilisent pour de multiples objets ou demandes (Rescorla, 1980). C'est comme s'ils avaient appris que dire un mot est efficace, mais ne comprenaient pas les limites de la signification du premier mot. Quand un enfant se trompe de mot pour demander quelque chose, fournissez simplement le modèle du mot juste pour susciter une imitation approximative qui soit différente du mot utilisé précédemment par l'enfant et tendez-lui l'objet demandé. Au fur et à mesure que les compétences de langage expressif et réceptif de l'enfant continuent à se développer, ce problème se résoudra de lui-même. Ce qu'il est important de retenir est qu'il faut renforcer l'initiative expressive de l'enfant.

Toutefois, restez-en à un très petit nombre de mots à travailler mais travaillez les beaucoup. Continuez à cibler quelques mots seulement en utilisant des objets fortement attractifs et beaucoup de répétitions ; les choses progresseront. Demandez aux parents de dresser une liste de mots que l'enfant utilise spontanément à la maison pour vous aider à repérer le vocabulaire et à savoir quels mots cibler pendant la séance. Gardez également à l'esprit que lorsque le vocabulaire de l'enfant s'accroît, ses énoncés n'ont pas à être aussi justes que ceux de l'adulte pour qu'on les considère comme un enrichissement valide du langage et du vocabulaire. L'utilisation régulière d'une approximation de langage pour un objet particulier, une personne, ou une action particulière indique que l'enfant a une représentation (un mot) pour cela, même si le son produit ne ressemble pas encore exactement à celui de l'adulte. Ces énoncés doivent également être intégrés dans la liste des mots acquis. Enfin utilisez des noms

> et des verbes pour ces premiers mots ; évitez l'utilisation excessive de mots tels que « encore » ou « oui » qui sont très généraux en soi.

■ Utiliser le discours spontané pour faire des choix

Une fois que l'enfant manifeste clairement qu'il associe un mot et un objet, par les approximations de mots qu'il utilise pour demander certains objets, il faut lui fournir des occasions de discriminer. Pour Lee, qui a appris à demander spontanément des boules lors de l'activité d'empilement, l'adulte doit maintenant proposer un choix entre deux objets dont l'enfant connaît les noms, en les nommant, « boule ou tasse[1] ? » Si Lee répète « tasse », il obtient une tasse ; pas ce dont il a besoin pour enfiler sur la tige. Le fait d'obtenir une tasse devrait le contrarier un peu. Faites une autre proposition, en disant cette fois-ci, « tasse ou boule ? » Il demandera certainement une « boule ». (Les enfants ont tendance à reprendre en écho le dernier mot qu'ils ont entendu. Vous allez utiliser cette tendance pour cet apprentissage.)

Variez l'ordre des choix dont vous donnez le modèle pour que les conséquences naturelles de la répétition en écho (c'est-à-dire obtenir le mauvais objet s'il dit « tasse ») vous aide à apprendre à l'enfant à réfléchir plutôt que de répéter en écho. Dans cette situation, Lee fera probablement l'erreur plusieurs fois. Lorsque Lee dit « tasse », proposez-lui la tasse et lorsqu'il paraît mécontent et avant qu'il la prenne, reprenez-la et dites : « Boule. Tu veux la boule » et donnez-lui la boule au moment où il dit « boule ». Faites attention de ne pas laisser l'enfant faire trop d'erreurs sinon vous perdrez sa motivation. Toutefois, cette étape de discrimination est importante pour faciliter le développement et le passage de l'imitation au langage verbal spontané. Les expressions non verbales des enfants peuvent aussi être utiles pour interpréter le sens. Si leurs gestes indiquent qu'ils veulent un objet et qu'ils disent le nom d'un autre objet, assurez-vous de nommer celui qu'ils cherchent à atteindre et tendez-le leur. Nous devons répondre à leurs expressions non verbales et non les ignorer.

■ Déterminer les mots spontanés à cibler lors de l'apprentissage

> **Quelques règles à suivre pour déterminer les mots à cibler pour le discours spontané**
>
> - Ciblez des mots qui sont associés à des choses que les enfants apprécient beaucoup.
> - Ciblez des mots pour lesquels l'enfant possède déjà des sons approximatifs.

---

1. NDT : Ici encore le vocabulaire a été modifié pour rendre l'exemple pertinent en langue française.

9 • Développer la communication verbale

> - Ciblez des mots appropriés d'un point de vue développemental (par exemple, des mots qui ne comprennent pas un ensemble de plusieurs consonnes mélangées) ;
> - Ciblez des mots qui sont courants dans plusieurs environnements ;
> - Ciblez des mots liés à des demandes que l'enfant exprime non verbalement de manière régulière ;
> - N'oubliez pas d'inclure des mots d'actions de temps en temps !

Élaborez un vocabulaire avec des mots se rapportant à des choses qui sont importantes pour l'enfant et utilisez ces mots fréquemment jusqu'à ce que l'enfant les apprenne. Les premiers mots des petits enfants au développement typique sont généralement les noms d'animaux, d'aliments et de jouets (Nelson, 1973). Fournissez des mots simples pour tous les principaux centres d'intérêt de l'enfant – ses jeux sociaux, ses aliments, ses jouets, les personnes et ses animaux favoris. Il est important de mettre les actions exergue tout autant que les noms des choses, bien que les actions n'arrivent dans le vocabulaire des jeunes enfants qu'un peu plus tard que les noms et soient beaucoup moins fréquentes que les noms (Nelson, 1973). Le nom des couleurs, des nombres, des formes et les autres concepts arrivent plus tard. Il n'y a pas lieu d'insister sur ce type de mots lors de cette phase précoce de l'apprentissage du langage. Au début, ciblez les noms et les actions en utilisant des mots simples mais spécifiques : tasse, balle, saute, et mange.

Enfin, n'essayez pas de cibler des mots généraux qui peuvent être utilisés pour un grand nombre de demandes. Par exemple, essayez d'éviter le mot *encore*, mais si vous en avez besoin pour une raison particulière, ne le laissez pas devenir universel. Sinon il prendra la place de beaucoup de mots différents qui pourraient être enseignés. Au contraire, essayez d'obtenir des approximations de noms ou d'actions spécifiques en soi : jus, gâteau, livre et bulle. Les premiers mots entrent lentement dans le répertoire des petits enfants typiques au début, mais lorsqu'ils atteignent cinquante mots, leur taux d'apprentissage des mots s'améliore de manière significative – c'est ce que l'on appelle souvent « l'explosion du langage ». C'est pendant cette période du développement typique qu'on a l'impression que les enfants augmentent leur vocabulaire tous les jours sans le moindre effort.

Développer les mots pour les actions : les verbes

Lorsque le vocabulaire des enfants atteint les cent mots, les verbes prennent un plus grand rôle (bien qu'encore restreint) dans leur répertoire (Bates *et al.*, 1994). Nous encourageons le développement des verbes de la même façon que nous l'avons fait pour les noms – par l'imitation, par le choix des routines d'actions, la discrimination et la diminution des incitations lors des demandes d'activités intéressantes. À la différence près que dans les activités conjointes, il faut à présent insister sur le choix des actions et non sur le choix des noms/objets. Certaines activités se prêtent très bien au travail sur les verbes :

- les jeux physiques avec les enfants peuvent comprendre « saute », « pousse », « balance », « cours » et « cache » ;
- les routines avec de la pâte à modeler peuvent inclure « creuse », « étale », « pince », « coupe » et « tords » ;
- toutes sortes d'activités qui peuvent comporter « arrête », « vas-y » ;
- les routines avec les balles peuvent inclure « lance », « tape », « tourne », « fais rebondir », ou « fais rouler » ;
- le contact physique peut inclure « tapote », « caresse », « serre », ou « chatouille » ;
- une caisse à outils en jouet ou un établi pour enfant sont des objets merveilleux pour mettre l'accent sur les actions.

Ciblez des verbes pour lesquels l'enfant possède déjà des sons approximatifs. Ensuite, élaborez avec l'enfant une routine amusante autour du verbe d'action ciblé. Donnez le modèle de l'action avec le mot correspondant pendant que vous développez l'activité. Donnez à l'enfant un choix d'actions et avec ce choix, obtenez l'imitation verbale du verbe. En conséquence de ce choix – renforcez – répondez par l'action désirée. Vous utilisez ainsi les mêmes procédures pour l'apprentissage des verbes que celles utilisées précédemment pour les noms. Vous utiliserez également les procédures décrites plus haut pour la production spontanée des noms pour aider l'enfant à progresser vers une production spontanée de verbes.

Construire des énoncés de plusieurs mots

Quand doit-on s'attendre à obtenir des combinaisons de deux mots de la part d'un enfant qui produit régulièrement des énoncés d'un mot dans le discours spontané ? La science de la communication ne nous fournit pas d'indications universellement reconnues pour cela (Tomasello, 2006). Cependant, il est évident qu'il existe une relation positive entre la taille du vocabulaire expressif et la longueur des phrases. Que ce soit en anglais et ou dans d'autres langues, les très jeunes enfants commencent à manifester une augmentation des combinaisons de mots et à présenter d'autres preuves de leur développement syntaxique lorsque leur vocabulaire atteint près de cent mots (Caselli, Casadio et Bates, 1999). Dans l'ESDM, on commence à cibler les énoncés de deux mots lorsque l'enfant compte au minimum soixante à quatre-vingts mots spontanés dans son répertoire et utilise des mots spontanément avec une fréquence élevée (c'est-à-dire, parle plusieurs fois par minute dans une interaction sociale). Beaucoup de jeunes enfants avec autisme ayant développé un langage de mots isolés de ce niveau commencent spontanément à imiter des phrases de deux mots utilisées par les adultes et passent aux énoncés de plusieurs mots grâce à l'environnement de langage enrichi fourni par l'ESDM. Toutefois, si l'enfant avec autisme possède ce nombre de mots et initie la communication verbale avec une fréquence élevée, mais ne combine pas encore les mots en imitant vos énoncés de deux mots lors des routines d'activités conjointes, vous devrez adopter des stratégies supplémentaires.

Les adultes doivent profiter des compétences d'imitation verbale déjà développées par l'enfant et utiliser l'imitation pour l'inciter à produire ces énoncés de deux mots. Mais attention, ne demandez pas aux enfants de produire des phrases plus longues en leur apprenant à imiter chaque mot un à un : « Je je », « veux veux », « du jus du jus ». Notre expérience nous a montré que cela encourage l'écholalie et entrave la spontanéité et le développement syntaxique. Au lieu de cela, utilisez les compétences d'imitation déjà développées par l'enfant dans des activités conjointes.

Il existe plusieurs moyens de faire ceci.

1. En commençant tout d'abord par modifier vos attentes. Jusqu'ici, l'enfant parlait par énoncés de mots uniques et vous avez donné le modèle d'énoncés de deux mots parce que vous suivez la règle « longueur moyenne de l'énoncé de l'enfant + 1 » détaillée précédemment. À ce stade de la thérapie, beaucoup de jeunes enfants avec autisme auront déjà commencé à imiter vos énoncés de deux mots. Si c'est le cas, vous pouvez maintenant commencer à renforcer différentiellement les énoncés de deux mots. Si l'enfant n'imite pas spontanément vos énoncés de deux mots, vous pouvez utiliser ses capacités d'imitation et demander qu'il imite le modèle que vous lui donnez avant de le laisser atteindre son but. Si vous demandez habituellement « souffle bulles ? » et que l'enfant répond « bulles », dites « souffle ? » Si l'enfant imite « souffle », alors demandez, « souffle bulles ? » et voyez si l'enfant essaie d'imiter les deux mots. En changeant vos attentes et en insistant sur les deux mots, l'enfant commencera probablement à imiter l'énoncé de deux mots. Si ce n'est pas le cas, ne changez pas pour un modèle tel que celui-ci : « souffle ? souffle » « bulles ? bulles », restez-en au modèle comportant les deux mots.

2. Une autre technique consiste à créer des choix dans lesquels deux mots sont nécessaires à l'enfant pour exprimer ce qu'il veut.

Exemple

Lors d'une activité de construction dans laquelle vous faites des tours, proposez deux cubes, un de la même taille que les autres cubes de la tour et un qui n'a pas la bonne taille – qui est trop petite. Ensuite, lorsque l'enfant demande un « cube », proposez les deux et demandez : « Le gros cube ou le petit cube ? » Lorsque l'enfant dit : « cube » et cherche à atteindre le gros cube, tendez-le-lui en disant : « Le *gros* cube », et utilisez l'imitation pour provoquer l'énoncé à deux mots, en offrant le bon cube dès que l'enfant fait une approximation de l'énoncé à deux mots.

Dans cet exemple, les deux mots sont nécessaires pour comprendre ce que veut l'enfant. Organiser une activité de cette manière souligne l'utilité des énoncés à deux mots pour exprimer ses pensées. Vous pouvez trouver d'innombrables moyens de proposer des modèles efficaces de discrimination à deux mots : le gros gâteau ou le petit gâteau ? boire le jus ou mélanger le jus ? faire manger le bébé ou faire manger l'ours ? conduire la voiture ou percuter la voiture ? trouer la pâte à modeler ou étaler la pâte à modeler ? le feutre rouge ou le feutre bleu ?

Aller au-delà des énoncés de deux mots

Aller au-delà des deux mots dans les énoncés implique l'apprentissage de la syntaxe. Il est nécessaire d'avoir un orthophoniste qui dirige les interventions pour les enfants qui sont prêts à passer aux énoncés à trois mots. Consultez l'orthophoniste de votre équipe pour ce qui concerne les objectifs sémantiques et syntaxiques à traiter lors de l'intervention par l'ESDM, ainsi que les besoins globaux et plus élargis de l'enfant en matière communication ; continuez à utiliser un cadre d'activité conjointe pour cet apprentissage.

L'impact du langage de l'adulte sur l'apprentissage de l'enfant

La façon dont les adultes parlent aux enfants a des conséquences énormes sur l'apprentissage du langage de l'enfant tout au long de la petite enfance et de la période préscolaire (Huttenlocher, Vasilyeva, Cymerman et Levine, 2002 ; Hart et Risley, 1995). Nous ne sommes pas encore rentrés dans les détails pour ce qui concerne l'utilisation du langage de l'adulte avec les enfants, bien que nous en ayons donné beaucoup d'exemples. Nous suivons plusieurs pratiques d'enseignement qui reposent sur les données empiriques de l'apprentissage du langage par l'enfant.

1. L'une d'elles concerne la façon dont nous avons suggéré que les adultes choisissent le mot cible qu'ils fourniront comme modèle pour susciter le langage expressif de l'enfant. Nous avons dit que les adultes devaient choisir des mots cibles contenant un son initial qui fait déjà partie du répertoire spontané et imitatif de l'enfant. Nous avons également dit que les adultes devaient utiliser les sons cibles qui sont les premiers produits par les enfants qui commencent à parler. De cette manière, nous utilisons le développement phonologique propre à l'enfant et suivons les principes du développement phonologique issus de la science du développement.

2. Une deuxième pratique importante de l'ESDM est la règle « longueur moyenne de l'énoncé de l'enfant + 1 » décrite plus haut. Utilisez un mot de plus que le nombre de mots utilisés dans les énoncés spontanés de l'enfant. Pour un enfant qui ne dit pas de mots du tout (c'est-à-dire qu'il a une « longueur moyenne de l'énoncé » (LME) de 0), les adultes doivent mettre l'accent sur le modèle d'énoncés en un seul mot lorsqu'ils communiquent avec l'enfant. Pour un enfant qui produit régulièrement et spontanément des mots isolés (LME de 1), l'adulte doit insister sur des énoncés en deux mots. L'adulte doit utiliser un mot de plus

9 • Développer la communication verbale

dans le modèle qu'il donne, pour développer et pour commenter. L'enfant entend ainsi l'étape qu'il réalisera juste après, et il l'entend dans des contextes syntaxiquement appropriés. Très souvent, les enfants qui sont sur le point de maîtriser le langage verbal à leur niveau actuel commencent spontanément à imiter l'énoncé enrichi (d'un mot supplémentaire) de l'adulte. À partir de l'imitation immédiate, l'enfant commence à manifester une utilisation spontanée occasionnelle et, ensuite, plus fréquente, de la nouvelle combinaison.

L'exception principale à la règle du « un de plus » concerne les enfants avec une détérioration du langage expressif primaire associée à l'autisme. Ces derniers présentent des déficits significatifs de la production du langage par rapport à leurs compétences supérieures en langage réceptif. Il est évident que des troubles spécifiques du langage existent aussi chez certains enfants avec autisme (Kjelgaard et Tager-Flusberg, 2001). Pour de tels enfants, consultez l'orthophoniste de l'équipe. Les besoins de ces enfants sont vraiment spécifiques et dépassent les limites du programme général présenté ici.

3. Une troisième pratique importante du langage adulte correspond au fait que les adultes répondent en « remaniant », ou en reformulant le discours de l'enfant pour corriger ses erreurs. Les enfants au développement typique répondent aux reformulations en imitant la forme correcte plus souvent que les autres types de réponses de l'adulte à leurs erreurs (Farrar, 1992). Les reformulations permettent à l'adulte de donner le modèle de la phonologie ou articulation du mot, de la sémantique ou signification du mot, de la syntaxe ou grammaire de la construction à plusieurs mots. Les reformulations ne sont pas des corrections et n'exigent donc pas de l'enfant qu'il change son énoncé et recopie l'adulte avant d'atteindre le but de sa verbalisation. Au contraire, l'adulte reformule en fournissant ce qui est le but de l'enfant. Les reformulations sont ce que les adultes disent lorsqu'ils fournissent le but de l'enfant au lieu de répondre « bien parlé », « bien dit » ou « bien demandé ». Nous reformulons l'énoncé de l'enfant de manière à donner un modèle de l'articulation, de la syntaxe, ou de la sémantique appropriée (si l'enfant a utilisé un mot erroné). Les reformulations font à nouveau remarquer la relation entre le mot ou la combinaison de mots et sa signification ; elles informent l'enfant qu'il a réussi à communiquer efficacement et leur apprennent que nous les avons compris et que nous allons continuer et faire ce qu'ils demandent.

Exemple de phonologie

À deux ans Sylvie dit « bubu » en voyant le flacon de bulles que sa mère, Nancy, lui montre. Nancy reformule l'articulation immature en disant : « Bulles ! Voici les bulles », et ensuite en souffle quelques-unes. A trois ans Max se penche vers les feutres qu'on lui tend pour une activité de dessin, en demandant : « Veux feutre beu » tandis qu'il cherche à atteindre le feutre rouge. Son thérapeute Paul fournit une reformulation sémantique en disant : « Le feutre rouge, tu veux le feutre rouge » en lui tendant le feutre rouge.

À titre d'exemple : à deux ans Sasha qui joue avec des chatons en peluche, rapproche leurs têtes et colle leurs museaux face à face et dit « cha bise ». Sa sœur plus âgée, Becca, répond avec une reformulation syntaxique et grammaticale : « Oui, les chatons se font des bisous » et fait

> un bruit de bise. Dans chaque exemple, l'adulte reste dans la règle du « un de plus » et remanie le langage de l'enfant en reformulant sa production dans une forme légèrement plus mature tout en répondant à l'objectif communiqué par l'enfant. Il ne s'agit pas de corrections. L'adulte ne dit pas « Je veux le feutre rouge », avant de céder le feutre.

■ Le langage des adultes avec des enfants écholaliques

Les enfants qui répètent principalement en écho et parlent rarement spontanément ont un point fort – la capacité d'imiter le langage avec facilité. Ils peuvent également utiliser la répétition pour la communication intentionnelle, en exprimant des fonctions pragmatiques telles que la demande, l'interaction sociale, ou la protestation (Prizant et Duchan, 1981 ; Rydell et Mirenda, 1994). Cependant, ils semblent ne pas avoir encore compris que le langage consiste à combiner des mots représentant une signification bien à soi que l'on communique à autrui pour qu'ils la décodent. Ils ont l'air de penser que le langage consiste à imiter. Quatre interventions principales peuvent servir à favoriser l'utilisation d'un langage spontané par rapport à l'écholalie.

Utilisation d'un langage spontanée en cas d'écholalie

- Réduisez la complexité de votre langage. *N'appliquez pas la règle du « un de plus » pour des phrases répétées en écho.* Appliquez-la uniquement pour le langage spontané. Cela signifie que si l'enfant ne produit jamais de langage spontané (c'est-à-dire, LME = 0 pour le langage spontané), votre LME doit être au niveau correspondant à un mot isolé, même si l'enfant peut répéter en écho des énoncés de trois ou quatre mots.
- Essayez de faire en sorte que d'autres adultes importants dans la vie de l'enfant appliquent ce niveau de LME.
- N'exigez pas que l'enfant imite pour faire ses demandes. Il imitera spontanément, mais ne l'y poussez pas et n'attendez pas cela. Utilisez des énoncés d'un mot de façon communicative dans vos activités conjointes et répondez aux énoncés d'un mot émis par l'enfant comme s'ils étaient spontanés et tout à fait fonctionnels.
- Appliquez les stratégies d'enseignement établies ci-dessus pour obtenir des mots spontanés à partir de mots imités, en diminuant chaque fois votre modèle à un mot jusqu'à ce que vous obteniez une production spontanée.

En résumé, lorsque vous travaillez avec un enfant qui utilise principalement un langage écholalique, procédez en fonction des principes détaillés ci-dessus, de la même façon que si l'enfant n'avait pas de langage : renforcez différentiellement le langage spontané, travaillez dans le cadre d'un vocabulaire limité aux activités préférées et construisez lentement une base solide et simple de noms et de verbes d'action spontanés et fonctionnels. Et, attendez – attendez que les enfants produisent leur propre énoncé et ensuite vous pourrez imiter uniquement ou imiter et développer.

> ☞ Suivez la règle du « un de plus » pour le langage fonctionnel et spontané de l'enfant. Dans ces conditions, le langage spontané de l'enfant devrait se corriger.

Les enfants qui ne progressent pas dans le développement du langage

Il arrive que des enfants qui apprennent rapidement l'imitation avec objets et l'imitation manuelle, les consignes simples et les compétences de jeu, ne semblent pas en mesure de produire du langage. D'après notre expérience, ces enfants sont rares, mais nous en avons vu dans notre pratique en consultation. Prendre en charge ce niveau de déficit de langage dépasse le champ d'application de ce texte et ne peut être fait par des personnes qui n'ont pas une formation professionnelle en orthophonie. Les programmes de développement du langage pour ces enfants doivent être dirigés par un orthophoniste. En collaboration avec l'orthophoniste, vous devrez suivre l'arbre de décision présenté à la figure 9.1 qui vous conduira à modifier la procédure d'apprentissage et si l'enfant continue à avoir des difficultés, vous serez conduits à adopter un système alternatif basé sur du visuel. Dans cette éventualité, vous passerez alors à une approche non verbale pour développer les associations de mots, en utilisant des signes de mains, des images, ou des mots écrits. Les propensions de l'enfant vous aideront vous et l'orthophoniste à déterminer les meilleurs moyens à utiliser. L'arbre de décision de la figure 9.1 sert à déterminer les systèmes alternatifs ou augmentatifs qui devront être utilisés.

Une fois que vous aurez choisi la voie alternative d'apprentissage du langage, vous suivrez essentiellement toutes les étapes décrites dans le programme de l'ESDM avec les objectifs correspondants, mais vous utiliserez le système de langage alternatif. L'adulte utilise essentiellement la communication totale, en accompagnant son langage du système alternatif pour toutes les activités. Selon notre expérience, ces enfants peuvent progresser en passant par la totalité des étapes que suivent les enfants verbaux, y compris les énoncés à plusieurs mots, qui sont exprimés et compris par l'utilisation d'images assemblées sur des bandes de mots connectés sur du Velcro. Nous avons testé l'arbre de décision de la figure 9.1 dans notre projet de l'université de Washington sur des enfants de 18 à 30 mois au commencement d'un programme ESDM intensif de 2 ans (25 heures par semaine). Vingt-deux des vingt-quatre enfants, soit 92 %, ont développé un langage spontané et communicatif au cours de la période de traitement. Cette approche a donc été testée et s'est avérée fructueuse (voir Rogers *et al.*, 2006 et Visamara *et al.*, 2009, ou les études supplémentaires sur les résultats à court terme démontrant le succès de cette approche pour le développement du langage).

LE LANGAGE RÉCEPTIF

La majorité des enfants avec autisme ont de grosses difficultés d'apprentissage quand il s'agit de comprendre le langage et le développement de leur langage réceptif subit en général autant de retard que le développement de leur langage expressif (Lord, Risi *et al.*, 2005 ; Stone *et al.*, 1999 ; Rogers et DiLalla, 1991).

> **Comment s'exprime leur manque de compréhension ?**
>
> **Les enfants peuvent répondre aux signaux non verbaux**
>
> Ils peuvent donner l'impression de comprendre plus qu'en réalité, parce qu'ils apprennent à lire la situation dans son ensemble et ils devinent bien ce qui va se passer ensuite grâce à leurs expériences passées. Il s'agit d'une étape développementale commune à tous les jeunes enfants, au cours de laquelle ils emploient des stratégies de langage réceptif, telles que rechercher des signaux contextuels ou suivre les routines, pour déterminer ce qu'il faut faire lorsqu'une consigne verbale est donnée. Les enfants avec autisme sont susceptibles de continuer à utiliser ces stratégies bien après que cette étape développementale soit dépassée parce qu'ils continuent à présenter des difficultés pour comprendre la consigne verbale sans indices. Par exemple, si la maman dit : « C'est l'heure de monter dans la voiture » et que l'enfant se dirige vers le garage, la mère suppose que l'enfant comprend ce qu'elle a dit. Mais, ce faisant, elle a également pris ses clés, son sac à main et sa veste ; ces éléments pourraient bien être les seuls signaux que l'enfant interprète.
>
> **Les enfants peuvent ignorer le langage verbal**
>
> Parfois, les jeunes enfants avec autisme semblent ignorer le langage qui leur est adressé. Les adultes peuvent faire un excellent travail en accompagnant le jeu de commentaires, en utilisant la règle du « un de plus » et apporter une excellente contribution au langage par leurs énoncés, mais les mots ne « pénètrent » pas l'attention de l'enfant. Il n'est pas rare de voir un adulte demander quelque chose à un enfant et que celui-ci ignore complètement la demande.
>
> Nous devons enseigner aux enfants que le langage verbal est important, qu'ils doivent répondre quand on leur donne une consigne et qu'ils doivent écouter et faire attention à ce qui est dit. Dans une très large mesure, toutes les techniques que nous venons juste d'évoquer concernant le développement du langage expressif permettront d'enseigner simultanément aux enfants la signification de notre communication verbale. Enseigner la communication expressive en utilisant des stratégies naturalistes, c'est aussi enseigner la communication réceptive. Cependant, dans l'ESDM il y a quelques pratiques spécifiques que nous adoptons pour soutenir le développement du langage réceptif.

9 • Développer la communication verbale

L'enfant fait des vocalisations intentionnelles pour communiquer.

↓

L'enfant produit-il 5-10 approximations orales de mots en un à deux trimestres de traitement ?

— **Oui** → **Poursuivez avec le programme tel qu'il est rédigé.**

— **Non** → **L'enfant ne produit pas 5-10 approximations orales de mots en un à deux trimestres de traitement?**

↓

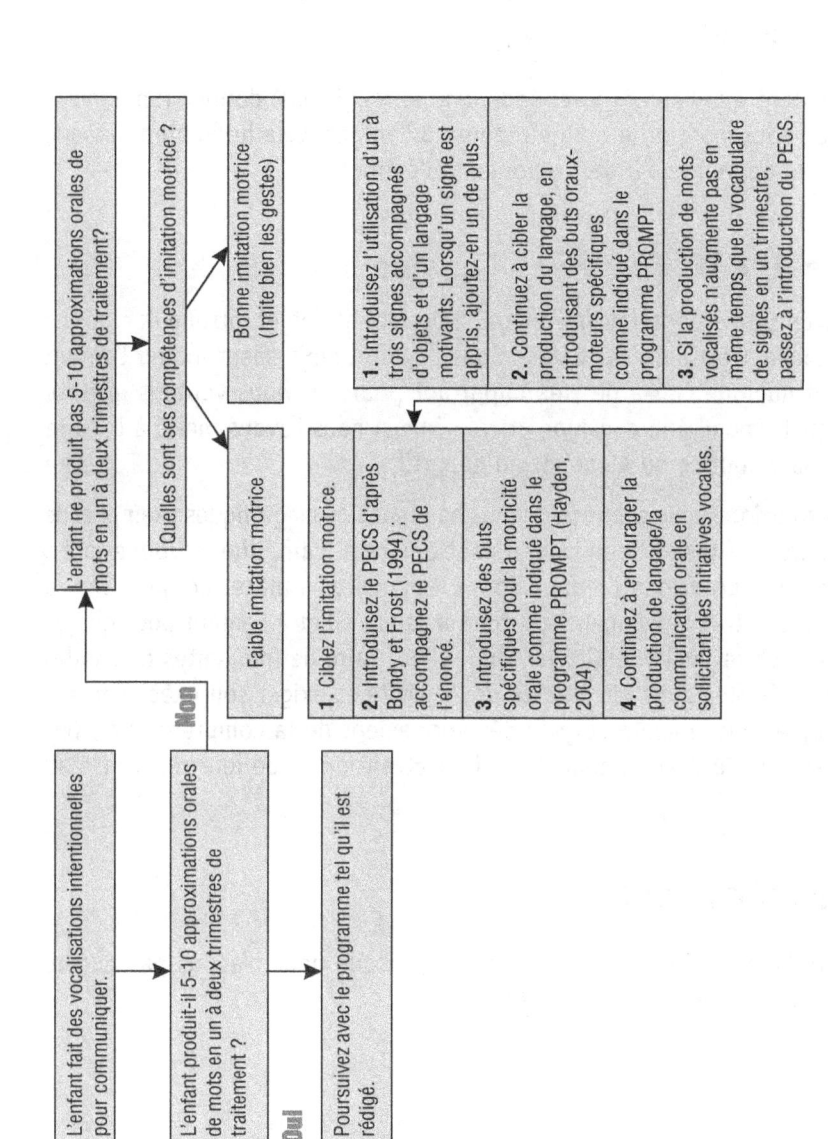

Quelles sont ses compétences d'imitation motrice ?

- **Bonne imitation motrice** (Imite bien les gestes)
  1. Introduisez l'utilisation d'un à trois signes accompagnés d'objets et d'un langage motivants. Lorsqu'un signe est appris, ajoutez-en un de plus.
  2. Continuez à cibler la production du langage, en introduisant des buts oraux-moteurs spécifiques comme indiqué dans le programme PROMPT
  3. Si la production de mots vocalisés n'augmente pas en même temps que le vocabulaire de signes en un trimestre, passez à l'introduction du PECS.

- **Faible imitation motrice**
  1. Ciblez l'imitation motrice.
  2. Introduisez le PECS d'après Bondy et Frost (1994) ; accompagnez le PECS de l'énoncé.
  3. Introduisez des buts spécifiques pour la motricité orale comme indiqué dans le programme PROMPT (Hayden, 2004)
  4. Continuez à encourager la production de langage/la communication orale en sollicitant des initiatives vocales.

Figure 9.1. Arbre de décision pour la communication alternative.

Attendre et exiger une réponse

■ Pour donner la consigne, faites une phrase d'une longueur appropriée pour l'enfant

Attendez ensuite un instant que l'enfant y réponde. S'il ne réagit pas, donnez rapidement une indication physique pour montrer la bonne réponse à l'enfant. Cela lui apprend ce que la consigne signifie et lui apprend qu'il doit répondre à l'énoncé.

■ Ne mettez pas trop longtemps !

On risque de perdre l'attention et l'intérêt de l'enfant si on retient l'objet lorsque l'on donne un certain type de consigne. C'est pour cette raison que l'on doit rapidement inciter l'enfant à répondre en utilisant quelque chose de très important pour lui. Nous voulons ensuite nous assurer que dès qu'il répond à la consigne et ce même si nous l'avons incité à le faire, l'enfant obtient immédiatement ce qu'il voulait au départ.

Les routines de tour de rôle dont nous avons parlé plus haut sont de magnifiques exemples de ce concept. Quand l'adulte doit prendre son tour, il peut tendre la main, dire, « Donne-moi » ou « A moi », attendre un instant que l'enfant donne et l'inciter à placer l'objet dans sa main. Ensuite, l'adulte prend très rapidement son tour et rend l'objet à l'enfant pour que ce dernier se retrouve avec l'objet qu'il voulait en premier lieu. Faire de fréquentes demandes ou donner des consignes faciles *dans le contexte de l'activité* et exiger son exécution est une technique d'enseignement cruciale pour le développement de la compréhension des mots par les enfants et pour le développement de leur attention et de leur réactivité au langage de l'adulte.

Suivre des consignes verbales

La principale situation d'apprentissage du langage réceptif que nous n'avons pas encore traitée concerne la réponse à des consignes verbales.

9 • Développer la communication verbale

Points à prendre en compte

Assurez-vous que la consigne est courte (n'oubliez pas la règle du « un de plus » !)

Utilisez un langage typique, dirigé vers l'enfant. Utilisez les mêmes consignes que d'autres utiliseraient dans d'autres cadres ;

Assurez-vous que la consigne verbale précède le geste, l'incitation ou l'objet

Afin d'apprendre la signification des mots, l'enfant doit entendre le mot et faire l'expérience immédiate de sa signification :

- réfléchissez au scénario suivant. Vous voulez apprendre à l'enfant la consigne « Assieds-toi ». Si vous l'incitez physiquement à s'asseoir et ensuite vous dites, « Assieds-toi », les mots n'ajouteront rien à la séquence. L'enfant se sera assis à cause de l'incitation physique. Les mots ne constitueront ni un antécédent ni une incitation et n'auront que peu de signification ;
- maintenant, envisagez le contraire. L'enfant entend « Assieds-toi » puis fait l'expérience d'une main qui le pousse à s'asseoir sur la chaise et d'un objet désiré ou d'une activité souhaitée qui en découle. Cette séquence se produit chaque fois que l'enfant s'assoit. « Assieds-toi » fournit l'antécédent et la manœuvre physique l'incitation. Vous diminuerez ensuite l'incitation, pour que l'antécédent soit associé au comportement par l'efficacité de la conséquence renforçatrice ;

Poursuivez

Si vous avez dit quelque chose, vous devrez donner suite. Il est étonnamment fréquent de voir des personnes donner des consignes aux enfants avec autisme sans attendre ou exiger de réponse de leur part. L'enfant doit apprendre que le langage a un sens, qu'il y a de bonnes raisons de faire attention aux sons émis par les personnes qui l'entoure. Ceci ne veut pas dire qu'il faut se lancer dans un combat pour l'obéissance, ni que nous devons contraindre physiquement un enfant qui a fait une transition spontanée vers une autre activité utile à retourner à l'activité précédente pour ranger. Nous devons être raisonnables et maximiser les opportunités d'apprentissage. En fait, cela signifie que les adultes doivent évaluer leur temps autour des consignes pour qu'il y ait un temps pour inciter et poursuivre pendant un « moment favorable à l'apprentissage » alors que les enfants sont encore attentifs et intéressés ;

Renforcez !

Ayez un jouet ou un objet prêt pour ce qui suit la consigne « Assieds-toi ». S'asseoir pour se faire enlever les chaussures ou pour se préparer à partir n'est généralement pas une gratification assez efficace jusqu'à ce que ces routines deviennent très renforçatrices. Tenez-vous prêts à fournir un renforçateur rapide et efficace.

> **Conclusion**
>
> Tout au long de ce manuel nous avons mis l'accent sur l'utilisation d'un langage adulte dans des contextes significatifs, à des niveaux de syntaxe simples et avec un vocabulaire ciblé limité et des gestes qui accompagnent ce langage. Le langage verbal accompagne toutes les activités et dans toutes les activités les enfants entendent la production de modèles de langage approprié. Les procédures que nous avons exposées pour l'enseignement de la communication non verbale et du langage expressif mènent aussi à l'apprentissage du langage réceptif.
>
> De même que la communication expressive s'imbrique dans toutes les activités, le langage réceptif fait partie intégrante de toutes les activités. Chaque choix donné est une activité de langage réceptif. Chaque consigne, chaque commentaire, chaque modèle et chaque développement constitue une opportunité d'apprentissage du langage réceptif. L'association minutieuse du langage au contexte et à l'expérience fournit une opportunité d'apprentissage efficace pour le langage réceptif autant que pour le langage expressif. Pour la majorité des jeunes enfants avec autisme, le langage réceptif et le langage expressif se développent en parallèle.
>
> Les jeunes enfants avec autisme présentent de sévères difficultés d'expression et de compréhension de la communication verbale, autant que dans la communication non verbale intentionnelle. Pourtant ces enfants sont capables de faire d'énormes progrès dans ces domaines. Les techniques principalement utilisées par les adultes impliquent la création de nombreuses opportunités pour que l'enfant communique de façon intentionnelle tout au long de la journée ; en facilitant le développement du langage expressif de l'enfant depuis la vocalisation jusqu'à l'énoncé de plusieurs mots par le biais du jeu vocal, de l'imitation, des modèles et du façonnement dans une variété d'activités conjointes ; en facilitant le développement du langage réceptif par un langage simplifié et dirigé vers l'enfant qui utilise à la fois la communication non verbale et la communication verbale et en attendant une réponse de la part de l'enfant. Au fur et à mesure que nous aidons les enfants à développer la communication non verbale et verbale dans des échanges communicatifs significatifs, ils acquièrent des compétences de langage fonctionnel, basées sur leurs propres pensées et leurs propres sentiments. C'est ainsi que la plupart des enfants apprennent à utiliser et à comprendre le langage parlé (Tager-Flusberg, 1993 ; McCune, 1995 ; Tomasello, 1995 ; Prizant et Wetherby, 1998 ; Yoder et Warren, 2001 ; Charman *et al.*, 2001 ; Csibra et Gergely, 2005).

☞ Au début de ce livre nous avons dit que les troubles de la communication sociale se trouvaient au cœur de l'autisme. On pourrait penser que nous n'avons pas mis l'accent sur des objectifs sociaux dans les chapitres sur l'imitation, le jeu, la communication non verbale et la communication verbale. Cependant, si vous étudiez les items de la liste de contrôle du programme de l'ESDM (annexe 1) sous la rubrique « Compétences sociales » pour les niveaux 1 et 2, vous verrez que nous avons examiné l'apprentissage de chacun des comportements de cette liste. Le comportement social n'est pas un comportement isolé ; il apparaît dans les interactions impliquant le jeu, la demande, l'émotion et l'attention partagées, les salutations et les départs et le partage du matériel. Les comportements sociaux clés font partie intégrante de ces autres activités et seront intriqués dans votre travail sur les quatre domaines que nous avons couverts en détail.

Les deux domaines que nous n'avons pas encore bien examinés sont les compétences concernant les relations avec des pairs et les compétences relatives aux soins personnels. Nous examinons ces domaines dans le dernier chapitre qui suit, dans le contexte de la conception et de la mise en œuvre de l'ESDM en groupe dans le cadre d'une salle de classe.

Chapitre 10

Application du modèle de Denver dans un cadre collectif

SOMMAIRE

Prendre en compte les caractéristiques de l'autisme dans l'organisation de la classe **290**

L'organisation physique **292**

    Espace et matériel clairement définis et limités 292

    Matériel sans rapport avec l'activité est mis hors du champ visuel 292

    Autres indices visuels 293

    Planification de la transition 294

    Questions susceptibles d'apporter une aide à la planification 294

Planification de l'emploi du temps quotidien et des routines **295**

    Routines du groupe 295

    Rôles du personnel 295

    Routines individuelles 296

    Intégrer les objectifs individuels de l'enfant à l'activité du groupe 297

    L'enseignement individuel dans le cadre du groupe 297

L'organisation de la salle de classe **300**

Planification du personnel et communication **300**

L'enseignement en petits et grands groupes **301**

    Choisir les activités pour le groupe 304

La gestion du comportement en salle de classe **307**

Les systèmes de transitions et de programmes individuels **308**

    Utiliser des signaux auditifs et visuels pour les transitions de groupe 309

    Attribuer au personnel leurs rôles pour chaque transition 309

    Les programmes individuels de transition 310

    Choix du meilleur soutien pour chaque enfant 312

Programme pour les relations entre pairs et l'autonomie personnelle **313**

    Interactions entre pairs 314

    Compétences de vie quotidienne/autonomie personnelle 316

La transition vers la maternelle 319

10 • Application du modèle de Denver dans un cadre collectif

JUSQU'À PRÉSENT, les interactions un pour un entre les adultes et les enfants ont été mises en exergue dans les descriptions du traitement par l'ESDM. Cependant, comme indiqué au chapitre 1, l'ESDM concerne un programme et un ensemble de procédures d'enseignement qui peuvent être utilisés dans une variété de contextes, notamment dans le cadre des programmes de classe de maternelle. Ceci est l'objet du présent chapitre. À l'origine, il s'agissait d'un modèle de groupe dans le cadre d'une école maternelle spécialisée et les données pour les quatre premiers articles sur l'efficacité du modèle de Denver proviennent d'enfants en situation de groupe (Rogers, 1977 ; Rogers et al., 1986, 1987; Rogers et Lewis, 1989 ; Rogers et DiLalla, 1991). Le modèle de Denver a également été mis en œuvre par le personnel de l'enseignement public dans le cadre d'une série de programmes destinés à la petite enfance et s'adressant aux besoins d'apprentissage particuliers des jeunes enfants atteints de TSA tout en améliorant l'environnement d'apprentissage de tous les enfants.

À première vue, on n'observe ni ne ressent aucune différence entre un contexte de groupe de maternelle où l'on applique l'ESDM et une crèche ou une classe de maternelle ordinaire bien conçue et bien structurée. Nous avons constaté que la spécialisation nécessaire pour les jeunes enfants atteints d'autisme peut être intégrée dans un environnement typique. En outre, organiser la classe comme une classe typique favorise l'intégration des enfants dans un milieu typique.

Nos objectifs pour l'apprentissage individuel de l'enfant dans un environnement de groupe impliquent de larges objectifs développementaux. Les enfants apprennent à effectuer les opérations suivantes :

- *suivre des routines quotidiennes* et négocier les transitions de façon autonome ;
- *participer de façon autonome aux activités* dans des petits groupes et dans des groupes de plus grande taille ;
- *communiquer intentionnellement* avec ses pairs et les adultes au sein d'un groupe ;
- *s'engager dans un jeu intentionnel* et utiliser les objets de manière appropriée ;
- *devenir autonome* pour gérer ses affaires personnelles, sa vie quotidienne et développer ses compétences en matière de sécurité (par exemple, ranger son manteau et son sac à dos, débarrasser sa tasse et son assiette après les repas, ranger les jouets, s'habiller, se laver les mains, aller aux toilettes, manger) ;
- *interagir spontanément* avec ses pairs et les adultes ;
- *élargir ses compétences développementales* dans tous les domaines ;
- *acquérir les compétences* nécessaires pour pouvoir participer dans le contexte de l'environnement d'apprentissage suivant.

Les activités en classe sont conçues pour atteindre les objectifs développementaux généraux ainsi que les objectifs d'apprentissage individuels identifiés pour chaque enfant, au travers des procédures d'évaluation. Les objectifs individuels de chaque enfant sont traités tous les jours, généralement intriqués dans les activités courantes et enseignés lors de brefs échanges individuels ou dans un petit groupe pendant l'activité, mais également dans le cadre d'un apprentissage individuel programmé une à deux fois par jour si cela est nécessaire pour obtenir des progrès.

L'enseignement de contenus appartenant à plusieurs domaines a déjà été traité dans ce livre : la communication, le jeu et l'imitation. Les procédures d'enseignement et leur contenu sont exactement les mêmes dans le cadre d'un groupe que celles décrites plus haut. L'adulte qui est en interaction avec l'enfant, crée des routines d'activités conjointes intéressantes au sein des activités existantes de la classe, en utilisant le même matériel et les mêmes thèmes que les autres adultes et enfants sont en train d'utiliser. L'adulte attire l'attention de l'enfant et ensuite, crée des opportunités d'apprentissage. Les styles d'interaction décrits plus haut se retrouvent dans un contexte de groupe et font partie des activités de groupe figurant dans l'emploi du temps de la classe. Lorsque l'activité est une activité de groupe (par exemple, activité avec un livre) plutôt qu'une activité plus individuelle, l'adulte travaille avec un petit groupe de trois à quatre enfants en se déplaçant rapidement d'un enfant à l'autre et en interagissant consécutivement avec chacun d'entre eux pour maintenir un haut niveau de participation et de nombreuses opportunités d'apprentissage pour chaque enfant. Un ou plusieurs des adultes qui viennent en soutien s'assoient derrière les enfants, prêts à intervenir ou à les soutenir (silencieusement) si nécessaire, mais « invisible(s) » pour les enfants pour que l'attention que ceux-ci portent au meneur ne soit pas interrompue et également pour que les enfants sachent clairement qui ils doivent regarder et écouter.

Ce chapitre décrit comment concevoir et mettre en œuvre un enseignement basé sur l'application de l'ESDM pour jeunes enfants avec autisme dans un contexte de groupe à la fois dans des centres spécialisés et en inclusion en milieu ordinaire en utilisant les stratégies d'aménagement et d'apprentissage déjà décrites.

PRENDRE EN COMPTE LES CARACTÉRISTIQUES DE L'AUTISME DANS L'ORGANISATION DE LA CLASSE

Pour faire de la classe un milieu favorable à l'apprentissage de jeunes enfants avec autisme, il faut prendre en compte certaines de leurs caractéristiques d'apprentissage. Trois besoins particuliers nécessitent une attention spéciale : aider à soutenir l'attention en réduisant les stimuli sensoriels concurrentiels, encourager la communication en apportant des informations verbales et visuelle-auditives et favoriser une organisation temporelle séquentielle.

10 • Application du modèle de Denver dans un cadre collectif

Les caractéristiques de l'autisme dans l'organisation de l'apprentissage

Focaliser l'attention

Les milieux fortement enrichis en stimulations sensorielles multiples sont des pratiques communes dans l'environnement préscolaire, mais certains enfants avec autisme éprouvent des difficultés pour sélectionner et trier les informations superflues, pour cibler de manière sélective les informations primordiales, ce qui est essentiel pour la tâche à accomplir et pour transférer leur attention de manière souple. (Courchesne *et al.*, 1993 ; Frith et Baron-Cohen, 1987). L'environnement physique de la classe doit mettre clairement l'accent sur la tâche d'apprentissage qui est importante sur le moment et laisser dans l'ombre les autres sources de stimulation. Il est très utile d'avoir un environnement de salle de classe très ordonné et bien organisé, avec une place pour chaque chose dans un endroit où l'on peut les ranger et les mettre hors du champ de vision.

Communiquer par des modalités multiples

Le profil des points forts dans l'apprentissage perceptif visuel et des faiblesses concomitantes dans l'apprentissage auditif et le traitement du langage qui caractérisent souvent l'autisme précoce (Schopler *et al.*, 1995), peut entraîner des difficultés pour les enfants lorsqu'il s'agit de s'orienter dans un environnement et des activités en cours. Répondre à ce besoin demande l'utilisation constante et pleinement planifiée d'indices visuels et auditifs en plus du langage pour indiquer à l'enfant l'activité en cours et l'activité suivante.

Comprendre des séquences d'événements et organiser des séquences de comportements

Beaucoup de changements temporels ont lieu au cours d'une journée de classe de maternelle. Ils peuvent être examinés à quatre niveaux différents :

- l'emploi du temps général du groupe ;
- les stratégies de transition majeures du « grand groupe » ;
- les stratégies de transition individualisées d'un enfant ;
- les transitions simples pour passer d'une activité à l'autre au sein d'une même période d'activité programmée.

Le personnel devra réfléchir à la séquence d'activités de l'enfant au cours de la journée, prendre en considération la manière dont ces activités lui seront communiquées et comment l'aider à se focaliser sur une activité une fois que la transition sera faite. Faire attention à ces besoins au sein de la classe fait partie du processus de planification et permet de s'assurer que l'enfant participe réellement à l'activité planifiée – qu'il a franchi chaque transition et a maintenu son attention pendant chaque activité d'apprentissage.

L'ORGANISATION PHYSIQUE

La structure de l'ESDM en classe est basée sur les meilleures pratiques et normes de l'éducation précoce des enfants et il existe beaucoup d'excellentes ressources qui indiquent les principes de base bien connus dans ce domaine (Cook, Tessier et Klein, 1999 ; Bricker, Pretti-Frontzczak et McComas, 1998). L'environnement physique agit pour sélectionner, focaliser et organiser les stimuli sensoriels. Dans une classe pratiquant l'ESDM, au sein de chaque activité :

- l'environnement physique met en exergue le centre d'intérêt de chaque enfant ;
- les principaux objectifs pour une aire et/ou activité sont clairement identifiés lors des prises de décision concernant l'aménagement de la salle et du matériel ;
- la zone d'activité correspond visuellement et fonctionnellement à un objectif primordial.

Les classes sont divisées en aires correspondant à leur activité, chacune dévolue à un domaine spécifique de développement. Une classe type pourra comprendre des aires de jeux destinées aux jouets de table, au jeu de représentation, aux jeux de construction avec des cubes, aux livres, aux arts plastiques, aux expériences sensorielles, les activités calmes et les activités bruyantes étant installées à l'écart les unes des autres.

Espace et matériel clairement définis et limités

Il est utile d'organiser la salle de classe en zones délimitées, comportant des limites physiques pour les différentes activités et des parcours clairs pour aller d'un endroit à un autre. Les limites physiques pour séparer les zones d'activités peuvent se faire avec des meubles ou des cloisons mobiles ; même les obstacles comme les panneaux stop peuvent fournir les limites nécessaires. Des espaces ouverts délimités et un parcours lisible aide les enfants à rester dans une zone d'activités et à faire la transition d'une zone à une autre de façon autonome (voir Schopler *et al.*, 1995, pour avoir des suggestions supplémentaires).

Matériel sans rapport avec l'activité est mis hors du champ visuel

Le même espace physique doit être utilisé pour des activités et des matériaux différents à des moments différents. Le rangement dans un endroit visuellement inaccessible ou caché devient donc une composante importante dans l'organisation de la salle de classe pour qu'un seul ensemble de matériel soit disponible à un moment donné. Des placards à hauteur d'adulte sont parfaits pour cela mais des caisses fermées ou des étagères recouvertes d'un drap ou d'un tissu équivalent conviennent également. Cette approche aide à obtenir des enfants qu'ils se concentrent sur l'utilisation de base appropriée pour le matériel. Du matériel supplémentaire peut être remisé puis sorti lorsque cela est nécessaire pour les enfants qui sont prêts pour des activités plus complexes.

Il est de pratique courante par exemple pour les aires de jeu de représentation, d'inclure une grande variété de matériel dans le but de faciliter les schèmes de jeu symbolique élaborés en rapport avec des activités quotidiennes et les activités communautaires. Cependant, un espace rempli de nombreux accessoires peut tout simplement devenir un « fatras » d'éléments de matériel sans rapport les uns avec les autres pour des enfants qui n'ont que peu ou pas de jeu symbolique. Dans la salle de classe du modèle de Denver, un thème pour l'activité de représentation a été sélectionné et il est nettement identifié pour les enfants parce que seuls les accessoires et le matériel essentiels liés à ce thème sont présents. Des éléments supplémentaires du matériel relatif à ce thème doivent être stockés dans cet espace pour que l'adulte puisse facilement les inclure et les ajouter aux autres pour développer les activités selon les besoins.

Limiter le nombre d'éléments et la complexité du matériel sert à focaliser l'attention et à stimuler des niveaux de jeu symbolique simples. Cela ne signifie pas que l'espace devrait être austère ou sans intérêt pour les enfants les plus avancés. Un assortiment de matériel est fourni mais les éléments du matériel sont disposés selon une planification d'activité. L'organisation du matériel n'aide pas uniquement les enfants avec autisme, elle aide tous les enfants.

Autres indices visuels

Comme dans de nombreuses classes préscolaires, plusieurs aires d'activités sont clairement indiquées par des étiquettes comportant des mots, des images ou des symboles qui signalent leur fonction. Pour les activités quotidiennes du groupe en position assise telles que le regroupement en cercle ou les repas, la chaise de chaque enfant est toujours mise à la même place et clairement étiquetée avec son nom et sa photo. Pour les activités telles que l'habillage en vue des jeux d'eau, une chaise au nom de l'enfant et une boîte ou un panier pour les vêtements clairement étiquetés sont installés près du bac à eau au moment opportun pour servir de support à l'activité. Le matériel nécessaire pour une activité spécifique est installé juste avant l'activité et rangé immédiatement après de sorte qu'il fournisse des indications claires pour que les enfants sachent où ils sont censés être et ce qu'ils doivent faire.

Planification de la transition

Un des objectifs importants de l'ESDM est d'arriver à ce que les actions des enfants soient intentionnelles et orientées vers un but pour qu'ils fonctionnent de façon autonome pendant les routines. Faire des transitions autonomes dans la salle de classe est une indication claire que l'enfant sait où il va et sait ce qui va se passer ensuite. Pour que les jeunes enfants fassent des transitions en autonomie, ils doivent voir où ils vont aller ensuite, ce qui va s'y passer et la distance qu'ils auront à parcourir pour y parvenir doit être courte.

> *Exemple*
>
> La table pour le goûter devrait être assez près de l'endroit où ils se lavent les mains pour qu'ils puissent passer du lavabo à leur place à table de façon autonome. De même, l'emplacement prévu pour l'activité qui doit suivre le goûter doit être près de la table où ils goûtent pour qu'un membre du personnel n'ait pas à les y amener et pour qu'ils puissent être vus et supervisés pendant que les autres enfants terminent leur repas à la table.

Questions susceptibles d'apporter une aide à la planification

Comme nous l'avons vu, les schémas de répartition du personnel, l'espace physique, les besoins et la dynamique d'un groupe particulier d'enfants déterminent la disposition et la structure de la salle de classe. Nous utilisons les questions suivantes pour nous aider à établir la planification initiale de la salle de classe et l'évaluation continue de l'adéquation du plan de classe en cours :

Cette liste de questions a aidé nos enseignants référents tant dans la mise en place de nouvelles situations dans la salle de classe que pour résoudre les problèmes existants en classe. Lorsqu'elles sont posées pour servir de support au personnel qui revoie le fonctionnement de la classe, ces questions peuvent aider à identifier les éventuelles difficultés environnementales qui entraînent des problèmes pour certains enfants, pour le personnel, ou pour les activités.

Pour assurer des transitions souples dans lesquelles les enfants passent intentionnellement d'une activité à l'autre de manière autonome, la disposition physique de la salle et l'emploi du temps des activités quotidiennes doivent être planifiés ensemble. Ce type de planification est notre prochain sujet.

PLANIFICATION DE L'EMPLOI DU TEMPS QUOTIDIEN ET DES ROUTINES

L'emploi du temps de la classe peut être organisé de manière à rendre les objectifs et les cibles du personnel enseignant plus faciles à atteindre pour le groupe et pour les personnes qui le composent. Dans l'intérêt du personnel et des enfants, l'emploi du temps doit fournir un cadre cohérent et prévisible jour après jour. Enfin, il doit également regrouper trois types de besoins et de programmes :

- des programmes pour le groupe des enfants dans son ensemble ;
- des programmes pour les membres du personnel travaillant dans la salle ;
- des programmes individuels pour chaque enfant.

Routines du groupe

Plus la routine quotidienne du groupe est précise, cohérente et prévisible, jour après jour, plus le sentiment d'ordre et d'organisation qu'elle produira sera important pour des enfants qui ont souvent des difficultés à donner du sens à de nombreux événements et situations de leur vie. Les routines de groupe prévisibles et régulières semblent aider les enfants à organiser un comportement intentionnel, à prévoir et à planifier les événements à venir. Établir une routine quotidienne suppose l'utilisation d'emplacements et de séquences d'activités régulières. Au sein de la routine quotidienne, un équilibre est établi entre les activités de tous les domaines du développement et une alternance est respectée entre les activités plus structurées et dirigées par les adultes et celles qui sont plus centrées sur l'enfant, ainsi qu'entre les activités actives et celles qui sont plus calmes.

Rôles du personnel

Nous pensons qu'il est utile d'articuler les rôles et les tâches du personnel pour chaque période d'activité de la journée de façon cohérente d'un jour à l'autre pour améliorer la prévisibilité pour les enfants. Par exemple, la même personne peut être responsable tous les jours de l'aide aux routines du lavage des mains au lavabo avant la collation ou le repas. De cette façon, l'emplacement, le matériel et toutes les interactions régulières avec le personnel fournissent les signaux pour que les enfants se lavent les mains. Étant donné que les membres du personnel ont tous un style unique, ce niveau de régularité du personnel facilite également l'enseignement cohérent d'un jour à l'autre et permet la collecte de données pour le progrès individuel de chaque enfant. Ainsi, il existe un programme spécifique pour chaque membre du personnel pour chaque activité de la journée et chaque transition, intégré à l'emploi du temps quotidien. Évidemment, il arrive que des membres du personnel soient malades ou en vacances, il est donc important que chaque membre du personnel connaisse le « scénario » de chaque activité. La mise à disposition de ces scénarios est abordée plus loin dans ce chapitre.

Routines individuelles

De même, la routine quotidienne de chaque enfant est planifiée individuellement afin de permettre l'aménagement de temps d'apprentissage en individuel, en psychomotricité, orthophonie, ou pour d'autres activités individuelles, tout autant que pour les activités en petit ou en grand groupe. Alors que la structure de groupe fournit le cadre général de la journée, pour les jeunes enfants atteints d'autisme, beaucoup (des centaines !) de temps d'apprentissage en individuel doivent être planifiés dans le planning du groupe pour soutenir l'apprentissage. Il y a autant de choix à faire pour la planification des activités individuelles qu'il y a de minutes dans une journée. La disponibilité du personnel pour fournir cet enseignement individuel est une variable à prendre en considération. L'expérience personnelle de l'enfant est une autre variable à prendre en compte. La planification doit également tenir compte de l'emploi du temps de chaque enfant. Y a-t-il une séquence d'activités et des locaux appropriés pour l'enfant en individuel ? Y a-t-il un peu de temps disponible régulièrement pour que l'enfant puisse jouer sans consigne ? L'enfant peut-il interagir avec plusieurs personnes différentes au cours de la journée ? Nous voulons que la séquence d'expériences quotidienne de chaque enfant favorise son attention et son engagement.

Exemple

Les objectifs actuels de Kevin incluent les compétences pour s'habiller et se déshabiller, et il change ses vêtements pour l'activité au bac à eau. Il a besoin d'un enseignement individuel (un pour un) impliquant beaucoup de soutien de la part de l'adulte pour cette activité, qui se produit avant et après l'activité au bac à eau. Il aime le bac à eau, et c'est une excellente activité pour travailler sur l'imitation avec objets. Toutefois, pour tenir compte du temps nécessaire au personnel pour son programme d'habillage, il est le dernier enfant à rejoindre le bac à eau et le premier enfant à finir l'activité, ce qui réduit son temps d'activité au bac à eau à moins de 10 minutes. Cela ne lui permet pas d'avoir suffisamment de temps pour pratiquer l'imitation et ses objectifs d'interaction avec des pairs et d'avoir aussi des moments de jeu libre. Il proteste tous les jours à cause de son départ anticipé, ce qui induit des colères qui interfèrent avec l'habillage. L'activité suivante est une séance d'orthophonie, qui ne peut pas être aisément réorganisée compte tenu du planning de l'orthophoniste. Cependant, l'activité précédente est la collation, et il se trouve qu'il manque d'enthousiasme quand il s'agit de manger. Une fois que les objectifs d'alimentation en autonomie sont couverts, Kevin n'en fait pas beaucoup plus pour manger. L'enseignant référent de Kevin décide de le faire se laver les mains et de le faire se rendre à la table pour la collation le premier plutôt que le dernier, comme cela se passait auparavant en

> raison de son besoin de soutien. Il est également le premier à quitter la table de la collation, et à faire la transition pour l'activité à la chaise d'habillage/bac à eau, avant tous les autres enfants. Sa routine d'habillage est alors terminée et il est le premier enfant au bac à eau. Cela lui donne deux fois plus de temps au bac à eau et avec ce changement, il fait la transition pour quitter le bac à eau sans difficulté.

Dans la perspective individuelle de l'enfant, cette partie de l'emploi du temps de Kévin ne correspondait pas à ses besoins et à ses préférences. Changer sa routine individuelle a entraîné des modifications de programme pour un membre du personnel, parce que Kevin avait besoin d'une aide individuelle pendant les trois activités. Toutefois, ce changement a permis à Kévin d'être pleinement engagé dans les deux activités suivant celle du bac à eau : l'habillage et la séance d'orthophonie. L'évaluation consciencieuse de la routine quotidienne dans la perspective individuelle de l'enfant permet d'identifier les séquences qui interfèrent avec l'engagement et l'apprentissage de l'enfant et de trouver des moyens de les améliorer.

Intégrer les objectifs individuels de l'enfant à l'activité du groupe

Le plan de chaque période d'activité du groupe doit indiquer quels sont les objectifs qui doivent être atteints dans cette période d'activité selon la feuille de données quotidienne de chaque enfant. L'affichage des objectifs liés à l'activité de chaque enfant, sur le mur du lieu de l'activité permet de rappeler à tous les membres du personnel les objectifs qui doivent être enseignés dans cette période d'activité. En général, les domaines du développement s'intègrent bien à certaines activités. Les compétences en motricité fine s'intègrent bien à l'art plastique, aux activités avec de la pâte à modeler ou aux activités de manipulation, aux repas et au bac à eau. Les compétences en motricité globale se révèlent pendant les récréations et les activités de groupe au sol. Les compétences linguistiques et sociales font partie intégrante de toutes les activités. Les activités cognitives rentrent dans le cadre des activités constructives et des activités en petits groupes. Les compétences de jeu fonctionnel et symbolique sont traitées dans l'aire de représentation.

Les activités en cercle par petits groupes comme les salutations (« bonjour », « au revoir ») et les activités musicales ou avec un livre offrent des opportunités pour la pratique des compétences en langage réceptif et expressif, des routines sociales sensorielles, de l'imitation gestuelle et orale et des compétences cognitives et sociales.

L'enseignement individuel dans le cadre du groupe

Les jeunes enfants atteints d'autisme qui sont encore au stade de l'acquisition précoce du langage reçoivent tous les jours dans le cadre du groupe, des consignes individuelles visant à accroître le rythme d'apprentissage des compétences. Dans les salles de classe en centre spécialisé et dans les classes d'inclusion, nous avons effectué une séance individuelle de 15 à 20 minutes par jour pour chaque enfant avec autisme. Ces sessions ont été proposées par le personnel de la classe et peuvent avoir lieu soit en classe soit à l'extérieur de la salle de classe. Elles sont effectuées en plus des séances de thérapie individuelle fournies par d'autres professionnels tels que le psychomotricien ou l'orthophoniste.

L'enseignement en individuel, tout comme l'enseignement en classe se focalise sur les étapes d'acquisition des objectifs qui ne s'apprennent pas rapidement lors des activités de groupe. Dès qu'une compétence cible est acquise lors de l'enseignement en individuel, elle doit être incluse dans d'autres activités pour la généralisation. De cette façon, on aide l'enfant à généraliser une compétence maîtrisée avec une personne qui lui est familière et un matériel identique dans un contexte nouveau. L'objectif peut également viser la généralisation des compétences maîtrisées lors d'autres thérapies individuelles avec une nouvelle personne et dans un nouveau lieu.

L'organisation des séances d'enseignement en individuel peut être très différente d'un enfant à l'autre, mais elles sont programmées pour chaque enfant et pour le membre du personnel affecté en tant qu'activité régulière au sein de la routine quotidienne. Certaines activités de groupe peuvent être assez difficiles à individualiser pour un enfant en particulier. En écourtant l'activité de l'aire de jeux d'un enfant, on peut profiter du temps ainsi libéré pour l'enseignement en individuel. Les enfants peuvent arriver tôt en classe ou rester tard, pour aménager l'enseignement en individuel. Pour les enfants plus âgés avec un fonctionnement de plus haut niveau, l'enseignement en individuel peut ne pas être nécessaire, étant donné la quantité d'enseignement individuel intriqué dans les activités du groupe. Toutefois, pour les débutants et ceux qui ne sont pas encore verbaux ou ceux qui ont besoin de soutien individuel pour la plupart des objectifs, un ou plusieurs temps d'enseignement quotidien en individuel durant la journée de classe sont essentiels pour obtenir un progrès significatif.

■ Tenir un relevé quotidien

L'enregistrement quotidien du résumé des feuilles d'activités de chaque enfant consiste à remplir sa fiche de données quotidiennes après chaque activité d'apprentissage, ce qui permet de rappeler aux membres du personnel les objectifs de chaque enfant jour après jour. Les annotations complémentaires concernant le comportement, les renforcements, etc. peuvent y être ajoutées à ce moment-là. À la fin de la semaine, les fiches de données quotidiennes sont mises à jour pour la semaine suivante et identifient les nouvelles acquisitions et les étapes de maintien pour la semaine suivante en se basant sur ce qui a été appris la semaine précédente. Ceci identifie également des objectifs pour lesquels il n'y a pas de progrès, de sorte que le plan d'enseignement peut être modifié comme décrit plus haut. Chaque membre du personnel est responsable de l'enregistrement des dossiers de deux enfants environ et doit faire la mise à jour des cahiers, des fiches de données et de l'agenda du personnel correspondant lors des réunions d'équipe visant à planifier les activités à mettre en place la semaine suivante.

■ Les temps de pause

Un dernier aspect de l'emploi du temps de l'enfant concerne les temps de pause. Bien que notre but soit que les enfants restent engagés de façon appropriée tout au long de la journée, quelques pauses sont inévitables, et ceci est probablement tout aussi valable pour eux que le sont les pauses-café pour nous. Toutefois, de nombreux enfants réagissent à l'allégement de la structure en s'isolant, en se désengageant ou en se désorganisant quelque peu, et il leur faut un peu de temps pour se réengager dans des activités structurées ayant une finalité. En observant attentivement chaque enfant, on peut identifier les activités qui permettent de faire les pauses nécessaires pour chacun, mais aussi encourager celles qui permettent un jeu approprié et peuvent se mêler aux comportements appropriés pour aider à revenir aux activités de la classe.

Exemple

Les moments préférés de Lindsay se déroulent à l'extérieur, où elle veut creuser dans le sable, le déverser dans des récipients et le faire passer entre ses doigts. Faire la transition pour retourner aux activités de groupe en salle de classe après avoir passé un moment sur le terrain de jeu est difficile pour elle parce qu'elle aime le sable et qu'elle est contrariée d'avoir à le laisser. Cette contrariété peut durer longtemps, ce qui l'empêche de participer au sein du groupe. Pourtant, le temps de jeux rend les pauses du personnel possibles et il n'y a pas assez de personnel pour qu'elle reste engagée dans d'autres activités et ainsi éviter le bac à sable. Lindsay apprécie également les sessions avec le psychomotricien, et ces moments font partie de ses activités hautement préférées. Elle quitte le psychomotricien bien organisée et prête pour l'activité de groupe suivante. On aménage donc son emploi du temps pour que le psychomotricien intervienne à la fin de sa pause au bac à sable. Lorsque le psychomotricien s'approche d'elle au bac à sable avec une balle de thérapie, Lindsay rejoint le psychomotricien et la balle avec empressement pour faire la transition vers la psychomotricité. Les objectifs sur lesquels elle aurait travaillé pendant l'activité de groupe sont intégrés dans l'activité de psychomotricité, et Lindsay est pleinement engagée dans l'apprentissage.

Une partie essentielle de l'organisation globale du programme de Denver est d'identifier pour chaque enfant quelques activités qu'il choisit de façon autonome, qu'il semble apprécier, et qui peuvent également s'inclure dans des activités de pause adaptées.

L'ORGANISATION DE LA SALLE DE CLASSE

Le niveau de planification nécessaire à l'intégration des besoins et des activités du groupe, des besoins de chaque enfant, et des rôles du personnel exige une bonne communication au sein de l'équipe. Pour exposer cette organisation complexe, nous avons jugé utile d'élaborer et d'afficher trois types d'emploi du temps visibles par tous. Le premier concerne les routines générales quotidiennes du groupe, qui comprend les horaires et l'ordre des principales activités de la journée. Le document 10.1 en présente un exemple. Le second superpose chacun des emplois du temps individuels des enfants sur l'agenda quotidien du groupe comme on le voit dans le document 10.2. Le troisième superpose les emplois du temps individuels du personnel sur l'agenda quotidien de groupe, comme l'indique le document 10.3.

L'emploi du temps quotidien du groupe est généralement préparé par l'éducateur de jeunes enfants, avec la participation du reste de l'équipe. Il est construit autour d'une série de périodes d'activités ; et dans chaque période d'activité on trouve une activité typique de celles pratiquées par les enfants en âge préscolaire avec du matériel typique à disposition. Chaque période d'activité fournit les éléments pour les routines d'activités conjointes (qui servent à l'apprentissage) ainsi que pour le jeu en autonomie. Dans ce dernier, du temps est prévu pour la pratique, les opportunités de modèles fournis par d'autres enfants, ainsi que des occasions pour le jeu social indépendant et spontané.

PLANIFICATION DU PERSONNEL ET COMMUNICATION

La précision de la planification et de sa mise en œuvre qui entrent dans la gestion de la classe nécessite une communication intensive entre les membres du personnel de la classe. Les membres de l'équipe se réunissent tous les jours après la classe pour rédiger ensemble des notes sur les progrès, compléter les données, discuter des problèmes survenus dans la journée, et revoir le programme pour le lendemain. Une réunion de planification plus générale a lieu un après-midi par semaine pour programmer les activités de la semaine suivante, préparer le matériel, et organiser l'espace pour la semaine suivante. Les rôles des membres du personnel, les compétences pédagogiques, et les interactions sont régulièrement et continuellement évalués et ajustés.

En outre, l'ensemble du personnel – celui de la salle de classe et les thérapeutes individuels revoient brièvement les progrès accomplis dans la semaine pour chaque enfant lors de réunions de 15 minutes au cours de la première heure de la journée, avant l'arrivée des enfants. Ces réunions sur la progression permettent de revoir les données et de mettre

10 • Application du modèle de Denver dans un cadre collectif

Document 10.1. Exemple d'un emploi du temps quotidien de groupe

Heure	Activité
8 h 45-9 h 00	Arrivée
9 h 00-9 h 15	Démarrage des petits groupes
9 h 15-9 h 45	Lavage des mains → collation
9 h 45-10 h 15	Programmes d'habillage → expérience sensorielle
10 h 15-11 h 00	Pôle d'activités → apprentissage en individuel
11 h 00-11 h 15	Petit groupe : activité musicale et physique
11 h 15-11 h 45	Aire de jeu : motricité globale
11 h 45-12 h 30	Lavage des mains → déjeuner
12 h 30-12 h 45	Livres/activités calmes
12 h 45-13 h 15	Pôle d'activités 2
12 h 45-13 h 15	Petit groupe : activité musicale et physique → Fin

à jour le programme de l'enfant. Le chef d'équipe conduit la discussion et identifie les nouvelles étapes d'acquisition ainsi que tout changement nécessaire pour améliorer la vitesse d'apprentissage dans le plan de comportement fonctionnel ou pour d'autres objectifs, tels qu'ils sont définis plus haut dans l'arbre de décision.

Enfin, les exigences émotionnelles de ce genre de travail doivent être reconnues. La culture de la classe doit soutenir les discussions en cours concernant l'état d'esprit du personnel et les relations de travail. Les conflits doivent être résolus immédiatement et avec le soutien du groupe. Les sentiments personnels d'insuffisance ou d'échec sont inévitables dans ce genre de travail. Il arrive encore et encore que, le personnel enseignant se dise « Si seulement je savais mieux ce qu'il faut faire, cet enfant réussirait mieux. » De tels sentiments de frustration, de colère, d'échec et de déception doivent être exprimés, partagés, et résolus par des discussions de soutien, ouvertement, au sein de l'équipe.

L'ENSEIGNEMENT EN PETITS ET GRANDS GROUPES

Les expériences de groupe constituent une préparation essentielle pour réussir plus tard dans le cadre scolaire. Les principaux objectifs des activités de groupe sont donc de développer les capacités nécessaires pour que les enfants participent et tirent parti de l'enseignement en groupe :

- la compétence qui consiste à rester assis dans un groupe, à proximité des autres enfants ;

Document 10.2. Exemple d'emploi du temps quotidien du personnel pendant la première heure de la journée.

Heure	Activité	Mary	Jane	Joe
8 h 45-9 h 00	Arrivée	Accueil des parents	Manteaux/toilette	Supervision de la classe
9 h 00-9 h 15	Ouverture du groupe	Animateur principal	Second, en soutien	Second, en soutien
9 h 15-9 h 45	Lavage des mains → collation	Faire sortir les enfants du groupe. De manière échelonnée, Aider le dernier petit groupe à faire la transition vers le lavabo, s'assurer que le matériel pour la collation est mis en place correctement, puis rejoindre la table à de la collation.	Aider le premier petit groupe d'enfants au lavage des mains et à passer à table pour la collation. Commencer l'activité de « remplissage » à la table de la collation. Lorsque tous les enfants sont à table et que l'animateur entame la chanson de la collation, commencer à passer les aliments.	Soutenir le groupe jusqu'à ce que les premiers enfants aient fini de se laver les mains. Aider le deuxième, puis troisième petit groupe d'enfants à se laver les mains et à passer à la table. Programme d'alimentation individuel avec Suzie.

- l'aptitude à se concentrer et à maintenir son attention sur un adulte « référent » ;
- l'aptitude à présenter les compétences maîtrisées dans le cadre d'un petit ou d'un grand groupe ;
- la capacité de répondre de façon adaptée aux demandes des autres enfants du groupe.

Comment peut-on faciliter la participation d'un jeune enfant avec autisme dans un groupe ? Il existe plusieurs techniques qui fonctionnent bien. Pour sa participation au groupe, choisissez des activités qui ont un sens pour l'enfant avec autisme comme pour les autres enfants : des chansons et des jeux physiques qui leur sont familiers, des activités musicales rythmiques, et le jeu de l'objet et du mot qui implique que les enfants se passent des objets. Les routines de langage doivent être accompagnées de supports pour les enfants qui ne comprennent pas le langage : des photos, des symboles, des tableaux en feutre ou d'autres types de supports concrets qui sont significatifs et fonctionnels pour l'enfant.

Document 10.3. Exemple d'emploi du temps individuel des enfants pendant les trois premières heures de la journée

Heure	Activité	Johnny	Suzie	Mark
8 h 45-9 h 00	Arrivée	Manteau puis toilette - Jane	Manteau puis activités physiques - Joe	Manteau puis activités physiques - Joe
9 h 00-9 h 15	Ouverture du groupe	Groupe	Groupe	Groupe
9 h 15-9 h 45	Lavage des mains → collation	Lavage avec Jane Table avec Jane	Lavage avec Joe Programme d'alimentation – Joe	Lavage avec Mary Table avec Jane
9 h 45-10 h 15	Programmes d'habillage → expérience sensorielle	Habillage avec Mary. Sensoriel avec Jane : T, Th, F Séance d'orthophonie : M, W	Leçon en individuel avec Joe : M-F	Habillage avec Mary. Sensoriel avec Jane : M, W, F Séance d'orthophonie : T, Th
10 h 15-11 h 00	Pôle d'activités en apprentissage individuel	Pôle d'activités jusqu'à 10 h 45 en individuel avec Mary	Pôle d'activités : T, Th, F Séance d'orthophonie : M, W	Pôle d'activités

Les interactions d'enseignement individualisé avec un enfant toutes les 30 secondes sont la clé d'une participation au groupe réussie. Il faut maintenir un rythme soutenu afin que tous les enfants participent activement la plupart du temps. Un enfant qui est inattentif ou engagé dans des comportements inappropriés indique souvent qu'on ne lui donne pas suffisamment l'occasion de participer activement, que des objets ou des activités motivantes n'ont pas été proposés, qu'ils ne sont pas mis en place assez souvent ou que la conception ou la mise en œuvre de l'activité ne permet pas à l'enfant de participer.

Attendez que l'enfant présente une compétence en cours de maintien dans une situation de groupe très fréquemment. Placez l'enfant directement en face de l'animateur du groupe, et très près de lui. Assurez-vous que l'activité a un sens et que la participation des enfants est renforcée par l'accès à du matériel ou à des activités désirés. Surtout dans les premières phases, les activités de groupe peuvent ne pas contribuer à l'acquisition de compétences autant qu'au maintien et à la généralisation des compétences sociales, cognitives, motrices, et aux compétences linguistiques que l'enfant maîtrise déjà dans d'autres contextes. Construire des activités de groupe sur la base de ce que les enfants savent déjà faire les aide à s'engager et à participer.

Ainsi, le succès des expériences de groupe dépend des facteurs ci-dessous.

Choisir les activités pour le groupe

On choisit les activités du groupe en gardant le niveau général des compétences et des intérêts du groupe à l'esprit, et ainsi que le potentiel d'adaptation des activités pour tenir compte des différents niveaux de compétences qui coexistent au sein du groupe. Un ou plusieurs des objectifs de chacun des enfants sont enseignés dans chaque activité de groupe, et les activités de groupe sont planifiées en ayant les objectifs individuels de chaque enfant à l'esprit. L'activité du groupe est ainsi adaptée pour chaque enfant par l'utilisation allant de la plus simple à la plus complexe du même matériel, ce qui fait que ce que chaque enfant est invité à faire dans l'activité peut être très différent de ce que l'on attend d'un autre enfant mais toutes les actions attendues sont liées au thème de l'activité.

Plutôt que de changer d'activités tous les jours, on les maintient pendant une semaine, accompagnée d'une variation appropriée par le biais de l'élaboration pour les enfants qui ont besoin de cette variation. C'est ainsi que la répétition est suffisante pour que les jeunes enfants atteints de TSA puissent apprendre les attentes liées à l'activité au cours de la semaine.

Par exemple, on peut planifier une activité qui consiste à découper trois ronds pour faire un bonhomme de neige. Découper les formes et les coller sur une feuille de papier peut être à la portée de certains enfants du groupe. On peut attendre d'un autre qu'il apparie simplement les ronds prédécoupés à leurs formes tracées sur le papier. On peut aider un autre à coller les ronds prédécoupés sur une feuille de papier afin de l'entraîner à faire sortir la colle du tube et à s'arrêter de presser à temps. L'objectif de l'activité est très spécifique et unique pour chaque enfant, même si l'activité a été préparée pour le groupe dans son ensemble en utilisant le même matériel.

■ L'organisation des rôles du personnel enseignant

Une partie de la planification de chacune de ces activités consiste à décider quel enseignant doit apprendre quels objectifs à quels enfants. Comment fait-on pour cela ? On se concentre d'abord sur une activité comme celles des pôles d'activité, la collation ou du terrain de jeux, où les enfants travaillent de façon plus autonome avec le matériel que dans d'autres activités. En supposant un ratio de 1 pour 2 pour les enfants avec autisme, un membre du personnel se joint à un enfant pour passer environ 5 minutes avec lui pour une routine d'activité conjointe visant les objectifs d'apprentissage planifiés, complète la fiche quotidienne selon les réponses obtenues de l'enfant au premier essai concernant tous les objectifs de maintien et d'acquisition observés, puis passe à l'enfant suivant en s'assurant que l'enfant qu'il laisse, est engagé de manière appropriée dans son activité. La même personne assure cette activité d'enseignement tous les jours pour que les enfants maîtrisent cette étape d'acquisition, puis elle passe à l'étape d'enseignement suivante.

Dans une activité dirigée par l'enseignant en petits groupes, comme les salutations en cercle, l'animateur du groupe doit viser tous les objectifs de tous les enfants. Les autres membres du personnel se placent derrière les enfants, prêts à intervenir pour l'enfant qui reçoit une consigne et qui a besoin d'une incitation pour y répondre. Toutefois, la personne qui aide l'enfant est silencieuse et « invisible » pour l'enfant. Les consignes, les interactions et les renforcements viennent de l'animateur du groupe pour que l'enfant soit attentif à son égard. Dans les pôles d'activités, chaque membre du personnel est « à la tête » d'un pôle, et assure l'enseignement individuel de tous les enfants qui sont accueillis dans ce pôle.

■ Planification préliminaire de l'activité

Inclure un jeune enfant atteint d'autisme en tant que participant actif dans une activité de groupe exige une planification préalable. L'adulte référent doit avoir réfléchi à ce qu'il demandera à l'enfant avec autisme de faire dans cette activité, et doit avoir préparé les accessoires et les idées pour agir selon le plan. Le secret pour cela est de planifier des actions spécifiques ou des réponses qui sont attendues de l'enfant avec autisme, en utilisant le même matériel que pour l'activité du groupe de base, et de telle manière qu'il s'intègre parfaitement à l'objectif global du groupe. L'adulte référent doit considérer tous les aspects de l'activité à l'avance et noter les accessoires, les objectifs, et ses idées. Il ne faut pas oublier que l'activité se déroule pendant une semaine, donc une fois la planification faite, c'est pour la semaine entière. L'encadré ci-dessous donne un exemple de planification pour une activité au tableau de feutrine qui met en valeur les couleurs, les formes, et les chiffres pour un groupe de trois ou quatre enfants. Les utilisations du matériel pour le langage réceptif et expressif, les compétences sociales et les compétences cognitives, sont inclues dans le plan.

■ Instruments pour le personnel

Une stratégie qui s'est avérée très utile pour le personnel en salle de classe, ainsi que pour les intervenants extérieurs tels que les thérapeutes ou les bénévoles, consiste à utiliser des aide-mémoire. Ces textes sont affichés au-dessus du champ de vision des enfants dans les aires d'activités. Ils peuvent être lus à petite distance, et contiennent des repères concernant les objectifs de chaque enfant.

> **Exemple d'un « aide-mémoire » dans un domaine de compétences motrices fines**
>
> **Programme d'une activité sur tableau de feutrine**
>
> *Activité et matériel principaux*
>
> *Comptage* : formes pour le tableau de feutrine comprenant des ensembles assortis de quatre couleurs différentes.
>
> *Stratégies et objectifs possibles*
> - Des imitations allant de la plus simple à la plus complexe peuvent être proposées et encouragées par des incitations dans une chanson d'accompagnement tout au long de l'activité.
> - Des consignes en une seule étape peuvent être données à chaque enfant (par exemple, « lève-toi », «assieds-toi », «viens ici », « donne-moi »).
> - Les enfants peuvent être invités à donner une forme à un autre enfant et incité à utiliser des expressions sociales (telles que « à toi de jouer », «tiens »).
> - Certains enfants peuvent simplement compter par cœur tandis que d'autres peuvent être encouragés à établir des correspondances 1 à 1 tout en comptant.
> - Certains enfants peuvent apparier des formes ou des couleurs sur le tableau de feutrine.
> - Certains enfants peuvent identifier des formes ou des couleurs sur le tableau de feutrine.

Les objectifs socio-communicatifs sont souvent affichés à plusieurs endroits appropriés dans la salle à proximité de chaque zone. Le but de ces « aide-mémoire » n'est pas d'expliquer intégralement les objectifs – ils ne sont que de simples rappels. L'ensemble complet des objectifs de chaque enfant est également affiché sur un emplacement central de la pièce et peut être aisément consulté ainsi que les fiches de données.

■ Emplacement physique de l'équipe

Les objectifs visés pour un enfant en particulier et pour une activité donnée doivent indiquer le point de focalisation de l'attention et l'interaction de l'enfant. Ceci déterminera la position physique de l'adulte et celle de l'enfant. Le placement approprié de l'adulte, derrière, à côté ou en face de l'enfant, permet de focaliser l'attention de l'enfant vers les éléments clés d'une activité. Pour de nombreuses activités d'autonomie personnelle ou de motricité fine, l'enfant est incité par-derrière. De cette façon, le centre d'attention de l'enfant reste sur l'activité et le matériel (par exemple, une cuillère et un bol, du papier et un marqueur, un lavabo et du savon). Pour les activités qui facilitent les échanges sociaux et la communication sociale il faut au contraire se placer directement en face de l'enfant.

LA GESTION DU COMPORTEMENT EN SALLE DE CLASSE

L'approche de la gestion du comportement comporte trois objectifs principaux : assurer un maximum de sécurité pour tous, privilégier au maximum une atmosphère de classe la plus favorable à l'apprentissage, et enfin, privilégier au maximum l'apprentissage individuel du comportement adaptatif acceptable par l'enfant.

Dans le chapitre 6, nous avons présenté les procédures servant à décrire les comportements problématiques, recueillir les données de la ligne de base, mener une évaluation ou une analyse fonctionnelle, et développer un programme de soutien aux comportements positifs par l'analyste du comportement ou tout autre membre du personnel compétent dans ce domaine. Tous les membres de l'équipe qui doivent travailler avec l'enfant partageront ce programme. Le programme concernant les comportements potentiellement dangereux est mis en application immédiatement. Si le comportement problématique de l'enfant est potentiellement dangereux, le programme concerné est mis en application dès que l'enfant intègre la classe. Cependant, si les comportements indésirables de l'enfant ne sont une source de danger pour personne, l'enfant intègre la classe et, durant les premiers jours, un membre du personnel lui est assigné individuellement pour lui apprendre la routine tandis que les données relatives au comportement sont enregistrées. Si une diminution des comportements problématiques est observée, nous continuons à les enregistrer et à les gérer comme nous l'avons fait lors de la phase de la ligne de base. En revanche, si les données ne révèlent aucun changement ou indiquent une augmentation des comportements problématiques au cours des deux premières semaines, le programme de soutien aux comportements positifs est mis en application.

Nous reconnaissons aussi que les enfants avec TSA peuvent avoir des difficultés à moduler leurs propres niveaux d'éveil sensoriel, s'agitant facilement, devenant agressifs ou excessivement passifs (Baranek, David, Poe, Stone et Watson, 2006). Dans le cas où cela constituerait une source continue de difficulté pour l'enfant, le psychomotricien consultant serait invité afin d'aider le personnel à trouver les activités sociales sensorielles qui aideront l'enfant à mieux se réguler. Les activités apaisantes ou d'éveil sont alors fournies de façon proactive. Il faut néanmoins être prudent car nous avons constaté que les activités apaisantes ou rassurantes peuvent également renforcer des comportements négatifs si elles sont proposées à la suite de ces comportements négatifs. Cela ne veut pas dire qu'il ne faut pas essayer de calmer les enfants qui deviennent ingérables à cause d'une surcharge sensorielle. Cela souligne simplement l'importance de l'emploi de mesures proactives pour les enfants dont les niveaux d'éveil peuvent être modérés par des activités sociales sensorielles soigneusement sélectionnées (Anzalone et Williamson, 2000).

LES SYSTÈMES DE TRANSITIONS ET DE PROGRAMMES INDIVIDUELS

Les transitions entre les activités constituent un défi important dans n'importe quelle classe. Une transition réussie est une transition dans laquelle le groupe passe en douceur d'une activité à l'autre, chaque enfant faisant la transition de façon autonome et amorçant sa participation à l'activité suivante sans « moment d'attente » vide, sans contrariété, distraction, ni déambulation sans but. Une transition douce maximise les opportunités pour enseigner et apprendre. Les transitions désordonnées peuvent interrompre la participation des enfants aux activités d'apprentissage pendant une bonne partie de l'activité suivante.

Exemple

Mélanie, 3 ans, joue avec du sable, une de ses activités favorites. Lorsque l'activité touche à sa fin, on la laisse continuer aussi longtemps que possible, parce qu'elle adore ça et que l'équipe sait qu'elle sera contrariée à la fin. À la fin de l'activité, Jackie, l'enseignante référente, l'aborde en lui disant : « C'est fini le bac à sable, Mélanie, c'est fini. » Elle fait le geste « c'est fini », met le couvercle sur la boîte, et prend Mélanie par la main pour l'éloigner. Mélanie résiste, essaie de toutes ses forces de rester là, et Jackie la soulève et l'emmène. Mélanie se met à pleurer, se débat dans les bras de Jackie qui la porte jusqu'au groupe en période d'activité en cercle, la place sur sa chaise, et s'accroupit face à elle pour essayer de la calmer. Les autres enfants sont déjà en période d'activité en cercle, il y a de la musique et le groupe attend que l'enseignant dirige l'activité. Mélanie continue à pleurer, crier, et se débattre en frappant en direction des enfants de chaque côté d'elle qui doivent être déplacés et qu'elle contrarie. Les enfants cessent de s'intéresser à la musique et se focalisent sur Mélanie qui se débat. Jackie décide de sortir Mélanie du groupe, pour que l'activité puisse continuer. Jackie emmène Mélanie sur un pouf poire à l'arrière et essaye de la réconforter. Pendant ce temps, Russell, un assistant qui avait mis la musique, tente d'intéresser les enfants à nouveau, en distribuant des instruments rythmiques et fait de son mieux pour accrocher l'attention des autres enfants. Malgré tout, il manque maintenant un adulte à l'effectif éducatif du groupe, et plusieurs enfants se disputent au fond et éloignent leurs chaises de l'initiateur de la dispute, que Russell réprimande. Quelques enfants agitent leurs instruments au son de la musique, et d'autres observent la scène qui se poursuit. Aucun apprentissage ne se produit plus dans cette activité pour qui que ce soit et Mélanie ne s'est pas calmée suffisamment pour s'y joindre. Les objectifs de l'enseignant pour l'activité ont été abandonnés et le groupe entier « a été contenu » pendant les 15 minutes nécessaires pour apaiser et réengager Mélanie. À ce moment-là, c'est l'heure de faire une transition de 10 minutes pour la collation du groupe dans son ensemble.

Dans cet exemple, nous voyons les effets d'un plan de transition médiocre, non seulement pour l'enfant qui a des difficultés, mais pour la classe entière. Chacune des personnes dans cette salle de classe, enfant ou adulte, a été affectée négativement par le problème de transition, et une bonne demi-heure de temps de programme a été affectée, pour Mélanie et pour chacun des autres enfants.

Dans l'ESDM, les transitions sont prévues avec autant de soin et de détail que les autres activités. Les transitions autonomes peuvent être des tâches complexes pour les enfants qui ont des difficultés à enchaîner des séquences de comportements et à suivre un projet qu'il doit se représenter mentalement. La régularité jour après jour est une façon d'aider les enfants à prévoir « ce qui va se passer ensuite ». Comme nous l'exposons ci-dessous, de nombreuses stratégies supplémentaires utilisées dans la classe d'ESDM aident à assurer des transitions en douceur. Celles-ci impliquent des indices multiples, l'utilisation des adultes, des programmes individuels, et de différents types de supports.

Utiliser des signaux auditifs et visuels pour les transitions de groupe

Toutes les transitions commencent par des signes concrets et spécifiques incluant des indices auditifs et visuels comme éteindre les lumières ou sonner une cloche en plus des indices verbaux. Ces éléments indiquent qu'une activité se termine. Les consignes verbales sont courtes, précises, et régulières d'un jour à l'autre. Des chansons spécifiques annonçant systématiquement le « début » et la « fin » sont particulièrement efficaces pour tous les enfants et particulièrement pour ceux qui ne comprennent pas ou n'assimilent pas bien les consignes verbales.

Attribuer au personnel leurs rôles pour chaque transition

Il est essentiel de définir précisément les rôles attribués au personnel lors des transitions de groupe pour que les transitions se déroulent facilement. Trois rôles principaux doivent être attribués : celui qui fait l'ouverture, celui qui fait le lien entre les activités, et celui qui clôture.

■ L'ouverture

Au moment prévu, un membre du personnel fait l'ouverture de l'activité suivante. Cette personne est la première à aller au nouvel emplacement, pour l'éclairer, sortir le matériel et disposer les meubles selon l'activité. L'objectif étant que la personne qui fait l'ouverture prépare la nouvelle activité pour qu'elle fasse l'effet d'un aimant, et attire les enfants qui sont prêts à se diriger vers la nouvelle aire d'activité. Si l'activité suivante est une activité de pôle, le membre du personnel qui en fait partie peut installer le pôle et commencer l'activité avec chacun des enfants qui y entrent. Si l'activité suivante est une activité de groupe et nécessite que le groupe entier soit présent pour commencer, la personne qui fait l'ouverture peut utiliser des chansons et des jeux de doigts, des bulles ou d'autres activités courtes de « remplissage » pour engager les premiers enfants pendant que le reste du personnel clôture et termine l'activité précédente et aide à la transition du groupe. De cette façon, la « nouvelle » activité attire les enfants vers le nouvel espace et facilite les transitions autonomes.

■ Le lien

Le deuxième membre du personnel aide les enfants à finir l'activité précédente et à se diriger vers le nouvel espace d'activité. Cette personne reste dans l'ancien lieu d'activité mais aide les enfants à finir et à entrer dans le nouvel emplacement, les amenant à franchir l'espace vers la nouvelle activité. Cette personne aide également les enfants à ranger le matériel, elle les aide à terminer et à passer à l'activité suivante. Elle se dirige vers le nouvel espace lorsque la majorité du groupe a fini, et prend son rôle dans l'activité suivante. Elle aide la personne qui fait l'ouverture à engager les enfants dans l'activité de manière à ce que les enfants n'attendent pas ou ne déambulent pas sans but.

■ La clôture

La personne qui fait la clôture est la dernière à faire la transition. Cette personne range le matériel restant, éteint, facilite la transition en suivant les derniers enfants vers le cadre suivant, et ferme l'espace. L'ancienne activité est alors clôturée, terminée et rangée, et le personnel et les enfants sont tous rassemblés pour la nouvelle activité, qui est déjà en cours.

Les programmes individuels de transition

En tant qu'adultes, nous utilisons souvent des systèmes d'emploi du temps tels que des listes, des agendas de poche, et des organiseurs pour avancer dans notre journée et rester organisés pour arriver à accomplir ce qui doit être fait heure par heure. Les systèmes visuels ou ceux qui utilisent des objets et les stratégies de transition visent le même objectif pour les enfants qui manquent d'organisation interne ne peuvent pas prévoir à l'avance ou ne possèdent pas les capacités de langage nécessaires pour profiter d'indices ou de consignes verbales. Tandis que la régularité d'un emploi du temps quotidien est suffisante pour que certains enfants apprennent la routine quotidienne et fassent des transitions de manière autonome, d'autres ont besoin d'un soutien supplémentaire. Les systèmes d'emploi du temps visuels et l'utilisation d'objets de transition sont plus tangibles, concrets, et moins fugaces que des explications ou des consignes verbales. Ils sont donc proposés si nécessaire.

Dans le cadre de nos propres groupes, pendant les premières semaines après l'arrivée d'un nouvel enfant dans le groupe, l'enfant est accompagné lors de chaque transition par un membre du personnel affecté à cette tâche. Aucun support ni matériel de soutien individuel n'est utilisé à ce stade. Notre objectif est que l'enfant expérimente l'enchaînement des activités et enregistre chaque activité et chaque lieu nouveau : où on s'assoit et où on reste debout, ce qui se passe à tel ou tel endroit et avec qui. L'enfant est engagé dans l'activité en individuel avec la personne désignée pour cela.

S'il s'agit d'une activité en petit groupe, l'animateur du groupe introduit l'enfant dans le groupe, la personne dévolue au soutien se tenant derrière lui. Lorsque le nouveau n'est plus en mesure de participer à cette activité, il peut éventuellement quitter le groupe et jouer avec un membre du personnel près des autres. Quand les signaux de transition apparaissent, le nouveau est accompagné jusqu'au nouvel emplacement. Certains enfants apprennent la routine de cette façon et anticipent l'activité suivante seulement avec les signaux de transition du groupe dans les semaines qui suivent. Pour ces enfants-là, le soutien individuel des adultes est supprimé et les soutiens généraux de transition sont utilisés. Ces enfants accomplissent alors leurs transitions de façon autonome.

■ Utilisation des supports visuels pour des transitions autonomes

Pour les enfants qui n'anticipent pas l'activité suivante après cette période d'orientation, nous passons au soutien visuel et physique pour arriver à des transitions autonomes. L'enfant doit avoir un objectif rédigé concernant les transitions autonomes et un programme d'enseignement peut alors être développé, comme décrit auparavant dans ce manuel. Enseigner le déroulement des étapes d'une transition autonome signifie enseigner un enchaînement de comportements, et nous employons l'incitation, la diminution des incitations, le modelage, et le chaînage pour apprendre aux enfants à effectuer de façon autonome les quatre étapes différentes de la séquence : obtenir le support, l'emmener au nouvel emplacement, le placer où il se doit, et prendre place dans la nouvelle activité.

Au début, nous utilisons la technique de participation guidée (main sur la main), ainsi que l'incitation physique et/ou verbale pour enseigner l'utilisation de ces supports de transitions. Des phrases clés doivent être employées régulièrement en tant qu'incitations, (par exemple, « Regarde ton emploi du temps... », « C'est l'heure de... », « Va au... »). On doit également diminuer l'aide dès que l'enfant « va dans la bonne direction ». Cependant, une aide immédiate doit être à nouveau fournie si l'enfant commence à être distrait pendant la transition. Par la répétition, l'enfant commencera à établir une connexion entre l'objet, l'image ou le symbole, et l'activité ou l'endroit où il doit se rendre, et pourra terminer la transition de façon autonome. C'est une compétence que nous enseignons « derrière » l'enfant, en le suivant pendant la transition et en l'incitant par-derrière, de sorte qu'il ait l'impression de diriger ou de se déplacer de manière autonome.

Nous savons que les enfants apprennent à employer le support pour la transition plus rapidement si les incitations et les aides sont systématiquement fournies par un membre du personnel qui leur est familier. Lors de transitions en groupe, ce niveau d'attention individuelle pour chaque enfant n'est pas possible sans échelonner les transitions, comme nous l'avons dit plus haut. Dans certains cas, il peut également être approprié pour un enfant particulier de commencer à employer des objets de transition une ou deux fois seulement plutôt que pour toutes les transitions de la journée. Ce type de décision concernant « qui et quand » doit être prise en fonction des objectifs, des besoins, et des compétences de chaque enfant, de la dynamique du groupe, et de la disponibilité du personnel.

Choix du meilleur soutien pour chaque enfant

Les compétences cognitives et les capacités de langage de chaque enfant sont prises en compte dans l'élaboration de l'emploi du temps et/ou du système de transition les plus appropriés pour un enfant spécifique. Ce qui suit représente en quelque sorte une hiérarchie dans l'utilisation des objets, des images, des symboles, et des tableaux d'emploi du temps plus complexes. Certains enfants vont réussir uniquement avec le langage de base, les consignes visuelles et auditives qui marquent chaque transition ; d'autres seront aidés par une ou plusieurs des stratégies. Le comportement de l'enfant détermine s'il a besoin d'éléments de soutien supplémentaires. Le but est que les enfants passent d'une activité à l'autre sans être dirigés ; c'est l'évolution que nous recherchons en utilisant ces supports et la norme pour en évaluer le succès.

■ Les objets de transition

Dans l'activité de clôture, on donne un objet qui est fonctionnellement lié à l'emplacement de la nouvelle activité à l'enfant qui l'emporte jusqu'au lieu de la nouvelle activité. Par exemple, on peut donner une cuillère ou une tasse à l'enfant pour qu'il l'apporte à la table du déjeuner, du dentifrice à amener au lavabo, un ballon pour le terrain de jeu ou son livre préféré pour le coin lecture. Une fois qu'il y est, on apprend à l'enfant à placer l'objet dans un « récipient » qui est également clairement identifié par un objet identique ou étiqueté avec une image de l'objet. Grâce à la répétition, l'enfant apprendra cette tâche concrète simple et pourra également accomplir la transition de façon autonome.

■ L'emploi du temps en objets

Il peut être mis en application dès qu'un enfant s'est familiarisé avec l'emploi d'objets de transition. Dans ce système, tous les objets de transition sont rangés dans une boîte compartimentée. Les objets sont placés de gauche à droite ou de haut en bas en fonction de la routine. Au moment de la transition, l'enfant prend l'objet « suivant » dans la boîte emploi du temps et l'emporte à la prochaine aire d'activité. L'enfant place l'objet dans un « réceptacle » qui est également clairement identifié par un objet identique ou étiqueté avec une image de l'objet. Avec la répétition, l'enfant apprendra cette tâche simple et concrète et pourra également accomplir la transition de façon autonome. Ici l'emplacement physique est important. L'emploi du temps en objets doit être placé dans un endroit central par rapport aux activités pour que l'enfant puisse y accéder de manière autonome depuis chacune des activités. Si on doit l'aider pour qu'il atteigne sa boîte emploi du temps parce qu'elle n'est pas sur son chemin principal, cela peut l'empêcher de faire sa transition en autonomie, ce qui n'est pas le but recherché.

■ Emploi du temps en images, symboles et mots écrits

Les photos, les dessins ou les mots écrits représentant chaque activité sont disposés (avec du Velcro) sur un petit panneau ou dans un dossier cartonné de gauche à droite ou de haut en bas en fonction de la routine. L'emploi du temps est installé dans un endroit central. Au moment d'une transition, l'enfant prend l'élément « suivant », l'amène à l'activité suivante, et l'apparie avec une image, un symbole ou un mot identique, qui est affiché (avec une bande de Velcro) dans le secteur de l'activité suivante.

Si les enfants qui utilisent des systèmes de support visuel présentent des compétences pour faire des transitions en autonomie, sans avoir besoin de ces supports (c'est-à-dire l'enfant va régulièrement à la prochaine activité de façon autonome, en suivant les indices de transition du groupe et doit être incité à aller voir sa boîte pour vérifier son emploi du temps), nous enlevons le système d'emploi du temps. Le but n'est pas d'utiliser un système d'emploi du temps mais de faire des transitions de manière autonome. (Voir Dettmer, Simpson, Myles et Ganz, 2000 ; Hodgdon, 1995 ; et Cohen et Sloan, 2007, pour des idées supplémentaires concernant les moyens d'élaborer des supports visuels de transition.)

PROGRAMME POUR LES RELATIONS ENTRE PAIRS ET L'AUTONOMIE PERSONNELLE

Les sujets que nous n'avons pas encore abordés concernent les compétences liées aux relations entre pairs et aux comportements d'autonomie personnelle, qui sont les principales cibles d'apprentissage dans toutes les écoles maternelles. Ces thèmes sont traités dans le texte qui suit.

Interactions entre pairs

L'un des avantages contextuels majeurs de la salle de classe est que l'on dispose de pairs. Pour les enfants qui commencent l'intervention et qui ne manifestent pas d'intérêt pour leurs pairs, le développement de relations sociales réciproques simples et de routines d'imitation avec des adultes fourniront les comportements nécessaires pour interagir avec leurs pairs. Nous enseignons ces compétences aux enfants en individuel au sein de l'activité de la classe ainsi que pendant de courtes activités d'apprentissage en individuel au cours de la journée. Nous utilisons le groupe pour que ces compétences se généralisent dans des interactions entre pairs.

Au début, l'interaction entre pairs se développe à partir de l'imitation et de l'intérêt partagé pour le même type de jouets. De cet intérêt partagé pour certains objets naît le jeu parallèle qui mène ensuite à une plus grande conscience de l'autre enfant et de ce que ce dernier peut bien être en train de faire avec les objets. La conscience de ses pairs et l'interaction sont encouragées par les activités planifiées qui rassemblent des enfants dans le même espace physique, en mettant particulièrement en valeur la présence de deux ensembles de jouets identiques et par un placement face à face pour privilégier l'attention portée aux pairs, l'imitation de ses pairs, et le jeu parallèle. Le fait de placer les enfants assis de part et d'autre d'une petite table, avec des jouets en double fait merveille pour construire des interactions en face à face. Les activités d'eau, les jeux de groupe en mouvement comme la ronde ou les bulles avec un petit groupe d'enfants les uns en face des autres ne sont que quelques exemples de ce type d'activités. Bien que la source de motivation initiale provienne de l'activité et du matériel, le résultat est une situation de jeu parallèle.

Les stratégies qui favorisent la conscience de ses pairs et l'interaction entre pairs dans des situations de jeu parallèle impliquent la fourniture de beaucoup de matériel en double, que les enfants soient bien placés face à face, que des modèles et/ou incitations leur soient fournis pour qu'ils utilisent toutes les compétences sociales et communicatives de leur répertoire. Si ces activités ont été effectuées avec des adultes importants, quelques gratifications sociales peuvent entrer en jeu, tout autant que les récompenses liées aux objets. Commencez ces activités en utilisant un pair comme associé qui fournira des gratifications sociales fortes. Les compétences qui peuvent être visées comprennent :

- regarder ce qu'un autre enfant est en train de faire ;
- imiter un autre enfant ;
- montrer quelque chose à un autre enfant ;
- donner quelque chose à un autre enfant ;
- demander son tour ;
- demander un objet.

10 • Application du modèle de Denver dans un cadre collectif

Les enfants ont besoin d'expressions verbales pour accompagner les interactions de jeu entre pairs, et celles-ci devraient être enseignées avec des adultes au sein de routines d'activités conjointes. Celles-ci comprennent :

- des expressions pour le tour de rôle (par exemple, « à moi », « à toi », « donne-moi X » « je veux X ») ;
- apprendre aux enfants « attends une minute » et « laisse-moi finir » ;
- fournir des scénarios simples pour l'interaction et la résolution de conflits (par exemple : « C'est à moi », « Rends-le moi ») ;
- encourager les pairs à initier et maintenir le jeu interactif (par exemple : « Fais ceci », « Refais-le » « Encore ») ;
- enseigner des jeux structurés en cercle ou des jeux de société pour enfants, des rondes où l'on se laisse tomber, le « loto » (avec des images au lieu des chiffres).

Pour les enfants ayant appris à effectuer un certain nombre de routines d'activités conjointes avec un adulte, qui savent jouer en attendant leur tour et avoir une attention conjointe, nous instituons « des rendez-vous pour jouer » en classe : Deux enfants qui s'intéressent l'un à l'autre et qui peuvent tous deux contribuer au jeu auront ainsi une occasion de jouer ensemble avec l'assistance d'un adulte pour étayer les interactions. L'adulte pourra soit étayer les activités au sein des pôles d'activités soit fournir aux enfants un moment privilégié à l'écart. Ceci peut se produire pendant une période de retrait avec un orthophoniste, un psychomotricien ou tout autre membre du personnel. Si un temps de retrait est nécessaire pour ces séances, assurez-vous de les pratiquer également au cours des activités en salle de classe, pour la généralisation et le maintien.

> **Remarque importante**
>
> Nous avons constaté que les adultes peuvent aisément et involontairement saboter l'interaction entre pairs en interrompant les échanges entre les enfants ou en accaparant leur attention de sorte que l'enfant n'est pas disponible pour l'interaction entre pairs. Lorsque les interactions entre pairs sont le but recherché, les adultes doivent se placer derrière les enfants ou à distance et ne doivent pas interrompre les interactions en cours. Si les incitations sont nécessaires, pratiquez-les rapidement et silencieusement en étant placé derrière l'enfant. La présence de l'adulte doit être « invisible » si l'objectif concerne les interactions entre un enfant et un autre enfant. Les adultes doivent faire tous les efforts nécessaires pour permettre que les antécédents (et les renforçateurs !) visant à obtenir les comportements sociaux cibles, émanent de l'autre enfant plutôt que d'un adulte.

Compétences de vie quotidienne/autonomie personnelle

Un des autres grands avantages dans le cadre d'un groupe en collectivité est que les activités développant des compétences de vie quotidienne et en autonomie personnelle font partie intégrante de la routine quotidienne. Beaucoup d'occasions fonctionnellement appropriées surviennent naturellement ou peuvent facilement être intriquées à la structure même des activités en salle de classe.

■ L'habillage

Les activités au bac à eau sont habituellement motivantes et sont généralement planifiées pour servir des objectifs sociaux ou de jeu. Cependant, les activités d'eau fournissent également une raison fonctionnelle pour que les enfants enlèvent certains vêtements pour rester secs. Nous avons inclus une version quotidienne de ces activités d'eau dans la routine de la classe pour que les objectifs d'autonomie en habillage et en déshabillage soient visés. Les objectifs d'habillage sont ciblés avant et après l'activité au bac à eau, même si le matériel utilisé au bac est un autre support sensoriel (par exemple, des haricots secs, du riz). Des emplacements spécifiques et cohérents par rapport à leur programme d'habillage sont proposés pour chaque enfant comme partie intégrante de l'activité du bac à eau ce qui suppose l'installation de chaises marquées avec le nom et la photographie de chaque enfant et d'un panier marqué de manière identique pour ses vêtements.

Nous avons souvent trouvé utile de programmer l'activité au bac à eau après la collation ou le repas. Cela facilite un peu la tâche de la personne qui peut ainsi installer rapidement des zones d'habillage juste avant que les premiers enfants aient fini leurs repas et pendant que tous sont encore assis et occupés. En outre, les enfants ne finissent pas tous leur repas ou leur collation au même moment (autrement on peut les encourager à ne pas finir ensemble) de sorte que les programmes d'habillage peuvent également être échelonnés de façon à fournir autant d'attention individuelle que nécessaire.

Si les enfants ont déjà commencé à développer des compétences en habillage, l'adulte peut aider plusieurs enfants à la fois. Cependant, certains enfants auront besoin d'un enseignement direct en individuel et de stratégies de motivation pour atteindre les objectifs d'habillage. Comme pour toutes les activités, les objectifs de l'habillage et les séquences sont individualisés pour chaque enfant et basés sur les objectifs propres à chacun d'entre eux. Certains enfants peuvent avoir besoin de s'entraîner uniquement pour certains types de vêtements ou d'attaches. Pour d'autres, il faudra enseigner toutes les étapes. La feuille de données et l'analyse de tâche développementale de chaque enfant indiqueront respectivement l'étape d'acquisition et de maintien à apprendre pour la journée et la procédure d'enregistrement des données.

10 • Application du modèle de Denver dans un cadre collectif

■ L'hygiène

Il existe également plusieurs occasions naturelles au cours de la routine quotidienne de la classe pour que les enfants apprennent et/ou s'entraînent à se laver les mains et le visage et à se brosser les dents. Le lavage des mains est une routine typique avant et après les repas et les collations ; bien entendu le brossage des dents suit les repas. Le temps et les besoins en personnel doivent être pris en compte dans l'emploi du temps pour que ces tâches soient effectuées. Nous avons constaté que le lavage des mains et le brossage des dents sont mieux appris lorsque l'adulte est placé derrière l'enfant « invisible », et utilise des incitations physiques plutôt que verbales, de façon à aider l'enfant à passer harmonieusement chaque étape motrice faisant partie du processus. Pour chaque enfant, l'analyse développementale de tâche relative à la séquence de compétences sert à déterminer les étapes d'apprentissage pour lui.

■ Les repas en groupe

Nous avons trouvé de nombreux avantages éducatifs en structurant les repas et les collations comme des expériences d'apprentissage de groupe qui simulent les repas en famille. Les différents objectifs pour chaque enfant forment le contenu de l'enseignement. Un adulte se place à chaque extrémité de la table et tient le rôle « parental » pour les enfants qui sont à côté de lui. Il sert à manger, communique avec les enfants, discute et encourage les interactions. La nourriture est située sur un chariot à portée de l'adulte mais hors de portée des enfants, ainsi l'adulte garde le contrôle de toute la nourriture, ainsi que des assiettes, tasses, serviettes, etc. Un troisième adulte ne joue aucun rôle au sein du groupe mais circule et travaille derrière les enfants qui ont besoin d'incitation physique pour apprendre à utiliser une cuillère. La nourriture est servie comme à la maison, à table, et les enfants reçoivent une assiette et une tasse avec de très petites portions sur demande, afin qu'ils fassent beaucoup de demandes.

L'attribution des places a un impact sur la mise en œuvre des objectifs sociaux et de communication. Les enfants dont les objectifs incluent l'interaction entre pairs doivent être assis l'un en face de l'autre, avec des adultes qui soutiennent la conversation et l'interaction entre pairs. Pour les enfants dont les objectifs concernent les demandes pour obtenir de la nourriture, les adultes doivent se placer en face des enfants ou opposés à eux en diagonale. La nourriture favorite doit être disponible et visible, mais pas accessible sans demande faite à l'adulte. Placer des enfants présentant des niveaux d'habileté différents ensemble à une même table fournit des partenaires sociaux et des modèles pour tous les enfants. Les adultes mangent aussi à table et emploient les procédures d'enseignement de base de l'ESDM décrites plus haut durant tout le repas. Les enfants contribuent à « mettre la table » et à « desservir » en prenant ou en passant les sets de tables, les serviettes, les assiettes, les couverts, et les gobelets ; en passant les plats et les boissons ; et en nettoyant leur propre place à la fin du repas, en emmenant leur assiette à l'évier, en mettant les serviettes en papier usagées à la poubelle, en essuyant ce qui a coulé ou les miettes et en s'essuyant les mains et la bouche. Ce qui est attendu de chaque enfant est déterminé en fonction de ses objectifs concernant les activités liées aux repas à table, aux compétences de soin personnel et aux tâches ménagères.

Pour des objectifs appropriés concernant les activités liées au repas, on peut inclure des objectifs de communication comprenant :

- des demandes gestuelles ou verbales simples ;
- l'attente ;
- les interactions entre pairs ;
- le langage social ;
- l'amélioration de l'utilisation des ustensiles ;
- l'augmentation de la variété des aliments que l'enfant mange ;
- la maîtrise des ustensiles, des serviettes et des cuillères pour servir ;
- donner sur demande ;
- servir, verser, et passer ; les termes de politesse ;
- mettre la table et la débarrasser.

D'autres domaines de compétences peuvent aussi être facilement introduits pendant le repas :

- le langage réceptif et expressif ;
- les objectifs cognitifs comprenant des compétences d'appariement (en dressant la table), des compétences de dénombrement (en comptant les biscuits), et des concepts de couleur et de forme (pour demander les biscuits en les qualifiant par leur forme ou les fruits en les qualifiant par leur couleur) ;
- des objectifs sociaux ;
- des objectifs en motricité fine mis en pratique en tenant ses couverts pour manger, en coupant ses aliments ou en utilisant différents ustensiles.

Le programme de la classe pour chaque membre du personnel et chaque enfant déterminera les tâches d'enseignement requises de la part des adultes et les objectifs d'apprentissage pour chaque enfant pendant les repas. Comme indiqué précédemment, de petites cartes avec les objectifs de chaque enfant pour l'activité sont affichées sur le mur pour aider tous les adultes à se rappeler les objectifs qui doivent être visés pour chaque enfant. Un adulte peut travailler environ 5 minutes en individuel avec chacun des enfants à la table du groupe puis laisser à l'enfant la liberté de continuer son repas dans l'environnement social, pour consacrer son attention à l'enfant suivant.

■ Enseigner les compétences pour utiliser les couverts

Nous avons constaté qu'il était très utile d'enseigner l'utilisation des couverts en se plaçant derrière l'enfant. La personne ainsi placée incite physiquement l'enfant à utiliser un ustensile, l'incite à stabiliser son bol ou son assiette si nécessaire, l'incite à poser ses couverts convenablement, et à utiliser sa serviette de façon appropriée. Ceci permet à l'adulte de se focaliser sur l'enchaînement des schémas d'actions et l'aide à s'interdire d'utiliser des incitations verbales ou sociales pour apprendre cet enchaînement à l'enfant, ce qui pourrait rendre l'enfant dépendant des incitations. L'adulte qui mène l'activité du repas est le partenaire social de l'enfant ; l'adulte derrière l'enfant est un soutien invisible qui l'incite à accomplir les actions nécessaires. Assurez-vous que les incitations suivent l'action initiale dirigée par l'enfant vers la nourriture. Il s'agit de soutenir l'initiative spontanée pour manger. Même si l'enfant tend la main vers l'aliment, orientez sa main vers la cuillère. Les incitations suivent les antécédents ; elles ne sont pas l'antécédent. Pour un comportement spontané, le désir de l'enfant pour la nourriture est l'antécédent à son comportement d'approche, que vous modelez alors. Retirez les incitations très rapidement ! Utilisez des stratégies d'incitation en commençant par la moins forte possible, et passez le moins de temps possible à manipuler les mains de l'enfant. Essayez d'inciter ses mouvements à partir des poignets, des épaules ou des coudes par de petits contacts et de petites impulsions plutôt que par des incitations physiques complètes de votre main placée sur la sienne. Bloquez les comportements indésirables comme la main ou la bouche dans l'assiette, l'utilisation de l'autre main pour pousser l'aliment sur la cuillère ou le mettre à la bouche. Retirez-lui son assiette temporairement si l'enfant persiste.

Pour conclure, l'heure du repas offre des opportunités d'enseignement particulièrement riches des compétences socio-communicatives et d'autres compétences, mais pour bénéficier d'un maximum d'opportunités d'apprentissage pendant le repas, il faut identifier clairement des objectifs liés au repas pour chaque enfant, et coordonner les rôles du personnel, choisir la disposition autour de la table, et l'emplacement de la nourriture selon les objectifs recherchés. Un certain nombre d'objectifs peuvent être légitimes et avoir une valeur d'expérience pour les repas, mais leur mise en œuvre exige une planification, une communication d'équipe et une préparation précises, comme cela est vrai pour toutes les séances d'activités.

LA TRANSITION VERS LA MATERNELLE

Le sujet final de ce chapitre concerne le passage inévitable des enfants de la structure préscolaire (jardin d'enfants ou petite section de maternelle) à la maternelle (moyenne ou grande section). La plus grande crainte au sujet de cette transition est le risque très réel que les enfants ne perdent des compétences soigneusement développées dans un nouvel environnement qui ne suscite ni ne soutient ces compétences. Le personnel d'accueil doit connaître le répertoire de compétences de l'enfant, doit savoir comment obtenir et soutenir ces comportements, et connaître les meilleurs moyens de stimuler les nouveaux apprentissages. Un important travail d'échange d'informations doit se faire. Il doit commencer dès que possible une fois que la nouvelle classe est connue, afin de soutenir les apprentissages précédents de l'enfant et de stimuler des apprentissages supplémentaires.

Il n'y a rien qui puisse remplacer le fait que le personnel qui accueillera l'enfant dans l'environnement à venir puisse observer l'enfant dans son cadre actuel et que le personnel préscolaire lui communique les projets éducatifs du programme en cours. Cela est indispensable pour que l'entrée de l'enfant dans son nouveau programme puisse se construire sur ce qui a été développé dans le programme précédent. Les besoins à remplir dans le programme peuvent être échangés et l'enfant peut être complètement préparé à un nouvel ensemble d'attentes et de méthodes. Si cela est possible et approprié, tout le matériel spécifique que l'enfant utilise, tel que son emploi du temps en images peut être adapté au nouvel environnement avant la transition.

Le matériel peut ainsi « suivre » l'enfant dans son nouvel environnement et l'aider à faire la transition. Les compétences qui aideront l'enfant à réussir dans le nouvel environnement peuvent également être identifiées et développées. De la même manière, le fait que l'équipe actuelle rende visite au futur lieu d'accueil peut lui donner beaucoup d'idées sur la façon d'aider l'enfant à se préparer à la transition : de quelles nouvelles compétences l'enfant aura-t-il besoin dans ce nouvel environnement et comment peut-on adapter au mieux les compétences actuelles pour répondre aux exigences de ce nouvel environnement ?

Bien que le programme courant de l'ESDM soit basé sur les besoins développementaux, certaines des compétences nécessaires pour se préparer pour la maternelle ne dépendent pas seulement du fait d'être prêt d'un point de vue développemental. Ces compétences doivent être évaluées de façon précise pour s'assurer qu'un programme approprié de préparation à l'entrée en maternelle sera mis en œuvre plusieurs mois avant la transition et le départ prévu pour la maternelle. Il est extrêmement utile de rencontrer le personnel qui accueillera l'enfant pour esquisser les grandes lignes des compétences spécifiques typiquement attendues des enfants avant qu'ils n'entrent en maternelle. En outre, quelques compétences initiales pour la maternelle peuvent être identifiées et enseignées préalablement. C'est ainsi qu'une « liste des compétences de survie à la maternelle » individualisée (Barnes, 1997) est établie et sert de base pour les objectifs courants de l'enfant. Les compétences typiques de survie à l'école maternelle sont énumérées dans l'encadré ci-dessous.

10 • Application du modèle de Denver dans un cadre collectif

Compétences typiques de survie pour la maternelle

Comportement
- Attendre en rang et marcher en rang avec un groupe d'enfants.
- Rester assis en silence en écoutant une histoire courte.
- Participer aux activités de rangement.
- Demander de l'aide quand on en a besoin.
- Travailler en petit groupe.
- Essayer d'accomplir les tâches demandées par l'enseignant.
- Choisir parmi les activités proposées en libre choix.
- Accomplir les activités choisies.

Compétences de soin personnel
- Utiliser des compétences appropriées aux toilettes (tirer la chasse, se laver les mains, se rhabiller, etc.).
- S'habiller (chaussettes, manteau, essayer d'attacher ses lacets).
- S'occuper de ses affaires (accrocher sa veste, ranger son sac de déjeuner, etc.).

Langage et communication
- Donner son prénom et son nom de famille lorsqu'on le lui demande.
- Accomplir une consigne simple en deux étapes.
- Échanger des commentaires, des idées ou expériences.
- Écouter diverses histoires et participer aux commentaires qui suivent.
- Initier et répondre à quelques interactions verbales socialement appropriées (« salut », « comment tu t'appelles ? »).
- Participer à un jeu de faire-semblant courant avec ses pairs (dînette, marionnettes, jeux de rôle, etc.).
- Identifier les principales parties du corps (dos, ventre, tête, jambes, traits du visage (sourcils, nez, bouche...), etc.).
- Lever la main pour demander de l'aide.

Activités préscolaires
- Compter de 1 à 10.
- Apparier d'un à cinq objets concrets.
- Expérience de l'identification, du tri, et du classement d'objets.
- Associer et trier des objets selon leur couleur, leur taille, et leur forme.
- Identifier son prénom écrit.
- Apparier les lettres et nombres écrits.
- Identifier les lettres de l'alphabet par leur nom.
- Identifier et nommer les couleurs de base.
- Savoir réciter la chanson de l'alphabet.

> **Compétences en motricité fine**
> - Essayer de tenir les crayons, les marqueurs, et les feutres correctement.
> - Tenir les ciseaux correctement et savoir couper le long d'une ligne.
> - Copier, dessiner, et tracer une ligne, un cercle, un carré et un triangle à peu près correctement.
> - Essayer d'écrire son prénom.
> - Être capable de s'engager dans des expériences tactiles avec de l'eau, du sable, de l'argile, du riz, de la peinture, etc..
> - Réaliser des activités de manipulation simples comme des puzzles, des perles, des Lego, etc.
> - Expérience de la peinture au chevalet.
>
> **Compétences de motricité globale**
> - Essayer de faire des roulades, sauter, se tenir sur un pied, courir, faire des bonds, sauter à cloche-pied, et se balancer.
> - Envoyer et attraper des petites balles et des gros ballons.
> - Utiliser l'équipement du terrain de jeu (grimper, se laisser glisser sur les toboggans, utiliser la balançoire, etc.).
> - Expérience des activités musicales et physiques en groupe.

Lorsque le moment de la transition approche, il peut également être utile que l'enfant fasse une visite à la « nouvelle » école avec l'« ancien » personnel familier. Faire une vidéo du nouvel environnement (par exemple, la salle de classe, la cour de récréation, les toilettes) que l'enfant pourra regarder à la maison l'aidera à se familiariser avec ce nouvel environnement. Filmer l'enfant dans des routines familières actuelles peut également fournir un outil extrêmement utile pour familiariser le personnel qui l'accueillera aux objectifs et aux compétences actuels de l'enfant et pour illustrer les stratégies générales qui ont été effectivement mises en application pour l'enfant.

En outre, les rapports, les programmes individuels rédigés, et les registres de résultats doivent être fournis et passés en revue avec l'équipe d'accueil. En général, une communication étroite entre les équipes est essentielle pour préparer efficacement l'enfant à son nouvel environnement et fournir autant de cohérence et de familiarité possibles lors de sa transition.

Conclusion

Les pratiques du programme qui ont évolué au cours de la classe ESDM permettent au personnel éducatif de fournir un programme fortement individualisé dans une routine de classe régulière et prévisible, qui convient aux centres spécialisés autant qu'à des groupes d'intégration. Une planification précise et des interactions ciblées tiennent compte des besoins développementaux et des besoins d'apprentissage typiques des jeunes enfants avec ASD. En utilisant une approche développementale orientée sur le jeu et basée sur les relations sociales, l'apprentissage intensif individualisé, se fait aussi dans un cadre fortement structuré. Se baser sur les principes de l'analyse appliquée du comportement (ABA) assure des procédures d'enseignement précises et une approche empirique des pratiques d'enseignement par la collecte et l'interprétation continues des informations recueillies. À l'instar de tous les environnements éducatifs pour la petite enfance aux États-Unis, la salle de classe utilisant l'ESDM privilégie le développement de l'autonomie des enfants, encourage les relations et les interactions sociales, et le développement de compétences en communication de plus en plus sophistiquées. En outre, l'accent est mis sur la qualité des relations sociales, sur les expériences émotionnelles positives pour les enfants, et sur l'enseignement intensif intriqué dans des activités basées sur le jeu, qui caractérisent le modèle appliqué en salle de classe tout comme en individuel.

Annexe

1. Liste de contrôle et description des items du modèle d'intervention précoce de Denver

Annexe

INTRODUCTION

La liste de contrôle du programme ESDM est l'outil utilisé dans le modèle d'intervention précoce de Denver pour élaborer les objectifs d'enseignement pour l'intervention. Elle est appliquée aux enfants toutes les douze semaines selon une modalité basée sur le jeu, similaire à la façon dont un adulte pratiquerait l'intervention ESDM. Elle est appliquée directement tout en utilisant également les informations recueillies auprès des parents et des autres professionnels travaillant avec l'enfant pour constituer une image précise de l'ensemble des compétences actuelles de l'enfant dans les principaux domaines développementaux concernés par l'intervention avec l'ESDM : le développement de la communication, des compétences sociales et adaptives, de la cognition et du jeu, de l'imitation, et de la motricité fine et globale. La version actuelle de la liste de contrôle du programme est le produit de nombreuses années de recherche et de perfectionnement clinique, et les items et leur ordre reflètent notre expérience clinique aussi bien que les informations apportées par la littérature développementale ou par d'autres outils développementaux.

Comme cela a été décrit dans le chapitre 4, la liste de contrôle du programme ESDM est un outil basé sur des critères qui constituent la référence, et qui fournit des séquences de compétences développementales dans de nombreux domaines du développement englobant la communication réceptive, la communication expressive, les compétences sociales, les capacités de jeu, les fonctions cognitives, les compétences de motricité fine, de motricité globale, et les compétences de comportement adaptatif. Le niveau de compétences s'étend sur une période de 9 à 12 mois jusqu'au niveau de 48 mois. La liste de contrôle est organisée en quatre niveaux correspondant aux périodes d'âge développemental allant approximativement de 12 à 18 mois, de 18 à 24 mois, de 24 à 36 mois, et de 36 à 48 mois. Cependant, la liste de contrôle du programme a été spécifiquement développée pour de jeunes enfants avec autisme et reflète leur profil typique de développement qui implique des compétences visuo-motrices relativement plus avancées et des compétences sociales et de communication relativement moins avancées que les autres enfants du même âge développemental. Ainsi, dans chaque niveau, les items de communication et les items sociaux sont, d'un point de vue développemental, plus immatures que les items de motricité fine et globale si on utilise le niveau de développement typique comme point de comparaison. Dans certains niveaux, les séquences élaborées ont été développées pour des compétences sur lesquelles il est particulièrement important d'insister dans l'autisme, telles que les items d'imitation du niveau 1 et les items d'attention conjointe du niveau 2. Bien que l'on puisse considérer que l'imitation puisse être un sous-ensemble du développement social et l'attention conjointe un sous-ensemble du développement de la communication, ces compétences sont tellement affectées dans l'autisme et tellement cruciales pour la progression du développement qu'une attention particulière leur est accordée dans la liste

Liste de contrôle et description des items du modèle d'intervention précoce de Denver

de contrôle du programme ESDM. Les séquences propres à chaque domaine sont issues de l'analyse de larges revues de la littérature sur le développement typique de l'enfant. Le positionnement des items dans un niveau spécifique reflète à la fois la recherche sur le développement typique de l'enfant et l'expérience clinique de différentes équipes pluridisciplinaires d'experts de l'ESDM travaillant avec des centaines de jeunes enfants avec autisme sur les vingt-cinq dernières années.

ADMINISTRATION

La liste de contrôle du programme a été élaborée pour être administrée par des professionnels de l'intervention précoce. Elle peut être administrée sous plusieurs formats différents selon l'organisation de l'équipe et du programme d'intervention. Elle peut être utilisée par un seul professionnel issu de n'importe quelle discipline de l'intervention précoce pourvu qu'il ait une connaissance pluridisciplinaire du développement dans les différents domaines et qu'il ait pratiqué l'outil et sa cotation. Ce format d'évaluation est généralement utilisé lorsque l'ESDM est appliqué par un thérapeute d'une seule discipline, ou dans un format de traitement intensif en individuel utilisant un modèle généraliste, le chef d'équipe appliquant alors la liste de contrôle. Si un professionnel d'une discipline particulière doit l'utiliser, il aura besoin d'un entraînement croisé dans les autres disciplines pour les items qui se situent hors de sa spécialité. Dans un programme de groupe impliquant une équipe pluridisciplinaire, les différents domaines peuvent être administrés par les membres de l'équipe professionnelle, chaque spécialiste appliquant la section correspondant à ses compétences personnelles.

Comme pour les autres outils d'évaluation couvrant une large gamme de compétences, l'objectif est d'évaluer les niveaux de capacités actuelles de l'enfant et non d'administrer l'outil dans son intégralité. À la fin de l'évaluation, l'évaluateur devra avoir identifié dans chaque domaine les compétences les plus matures de l'enfant et les comportements qui sont trop difficiles pour lui. L'évaluateur doit ainsi déterminer l'ensemble des compétences fonctionnelles présentes actuellement comme les compétences d'un niveau supérieur qui ne font pas encore régulièrement partie du répertoire de l'enfant. La plupart des compétences des enfants se regrouperont à un niveau spécifique dans chaque domaine. Cependant, pour les enfants dont les compétences chutent dans les premiers items d'un niveau, assurez-vous de revoir les derniers items du niveau précédent pour identifier toute compétence critique que l'enfant ne réussit pas au niveau inférieur. De même que si l'enfant réussit la majorité des items d'un niveau et n'échoue qu'à quelques-uns, vous devez passer au niveau suivant et évaluer au moins la première moitié des items de ce domaine pour être sûr d'avoir les bonnes informations sur le répertoire réel de l'enfant à ce moment précis. Comme pour les autres tests développementaux, votre but est de déterminer le niveau de base et le niveau plafond de l'enfant, et en particulier d'identifier la zone où les réussites se transforment en échecs dans chaque domaine. Cela constituera la zone cible pour l'enseignement.

La liste de contrôle du programme est administrée de la même façon que l'intervention – dans un style interactif basé sur le jeu dans le cadre d'activités conjointes. Utiliser des activités de jeu permet d'évaluer une variété de domaines au cours d'une seule activité, parce que la plupart des interactions entre un enfant et un adulte qui reposent sur l'utilisation de jouets impliquent des compétences motrices, des compétences cognitives, des compétences de communication, et des compétences sociales. Une évaluation à partir du jeu permet aussi d'examiner les composantes sociales et de communication dans le cadre de schémas d'interaction sociale typiques pour de jeunes enfants.

- L'évaluateur organise une séance de jeu qui inclut le matériel nécessaire pour tous les items, et il développe des activités de jeu avec l'enfant. Le niveau de participation des parents est laissé au choix de l'évaluateur.
- L'évaluateur fournit du matériel, un certain nombre de modèles pour les différentes compétences, invite le parent à participer si cela peut s'avérer utile, et questionne également le parent sur les manifestations de la compétence de l'enfant dans un cadre naturel.
- L'évaluateur doit engager l'enfant dans une activité ludique qui l'intéresse, poursuivre l'activité avec l'enfant jusqu'à son point d'achèvement naturel ou jusqu'à ce que de nouveaux comportements soient obtenus, pour ensuite faire une pause et noter sur la liste de contrôle du programme les comportements qui ont été observés ainsi que ceux qui ont été essayés mais qui n'ont pas été obtenus.
- L'évaluateur commence ensuite une autre activité de jeu et procède comme précédemment. Après chaque activité de jeu, l'évaluateur doit faire une pause, prendre des notes, cocher les items, et déterminer quels items doivent encore être administrés.
- L'évaluateur choisit ensuite le matériel et les activités de jeu qui permettent l'évaluation des items restants. Pour les comportements qui ne peuvent être observés (par exemple, à l'heure du bain), le parent est interrogé.
- S'il y a des rapports d'autres thérapeutes, l'évaluateur doit également utiliser cette information. Il y a des colonnes correspondant à chacune de ces sources d'information : observation directe, rapport des parents, et rapports des autres thérapeutes et des enseignants.

La liste de contrôle du programme peut être entièrement administrée pendant une séance d'1 heure à 1 heure 30. Le meilleur endroit est une salle de thérapie, avec une petite table et des chaises, un fauteuil poire, une aire au sol, une chaise confortable pour le parent, et le matériel qui sera nécessaire pour obtenir les compétences de la liste de contrôle du programme. La liste du matériel nécessaire est présentée au début de la liste de contrôle du programme. Il est très utile de retirer de la vue le matériel qui ne sera pas utilisé pour

Liste de contrôle et description des items du modèle d'intervention précoce de Denver

l'évaluation, pour éviter de perdre du temps et que l'attention des enfants ne soit pas focalisée sur du matériel qui ne peut fournir aucune information utile pour l'évaluation. L'enregistrement vidéo de l'évaluation n'est pas nécessaire mais il peut s'avérer utile comme source d'information pour la suite, et pour servir à documenter le dossier sur le point de départ du traitement.

COTATION

Trois conventions de cotation sont utilisées avec la liste de contrôle : réussite ou R ou + (pour une exécution régulière ou maîtrisée), réussite/échec ou R/E ou ± (pour saisir une performance irrégulière), et échec ou E ou – (à n'utiliser que si aucun exemple n'est observé ou lorsque le comportement est difficile à susciter). Les descriptions des items de la liste de contrôle du programme spécifient le niveau de réponse nécessaire pour réussir un item. L'évaluateur note ce qui est rapporté par les parents et les scores de l'évaluation directe dans les colonnes appropriées, ainsi que toute information supplémentaire fournie par les autres membres de l'équipe. Que ce soit pour les items réussis ou échoués, l'évaluateur doit savoir si l'enfant manifeste ce comportement à la maison et/ou dans d'autres cadres, et si oui, avec quelle régularité. Il y aura aussi des comportements qui ne peuvent être observés dans le cadre de l'évaluation, tels que les compétences dans le domaine des soins personnels ; les informations fournies par les parents sont également cruciales pour ces comportements. Une fois l'évaluation achevée, l'évaluateur intègre les informations dans un code final pour chaque item, en indiquant le niveau de maîtrise de l'enfant pour chaque item d'un domaine à l'intérieur du niveau particulier qui contient à la fois des réussites et des échecs.

> **Remarque**
>
> Les items considérés comme maîtrisés ou réussis ne seront les cibles d'aucun objectif d'apprentissage, il est donc très important de ne pas surévaluer les performances de l'enfant. Les réussites doivent être réservées pour des compétences qui sont utilisées de manière régulière et fiable, bien généralisées si elles s'y prêtent, dans d'autres cadres, avec d'autres personnes et du matériel différent comme l'indique la description de l'item.

Quand l'évaluateur a une bonne connaissance du répertoire de compétences fonctionnelles de l'enfant et que la liste de contrôle du programme reflète bien le niveau de compétences actuelles de l'enfant avec un groupe de R, R/E, et E dans chaque domaine, l'évaluation est terminée et c'est le moment d'écrire les objectifs d'enseignement.

Liste de contrôle et description des items du modèle d'intervention précoce de Denver

TRADUIRE LES ITEMS EN OBJECTIFS D'ENSEIGNEMENT

Les procédures d'élaboration des objectifs d'enseignement à partir de la liste de contrôle du programme sont décrites dans le chapitre 4. Référez-vous à ce chapitre pour des informations détaillées sur la manière d'utiliser les informations obtenues par la liste de contrôle du programme ESDM pour l'élaboration de projets d'enseignement individualisés.

Matériel nécessaire

- Une petite table et deux chaises droites en bois convenant bien à la taille de l'enfant.
- Un grand fauteuil poire pour s'asseoir.
- Caisson à tiroirs sur roulettes et autres casiers ou bacs pour ranger les jouets.
- Si le sol n'est pas recouvert d'une moquette, petits tapis pour les aires au sol.
- Une variété de petits récipients transparents avec des couvercles qui peuvent être utilisés pour ranger du matériel varié.
- Une petite boîte avec des bulles, des ballons, des ondamanias, un livre d'images sur les animaux.
- Un assortiment de cubes colorés de différentes tailles.
- Un ensemble de feutres de couleur et du papier.
- Un ensemble d'animaux de la ferme et deux ensembles d'images identiques des animaux de la ferme.
- Un livre pour enfants avec des animaux de la ferme, un livre pour enfants avec des véhicules.
- Deux ou trois voitures et camions.
- Un seau contenant quatre à cinq balles, de 6 – 8 à 25 cm de diamètre, et balles remplies de graines de différentes tailles.
- Des gobelets gigognes.
- Un jeu d'anneaux à empiler.
- Plusieurs planchettes de puzzles à encastrement.
- Trieur de formes avec couvercle.
- Gros bâtonnets et planchette à trous pour les insérer.
- Ensemble d'objets de dînette – au moins deux de chaque – gobelets, assiettes, cuillères, fourchettes, pâte à modeler, rouleaux et découpes à cookies, couteaux en plastique, fourchettes, et ciseaux pour enfants.
- Une grande poupée (24 cm ou plus) avec ses vêtements – chapeau, chaussettes, etc. – et un grand animal en peluche (de la même taille que la poupée).
- Une couverture de bébé et un petit lit ou une boîte à utiliser comme un lit.

Liste de contrôle et description des items du modèle d'intervention précoce de Denver

- Une panoplie d'objets pour les soins personnels : peigne, brosse, miroir, chapeau, collier.
- Un lot de perles à emboîter.
- Un lot de gros Duplos.
- Un ensemble pour taper comprenant un marteau et des bâtonnets ou des balles, etc.
- Jouet de cause à effet pop-up avec divers types de boutons pour l'activer.
- Goûters pour les enfants afin d'évaluer les compétences de repas : gobelet, jus de fruits, bol pour la nourriture qui nécessite une cuillère (compote de pomme, yaourt, etc.).
- Grosses perles à enfiler sur une grosse ficelle ou une corde.
- Photos des membres de la famille et photos de l'enfant.

Liste de contrôle et description des items du modèle d'intervention précoce de Denver

Liste de contrôle du modèle d'intervention précoce de Denver pour jeunes enfants avec autisme

Nom : ....

Date : ....

Évaluateur : ....

Parent(s) interrogés : ....

Autres personnes interrogées : ....

Consignes : Utilisez la liste de contrôle pour définir les compétences les plus matures de l'enfant, les compétences actuellement émergentes, et les compétences qui ne sont pas dans le répertoire de l'enfant actuellement, dans chaque domaine. Regardez les pages 358 à 390 pour les descriptions des items et l'annexe 2 pour les pratiques d'administration. Utilisez + ou R (réussite) pour une performance consistante régulière à des moments appropriés. Utilisez +/- ou R/E (réussite/échec) pour une performance irrégulière. Utilisez – ou E (échec) quand le comportement est difficile à obtenir. Utilisez ces codes pour le comportement dans chaque colonne : observation directe, rapport des parents, et rapport de l'enseignant/d'autres personnes.

Pour la colonne CODE, notez comme suit : A (acquis) – l'enfant manifeste clairement la compétence et le parent rapporte que la compétence est utilisée de manière régulière. P (partiel ou incité) – l'enfant n'est capable de présenter la compétence que de manière irrégulière ou avec une incitation supplémentaire et le parent/l'autre personne rapporte la même chose, ou l'enfant exécute quelques-unes, mais pas toutes les étapes de la compétence. N – l'enfant est incapable ou ne veut pas manifester la compétence et le parent/l'autre personne confirme cette difficulté. X – pas d'opportunité, ou inapproprié pour cet enfant.

La plupart des compétences des enfants se rassembleront sur un des quatre niveaux de chaque domaine. Cependant, pour des enfants dont les compétences maîtrisées se trouvent dans les premiers items d'un niveau, revoyez les derniers items du niveau précédent pour identifier toutes les compétences critiques pour lesquelles l'enfant échoue à ce niveau. De même que si l'enfant a une majorité d'items réussis sur un niveau et seulement quelques échecs, passez au niveau supérieur suivant et évaluez la première moitié des items dans ce domaine pour avoir un bon échantillon du répertoire actuel de l'enfant. La zone dans laquelle les réussites se transforment en échecs définit la zone cible de l'enseignement dans chaque domaine.

La liste de contrôle peut être reproduite à des fins d'évaluation.

Compétence	Niveau 1	Observé	Rapport du parent	Rapport de l'enseignant/d'un autre	Code
	Communication réceptive				
1	Localise les sons en se tournant vers leur source sonore.				
2	Regarde vers les sons amusants (bruits de pets, sifflement)				
3	Répond à la voix en se tournant vers la personne.				
4	Regarde les images indiquées quand l'adulte les pointe du doigt dans un livre.				
5	Suit un pointé proximal pour placer des objets dans des récipients, place les éléments d'un puzzle, etc.				
6	Regarde quand on lui montre un objet en lui disant : « X, regarde. »				

Liste de contrôle et description des items du modèle d'intervention précoce de Denver

7	Regarde vers son partenaire quand il l'appelle par son nom.					
8	Suit le pointé proximal vers un objet ou un endroit.					
9	Suit le pointé distal pour récupérer un jouet.					
10	Regarde, tend les bras, ou sourit en réponse aux gestes et à la voix de l'adulte dans les jeux sociaux.					
11	Regarde, tend les bras, sourit, et/ou fait des gestes en réponse aux gestes et aux paroles de l'adulte dans des comptines.					
12	Répond à des mots d'interdiction (Ex. : « Non », « Arrête ») en arrêtant momentanément ses actions.					
13	Donne l'objet demandé verbalement si l'adulte accompagne cette demande d'une main tendue.					
14	Exécute une consigne verbale courante en une étape impliquant des actions du corps couplées à une indication verbale/gestuelle (Ex. : « Assieds-toi », « Viens ici », « Nettoie »).					
15	Exécute une consigne verbale courante en une étape impliquant des actions du corps sans accompagnement gestuel (Ex. : « Assieds-toi », « Viens ici », « Nettoie »).					
	Communication expressive					
1	Tend les bras vers sa cible pour exprimer une demande.					
2	Vocalise intentionnellement.					
3	« Demande » de l'aide en tendant l'objet à l'adulte.					
4	Échange tour à tour des vocalisations avec un partenaire de communication.					
5	Exprime un refus en repoussant l'objet au loin ou en le rendant à une autre personne.					
6	Pointe du doigt de près pour réclamer un objet désiré.					
7	Établit un contact visuel pour obtenir l'objet désiré lorsque l'adulte lui barre le passage/retient l'objet désiré.					
8	Pointe du doigt pour indiquer un choix entre deux objets.					
9	Associe une vocalisation et le regard pour une demande intentionnelle.					

Liste de contrôle et description des items du modèle d'intervention précoce de Denver

10	Pointe du doigt à distance pour demander un objet désiré.					
11	Pointe du doigt à distance pour indiquer un choix entre deux objets.					
12	Vocalise des syllabes répétitives (CVCV répétées) en babillant (pas nécessairement des approximations de mots).					
13	Produit cinq consonnes ou plus dans des vocalisations spontanées.					
14	Produit des syllabes (CVCV avec des séquences CV différentes) : babillement panaché.					
Compétences sociales						
1	Accepte de brèves activités sociales à caractère sensoriel et le contact.					
2	Utilise l'incitation motrice pour initier ou poursuivre une routine sociale sensorielle.					
3	Prête brièvement attention à une autre personne par le contact visuel					
4	Maintient son engagement dans les routines sociales sensorielles pendant 2 minutes.					
5	Réagit aux objets/activités préférés par le regard, les bras tendus, des sourires et des mouvements.					
6	Observe et s'engage avec l'adulte qui l'imite dans des activités de jeux parallèles avec des jouets.					
7	Possède un répertoire de 5 à 10 jeux sociaux sensoriels.					
8	Répond aux salutations en regardant, se retournant, etc.					
9	Répond aux salutations par un geste ou une vocalisation.					
10	Échange des sourires avec son partenaire pendant un jeu coordonné.					
Imitation						
1	Imite 8-10 actions simples (une étape) avec objets.					
2	Imite 10 mouvements impliquant des parties visibles de son corps dans des routines de chant/jeu.					
3	Imite 6 mouvements sur des parties non visibles de son corps (tête, visage) dans les routines de chant/jeu.					

Liste de contrôle et description des items du modèle d'intervention précoce de Denver

4	Imite 6 mouvements oraux-faciaux.					
	Cognition					
1	Apparie/trie des objets identiques.					
2	Apparie/trie des images identiques.					
3	Apparie/trie des images avec des objets.					
4	Apparie/trie des objets par couleur.					
	Jeu					
1	Adapte son comportement à la nature de cinq objets différents.					
2	Joue de façon autonome et de manière appropriée avec 10 jouets dont l'utilisation est simple (une action)					
3	Joue de façon autonome avec des jouets demandant la répétition de la même action sur des objets variés (pyramide d'anneaux, coupes qui s'emboîtent).					
4	Présente des comportements de jeu appropriés avec une variété de jouets simples pour jeunes enfants : lance une balle, empile des cubes, met des bâtonnets dans des trous, fait rouler une voiture.					
5	Joue de façon autonome avec des jouets impliquant deux actions motrices différentes (enlever, mettre dedans).					
6	Joue de façon autonome avec des jouets demandant plusieurs actions différentes (par exemple mettre dedans, ouvrir, enlever, fermer).					
7	Présente des actions conventionnelles sur sa personne avec une série d'objets.					
8	Termine le jeu et le range.					
	Motricité fine					
1	Place une à deux formes dans un trieur de formes					
2	Place des anneaux sur leur socle pour les empiler					
3	Assemble trois pièces d'un puzzle avec des poignées en bois.					
4	Place des bâtonnets dans une planchette à trous					

Liste de contrôle et description des items du modèle d'intervention précoce de Denver

5	Appuie sur les boutons de cinq jouets de cause à effet différents.					
6	Sépare des perles qui s'emboîtent, des Duplos.					
7	Saisit les objets avec la pince digitale ou avec trois doigts selon ce qui est approprié à l'objet.					
8	Empile trois gros cubes pour faire une tour (ou gobelets empilables).					
9	Fait des marques, des lignes, des gribouillages, et des points avec des feutres/crayons de couleur.					
10	Tape avec le marteau jouet sur les balles, chevilles, etc.					
11	Recueille avec une pelle, ratisse, verse du sable, de l'eau, du riz, etc.					
12	Empile de gros Lego.					
	Motricité globale					
1	Donne des coups de pied dans un gros ballon.					
2	Monte et descend des marches avec un soutien, sans alterner les pieds.					
3	Grimpe à un ou deux barreaux de la petite échelle d'un toboggan.					
4	Monte et descend des éléments d'ameublement.					
5	Se protège lorsqu'il perd l'équilibre.					
6	Contourne les objets au sol plutôt que de marcher dessus.					
7	Lance une balle et des sacs de graines dans une direction.					
8	Fait rouler une balle vers une autre personne et la reçoit à son tour.					
	Comportement					
1	Présente seulement quelques difficultés sévères du comportement.					
2	S'assoit sur une chaise ou reste en face de l'adulte pendant des activités agréables sans difficultés pendant 1 à 2 minutes.					
3	S'engage volontiers dans des jeux simples sur une chaise ou au sol avec l'adulte pendant 5 minutes.					

Liste de contrôle et description des items du modèle d'intervention précoce de Denver

4	Tolère la proximité de l'adulte et l'interaction (avec des demandes minimes) sans comportement problématique pour une durée de 20 minutes.					
5	Interagit de manière appropriée avec les membres de sa famille (c'est-à-dire, sans agressivité ni autres interactions inappropriées).					
	Autonomie personnelle : repas					
1	Mange à table pendant les repas et pour ses goûters.					
2	Mange son repas de façon autonome.					
3	Utilise un verre.					
4	Utilise une cuillère.					
5	Utilise une fourchette.					
6	Mange des aliments variés par la texture, le type, et le groupe d'aliments.					
7	Tolère les aliments nouveaux sur son assiette.					
8	Boit avec une paille.					
	Autonomie personnelle : habillage					
9	Enlève tous ses vêtements avec de l'aide.					
10	Met tous ses vêtements avec de l'aide.					
	Autonomie personnelle : toilette					
11	Met ses mains sous l'eau qui coule.					
12	S'essuie les mains avec une serviette.					
13	Se frotte le corps avec un gant de toilette, avec une serviette.					
14	Tolère le peigne, le mouchoir et le brossage des dents.					
15	Aide avec la brosse à cheveux/le peigne.					
16	Met la brosse à dents dans sa bouche.					

Liste de contrôle et description des items du modèle d'intervention précoce de Denver

	Autonomie personnelle : tâches ménagères				
17	Met ses affaires sales dans le panier à linge.				
18	Met ses papiers à la poubelle.				

Compétence	Niveau 2	Observé	Rapport du parent	Rapport de l'enseignant/d'un autre	Code
	Communication réceptive				
1	Suit les consignes « arrête » ou « attend » sans incitation physique ou gestuelle.				
2	Suit 8 à 10 consignes verbales simples impliquant des actions du corps et des actions sur les objets.				
3	Identifie plusieurs parties du corps nommées en les pointant du doigt ou en les montrant sur lui ou sur autrui.				
4	Répond à une consigne verbale en donnant/pointant/montrant 8 à 10 objets spécifiques dans le jeu naturel, durant l'habillage, pendant les repas (par exemple, bébé, chaise, voiture, cube, verre, ours).				
5	Identifie en pointant du doigt et en regardant trois images nommées dans un livre (comprenant un verre, une voiture, un chien, un chat, un bébé).				
6	Comprend les premières notions spatiales (par exemple, dans, sur).				
7	Regarde les personnes et les photos des personnes nommées – la famille, les animaux, les instituteurs.				
8	Sur demande verbale, retrouve 8-10 objets qui sont dans la pièce mais pas directement devant l'enfant. L'enfant doit chercher un peu.				
9	Sur demande verbale (avec des indices gestuels), l'enfant accomplit deux actions avec un objet.				
10	Pointe sur les parties nommées d'une image.				
	Communication expressive				
1	Utilise des signes ou des gestes avec des vocalisations pour s'exprimer (demander, dire que c'est fini, partager, demander de l'aide, protester).				

Liste de contrôle et description des items du modèle d'intervention précoce de Denver

2	Produit 6 à 10 mots ou approximations dans un contexte de routines familières, de routines socio-sensorielles, de chansons.				
3	Produit spontanément plusieurs mots associés à une routine de jeu (roule, vas-y, stop).				
4	Utilise de manière fonctionnelle au moins vingt approximations nominales (noms d'objets, d'animaux, de gens) et non nominales (mots qui se réfèrent aux actions et aux autres relations : c'est fini, en haut, etc.).				
5	Nomme spontanément les objets et les images.				
6	Vocalise avec des intonations variées pendant des chansons, etc.				
7	Demande et refuse en utilisant des mots simples accompagnés d'un regard.				
8	Nomme des actions en contexte (par exemple, pendant des mouvements du corps et/ou des actions avec objets).				
9	Donne approximativement les noms de trois personnes importantes (y compris lui-même).				
10	Secoue la tête et dit « Non » pour refuser.				
11	Hoche la tête et dit « Oui » pour affirmer.				
12	Demande (approximativement) « Qu'est-ce que c'est ? » quand il est confronté à quelque chose d'inconnu.				
	Comportements d'attention conjointe				
1	Répond à « Regarde » quand on lui offre un objet par un changement de direction du regard, en se retournant et en regardant l'objet offert.				
2	Répond à « Regarde » quand on pointe un objet/une personne à distance, en s'orientant vers l'objet/la personne indiqué.				
3	Donne ou prend un objet à une autre personne de façon coordonnée avec le contact visuel.				
4	Répond à « Montre-moi » en tendant un objet à l'adulte.				
5	« Montre » spontanément des objets.				
6	Suit spontanément le pointé ou le regard (pas d'indication verbale) pour regarder une cible.				
7	Pointe spontanément du doigt les objets qui l'intéressent.				

Liste de contrôle et description des items du modèle d'intervention précoce de Denver

8	Partage des sourires avec l'adulte en alternant le regard pendant une activité agréable.					
	Compétences sociales : adultes ou pairs					
1	Initie et maintient le contact visuel pour communiquer.					
2	Demande verbalement ou initie physiquement un jeu social familier.					
3	Répond aux comportements d'affection : étreint, embrasse les personnes familières.					
4	Utilise des gestes ou des mots pour attirer l'attention de l'adulte.					
5	Répond aux salutations sociales par « Bonjour » et « Au revoir », et salue de la main en imitation.					
6	Demande de l'aide verbalement ou par gestes.					
7	Coordonne régulièrement le contact visuel avec des vocalisations et/ou des gestes pour diriger la communication.					
8	Danse avec une autre personne dans un jeu de ronde musicale.					
9	Court avec une autre personne dans un jeu de « trap-trap ».					
10	Attire l'attention du partenaire de communication en utilisant le nom de la personne ou du jeu et initie un jeu social ou une activité.					
	Compétences sociales avec des pairs					
11	Donne un objet à la demande d'un pair.					
12	Participe à des chansons/des jeux de doigts familiers dans le cadre d'un groupe.					
13	Continue l'activité quand un pair le rejoint dans un jeu parallèle.					
14	Répond de façon appropriée aux salutations d'un pair.					
15	Prends son tour pour des actions simples avec des jouets lorsque le pair le sollicite ; donne et prend en alternance.					
16	S'assoit dans un groupe avec ses pairs et écoute les consignes familières d'un adulte.					
17	Prend un objet quand un pair le lui offre.					
18	Passe des objets à ses pairs à table ou dans un groupe quand on les lui demande.					

Liste de contrôle et description des items du modèle d'intervention précoce de Denver

19	Imite occasionnellement le comportement d'un pair dans des activités de jeu.					
20	Joue seul et avec un pair à des jeux d'appariement d'images (Loto, Mémory, etc.).					
Imitation						
1	Imite une variété de voyelles et de consonnes lors d'approximations verbales dans le cadre d'une communication qui a du sens.					
2	Imite des bruits d'animaux et d'autres sons.					
3	Imite des mots simples reconnaissables de façon spontanée et fréquente au cours de ses interactions.					
4	Imite les mouvements de cinq comptines ; imite au moins dix actions différentes.					
5	Imite/réalise de manière approximative de nouvelles actions dans des chansons.					
6	Imite des actions avec objets – à étapes multiples – dans le cadre d'un jeu.					
7	Imite des actions de jeu de faire-semblant dirigées vers lui-même et vers son partenaire avec des objets miniatures.					
8	Imite deux séquences de mouvements dans des routines de chanson/de jeu.					
9	Imite des phrases de deux mots.					
Cognition						
1	Apparie/trie par forme.					
2	Apparie/trie par taille.					
3	Apparie/trie des motifs, des dessins.					
4	Classe des objets similaires par groupes.					
5	Trie des objets courants par groupes fonctionnels.					
6	Cherche/demande un objet disparu.					
7	Apparie/trie selon deux critères.					
8	Apparie par quantité d'un à trois.					

Liste de contrôle et description des items du modèle d'intervention précoce de Denver

		Jeu : jeu symbolique (impliquant la représentation)			
	1	Combine des objets associés dans un jeu (tasse et soucoupe, cuillère dans le plat).			
	2	Imite/produit des effets sonores en jouant (vocalise dans un téléphone, fait des bruits de voiture, des bruits d'animaux avec les animaux).			
	3	Exécute une action simple avec un accessoire sur une poupée ou un animal.			
	4	Combine des actions liées fonctionnellement dans un thème de jeu (nourrit et donne à boire, met au lit et borde).			
	5	Présente une approche par essais et erreurs pour résoudre un problème avec des jeux de construction ; les schémas sont flexibles, non répétitifs.			
		Jeu : jeu autonome			
	6	Joue de manière appropriée et flexible pendant 10 minutes avec l'attention uniquement occasionnelle de l'adulte.			
	7	Peut s'occuper seul de manière appropriée avec du matériel sans fonction prédéterminée pendant au moins 10 minutes avec une guidance occasionnelle de l'adulte.			
	8	Prend le matériel, l'amène à la table, réalise le jeu, et le range.			
		Motricité fine			
	1	Met correctement trois formes ou plus dans un trieur de formes.			
	2	Empile 8 à 10 cubes (d'environ 2 cm).			
	3	Reproduit des modèles simples avec au moins trois cubes.			
	4	Assemble de différentes manières au moins cinq Duplos, perles qui s'emboîtent, jouets de construction, éléments à ergots.			
	5	Imite cinq actions simples ou plus dans un jeu de pâte à modeler (roule, pique, tapote, pince).			
	6	Mets plusieurs gommettes sur une feuille.			
	7	Ouvre et ferme une variété de récipients dont certains ont des couvercles à visser.			
	8	Ferme et ouvre une grande fermeture éclair.			

Liste de contrôle et description des items du modèle d'intervention précoce de Denver

9	Enfile de gros objets sur une corde, une ficelle épaisse, ou une paille.					
10	Imite des traits, des gribouillages, et des points avec un feutre, un crayon de couleur.					
11	Coupe du papier avec des ciseaux.					
12	Place des jetons et des pièces de monnaie dans une fente.					
13	Enfile une variété de perles sur différents types de ficelles.					
14	Complète des puzzles simples de 4 à 6 pièces à encastrer.					
Motricité globale						
1	Imite des actions de motricité globale dans une variété de positions (assis, debout, en se déplaçant).					
2	Saute d'une marche et par-dessus les obstacles au sol.					
3	Utilise quelques équipements de la cour de récréation (monte, glisse).					
4	S'assoit sur un tricycle et pousse avec les pieds ou commence à pédaler.					
5	Tire un chariot ou pousse une brouette.					
6	Donne un coup de pied dans un ballon en direction d'une cible.					
7	Creuse avec une pelle.					
Autonomie personnelle : repas						
1	Utilise une serviette quand on lui indique de le faire.					
2	Se sert seul de nourriture dans un saladier avec les couverts.					
3	Passe des récipients quand on le lui demande.					
4	Porte son assiette, son verre, et ses couverts à l'évier ou sur le comptoir quand il a fini.					
5	Reste à table avec une autre personne pour la durée de son repas.					
6	Mange et se conduit de manière appropriée au fast-food.					
7	Touche ou goûte un nouvel aliment qui lui a été présenté à plusieurs reprises.					

Liste de contrôle et description des items du modèle d'intervention précoce de Denver

8	Mange de tous les groupes d'aliments.					
9	Se sert un verre d'eau tout seul.					
	Autonomie personnelle : habillage					
10	Enlève tous ses vêtements (sans les attaches) de façon autonome et les met dans le panier à linge.					
11	Complète quelques étapes pour enfiler ses vêtements de façon autonome (a besoin d'aide pour les attaches).					
12	Enlève sa veste, son chapeau (sans les attaches) et les met sur un porte-manteau.					
	Autonomie personnelle : hygiène					
13	S'essuie le visage avec un gant humide quand on le lui demande.					
14	S'essuie le nez quand on le lui demande.					
15	Participe à toutes les étapes du lavage des mains.					
16	Coopère pour le shampooing/la coupe de cheveux.					
17	Joue avec cinq jouets de bain de façon appropriée.					
18	Range les jouets quand on le lui demande à la fin du bain.					
19	Aide à appliquer la crème.					
20	Se brosse les dents avec la brosse à dents.					
21	Va au lit de façon autonome après le rituel du coucher.					
22	Montre qu'il connaît la séquence de routine du coucher.					
	Autonomie personnelle : tâches ménagères					
23	Trie les couverts de la corbeille du lave-vaisselle pour les mettre dans le tiroir à compartiments des couverts.					
24	Vide le sèche-linge dans une corbeille.					
25	Apparie ses chaussettes.					
26	Verse de l'eau /de la nourriture dans la gamelle de l'animal de compagnie.					

Liste de contrôle et description des items du modèle d'intervention précoce de Denver

Compétence	Niveau 3	Observé	Rapport du parent	Rapport de l'enseignant/d'un autre	Code
Communication réceptive					
1	Participe et se joint à l'adulte avec intérêt pendant 5 à 10 minutes tandis que ce dernier lit des livres familiers en utilisant des phrases simples.				
2	Suit des ordres nouveaux à étape unique impliquant des objets/actions familières.				
3	Identifie de nombreux objets courants et les images les représentant : vêtements, objets liés aux repas, à l'hygiène, au jeu, aux aliments.				
4	Répond de façon appropriée par « oui » ou par « non » aux questions concernant ses préférences.				
5	Identifie cinq actions ou plus sur des images et dans des livres.				
6	Suit deux consignes ou plus données dans des routines situationnelles (le coucher : prends un livre et mets-toi au lit ; brossage des dents : prends ta brosse à dents et le dentifrice).				
7	Comprend les relations spatiales concernant les objets (par exemple : sous, à côté de).				
8	Différencie les premiers concepts de taille – grand/petit.				
9	Différencie au moins quatre couleurs différentes sur demande.				
10	Identifie 20 éléments par leur son (par exemple, les animaux, le téléphone ; « Quel animal fait "miaou miaou" ? »).				
11	Comprend la fonction d'objets courants (monter en voiture, couper, manger, dormir, se chausser, boire etc.).				
12	Comprend les pronoms personnels « le mien » et « le tien ».				
13	Identifie 10 actions par le biais d'images, de choix, en les reproduisant.				
14	Suit deux consignes ou plus sans rapport l'une avec l'autre dans un contexte nouveau.				

Liste de contrôle et description des items du modèle d'intervention précoce de Denver

		Communication expressive			
1	Produit des combinaisons de deux à trois mots pour une variété d'intentions de communication (par exemple, demander, saluer, attirer l'attention, protester).				
2	Produit deux mots déclaratifs ou plus pour faire des commentaires à l'attention d'une autre personne.				
3	Nomme les actions sur des images et dans des livres.				
4	Fait des commentaires et des demandes concernant l'emplacement (en haut, en bas, dans, sur).				
5	Fait des commentaires et des demandes en utilisant la forme possessive (le(s) mien(s), la (les) mienne(s), le(s) tien(s), la (les) tienne(s)).				
6	Mime ou vocalise « Je ne sais pas » en contexte.				
7	Utilise régulièrement le nom des autres pour obtenir leur attention.				
8	Délivre un message simple à une autre personne (« Va dire bonjour à maman »).				
9	Dit « bonjour » et « au revoir » de manière appropriée, soit de sa propre initiative soit en réponse à quelqu'un.				
10	Utilise des pronoms personnels pour lui-même et pour l'autre (diverses formes de « moi » et « toi »).				
11	Utilise des mots et des gestes simples pour décrire ses expériences personnelles.				
12	Nomme une ou deux couleurs.				
13	Répond de manière appropriée aux questions « quel, quoi, qu' ? ».				
14	Répond de manière appropriée aux questions « où ? ».				
15	Répond de manière appropriée aux questions « qui ? ».				
16	Pose des questions simples dont la réponse est « oui » ou « non » en utilisant une intonation interrogative (ce peut être un seul mot prononcé avec une intonation montante).				
17	Pose des questions « quoi, quel ? » et « où ? ».				

Liste de contrôle et description des items du modèle d'intervention précoce de Denver

18	Répond à des questions appelant une information simple : nom, âge, couleur de son tee-shirt, etc.					
Compétences sociales : adultes ou pairs						
1	Joue à des jeux simples de motricité globale (par exemple, ballon, « cache-cache », jeux de rondes en chanson »).					
2	Partage et montre les objets lorsque son partenaire le lui demande.					
3	Imite et exécute des chansons/jeux de doigts nouveaux dans une situation de groupe.					
4	Répond de façon appropriée aux demandes/consignes simples de ses pairs.					
5	Initie des interactions et des imitations avec ses pairs.					
6	Participe à des routines de jeu familières avec ses pairs dans un jeu parallèle.					
7	Joue à tour de rôle dans des jeux de société simples.					
8	Utilise des termes de politesse comme « S'il te plaît », « merci », « excuse-moi ».					
9	Imite une variété de nouvelles actions de motricité globale en position debout et en se déplaçant comme dans le jeu « Suivez le guide » ou imitant la façon de marcher d'animaux.					
10	Participe à des activités de jeux reposant sur de petits scénarios verbaux.					
11	Attire fréquemment l'attention des autres vers les objets verbalement et gestuellement pour commenter, montrer, partager et demander.					
12	Répond aux offres d'attention conjointe d'autrui en regardant et en commentant.					
13	Identifie les émotions de manière réceptive chez les autres (content, triste, en colère, apeuré) sur des photos, et/ou sur des dessins.					
14	Identifie les émotions de manière expressive chez les autres sur des photos, et/ou sur des dessins.					
15	Exprime des émotions sur son visage (content, triste, en colère, apeuré).					
Cognition						
1	Apparie les lettres de son prénom.					

Liste de contrôle et description des items du modèle d'intervention précoce de Denver

2	Apparie des lettres.					
3	Apparie des mots.					
4	Apparie des chiffres.					
5	Identifie de manière réceptive et expressive quelques lettres, chiffres, formes et couleurs.					
6	Joue à des jeux impliquant la permanence de l'objet.					
7	Classe les objets /images en huit catégories.					
8	Comprend la relation entre les chiffres et les quantités jusqu'au chiffre 5.					
9	Compte le nombre correct d'objets jusqu'à cinq.					
10	Classe trois images ou plus dans le bon ordre et raconte la séquence des images en utilisant des formes de langage comme « d'abord, ensuite ».					
Jeu						
1	Le jeu constructif implique l'élaboration de schémas complexes avec plusieurs objets coordonnés (par exemples, des camions sur une route, des blocs constituant des bâtiments, des perles faisant un collier).					
2	Enchaîne trois actions ou plus qui s'enchaînent dans une séquence de jeu.					
3	Exécute deux actions reliées entre elles ou plus sur une poupée ou un animal lorsqu'on le lui demande.					
4	Place physiquement des figurines sur des meubles miniatures, des véhicules, etc. de manière appropriée.					
5	Exécute spontanément des actions avec des poupées ou des figurines d'animaux.					
6	Dispose les accessoires pour le thème.					
Motricité fine						
1	Complète un puzzle de cinq à six pièces qui s'emboîtent.					
2	Imite le dessin d'un cercle, d'une croix, d'un carré, d'une diagonale.					

Liste de contrôle et description des items du modèle d'intervention précoce de Denver

3	Imite et fait des constructions en utilisant une variété d'éléments (cubes, Lego, éléments de jeux de construction, etc.).				
4	Enfile un lacet dans un jeu de laçage.				
5	Trace des lignes et des courbes avec le doigt et un instrument pour l'écriture.				
6	Utilise une variété d'ustensiles pour soulever et poser les objets : des pinces, une fourchette.				
7	Trace une variété de formes.				
8	Tient et utilise correctement les ciseaux en faisant usage de son autre main pour tenir et tourner le papier.				
9	Découpe le long d'une ligne – des courbes et des lignes droites.				
10	Exécute des projets artistiques simples comportant deux étapes (coupe et colle, marque avec un tampon à encre ; plie le papier et coupe le long de la ligne).				
11	Exécute plusieurs motifs différents avec la pâte à modeler – utilise une variété d'ustensiles.				
	Motricité globale				
1	Conduit un tricycle correctement (pédale et se dirige, suit un parcours).				
2	Donne correctement un coup de pied en gardant son équilibre.				
3	Utilise tous les équipements avec supports de la cour de récréation.				
4	Joue à des jeux de poursuite avec des adultes et des pairs, en courant sans heurts, et en changeant de direction sans perdre l'équilibre.				
5	Imite des actions de motricité globale avec des mouvements associés à de la musique et à des chansons.				
6	Envoie par en dessous (« à la cuillère ») vers une cible..				
7	Saute en avant les pieds joints.				
8	Saute à cloche-pied.				

LISTE DE CONTRÔLE ET DESCRIPTION DES ITEMS DU MODÈLE D'INTERVENTION PRÉCOCE DE DENVER

		Autonomie personnelle				
1	Utilise une cuillère, une fourchette, et un verre proprement et sans renverser.					
2	Se comporte de manière appropriée en restant assis au restaurant.					
3	Utilise des pictogrammes ou autres systèmes utilisant des symboles pour les choix, les programmes, etc. de façon autonome, et si nécessaire à l'école et à la maison.					
4	Transporte lui-même ses affaires de la voiture, à l'école, et à la maison.					
5	Ouvre et ferme son sac à dos de manière autonome ; met des objets dans son sac et les en sort lorsqu'on le lui demande.					
6	S'habille et se déshabille lorsque c'est approprié (défait ses vêtements attachés – ouvre une fermeture éclair et défait un bouton pression).					
	Autonomie personnelle : hygiène					
7	Utilise les toilettes de façon autonome, pour toutes les étapes, qu'il y soit amené ou envoyé.					
8	Gère ses vêtements aux toilettes sauf pour les boutons et attaches.					
9	Réalise toutes les étapes du lavage de mains de façon autonome.					
10	Se frotte le visage avec un gant de toilette tiède lorsqu'on le lui tend.					
11	Se passe la brosse ou le peigne dans les cheveux.					
12	Se couvre la bouche lorsqu'il tousse ou éternue.					
13	Aide activement pour son bain et pour s'essuyer à la fin.					
14	Se brosse les dents avec la brosse à dents, en donnant au minimum quelques coups de brosse.					
	Autonomie personnelle : tâches ménagères					
15	Nourrit/donne à boire à un animal de compagnie.					
16	Aide à débarrasser la table.					
17	Aide à vider le lave-vaisselle.					

Liste de contrôle et description des items du modèle d'intervention précoce de Denver

18	Met ses vêtements propres dans les tiroirs.			
19	Ramasse ses affaires lorsqu'on le lui demande.			

Compétence	Niveau 4	Observé	Rapport du parent	Rapport de l'enseignant/d'un autre	Code
	Communication réceptive				
1	Comprend une variété de concepts descriptifs de relations physiques.				
2	Retrouve 10 à 15 éléments en utilisant deux à trois critères multiples (par exemple la taille, la quantité, la couleur, le nom de l'objet).				
3	Comprend le genre des pronoms.				
4	Comprend les comparatifs : plus gros, plus court, plus petit, le plus, le moins, quelques, beaucoup, etc.				
5	Comprend les relations spatiales impliquant des objets et des prépositions : derrière, à l'arrière, devant.				
6	Comprend les formes négatives (par exemple, la boîte sans balles, le garçon qui n'est pas assis).				
7	Comprend les formes possessives et la relation partie/tout.				
8	Se montre attentif pour des histoires courtes et manifeste sa compréhension de certaines parties de l'histoire en répondant à des questions simples commençant par « qu » (quoi, quel et qui).				
9	Répond par « oui » ou par « non » aux questions concernant l'identité.				
10	Répond aux questions concernant des états physiques.				
11	Répond aux questions concernant des informations personnelles.				
12	Comprend « même » et « différent ».				
13	Comprend les concepts de quantité.				
14	Identifie les caractéristiques des objets.				

Liste de contrôle et description des items du modèle d'intervention précoce de Denver

15	Répond aux questions concernant l'appartenance d'images/d'objets à une catégorie.					
16	Comprend les temps passé et futur.					
17	Comprend la forme passive.					
18	Comprend les relations temporelles.					
19	Répond à des consignes verbales en trois parties sans rapport les unes avec les autres.					
	Communication expressive					
1	Répond à des questions complexes (« Comment ? », « Pourquoi ? »).					
2	Décrit les fonctions des objets en réponse aux questions (par exemple, « Que fait-on avec une cuillère ? ».					
3	S'exprime régulièrement en utilisant des énoncés de trois à quatre mots.					
4	Utilise une variété de phrases nominales.					
5	Utilise des formes prépositives (sous, à côté de, derrière, à l'arrière de, devant).					
6	Utilise une variété de formes verbales (par exemple, il pleure, elle l'aime, il est tombé, il était content, il est content, pouvait, devrait, voudrait).					
7	Produit correctement au moins 80% des consonnes et des combinaisons de consonnes dans un discours lié.					
8	Décrit une expérience récente en utilisant une phrase de trois à quatre mots.					
9	Demande la permission de poursuivre une activité.					
10	Utilise les formes au pluriel.					
11	Utilise les adjectifs et pronoms possessifs (par exemple, son, sa, ses, le sien, la sienne, le chapeau de maman).					
12	Utilise les temps réguliers du passé.					
13	Utilise des articles tels que un, une, le, la, les, l'.					
14	Utilise les comparatifs/superlatifs.					

Liste de contrôle et description des items du modèle d'intervention précoce de Denver

15	Utilise la négation avec l'auxiliaire des verbes.					
16	Utilise le présent progressif					
17	Utilise des mots pour décrire des états physiques.					
18	Répond à des questions concernant un état physique : « Que fais-tu quand tu as… ? ».					
19	Utilise des noms de catégorie pour des objets familiers.					
20	Décrit les caractéristiques des objets.					
21	Utilise des pronoms réfléchis.					
22	Répond au téléphone de manière appropriée, et va chercher la personne demandée.					
23	Participe à une conversation engagée par un adulte pendant deux à trois tours consécutifs impliquant une variété de fonctions (par exemple, commentaire réciproque, répondre à et demander une information).					
24	Engage et maintient une conversation sur un sujet de son propre choix avec un adulte.					
25	Décrit une séquence d'activités comprenant deux ou trois évènements (par exemple, une visite chez sa grand-mère).					
26	Dit « Je ne sais pas » en accompagnant d'un geste.					
27	Demande une clarification s'il ne comprend pas ce qui est dit.					
28	Aborde une variété de sujets dans une conversation.					
29	Se corrige lorsque l'auditeur ne comprend pas ce qu'il dit.					
30	Répond aux questions le concernant ou concernant les autres.					
Compétences sociales						
1	Invite ses pairs à jouer.					
2	Utilise des formules de politesse comme « Excuse-moi », « Pardon ».					
3	Cherche le réconfort chez les autres dans une situation de groupe.					
4	Exprime ses propres sentiments de façon appropriée.					

Liste de contrôle et description des items du modèle d'intervention précoce de Denver

5	Joue à son tour dans un jeu informel de façon autonome.					
6	Décrit un événement ou une expérience à un pair.					
7	Identifie ce qui le rend content, triste, en colère, apeuré.					
8	Identifie les émotions des autres sur la base de facteurs situationnels.					
9	Commence à mettre en œuvre des stratégies pour faire face (stratégies de coping) lorsqu'il se sent contrarié, en colère, ou qu'il a peur.					
	Cognition						
1	Compte par cœur jusqu'à vingt.					
2	Dénombre des objets 1 par 1 jusqu'à 10.					
3	Donne « un », « quelques », « beaucoup », « un peu », « tou(te)s », « plus », et « la plupart ».					
4	Donne des quantités jusqu'à 10.					
5	Connaît les termes utilisés pour les concepts de quantité.					
6	Connaît les termes utilisés pour les relations spatiales.					
7	Apparie et comprend 5 à 10 associations de mots/objets.					
8	Peut lire quelques mots.					
9	Peut identifier son nom écrit parmi un ensemble de mots.					
10	« Lit » des signes et des symboles.					
11	Identifie les chiffres et les lettres.					
12	Formule des analogies et des contraires.					
	Jeu						
1	Présente les actions des personnages dans le jeu.					
2	Utilise des éléments de substitution pour symboliser un accessoire dans le jeu de faire-semblant.					

Liste de contrôle et description des items du modèle d'intervention précoce de Denver

3	Nomme des actions et des accessoires de faire semblant dans le jeu.					
4	Relie spontanément trois comportements associés ou plus dans un thème de jeu.					
5	Dirige un partenaire dans le jeu.					
6	Interprète plusieurs événements de la vie (par exemple une fête d'anniversaire, au McDonald, chez le docteur) comportant l'utilisation de scénarios verbaux.					
7	Interprète plusieurs thèmes d'histoires dans le jeu.					
8	Prend le rôle d'un personnage et le joue.					
9	Répond à l'initiative d'un partenaire dans le jeu.					
	Motricité fine					
1	Colorie une image avec précision en utilisant différentes couleurs.					
2	Imite le dessin d'un triangle, de lettres en utilisant l'instrument de dessin approprié.					
3	Dessine de mémoire des lignes et des formes et quelques lettres et chiffres.					
4	Imite et recopie une variété de lettres, chiffres, et formes.					
5	Écrit son prénom sans modèle.					
6	Trace des formes et des lettres.					
7	Colorie des formes dont on a dessiné le contour.					
8	Relie des points avec un instrument de dessin.					
9	Trace des lignes reliant des images, mots ou formes correspondantes.					
10	Copie une variété de dessins figuratifs simples (par exemple, un visage, un arbre, une maison, une fleur).					
11	Plie un papier en deux et le met dans une enveloppe.					
12	Découpe des angles, des lignes droites et des courbes.					
13	Découpe des formes simples.					

Liste de contrôle et description des items du modèle d'intervention précoce de Denver

14	Réalise des projets d'art plastique en trois étapes – coupe, colorie, et colle.					
15	Utilise un pinceau, des tampons, des feutres, des crayons, des gommes pour réaliser des activités d'art plastique.					
16	Utilise une pince à trois doigts avec l'outil de dessin.					
17	Élabore sa propre création avec une variété de matériaux de construction et reproduit des modèles simples à partir d'images ou de modèles en trois dimensions.					
18	Assemble des puzzles dont les pièces s'emboitent, des puzzles à poser au sol, des puzzles sur plateau.					
19	Utilise du ruban adhésif, des trombones, des clés de manière appropriée.					
	Motricité globale					
1	Joue à attraper un ballon de la taille de ceux utilisés dans les cours de récréation avec un pair.					
2	Lance une balle de tennis à une autre personne en l'orientant et en utilisant le lancer par-dessus l'épaule.					
3	Utilise tous les équipements de la cour de récréation de façon autonome, y compris la balançoire, le tourniquet.					
4	Donne un coup de pied dans un ballon en mouvement.					
5	Joue à une variété de jeux de balles : Lance le ballon dans le panier, fait rebondir une balle (drible), utilise un club de golf, lance une balle souple (remplie de graines).					
6	Fait du vélo à petites roues stabilisatrices avec assurance ; est capable de contrôler sa vitesse, de manœuvrer et de freiner.					
7	Galope et saute.					
8	Marche en équilibre sur une poutre sans tomber, sur des traverses de voie de ferrée, le rebord du trottoir.					
9	Joue à des jeux moteurs courants (par exemple : « feu rouge – feu vert », « aux gendarmes et aux voleurs », « 1, 2, 3, soleil »).					
	Autonomie personnelle					
1	Gère toutes les étapes pour aller aux toilettes de façon autonome au même niveau que ses pairs.					

Liste de contrôle et description des items du modèle d'intervention précoce de Denver

2	Va seul aux toilettes quand il en a besoin.					
3	Se lave les mains de façon autonome comme ses pairs.					
4	Se lave le visage avec un gant de façon autonome.					
5	Se brosse ou se peigne de façon autonome.					
6	Participe activement pendant son bain et s'essuie seul après le bain.					
7	Exécute toutes les étapes du brossage de dents de façon autonome, même si l'adulte lui brosse aussi les dents pour plus de précision.					
8	Attache ses vêtements –boutons, pressions, et fermetures éclair.					
9	Se mouche lorsqu'on l'invite à le faire, s'essuie avec un mouchoir quand il éternue, couvre sa toux et ses éternuements de la main.					
10	S'arrête au bord d'une rue ; traverse après avoir regardé des deux côtés quand il est accompagné.					
11	Marche en toute sécurité de façon autonome aux cotés de l'adulte dans les parkings, les magasins, etc.					
12	Aide à mettre la table.					
13	Utilise un couteau pour tartiner.					
14	Nettoie après avoir renversé quelque chose.					
15	Se verse seul à boire dans un petit récipient.					
16	Met la vaisselle dans l'évier, sur le comptoir, ou dans le lave-vaisselle.					
17	Prépare un goûter en deux étapes.					
18	Aide aux activités culinaires : remue, verse, etc.					

Liste de contrôle et description des items du modèle d'intervention précoce de Denver

Liste de contrôle du modèle d'intervention précoce de Denver pour jeunes enfants avec autisme
Description des items.

Compétence	Niveau 1	Description
	Communication réceptive	
1	Localise les sons en se tournant vers leur source sonore.	Montre qu'il a conscience du bruit en tournant les yeux et la tête.
2	Regarde vers les sons amusants (bruits de pets, sifflement)	Montre qu'il a conscience du bruit en devenant plus actif, en tournant les yeux et la tête, et en regardant la personne.
3	Répond à la voix en se tournant vers la personne.	Montre qu'il a conscience de la voix en tournant les yeux et la tête, et en regardant la personne.
4	Regarde les images indiquées quand l'adulte les pointe du doigt dans un livre.	Suit le pointé de l'adulte du regard et/ou répond par les gestes (par exemple, en touchant l'image).
5	Suit un pointé proximal pour placer des objets dans des récipients, place les éléments d'un puzzle, etc.	Répond à un pointé proximal en regardant et en plaçant l'objet à l'endroit indiqué.
6	Regarde quand on lui montre un objet en lui disant : « X, regarde. »	Tourne les yeux et la tête vers l'objet.
7	Regarde vers son partenaire quand il l'appelle par son nom.	Tourne les yeux et la tête vers son partenaire.
8	Suit le pointé proximal vers un objet ou un endroit.	Répond au pointé proximal en tournant la tête en direction de l'objet ou de l'endroit.
9	Suit le pointé distal pour récupérer un jouet.	Répond au pointé distal en s'approchant et en ramassant le jouet.
10	Regarde, tend les bras, ou sourit en réponse aux gestes et à la voix de l'adulte dans les jeux sociaux.	Suit et répond durant un ou plusieurs tours. Par exemple « le jeu de coucou », « la petite bête », les chatouilles.
11	Regarde, tend les bras, sourit, et/ou fait des gestes en réponse aux gestes et aux paroles de l'adulte dans des comptines.	Comme ci-dessus. Suit et répond durant les chansons pendant une strophe ou plus.
12	Répond à des mots d'interdictions (Ex. : « Non », « Arrête ») en arrêtant momentanément ses actions.	Arrête une activité en cours quand on lui dit « Non, arrête », ou manifeste qu'il en a conscience par une pause temporaire, en tournant le regard et la tête vers l'adulte, ou en se montrant contrarié (par exemple, pleure ou crie).
13	Donne l'objet demandé verbalement si l'adulte accompagne cette demande d'une main tendue.	Répond aux gestes et aux mots de l'adulte en plaçant ou en essayant de placer l'objet dans sa main.
14	Exécute une consigne verbale courante en une étape impliquant des actions du corps couplées à une indication verbale/gestuelle (Ex. : « Assieds-toi », « Viens ici », « Nettoie »).	Exécute l'action en réponse à une indication verbale/gestuelle. L'item est considéré comme réussi pour au moins cinq actions à la première opportunité. Par exemple l'adulte répète la consigne, et utilise des gestes pour clarifier l'action (par exemple, en tapotant la chaise pour « Assieds-toi », ou en levant le seau pour « Nettoie »), ou en aidant partiellement l'enfant pendant l'action.

Liste de contrôle et description des items du modèle d'intervention précoce de Denver

15	Exécute une consigne verbale courante en une étape impliquant des actions du corps sans accompagnement gestuel (Ex. : « Assieds-toi », « Viens ici », « Nettoie »).	Répond à la consigne par l'accomplissement de l'action sans gestes ou guidance physique de la part de l'adulte. L'adulte peut répéter les consignes une seconde fois mais sans indication gestuelle.
	Communication expressive	
1	Tend les bras vers sa cible pour exprimer une demande.	Tend la main vers l'objet désiré tenu par l'adulte pour indiquer une demande. Il n'est pas nécessaire que ce geste soit accompagné par le regard ou par des vocalisations/mots. N'inclut pas le fait de tendre la main uniquement dans le but d'attraper quelque chose.
2	Vocalise intentionnellement.	Vocalise en association avec le contact visuel et/ou les gestes (par exemple, en tendant les bras) pour demander l'item ou l'objet désiré.
3	« Demande » de l'aide en tendant l'objet à l'adulte.	Indique son besoin d'aide en plaçant l'objet dans la main de l'adulte, en offrant l'objet à l'adulte, en verbalisant, ou en regardant l'adulte. Il n'est pas nécessaire que les gestes soient accompagnés d'un contact visuel et/ou de vocalisations/mots.
4	Échange tour à tour des vocalisations avec un partenaire de communication.	Babille et/ou vocalise avec le contact visuel durant au moins deux tours.
5	Exprime un refus en repoussant l'objet au loin ou en le rendant à une autre personne.	Il n'est pas nécessaire que les gestes soient accompagnés par le contact visuel ou par des vocalisations/mots. Accordez l'item pour les autres gestes conventionnels (secouer la tête, faire le signe « fini ») ou pour des mots (« non »).
6	Pointe du doigt de près pour réclamer un objet désiré.	Touche ou pointe vers l'objet à moins de 6-12 centimètres avec le pouce ou l'index (pas la main ouverte) pour indiquer sa demande. L'objet peut être dans la main de l'adulte ou à portée de l'enfant.
7	Établit un contact visuel pour obtenir l'objet désiré lorsque l'adulte lui barre le passage/retient l'objet désiré.	Tourne la tête et les yeux vers l'adulte et maintient le contact visuel pendant 1-2 secondes avec ou sans geste (par exemple, en s'étendant, en saisissant) pour demander l'objet. Il n'est pas nécessaire que le contact visuel et les gestes soient accompagnés de vocalisations/mots.
8	Pointe du doigt pour indiquer un choix entre deux objets.	L'adulte tient deux objets, un dans chaque main. Touche ou pointe l'objet désiré avec le pouce ou l'index (pas la main ouverte). Il n'est pas nécessaire que le contact visuel et les gestes soient accompagnés de vocalisations/mots.
9	Associe une vocalisation et le regard pour une demande intentionnelle.	Tourne la tête et les yeux vers l'adulte et maintient le contact visuel en vocalisant pour réclamer l'item désiré. La vocalisation peut être une approximation. Par exemple « aah » pour balle, « ooh » pour seau.
10	Pointe du doigt à distance pour demander un objet désiré.	Utilise son pouce ou son index (pas la main ouverte) pour pointer en direction de l'objet désiré, à au moins un mètre de l'enfant.
11	Pointe du doigt à distance pour indiquer un choix entre deux objets.	L'adulte tient deux objets, un dans chaque main mais hors de portée de l'enfant et il lui montre et nomme chaque objet. L'enfant pointe vers l'objet désiré qui est hors de sa portée avec son pouce ou son index (pas la main ouverte). Il n'est pas nécessaire que le contact visuel et les gestes soient accompagnés de vocalisations/mots.
12	Vocalise des syllabes répétitives (CVCV répétées) en babillant (pas nécessairement des approximations de mots).	Par exemple « ba-ba », « ma-ma ». Il n'est pas nécessaire que la vocalisation soit accompagnée d'un contact visuel ou de gestes.

Liste de contrôle et description des items du modèle d'intervention précoce de Denver

13	Produit cinq consonnes ou plus dans des vocalisations spontanées.	Les vocalisations se présentent avec ou sans modèle verbal de l'adulte. Le jeu vocal est pris en compte.
14	Produit des syllabes (CVCV avec des séquences CV différentes) : babillement panaché.	Par exemple « ba-bu », ma-wa », et des séquences de babillage.
	Compétences sociales	
1	Accepte de brèves activités sociales à caractère sensoriel et le contact.	L'enfant ne présente pas d'évitement, de retrait, ou d'affect négatif.
2	Utilise l'incitation motrice pour initier ou poursuivre une routine sociale sensorielle.	Exemples d'incitation motrice : tendre les bras, imiter le mouvement de l'adulte, tendre un élément ou un objet à l'adulte. Il n'est pas nécessaire que l'incitation motrice soit accompagnée d'un contact visuel.
3	Prête brièvement attention à une autre personne par le contact visuel	Participe en regardant et en maintenant le contact visuel avec une autre personne pendant 2 secondes.
4	Maintient son engagement dans les routines sociales sensorielles pendant 2 minutes.	Montre un intérêt pour la routine sociale sensorielle en s'approchant, en observant, ou en participant activement, et en réclamant la poursuite de la routine par le contact visuel, par les gestes (Par exemple, tend les bras, imite le mouvement de l'adulte), ou par les vocalisations.
5	Réagit aux objets/activités préférés par le regard, les bras tendus, des sourires et des mouvements.	Il n'est pas nécessaire que la réponse soit accompagnée du contact visuel.
6	Observe et s'engage avec l'adulte qui l'imite dans des activités de jeux parallèles avec des jouets.	Montre de l'intérêt pour une activité en observant et en imitant le jeu de l'adulte puis en poursuivant le schéma de jeu initié par l'adulte.
7	Possède un répertoire de 5 à 10 jeux sociaux sensoriels.	Participe deux fois ou plus à un jeu avec un comportement actif (tendre les bras, imiter, vocaliser). Le contact visuel et les sourires seuls ne sont pas suffisants. Exemples : jeu de coucou, chansons (meunier tu dors, bateaux sur l'eau, ainsi font les petites marionnettes), jeux (frapper les mains, la petite bête qui monte, jeux de chatouilles), bulles, ballons, livres, avion.
8	Répond aux salutations en regardant, se retournant, etc.	Manifeste qu'il a conscience des salutations en tournant la tête et le corps, et en regardant l'adulte 2 à 3 secondes. Il n'est pas nécessaire que cette réaction soit accompagnée de gestes ou de vocalisations.
9	Répond aux salutations par un geste ou une vocalisation.	Manifeste qu'il a conscience des salutations en tournant la tête et le corps avec un signe de la main ou en vocalisant « bonjour/au revoir » avec un contact visuel pendant 2 à 3 secondes.
10	Échange des sourires avec son partenaire pendant un jeu coordonné.	Échange des sourires avec un contact visuel de 2 à 3 secondes pendant une activité de jeu avec l'adulte.
	Imitation	
1	Imite 8-10 actions simples (une étape) avec objets.	Imite huit actions ou plus dans les 5 secondes après la présentation du modèle par l'adulte. Par exemple frapper deux objets l'un contre l'autre, mettre un objet dans un récipient, ou faire rouler un objet.

Liste de contrôle et description des items du modèle d'intervention précoce de Denver

2	Imite 10 mouvements impliquant des parties visibles de son corps dans des routines de chant/jeu.	Imite 10 mouvements différents dans les 5 secondes après la présentation du modèle par l'adulte. Doit imiter deux actions différentes par chanson dans quatre ou cinq routines différentes pour réussir cet item. Exemples : gestes dans les chansons (meunier tu dors, bateaux sur l'eau, ainsi font les petites marionnettes), jeux moteurs (frapper les mains, la petite bête qui monte, jeux de chatouilles), ou autres routines de jeu (le jeu du coucou).	
3	Imite 6 mouvements sur des parties non visibles de son corps (tête, visage) dans les routines de chant/jeu.	Imite six actions différentes que l'enfant ne peut pas se voir faire. Exemples : les mains sur la tête, les oreilles, ou se caresser les joues.	
4	Imite 6 mouvements oraux-faciaux.	Imite des mouvements oraux-faciaux dans les 5 secondes après la présentation du modèle par l'adulte. Par exemple, tortiller sa langue, faire des grimaces, ou gonfler ses joues.	
Cognition			
1	Apparie/trie des objets identiques.	L'enfant peut répondre à une indication verbale de l'adulte (par exemple, « Mets ici ») ou à un signal physique (par exemple, main sur la main de l'enfant), pour les premiers essais mais il doit réaliser l'appariement/le tri de façon autonome pour au moins cinq objets différents. Exemples : appariement/tri de trains et de rails, de crayons et de papier, ou de bâtons et de cercles en les mettant dans des récipients différents.	
2	Apparie/trie des images identiques.	L'enfant peut répondre à une indication verbale de l'adulte (par exemple, « Mets ici ») ou à un signal physique (par exemple, main sur la main de l'enfant) pour les premiers essais, mais il doit réaliser l'appariement/le tri de façon autonome pour au moins cinq images différentes.	
3	Apparie/trie des images avec des objets.	L'enfant peut répondre à une indication verbale de l'adulte (par exemple, « Mets ici ») ou à un signal physique (par exemple, main sur la main de l'enfant) pour les quelques premiers essais, mais il doit réaliser l'appariement/le tri de façon autonome pour au moins cinq paires différentes d'objets et d'images.	
4	Apparie/trie des objets par couleur.	Apparie/trie cinq couleurs ou plus. L'enfant peut répondre à une indication verbale de l'adulte (par exemple, « Mets ici ») ou à un signal physique (par exemple, main sur la main de l'enfant) pour les quelques premiers essais, mais il doit réaliser l'appariement/le tri de façon autonome. Exemples : appariement/tri de cubes rouges et de cubes bleus, de pinces orange et de pinces vertes, de balles jaunes et de balles violettes en les mettant dans des récipients différents.	
Jeu			
1	Adapte son comportement à la nature de cinq objets différents.	L'action doit être initiée par l'enfant et non en réponse au modèle de l'adulte. Le comportement correspond à l'usage habituel de l'objet. Exemples : secouer des maracas, taper avec un marteau, faire rouler ou faire rebondir une balle, empiler des cubes.	
2	Joue de façon autonome et de manière appropriée avec 10 jouets dont l'utilisation est simple (une action).	Le jeu est approprié d'un point de vue développemental (c'est-à-dire non restrictif ou répétitif), se rapporte à l'objet/l'activité, et implique des actions simples avec les objets. Exemples : placer des cubes dans une boîte, mettre des balles dans un labyrinthe, placer des bâtonnets dans des trous, ou séparer des perles qui s'emboîtent.	

Liste de contrôle et description des items du modèle d'intervention précoce de Denver

3	Joue de façon autonome avec des jouets demandant la répétition de la même action sur des objets variés (pyramide d'anneaux, coupes qui s'emboîtent).	Le jeu implique l'utilisation autonome de l'objet/la réalisation autonome de l'activité. L'item est réussi si l'enfant réalise l'activité avec cinq objets ou plus. Exemples : empiler des anneaux sur une tige, emboîter ou déboîter des coupes, empiler des cubes, ou placer des bâtonnets dans des trous.
4	Présente des comportements de jeu appropriés avec une variété de jouets simples pour jeunes enfants : lance une balle, empile des cubes, met des bâtonnets dans des trous, fait rouler une voiture.	Le jeu se rapporte à l'objet/l'activité et implique des actions simples avec les objets. Cet item est réussi pour l'utilisation de 8-10 jouets pour jeunes enfants. Exemples : lancer des balles, faire rouler des voitures, ou taper sur un tambour.
5	Joue de façon autonome avec des jouets impliquant deux actions motrices différentes (enlever, mettre dedans).	Le jeu implique l'utilisation autonome de l'objet/la réalisation autonome de l'activité. L'item est réussi si l'enfant réalise l'activité avec 8-10 jouets. Exemples : mettre des cubes dans un récipient et les sortir, rouler et écraser de la pâte à modeler, ou assembler des perles qui s'emboîtent et les séparer.
6	Joue de façon autonome avec des jouets demandant plusieurs actions différentes (par exemple mettre dedans, ouvrir, enlever, fermer).	Le jeu implique l'utilisation autonome de l'objet/la réalisation autonome de l'activité. Cet item est réussi si l'enfant réalise l'activité avec 6-8 jouets. Exemples : ouvrir/fermer des boîtes, mettre des objets dedans/les enlever, faire des actions différentes avec les objets.
7	Présente des actions conventionnelles sur sa personne avec une série d'objets.	Les actions sont socialement conventionnelles et dirigées vers sa personne. Elles peuvent se faire en réponse à un modèle de l'adulte, mais de façon autonome, la réalisation spontanée est nécessaire pour au moins une action. Exemples : placer le téléphone à l'oreille, se coiffer les cheveux avec une brosse/un peigne, mettre une cuillère/une fourchette à la bouche, s'essuyer le nez avec un mouchoir, porter une tasse à la bouche, se mettre un collier.
8	Termine le jeu et le range.	Termine l'activité de manière appropriée et présente quelques tentatives pour ranger (par exemple, met un objet dans une boîte, donne le matériel à l'adulte). La routine peut être commencée en réponse à une indication verbale ou un geste de l'adulte mais l'enfant doit participer sans incitation physique.
	Motricité fine	
1	Place une à deux formes dans un trieur de formes.	L'enfant peut répondre à un signal de l'adulte pour commencer la routine mais il doit placer une ou deux formes de façon autonome.
2	Place des anneaux sur leur socle pour les empiler.	L'enfant peut répondre à un signal de l'adulte pour commencer la routine mais il doit placer trois anneaux ou plus de façon autonome.
3	Assemble trois pièces d'un puzzle avec des poignées en bois.	L'enfant peut répondre à un signal de l'adulte pour commencer la routine mais il doit placer trois pièces ou plus de façon autonome.
4	Place des bâtonnets dans une planchette à trous.	L'enfant peut répondre à un signal de l'adulte pour commencer la routine mais il doit placer trois bâtonnets ou plus de façon autonome.
5	Appuie sur les boutons de cinq jouets de cause à effet différents.	L'enfant peut répondre à un signal de l'adulte pour commencer la routine mais il doit appuyer sur les boutons de façon autonome.
6	Sépare des perles qui s'emboîtent, des Duplos.	L'enfant peut répondre à un signal de l'adulte pour commencer la routine mais il doit séparer trois perles ou Duplos ou plus de façon autonome.
7	Saisit les objets avec la pince digitale ou avec trois doigts selon ce qui est approprié à l'objet.	L'adulte peut placer les objets à portée de main de l'enfant mais ne doit pas fournir d'autre aide.

Liste de contrôle et description des items du modèle d'intervention précoce de Denver

8	Empile trois gros cubes pour faire une tour (ou gobelets empilables).	L'enfant peut répondre à un signal de l'adulte pour commencer la routine mais il doit empiler au moins trois cubes/gobelets de façon autonome.
9	Fait des marques, des lignes, des gribouillages, et des points avec des feutres/crayons de couleur.	L'enfant peut répondre à un signal de l'adulte pour commencer la routine mais il doit tenir le crayon et faire des marques de façon autonome. Les marques n'ont pas besoin d'être des formes reconnaissables.
10	Tape avec le marteau jouet sur les balles, chevilles, etc.	L'enfant peut répondre à un signal de l'adulte pour commencer la routine mais il doit tenir et taper le jouet de façon autonome.
11	Recueille avec une pelle, ratisse, verse du sable, de l'eau, du riz, etc.	L'enfant peut répondre à un signal de l'adulte pour commencer la routine mais il doit tenir l'objet et recueillir, ratisser, vider de façon indépendante.
12	Empile de gros Lego.	L'enfant peut répondre à un signal de l'adulte pour commencer la routine mais il doit empiler au moins trois Lego de façon autonome.
	Motricité globale	
1	Donne des coups de pied dans un gros ballon.	Ne doit pas se tenir à un adulte ou à un objet (table, chaise) pour donner un coup de pied dans le ballon. Garde l'équilibre, ne tombe pas, mais peut être maladroit.
2	Monte et descend des marches avec un soutien, sans alterner les pieds.	Peut tenir la rampe ou la main de l'adulte, en mettant les deux pieds sur chaque marche. Ne doit pas mettre les mains ou les genoux sur les marches.
3	Grimpe à un ou deux barreaux de la petite échelle d'un toboggan.	Doit le faire sans aide.
4	Monte et descend des éléments d'ameublement.	Doit le faire sans aide. Exemples : jouet porteur, cheval à bascule, chaises d'adulte ou d'enfant.
5	Se protège lorsqu'il perd l'équilibre.	Utilise des réactions de protection ou des réactions pour retrouver l'équilibre (par exemple, tend les mains, étend les bras, se protège la tête).
6	Contourne les objets au sol plutôt que de marcher dessus.	Manifeste une conscience de son corps dans sa relation aux objets en les enjambant ou en les contournant.
7	Lance une balle et des sacs de graines dans une direction.	Doit le faire sans aide et avec un lancer vers l'avant.
8	Fait rouler une balle vers une autre personne et la reçoit à son tour.	L'adulte peut commencer la routine mais l'enfant montre son intérêt en faisant rouler la balle vers la personne.
	Comportement	
1	Présente seulement quelques difficultés sévères du comportement.	Exemples : comportement d'automutilation, agression, colères fréquentes et/ou sévères
2	S'assoit sur une chaise ou reste en face de l'adulte pendant des activités agréables sans difficultés pendant 1 à 2 minutes.	Reste assis calmement/tranquillement pour au moins 60 secondes pendant qu'il interagit avec l'adulte.
3	S'engage volontiers dans des jeux simples sur une chaise ou au sol avec l'adulte pendant 5 minutes.	Les jeux peuvent inclure le jeu du coucou, une chanson, ou une routine physique (par exemple, les chatouilles, sauter sur les genoux de l'adulte).

Liste de contrôle et description des items du modèle d'intervention précoce de Denver

4	Tolère la proximité de l'adulte et l'interaction (avec des demandes minimes) sans comportement problématique pour une durée de 20 minutes.	Les demandes de l'adulte sont dans les compétences de jeu courantes de l'enfant. L'enfant peut devenir agité mais ne doit pas manifester un comportement agressif.
5	Interagit de manière appropriée avec les membres de sa famille (c'est-à-dire, sans agressivité ni autres interactions inappropriées).	Pas d'agressivité ou d'autres comportements inappropriés dans ce que rapportent les parents.
	Autonomie personnelle : repas	
1	Mange à table pendant les repas et pour ses goûters.	S'assoit à la table pendant le repas (c'est-à-dire, ne se lève pas ou ne se déplace pas pendant son repas ; ne doit pas nécessairement s'asseoir pendant tout un repas en famille).
2	Mange son repas de façon autonome.	L'adulte met la nourriture à disposition de l'enfant mais aucune autre aide n'est nécessaire.
3	Utilise un verre.	Tient et place le verre à la bouche sans aide. Il peut renverser un peu de liquide pendant qu'il boit.
4	Utilise une cuillère.	Tient et met la cuillère à la bouche sans aide pour la plupart des bouchées. Occasionnellement il peut renverser.
5	Utilise une fourchette.	Tient et met la fourchette à la bouche sans aide pour la plupart des bouchées. Peut occasionnellement répandre un peu de nourriture.
6	Mange des aliments variés par la texture, le type, et le groupe d'aliments.	Le rapport des parents suffit.
7	Tolère les aliments nouveaux sur son assiette.	Accepte de nouveaux aliments sur son assiette et tente de les manger (par exemple, touche, sent, ou les met dans la bouche). Ne doit pas nécessairement les manger.
8	Boit avec une paille.	L'adulte peut placer la paille dans la bouche de l'enfant s'il ne l'a jamais utilisée.
	Autonomie personnelle : habillage	
9	Enlève tous ses vêtements avec de l'aide.	Il n'a pas besoin de déboutonner ou d'ouvrir une fermeture éclair mais il peut enlever ses vêtements (par exemple, un tee-shirt, un pantalon, les chaussures, les chaussettes) avec de l'aide. Exemples : l'adulte aide l'enfant à enlever ses bras du tee-shirt et l'enfant sort la tête, l'adulte détache les chaussures et l'enfant en sort les pieds, ou l'adulte ouvre la fermeture éclair du pantalon et l'enfant en enlève ses jambes.
10	Met tous ses vêtements avec de l'aide.	Il n'a pas besoin de boutonner ou de fermer une fermeture éclair mais il peut mettre ses vêtements (par exemple, un tee-shirt, un pantalon, des chaussures, des chaussettes) avec de l'aide. Exemples : l'adulte roule le tee-shirt et l'enfant met la tête dedans, l'adulte tient la chaussure et l'enfant pousse son pied à l'intérieur, ou l'adulte aide à mettre ses pieds dans le pantalon et l'enfant le remonte.
	Autonomie personnelle : toilette	
11	Met ses mains sous l'eau qui coule.	Peut recevoir une indication si nécessaire mais est capable de placer ses mains sous l'eau pendant au moins 5 secondes. Le rapport des parents est suffisant.
12	S'essuie les mains avec une serviette.	Peut recevoir une indication si nécessaire mais utilise la serviette pour s'essuyer les deux mains. Le rapport des parents est suffisant.

Liste de contrôle et description des items du modèle d'intervention précoce de Denver

13	Se frotte le corps avec un gant de toilette, avec une serviette.	Peut recevoir une indication si nécessaire mais utilise un gant/une serviette sur la plupart des parties du corps (par exemple, le visage, les mains, le ventre, les jambes). Le rapport des parents est suffisant.
14	Tolère le peigne, le mouchoir et le brossage des dents.	Il peut s'agiter mais l'adulte est capable de continuer l'action sans que cela ne déclenche de l'agressivité, de l'automutilation, ou des problèmes sévères de comportement.
15	Aide avec la brosse à cheveux/le peigne.	Par exemple tient la brosse/le peigne, ou se brosse/se peigne les cheveux un peu à son tour.
16	Met la brosse à dents dans sa bouche.	Place la brosse à dents dans sa bouche, goûte le dentifrice. Il ne doit pas nécessairement se brosser les dents.
	Autonomie personnelle : tâches ménagères	
17	Met ses affaires sales dans le panier à linge.	On peut avoir à lui rappeler ou l'y inciter physiquement si nécessaire (par exemple, l'adulte tend les vêtements, pointe la corbeille) mais il est capable de mettre les vêtements dans le panier.
18	Met ses papiers à la poubelle.	On peut avoir à lui rappeler ou l'y inciter physiquement si nécessaire (par exemple, l'adulte tend le papier, pointe la poubelle) mais il est capable de mettre le papier dans la poubelle.

Compétence	Niveau 2	Description
	Communication réceptive	
1	Suit les consignes « arrête » ou « attend » sans incitation physique ou gestuelle.	L'enfant répond à la seule consigne verbale ; il arrête complètement l'activité, regarde l'adulte, et attend une consigne de la part de l'adulte.
2	Suit 8 à 10 consignes verbales simples impliquant des actions du corps et des actions sur les objets.	L'enfant suit des consignes verbales impliquant des verbes (par exemple, secoue les maracas, tape les bâtons, embrasse le bébé, fais un trou dans la pâte à modeler, coupe, lève-toi, applaudis, remue les oreilles ; il doit fournir les deux types de réponses – actions du corps et actions sur les objets).
3	Identifie plusieurs parties du corps nommées en les pointant du doigt ou en les montrant sur lui ou sur autrui.	Le niveau requis est l'identification de cinq parties du corps ou plus.
4	Répond à une consigne verbale en donnant/pointant/montrant 8 à 10 objets spécifiques dans le jeu naturel, durant l'habillage, pendant les repas (par exemple, bébé, chaise, voiture, cube, verre, ours).	Se passe d'explication.
5	Identifie en pointant du doigt et en regardant trois images nommées dans un livre (comprenant un verre, une voiture, un chien, un chat, un bébé).	Répond à « Où est... ? » ou « Montre-moi... » en pointant de l'index et en suivant du regard.

Liste de contrôle et description des items du modèle d'intervention précoce de Denver

6	Comprend les premières notions spatiales (par exemple, dans, sur).	Le niveau requis est que l'enfant manifeste sa compréhension généralisée de trois propositions ou plus en utilisant des objets pour répondre à des consignes verbales.
7	Regarde les personnes et les photos des personnes nommées – la famille, les animaux, les instituteurs.	Le niveau requis est que l'enfant réagisse à quatre noms différents ou plus. Si la personne/l'animal nommé est présent, l'enfant doit regarder clairement la personne ou l'animal qui est nommé (peut également pointer du doigt). Sur des images, l'enfant doit toucher ou pointer la photo du doigt quand elle est nommée.
8	Sur demande verbale, retrouve 8-10 objets qui sont dans la pièce mais pas directement devant l'enfant. L'enfant doit chercher un peu	En réponse à une consigne verbale « trouve le... », l'enfant retrouve les objets dans la salle sans qu'ils soient dans son champ visuel. La réponse implique de se souvenir suffisamment longtemps de la demande pour faire une recherche visuelle dans la salle, et pour récupérer l'objet au sol, sur la table, sur la chaise, ou sur l'étagère.
9	Sur demande verbale (avec des indices gestuels), l'enfant accomplit deux actions avec un objet.	L'enfant accomplit deux actions associées avec un objet en réponse à une consigne verbale accompagnée de gestes. Doit exécuter trois séquences différentes ou plus pour valider cet item (Exemple : « Prend tes chaussures et amène les moi »).
10	Pointe du doigt les parties nommées sur une image.	Identifie au moins cinq parties du corps sur une grande photo ou un dessin quand on le lui demande.
	Communication expressive	
1	Utilise des signes ou des gestes avec des vocalisations pour s'exprimer (demander, dire que c'est fini, partager, demander de l'aide, protester).	L'enfant combine des gestes spécifiques et des vocalisations ou des mots approximatifs pour communiquer ces quatre fonctions.
2	Produit 6 à 10 mots ou approximations dans un contexte de routines familières, de routines socio-sensorielles, de chansons.	Produit cinq approximations de mots différenciés ou plus dans des routines sociales familières. Celles-ci peuvent être spontanées ou spontanément imitées mais non provoquées.
3	Produit spontanément plusieurs mots associés à une routine de jeu (roule, vas-y, stop).	Produit au moins trois approximations de mots différenciés pour des verbes impliquant des actions sur soi ou sur les objets – spontanément ou imités mais pas incités.
4	Utilise de manière fonctionnelle au moins vingt approximations nominales (noms d'objets, d'animaux, de gens) et non nominales (mots qui se réfèrent aux actions et aux autres relations : c'est fini, en haut, etc.).	Approximations de mots utilisées spontanément pour demander des actions ou des objets. Des noms comme des productions non nominales doivent être utilisés pour valider cet item.
5	Nomme spontanément les objets et les images.	L'item est acquis si l'enfant nomme cinq objets ou plus et cinq images ou plus spontanément.
6	Vocalise avec des intonations variées pendant des chansons, etc.	L'enfant varie ses intonations quand il produit quelques mots de chansons ou chants, montrant ainsi qu'il a conscience des schémas d'intonation impliqués.
7	Demande et refuse en utilisant des mots simples accompagnés d'un regard.	L'enfant utilise régulièrement des mots simples et le regard pour transmettre une demande ou protester, émettre un refus ou une négation.
8	Nomme des actions en contexte (par exemple, pendant des mouvements du corps et/ou des actions avec objets).	L'enfant produit 10 verbes ou plus à la fois en imitation et spontanément pour nommer les actions sur lui-même, sur les autres, ou sur les objets.

Liste de contrôle et description des items du modèle d'intervention précoce de Denver

9	Donne approximativement les noms de trois personnes importantes (y compris lui-même).	L'enfant utilise des noms pour nommer les gens sur les photos, dans le miroir, et en situation naturelle ou pour capter leur attention. Il est possible que ce soit en réponse à la question « Qui est-ce ? ».
10	Secoue la tête et dit « Non » pour refuser.	L'enfant associe spontanément le fait de secouer la tête avec le mot « Non » pour refuser une offre.
11	Hoche la tête et dit « Oui » pour affirmer.	L'enfant associe spontanément le signe de tête avec le mot « Oui » pour accepter une offre.
12	Demande (approximativement) « Qu'est-ce que c'est ? » quand il est confronté à quelque chose d'inconnu.	L'enfant regarde spontanément l'adulte et montre l'objet par un geste de la main ou un changement de regard en demandant « Qu'est-ce que c'est ? » dans plusieurs contextes différents.
Comportements d'attention conjointe		
1	Répond à « Regarde » quand on lui offre un objet par un changement de direction du regard, en se retournant et en regardant l'objet offert.	Se passe d'explication.
2	Répond à « Regarde » quand on pointe un objet/une personne à distance, en s'orientant vers l'objet/la personne indiqué.	Se passe d'explication.
3	Donne ou prend un objet à une autre personne de façon coordonnée avec le contact visuel.	Cela implique que l'enfant donne ou prenne spontanément. S'il s'agit d'une prise, l'adulte ne doit pas offrir l'objet. Le regard exprime une demande.
4	Répond à « Montre-moi » en tendant un objet à l'adulte.	Se passe d'explication.
5	« Montre » spontanément des objets.	Cela implique des actes réguliers pour montrer – en orientant le jouet vers le visage de l'adulte, en regardant l'adulte et en attendant un commentaire. L'item est acquis si ce comportement est observé plusieurs fois en une heure de jeu.
6	Suit spontanément le pointé ou le regard (pas d'indication verbale) pour regarder une cible.	Capter le regard de l'enfant dans une interaction en face à face, et se tourner pour regarder l'objet. L'item est acquis si l'enfant tourne la tête et cherche. Ne doit pas nécessairement trouver la cible.
7	Pointe spontanément du doigt les objets qui l'intéressent.	Cela implique des actes répétés – plusieurs par heure. L'enfant doit pointer la cible, regarder l'adulte et attendre un commentaire pour que l'item soit acquis.
8	Partage des sourires avec l'adulte en alternant le regard pendant une activité agréable.	Cela implique un changement clair d'orientation du regard de l'objet vers les yeux de l'adulte et un retour vers l'objet pour partager son plaisir. Doit être observé plusieurs fois en 10 minutes de jeu social pour que l'item soit acquis.
Compétences sociales : adultes ou pairs		
1	Initie et maintient le contact visuel pour communiquer.	Régulièrement l'enfant débute un échange communicatif (de tout type) avec le regard et maintient le regard d'une manière naturelle pendant tout l'échange.
2	Demande verbalement ou initie physiquement un jeu social familier.	L'enfant initie et suscite des regards sociaux par ses mouvements corporels, ses gestes, ou ses vocalisations qui sont spécifiques à un certain jeu. Doit initier trois jeux ou plus pour que l'item soit réussi.

Liste de contrôle et description des items du modèle d'intervention précoce de Denver

3	Répond aux comportements d'affection : étreint, embrasse les personnes familières.	Spontanément et de manière régulière l'enfant étreint en retour l'adulte familier avec ses bras et son corps, embrasse en retour sur la joue ou sur les lèvres.
4	Utilise des gestes ou des mots pour attirer l'attention de l'adulte.	L'enfant cherche le contact visuel de l'adulte en utilisant des mots ou des gestes clairs de tout type (fait un signe de la main, montre, tourne la tête, tapote, etc.).
5	Répond aux salutations sociales par « Bonjour » et « Au revoir », et salue de la main en imitation.	L'enfant répond aux salutations avec à la fois des mots et des gestes sans incitation.
6	Demande de l'aide verbalement ou par gestes.	L'enfant initie les demandes d'aide en utilisant des signes conventionnels ou des approximations de mots combinés avec le regard. La manipulation des mains et du corps ne suffit pas à moins qu'elle soit accompagnée du regard et des mots appropriés.
7	Coordonne régulièrement le contact visuel avec des vocalisations et/ou des gestes pour diriger la communication.	L'enfant associe constamment ses actes spontanés de communication au regard.
8	Danse avec une autre personne dans un jeu de ronde musicale.	L'enfant joue à plusieurs jeux de rondes différents et imite les mouvements de danse sur la musique (« Sur le pont d'Avignon »...).
9	Court avec une autre personne dans un jeu de « trap-trap ».	L'enfant poursuit une autre personne et l'attrape en jouant à « trap-trap », et il court également pour être attrapé pendant le jeu.
10	Attire l'attention du partenaire de communication en utilisant le nom de la personne ou du jeu et initie un jeu social ou une activité.	L'enfant initie spontanément des jeux sociaux familiers avec un partenaire en établissant un contact visuel et en utilisant des gestes associés à leur nom ou un verbe d'action (par exemple, chatouilles, poursuite).
	Compétences sociales avec ses pairs	
11	Donne un objet à la demande d'un pair.	L'enfant répond régulièrement à la demande verbale d'un objet faite par un pair en le regardant et en lui tendant l'objet.
12	Participe à des chansons/des jeux de doigts familiers dans le cadre d'un groupe.	L'enfant participe à des chansons et des jeux sociaux familiers avec les mouvements appropriés dans le cadre d'un petit groupe (de 1 à 2 autres enfants) sans incitation particulière.
13	Continue l'activité quand un pair le rejoint dans un jeu parallèle.	L'enfant poursuit l'activité quand un pair se joint à lui, en l'accueillant et en acceptant son approche. L'enfant ne « protège » pas le matériel de jeu et ne rejette pas l'approche du pair.
14	Répond de façon appropriée aux salutations d'un pair.	L'enfant répond spontanément « Bonjour » et « Au revoir » à un pair avec le regard, les gestes et les mots appropriés.
15	Prends son tour pour des actions simples avec des jouets lorsque le pair le sollicite ; donne et prend en alternance.	Dans une situation de jeu parallèle, l'enfant répond régulièrement aux offres d'un pair pour un échange à tour de rôle en donnant un objet demandé et en demandant de prendre son tour verbalement ou pas, ces deux actions sont accompagnées de quelques regards.
16	S'assoit dans un groupe avec ses pairs et écoute les consignes familières d'un adulte.	L'enfant s'assoit dans un petit groupe sans qu'il n'ait de place assise spécifiquement attribuée ou que l'adulte l'aide, écoute attentivement l'adulte qui dirige, et répond aux consignes verbales faisant partie de son répertoire. L'adulte peut utiliser le nom de l'enfant pour donner ses consignes mais aucune autre aide.

Liste de contrôle et description des items du modèle d'intervention précoce de Denver

17	Prend un objet quand un pair le lui offre.	L'enfant prend habituellement un objet offert par un pair en établissant un contact visuel.
18	Passe des objets à ses pairs à table ou dans un groupe quand on les lui demande.	L'enfant répond régulièrement de façon appropriée aux demandes d'objets dans le cadre de petits groupes (par exemple, lors d'une activité où les enfants sont en cercle, à la table du goûter, à la table d'arts plastiques, dans la zone de jeux de rôle.
19	Imite occasionnellement le comportement d'un pair dans des activités de jeu.	Pendant des activités de jeu parallèle, l'enfant imite spontanément quelques actions d'un pair.
20	Joue seul et avec un pair à des jeux d'appariement d'images (Loto, Memory, etc.).	Cet item est acquis si l'enfant peut jouer à tour de rôle avec un partenaire et compléter l'appariement. Ce sont les seules compétences nécessaires pour valider cet item.
	Imitation	
1	Imite une variété de voyelles et de consonnes lors d'approximations verbales dans le cadre d'une communication qui a du sens.	Ceci comprend quatre ou cinq voyelles différentes et quatre ou cinq consonnes différentes.
2	Imite des bruits d'animaux et d'autres sons.	Imite au moins cinq bruits différents.
3	Imite des mots simples reconnaissables de façon spontanée et fréquente au cours de ses interactions.	Produit dix approximations de mots ou plus.
4	Imite les mouvements de cinq comptines ; imite au moins dix actions différentes.	Ce sont des actions familières, réalisées sans aide.
5	Imite/réalise de manière approximative de nouvelles actions dans des chansons.	Imite approximativement au moins cinq nouvelles actions dès le premier modèle.
6	Imite des actions avec objets – à étapes multiples – dans le cadre d'un jeu.	Cela implique qu'il imite une séquence de trois actions ou plus reliées entre elles (par exemple, ouvrir le couvercle d'une boîte pour le tri de formes, en sortir les éléments, mettre le couvercle dessus et insérer les formes dedans.).
7	Imite des actions de jeu de faire-semblant dirigées vers lui-même et vers son partenaire avec des objets miniatures.	L'enfant imite régulièrement quatre actions naturelles ou plus avec des objets miniatures, sur lui-même et également proposés à son partenaire.
8	Imite deux séquences de mouvements dans des routines de chanson/de jeu.	L'enfant imite spontanément deux actions ou plus dans une chanson simple sans aide ni délai.
9	Imite des phrases de deux mots.	L'enfant imite régulièrement une variété de phrases de deux mots.
	Cognition	
1	Apparie/trie par forme.	Apparie et trie au moins cinq formes différentes.
2	Apparie/trie par taille.	Apparie et trie au moins trois tailles différentes d'objets identiques.
3	Apparie/trie des motifs, des dessins.	L'enfant apparie et trie des motifs et des dessins.
4	Classe des objets similaires par groupes.	L'enfant apparie et trie des objets différents en fonction de leur identité (par exemple, les voitures, les chevaux, les balles, les chaussettes, les chaussures, les tasses).

Liste de contrôle et description des items du modèle d'intervention précoce de Denver

5	Trie des objets courants par groupes fonctionnels.	L'enfant regroupe les objets par fonction : pour manger, pour s'habiller, les jouets, pour dessiner.
6	Cherche/demande un objet disparu.	L'enfant sait reconnaître qu'un objet appartenant à un ensemble est manquant et le demande ou le cherche (par exemple, un élément du puzzle, une chaussure ou une tasse qui manquent).
7	Apparie/trie selon deux critères.	L'enfant apparie/trie les objets par couleur et forme, ou forme et taille, etc.
8	Apparie par quantité d'un à trois.	L'enfant apparie une variété d'objets dans des groupes par quantité de 1 à 3 (par exemple, des pièces d'un jeu de domino, des biscuits en forme d'animaux sur une assiette).
	Jeu : jeu symbolique (impliquant la représentation)	
1	Combine des objets associés dans un jeu (tasse et soucoupe, cuillère dans le plat).	L'enfant manifeste sa conscience des relations fonctionnelles de plusieurs ensembles d'objets dans son jeu et dans le rangement.
2	Imite/produit des effets sonores en jouant (vocalise dans un téléphone, fait des bruits de voiture, des bruits d'animaux avec les animaux).	L'item est acquis si l'enfant fait au moins cinq bruits comme ceux-ci en jouant.
3	Exécute une action simple avec un accessoire sur une poupée ou un animal.	Demande une action spontanée, pas seulement une imitation.
4	Combine des actions liées fonctionnellement dans un thème de jeu (nourrit et donne à boire, met au lit et borde).	Demande des actions spontanées, impliquant l'association d'au moins deux actions d'affilée. L'imitation seule ne compte pas.
5	Présente une approche par essais et erreurs pour résoudre un problème avec des jeux de construction ; les schémas sont flexibles, non répétitifs.	L'item est acquis si l'enfant présente habituellement une approche par essais et erreurs pour trouver la solution à un problème dans le jeu avec les objets.
	Jeu : jeu autonome	
6	Joue de manière appropriée et flexible pendant 10 minutes avec l'attention uniquement occasionnelle de l'adulte.	L'adulte peut disposer plusieurs jeux de construction ou du matériel visuo-spatial, mais pour valider cet item, l'enfant doit jouer seul, ses comportements de jeu étant pour la plupart appropriés, sans qu'il n'y ait plus de deux interactions verbales. Ne pas le pénaliser si quelques actes répétitifs ou stéréotypés apparaissent dans le jeu approprié.
7	Peut s'occuper seul de manière appropriée avec du matériel sans fonction prédéterminée pendant au moins 10 minutes avec une guidance occasionnelle de l'adulte.	L'adulte peut disposer le matériel (jeu de pâte à modeler, jeux créatifs, livres, accessoires de jeu de faire-semblant), mais l'enfant doit jouer seul en utilisant surtout des actes de jeu appropriés, sans qu'il n'y ait plus de deux interactions verbales, pour valider cet item. N'est pas pénalisé si quelques actes répétitifs et stéréotypés apparaissent dans un jeu approprié.
8	Prend le matériel, l'amène à la table, réalise le jeu, et le range.	L'enfant joue de façon autonome y compris en prenant le matériel, en le déplaçant à un endroit où il peut jouer avec, puis en ramassant et en rangeant le matériel à la fin. Cela peut inclure des activités ouvertes ou des activités ayant une fin.
	Motricité fine	
1	Met correctement trois formes ou plus dans un trieur de forme.	L'enfant place les formes dans le trieur de formes de manière autonome ; peut utiliser une méthode par essais et erreurs mais aucune sorte d'aide ou d'incitation.

Liste de contrôle et description des items du modèle d'intervention précoce de Denver

2	Empile 8 à 10 cubes (d'environ 2 cm).	L'enfant construit de façon autonome une tour de 8 à 10 cubes qui tient en équilibre.
3	Reproduit des modèles simples avec au moins trois cubes.	L'enfant reproduit plusieurs arrangements différents impliquant au moins trois cubes (par exemple, une tour verticale, une ligne horizontale, un pont).
4	Assemble de différentes manières au moins cinq Duplos, perles qui s'emboîtent, jouets de construction, éléments à ergots.	L'enfant utilise plusieurs types d'objets qui s'emboîtent et assemble cinq éléments ou plus de plusieurs façons.
5	Imite cinq actions simples ou plus dans un jeu de pâte à modeler (roule, pique, tapote, pince).	Se passe d'explication.
6	Mets plusieurs gommettes sur une feuille.	L'adulte peut avoir à décoller un coin pour que l'enfant puisse l'attraper mais l'enfant doit enlever les gommettes de la feuille d'autocollants et les placer sur une feuille de papier de façon autonome.
7	Ouvre et ferme une variété de récipients dont certains ont des couvercles à visser.	Il ne s'agit pas d'un test de force – le couvercle doit être facile à enlever.
8	Ferme et ouvre une grande fermeture éclair.	L'enfant peut ouvrir seul une fermeture éclair en tirant vers le bas ; l'enfant peut tirer seul la fermeture éclair vers le haut bien qu'un adulte puisse avoir à enclencher les deux parties de la fermeture éclair pour l'enfant.
9	Enfile de gros objets sur une corde, une ficelle épaisse, ou une paille.	L'enfant enfile au moins cinq perles, macaronis, bagues, etc. sur une grosse ficelle sans aide ni incitation.
10	Imite des traits, des gribouillages, et des points avec un feutre, un crayon de couleur.	L'enfant imite au moins trois types d'actions avec des outils pour écrire.
11	Coupe du papier avec des ciseaux.	Ne doit pas obligatoirement découper un morceau. Peut utiliser des ciseaux d'enfant ou d'adulte. L'adulte peut montrer comment tenir les ciseaux mais l'enfant doit couper tout seul. Il peut ne pas tenir parfaitement les ciseaux. Doit donner trois coups de ciseaux.
12	Place des jetons et des pièces de monnaie dans une fente.	L'enfant ramasse au moins cinq pièces ou jetons sur la table de façon autonome et les met dans une fente horizontale et verticale, sans aide ou rappel, et y arrive avec de petites pièces de monnaie.
13	Enfile une variété de perles sur différents types de ficelles.	L'enfant peut enfiler plusieurs objets sur différents types de cordes.
14	Complète des puzzles simples de 4 à 6 pièces.	L'enfant complète le puzzle de façon autonome ; peut utiliser une méthode par essais-erreurs mais sans incitation ni aide de la part de l'adulte.
	Motricité globale	
1	Imite des actions de motricité globale dans une variété de positions (assis, debout, en se déplaçant).	L'enfant imite des actions de motricité globale (qui peuvent avoir été enseignées) régulièrement et spontanément où qu'il se trouve. les actions peuvent être des approximations ; c'est la régularité qui est importante et non la précision.
2	Saute d'une marche et par-dessus les obstacles au sol.	L'enfant saute et avance dans l'espace, à partir d'une marche basse vers le sol, comme au sol.

Liste de contrôle et description des items du modèle d'intervention précoce de Denver

3	Utilise quelques équipements de la cour de récréation (monte, glisse).	L'enfant accomplit plusieurs actions appropriées sur plusieurs éléments bas de l'équipement de la cour de récréation.
4	S'assoit sur un tricycle et pousse avec les pieds ou commence à pédaler.	L'enfant se place de façon autonome sur le tricycle dans une position correcte pour faire du vélo et essaie de pédaler mais peut avoir besoin d'aide pour le faire.
5	Tire un chariot ou pousse une brouette.	L'enfant utilise un chariot ou une brouette de façon autonome pour les déplacer dans la cour de récréation.
6	Donne un coup de pied dans un ballon en direction d'une cible.	L'enfant donne un coup de pied dans un gros ballon de façon dirigée.
7	Creuse avec une pelle.	L'enfant creuse avec une pelle, ramasse les matériaux, et les dépose dans un réceptacle de façon autonome, plusieurs pelletées.
	Autonomie personnelle : repas	
1	Utilise une serviette quand on lui indique de le faire.	L'enfant ramasse la serviette et s'essuie la partie de corps appropriée en réponse à la consigne quand on le lui demande mais sans aucune autre forme d'aide. Les gestes n'ont pas à être parfaits mais ils ne doivent pas être exécutés de manière sommaire.
2	Se sert seul de nourriture dans un saladier avec les couverts.	Quand l'adulte tient ou place le saladier ou l'assiette pour l'enfant, ce dernier utilise les couverts pour se servir dans son assiette de façon autonome. Peut être maladroit. L'adulte peut indiquer la quantité.
3	Passe des récipients quand on le lui demande.	À table, quand une autre personne demande à l'enfant de lui passer quelque chose, l'enfant regarde l'élément, l'attrape, et le passe à la personne à sa gauche ou à sa droite. L'enfant doit répondre à la demande en cherchant l'objet et en essayant de le prendre de façon autonome. Si quelqu'un donne un récipient à l'enfant et lui dit de le passer à la personne suivante, l'enfant répond à la consigne sans incitation.
4	Porte son assiette, son verre, et ses couverts à l'évier ou sur le comptoir quand il a fini.	Quand l'enfant sort de table, il répond aux consignes de l'adulte pour amener les couverts indiqués à l'endroit spécifié sans aide.
5	Reste à table avec une autre personne pour la durée de son repas.	L'enfant reste assis pendant tout le repas et reste sur son siège sans incitation ou autre aide jusqu'à ce qu'il ait fini de manger et que l'adulte lui dise qu'il peut y aller.
6	Mange et se conduit de manière appropriée au fast-food.	L'enfant participe à toutes les étapes du repas au fast-food – attente, commande, transport du plateau, il mange, il nettoie, et il sort, sans avoir besoin d'incitations physiques importantes. Il reste assis jusqu'à ce qu'il ait fini et jusqu'à la fin du repas de l'adulte. Il marche volontiers aux côtés de l'adulte vers la porte et vers la table. Il n'est pas nécessaire de lui tenir la main pour qu'il reste avec l'adulte.
7	Touche ou goûte un nouvel aliment qui lui a été présenté à plusieurs reprises.	L'enfant répond volontiers à la demande de goûter ou de prendre une bouchée ou une gorgée d'un aliment familier.
8	Mange de tous les groupes d'aliments.	L'enfant mange de façon spontanée quelques fruits/légumes, laitages, céréales et viandes (sauf restrictions familiales).

Liste de contrôle et description des items du modèle d'intervention précoce de Denver

9	Se sert un verre d'eau tout seul.	L'enfant prend spontanément un verre et prend de l'eau à l'évier, sur l'étagère, ou dans le réfrigérateur sans aucune consigne ni aide de la part de l'adulte. S'il utilise l'évier, l'enfant ferme spontanément l'eau.
	Autonomie personnelle : habillage	
10	Enlève tous ses vêtements (sans les attaches) de façon autonome et les met dans le panier à linge.	Quand on le lui demande l'enfant enlève sa chemise, son pantalon, ses sous-vêtements, ses chaussettes, et ses chaussures sans aide autre que pour les attaches et il met tous ses vêtements dans le panier prévu à cet effet. On peut faire un rappel verbal ou gestuel à l'enfant une fois ou deux pendant la routine mais sans incitation physique, qu'elle soit totale ou partielle.
11	Complète quelques étapes pour enfiler ses vêtements de façon autonome (a besoin d'aide pour les attaches).	Se passe d'explication.
12	Enlève sa veste, son chapeau (sans les attaches) et les met sur un portemanteau.	Enlève sa veste ouverte et son chapeau de façon autonome ; peut être incité à les pendre au portemanteau.
	Autonomie personnelle : hygiène	
13	S'essuie le visage avec un gant humide quand on le lui demande.	Une fois que l'adulte a donné un gant de toilette humide et la consigne « Lave-toi le visage », l'enfant se frotte l'intégralité du visage sans aide supplémentaire et rend le gant ou le pose quand il a fini.
14	S'essuie le nez quand on le lui demande.	Quand on lui demande de se moucher ou de s'essuyer le nez, l'enfant se dirige habituellement vers la boîte à mouchoirs en papier, en prend un, se mouche ou s'essuie le nez, et jette le mouchoir sans avoir besoin de plus d'une incitation verbale, et sans incitation physique.
15	Participe à toutes les étapes du lavage des mains.	L'enfant exécute régulièrement les actions pour chaque étape du lavage de mains, autres qu'ouvrir le robinet, sans guidance physique complète. L'adulte peut aider pour quelques étapes par les gestes ou une incitation physique partielle.
16	Coopère pour le shampooing/la coupe de cheveux.	L'enfant ne se débat pas, ne pleure pas, ne proteste pas d'une autre manière pendant le shampooing ou la coupe des cheveux. L'enfant participe en aidant à frotter le shampooing, la serviette. L'adulte peut utiliser de puissants renforçateurs pendant la routine.
17	Joue avec cinq jouets de bain de façon appropriée.	Se passe d'explication – pour des jouets de bain conventionnels.
18	Range les jouets quand on le lui demande à la fin du bain.	L'enfant doit régulièrement ranger les jouets du bain dans la bonne boîte sans autre incitation après la consigne initiale pour que cet item soit acquis.
19	Aide à appliquer la crème.	L'enfant assiste le parent en se frottant les mains, les bras, les jambes, le ventre avec la crème.
20	Se brosse les dents avec la brosse à dents.	L'enfant se brosse les dents du bas et les dents du haut, devant et derrière, quand on le lui demande. Tout autre niveau d'incitation que la guidance physique totale peut être utilisé.
21	Va au lit de façon autonome après le rituel du coucher.	L'enfant se couche habituellement dans son propre lit et s'endort sans la présence d'un adulte dans la chambre une fois la routine du coucher terminée et les lumières éteintes. L'enfant sort rarement de son lit ou de sa chambre après avoir été mis au lit.

LISTE DE CONTRÔLE ET DESCRIPTION DES ITEMS DU MODÈLE D'INTERVENTION PRÉCOCE DE DENVER

22	Montre qu'il connaît la séquence de routine du coucher.	L'enfant manifeste sa connaissance de la routine du coucher en initiant une activité ou plus, et en participant à des étapes variées de la routine sans avoir besoin de guidance totale.
	Autonomie personnelle : tâches ménagères	
23	Trie les couverts en les prenant dans le lave-vaisselle pour les mettre dans le tiroir à compartiments des couverts.	L'adulte peut créer la situation, mais après la mise en place et la consigne initiale, l'enfant prend au moins vingt couverts dans le lave-vaisselle et les place dans le tiroir à couverts sans aucune aide de l'adulte.
24	Vide le sèche-linge dans une corbeille.	Quand le parent ouvre la porte du sèche-linge et lui fournit une corbeille, l'enfant sort tout le linge du sèche-linge et le met dans la corbeille sans avoir besoin d'incitation supplémentaire. L'enfant peut avoir besoin d'aide pour une pièce de linge difficile.
25	Apparie ses chaussettes.	À partir d'un groupe de dix chaussettes ou plus dans une panière ou une pile, l'enfant place les chaussettes par paires, les plie ou les attache, et les entasse dans un bac.
26	Verse de l'eau/de la nourriture dans la gamelle de l'animal de compagnie.	L'adulte peut fournir le matériel et lui donner une consigne, mais l'enfant s'exécute sans aucune aide supplémentaire.

Compétence	Niveau 3	Description
	Communication réceptive	
1	Participe et se joint à l'adulte avec intérêt pendant 5 à 10 minutes tandis que ce dernier lit des livres familiers en utilisant des phrases simples.	Reste avec l'adulte, lui accorde toute son attention, et participe à une histoire que l'adulte lui lit. Exemples : alterne le regard entre les pages du livre et l'adulte, pointe des images du doigt sur le livre, tourne les pages, prononce les noms des images dans le livre.
2	Suit des ordres nouveaux à étape unique impliquant des objets/actions familières.	Exécute une consigne en regardant l'adulte et en accomplissant l'action sans geste ni assistance physique de l'adulte. L'adulte peut répéter les consignes une seconde fois mais sans indication gestuelle.
3	Identifie de nombreux objets courants et les images les représentant : vêtements, objets liés aux repas, à l'hygiène, au jeu, aux aliments.	Identifie 50 objets courants ou plus pour valider cet item.
4	Répond de façon appropriée par « oui » ou par « non » aux questions concernant ses préférences.	Utilise « oui/non » dans des contextes de demande et de refus appropriés. La réponse doit inclure le contact visuel, mais n'a pas besoin d'être accompagnée de gestes (c'est-à-dire, en hochant la tête/en secouant la tête). Peut utiliser des formules de politesse : « oui, s'il te plaît », « non, merci ».
5	Identifie cinq actions ou plus sur des images et dans des livres.	Vocalise et/ou fait des gestes (par exemple, pointe du doigt) en réponse aux questions de l'adulte. Exemples : « Montre-moi le bébé qui dort », ou « Vois-tu le chien qui court ? ». La réponse n'a pas besoin d'être accompagnée d'un contact visuel.

Liste de contrôle et description des items du modèle d'intervention précoce de Denver

6	Suit deux consignes ou plus données dans des routines situationnelles (le coucher : prends un livre et mets-toi au lit ; brossage des dents : prends ta brosse à dents et le dentifrice).	Répond habituellement à des consignes routinières en deux ou trois parties impliquant des actions et des objets dans des routines couramment pratiquées.
7	Comprend les relations spatiales concernant les objets (par exemple : sous, à côté de).	Les demandes utilisent des concepts appropriés (« Mets la balle à côté de la voiture » ou « Mets la balle sous la table »).
8	Différencie les premiers concepts de taille – grand/petit.	Vocalise ou utilise des gestes (par exemple, pointe du doigt, donne l'objet) en réponse aux questions de l'adulte. Par exemple : « Où est la grande balle ? » ou « Montre-moi la petite voiture ». La réponse ne doit pas obligatoirement être accompagnée d'un contact visuel.
9	Différencie au moins quatre couleurs différentes sur demande.	Vocalise ou fait des gestes (par exemple, pointe du doigt, donne l'objet) en réponse à la demande de l'adulte. Exemples : « Quel est le crayon bleu ? » ou « Montre-moi le camion rouge ». La réponse ne doit pas obligatoirement être accompagnée d'un contact visuel.
10	Identifie 20 éléments par leur son (par exemple, les animaux, le téléphone ; « Quel animal fait "miaou miaou" ? »).	Vocalise ou fait des gestes (par exemple, pointe du doigt, donne l'objet) en réponse à une question de l'adulte. Exemples de questions : « Quel animal fait miaou-miaou ? », « Quel bruit fait le chien ? », ou « Qu'est-ce que tu entends ? ». La réponse ne doit pas obligatoirement être accompagnée d'un regard.
11	Comprend la fonction d'objets courants (monter en voiture, couper, manger, dormir, se chausser, boire etc.).	Vocalise ou fait des gestes (par exemple, pointe du doigt, donne l'objet) en réponse à une question de l'adulte. Exemples de questions : « Dans quoi montons-nous ? », ou « Qu'est-ce que nous utilisons pour boire ? ». La réponse ne doit pas obligatoirement être accompagnée du contact visuel. Doit identifier trois ou quatre objets pour valider l'item.
12	Comprend les pronoms personnels « le mien » et « le tien ».	Vocalise ou fait des gestes (par exemple, pointe du doigt, donne l'objet) en réponse à une question de l'adulte. L'adulte peut utiliser un objet appartenant à l'enfant pour sonder sa compréhension. Exemples de questions : « C'est le tour de qui ? » ou « A qui est cette chaussure ? ». La réponse ne doit pas obligatoirement être accompagnée d'un contact visuel.
13	Identifie 10 actions par le biais d'images, de choix, en les reproduisant.	Vocalise ou fait des gestes (par exemple, pointe du doigt, donne l'image, reproduit l'action) en réponse à une question de l'adulte. Exemples de questions : « Montre-moi comment tu lances la balle » ou « Montre-moi le cochon qui mange ».
14	Suit deux consignes ou plus sans rapport l'une avec l'autre dans un contexte nouveau.	Répond à la consigne en regardant l'adulte et en accomplissant l'action sans aide gestuelle ou physique de l'adulte. Ce dernier peut répéter les consignes une seconde fois mais sans indication gestuelle. Exemples de consignes : « Donne-moi la voiture et ferme le livre » ou « Mets la balle dans le seau, et mets la poupée sur la table ».
	Communication expressive	
1	Produit des combinaisons de deux à trois mots pour une variété d'intentions de communication (par exemple, demander, saluer, attirer l'attention, protester).	Les verbalisations doivent inclure le contact visuel. Exemples : « Encore jus », « Au revoir, Sally », « Aide-moi à ouvrir », ou « Pas balle ». L'articulation n'a pas besoin d'être parfaite.
2	Produit deux mots déclaratifs ou plus pour faire des commentaires à l'attention d'une autre personne.	Les verbalisations doivent inclure le contact visuel et ne doivent pas être liées à des demandes de commentaires sur des actions ou des objets. Exemples : « Regarde vache », « l'avion va vite », ou « Toutou ». L'articulation n'a pas besoin d'être parfaite.

Liste de contrôle et description des items du modèle d'intervention précoce de Denver

3	Nomme les actions sur des images et dans des livres.	Les verbalisations ne doivent pas nécessairement être accompagnées d'un contact visuel. Exemples : « Le bébé mange » ou « L'oiseau vole ». Une articulation parfaite n'est pas requise.
4	Fait des commentaires et des demandes concernant l'emplacement (en haut, en bas, dans, sur).	Les verbalisations doivent inclure le contact visuel. Exemples : « Lapin sur chaise » ou « Balle dans ça ». Une articulation parfaite n'est pas requise.
5	Fait des commentaires et des demandes en utilisant la forme possessive (le(s) mien(s), la (les) mienne(s), le(s) tien(s), la (les) tienne(s)).	Les verbalisations doivent inclure le contact visuel. L'adulte peut utiliser un objet appartenant à l'enfant. Par exemple : « C'est (biberon) le mien », « A toi », ou « Mon bébé ». L'articulation n'a pas besoin d'être parfaite.
6	Mime ou vocalise « Je ne sais pas » en contexte.	La verbalisation ou les gestes (par exemple, en haussant les épaules, en levant les mains) doivent être accompagnés d'un contact visuel.
7	Utilise régulièrement le nom des autres pour obtenir leur attention.	La verbalisation doit inclure le contact visuel. L'articulation n'a pas besoin d'être parfaite.
8	Délivre un message simple à une autre personne (« Va dire bonjour à maman »).	La verbalisation doit inclure le contact visuel. Exemples : « Va dire bonjour à maman », ou « Va dire à papa de venir ici ». Une articulation parfaite n'est pas requise.
9	Dit « bonjour » et « au revoir » de manière appropriée, soit de sa propre initiative soit en réponse à quelqu'un.	La verbalisation doit être accompagnée du contact visuel.
10	Utilise des pronoms personnels pour lui-même et pour l'autre (diverses formes de « moi » et « toi »).	La verbalisation doit être accompagnée du contact visuel. L'adulte peut vouloir utiliser un miroir pour solliciter l'enfant. La réponse peut inclure des variantes de « moi » et « toi ». Par exemple : « C'est moi » ou « Je te vois ».
11	Utilise des mots et des gestes simples pour décrire ses expériences personnelles.	Les verbalisations et/ou les gestes (par exemple, en jouant l'action) doivent inclure le contact visuel. L'enfant peut utiliser des mots simples ou des phrases simples comme « toutou », « attrape balle », ou « ballon monte ». L'articulation n'a pas besoin d'être parfaite.
12	Nomme une ou deux couleurs.	Le contact visuel n'accompagne pas nécessairement la verbalisation. L'adulte peut demander « De quelle couleur est la voiture ? » mais l'enfant doit prendre l'initiative de la réponse (« voiture rouge » ; « c'est le ballon bleu »). Une approximation peut être acceptée.
13	Répond de manière appropriée aux questions « quel, quoi, qu' ? ».	Le contact visuel n'accompagne pas nécessairement la verbalisation. L'adulte peut poser ses questions une seconde fois.
14	Répond de manière appropriée aux questions « où ? ».	Le contact visuel n'accompagne pas nécessairement la verbalisation. L'adulte peut poser ses questions une seconde fois.
15	Répond de manière appropriée aux questions « qui ? ».	Idem ci-dessus.
16	Pose des questions simples dont la réponse est « oui » ou « non » en utilisant une intonation interrogative (ce peut être un seul mot prononcé avec une intonation montante).	La verbalisation doit inclure le contact visuel. La question peut être un seul mot avec une intonation montante. Exemples : « Gâteaux ? » ou « Partir, au revoir ? ».
17	Pose des questions « quoi, quel ? » et « où ? ».	La verbalisation doit inclure le contact visuel. Doit poser les deux types de questions pour que cet item soit validé.

Liste de contrôle et description des items du modèle d'intervention précoce de Denver

18	Répond à des questions appelant une information simple : nom, âge, couleur de son tee-shirt, etc.	La verbalisation n'a pas besoin d'être accompagnée par le contact visuel. Exemples : « Quel est ton nom ? », « Quel âge as-tu ? » ou « De quelle couleur est ton tee-shirt ? ».
	Compétences sociales : adultes et pairs	
1	Joue à des jeux simples de motricité globale (par exemple, ballon, « cache-cache », jeux de rondes en chanson).	Participe deux fois ou plus à n'importe quelle action (s'étend pour attraper, imite, vocalise) dans trois jeux ou plus. Le contact visuel et les sourires seuls ne sont pas suffisants. Exemples : « cache-cache », « rondes », jeux de balle.
2	Partage et montre les objets lorsque son partenaire le lui demande.	Répond en moins de 3 secondes à la demande de son partenaire. Ce dernier peut répéter sa demande une seconde fois. La réponse peut inclure une verbalisation (par exemple, « bébé ») ou un geste (par exemple, amène un objet à son partenaire, tient un objet en hauteur dans la main).
3	Imite et exécute des chansons/jeux de doigts nouveaux dans une situation de groupe.	Participe deux fois ou plus à toute action dans deux routines ou plus. Le contact visuel et les sourires seuls ne sont pas suffisants. Exemples : « La petite bête qui monte qui monte », « les chatouilles », « L'araignée Gipsy ».
4	Répond de façon appropriée aux demandes/consignes simples de ses pairs.	Un rapport des parents peut être accepté. Par exemple « Donne la balle », « Tu es la maman », ou « Mets ça là ».
5	Initie des interactions et des imitations avec ses pairs.	Un rapport des parents peut être accepté. Initie/imite à deux reprises ou plus dans trois jeux ou plus appropriés à son âge (par exemple, « chasse », « cache-cache », des jeux de trains, des déguisements).
6	Participe à des routines de jeu familières avec ses pairs dans un jeu parallèle.	Un rapport des parents peut être accepté. Participe à deux tours ou plus. Les comportements peuvent inclure des verbalisations (par exemple, « le bébé a faim »), en imitant, ou en observant le jeu de son partenaire. Exemples de routine : le jeu du papa et de la maman, le déguisement, le jeu de rôle.
7	Joue à tour de rôle dans des jeux de société simples.	Participe à deux tours ou plus dans trois jeux ou plus appropriés pour son âge. Exemples : « Puissance 4 » (aligner 4 jetons), « La pêche aux canards », « Little circuit », « loto de la maison », « où est mon doudou »
8	Utilise des termes de politesse comme « S'il te plaît », « merci », « excuse-moi ».	Exemples : « S'il te plaît », « Merci » ou « Excuse-moi », utilisés de façon spontanée et appropriée. Les approximations peuvent être acceptées. L'item est acquis si l'enfant utilise fréquemment deux sur trois de ces formules de politesse.
9	Imite une variété de nouvelles actions de motricité globale en position debout et en se déplaçant comme dans le jeu « Suivez le guide » ou imitant la façon de marcher d'animaux.	Exemples : « Suivez le guide », « Jacques a dit », ou pour faire semblant de se mouvoir comme des animaux. Imite spontanément dix nouvelles actions ou plus. Peut être imprécis.
10	Participe à des activités de jeux reposant sur de petits scénarios verbaux.	Participe à trois activités ou plus de manière active (verbalise, fait l'action, imite). Le contact visuel et les sourires seuls ne sont pas suffisants. Par exemple joue au papa et à la maman, à la maîtresse, ou à mettre le bébé au lit.
11	Attire fréquemment l'attention des autres vers les objets verbalement et gestuellement pour commenter, montrer, partager et demander.	Initie trois fois ou plus des comportements avec un contact visuel. (Exemples de verbalisations : « Maman, regarde, minet », « Les cubes tombent », ou « Encore des biscuits, papa ») avec des gestes (par exemple, donne ou tend des objets à l'adulte, pointe un élément du doigt).
12	Répond aux offres d'attention conjointe d'autrui en regardant et en commentant.	Répond en moins de 3 secondes à une offre de l'adulte. L'adulte peut répéter une seconde fois son offre.

Liste de contrôle et description des items du modèle d'intervention précoce de Denver

13	Identifie les émotions de manière réceptive chez les autres (content, triste, en colère, apeuré) sur des photos, et/ou sur des dessins.	Répond en moins de 3 secondes à une proposition de l'adulte. Ce dernier peut répéter sa proposition une seconde fois. Identifie deux états affectifs ou plus (par exemple, content, triste, en colère, apeuré, surpris). La verbalisation n'a pas besoin d'être accompagnée d'un contact visuel.
14	Identifie les émotions de manière expressive chez les autres sur des photos, et/ou sur des dessins.	Identifie deux états affectifs ou plus (par exemple, content, triste, en colère, apeuré, surpris). La verbalisation n'a pas besoin d'être accompagnée d'un contact visuel.
15	Exprime des émotions sur son visage (content, triste, en colère, apeuré).	Exprime deux états affectifs ou plus (par exemple, content, triste, en colère, apeuré, surpris). La réponse peut ne pas être accompagnée d'un contact visuel.
Cognition		
1	Apparie les lettres de son prénom.	Apparie toutes les lettres de son prénom.
2	Apparie des lettres.	Apparie cinq lettres ou plus. Cela peut être en réponse à un signal verbal de l'adulte (par exemple, « Où est le A ? ») ou à une démonstration pour quelques premiers essais, mais l'enfant doit apparier de façon autonome pour au moins cinq essais.
3	Apparie des mots.	Apparie/trie cinq mots ou plus. Cela peut être en réponse à une indication verbale de l'adulte (par exemple, « Où est le c-h-a-t ? ») ou à une démonstration pour quelques premiers essais, mais l'enfant doit apparier de façon autonome pour au moins cinq essais.
4	Apparie des chiffres.	Apparie/trie cinq chiffres ou plus. Cela peut être en réponse à une indication verbale de l'adulte (par exemple, « Où est le 6 ? ») ou à une démonstration pour quelques premiers essais, mais l'enfant doit apparier de façon autonome pour au moins cinq essais.
5	Identifie de manière réceptive et expressive quelques lettres, chiffres, formes et couleurs.	Identifie cinq éléments ou plus de chaque catégorie. Cela peut être en réponse à une indication verbale de l'adulte (par exemple, « Où est le 6 ? », « Montre-moi le crayon bleu », ou « C'est quelle lettre ? ») ou à une démonstration pour quelques premiers essais, mais l'enfant doit identifier de façon autonome au moins cinq éléments.
6	Joue à des jeux impliquant la permanence de l'objet.	Identifie trois objets cachés ou plus. L'adulte peut le tester en montrant trois objets (par exemple, une pièce de monnaie, une petite balle, un bâton) à l'enfant et en plaçant ensuite un gobelet opaque sur chaque élément. L'adulte attend 7 secondes puis montre une copie de l'un des objets (par exemple une petite balle), et demande « Où est l'autre balle ? ». La réponse peut être une verbalisation (« là ») et/ou un geste (par exemple, un pointé/soulever le gobelet). Le contact visuel n'est pas nécessaire. L'adulte peut organiser trois essais ou plus.
7	Classe les objets/images en huit catégories.	Classe les objets par ensembles de trois pour constituer jusqu'à huit catégories.
8	Comprend la relation entre les chiffres et les quantités jusqu'au chiffre 5.	Comprend la relation soit verbalement (par exemple, compte cinq objets) ou gestuellement (par exemple, touche ou range 5 objets).
9	Compte le nombre correct d'objets jusqu'à cinq.	Compte jusqu'à cinq objets ou plus. L'adulte peut faire compter ses objets préférés à l'enfant, comme des jetons de jeu de dames, des bonbons, des trains, ou des cubes. L'adulte peut compter le premier objet pour commencer mais l'enfant doit continuer et terminer de façon autonome.

Liste de contrôle et description des items du modèle d'intervention précoce de Denver

10	Classe trois images ou plus dans le bon ordre et raconte la séquence des images en utilisant des formes de langage comme « d'abord, ensuite ».	Cela peut être en réponse à une indication verbale de l'adulte (par exemple, « Quelle est la suivante ? »). L'enfant doit classer de façon autonome et raconter quand on le lui demande « Raconte-moi ça » pour trois séquences différentes ou plus.

Jeu

1	Le jeu constructif implique l'élaboration de schémas complexes avec plusieurs objets coordonnés (par exemple, des camions sur route, des blocs constituant des bâtiments, des perles faisant un collier).	Élabore trois schémas ou plus. Les divers objets peuvent être des camions sur la route, des cubes pour construire des bâtiments, des perles pour faire un collier.
2	Enchaîne trois actions ou plus qui s'enchaînent dans une séquence de jeu.	Exemples : Construire des rails, pousser les trains, et de les faire se tamponner, ou prendre de la pâte à modeler, utiliser un emporte-pièce, en sortir la forme. (Ces actions peuvent représenter la séquence des images présentées à l'item n° 10.)
3	Exécute deux actions reliées entre elles ou plus sur une poupée ou un animal lorsqu'on le lui demande.	Par exemple : Faire semblant de verser du jus et donner à manger au bébé, relever la couverture et mettre la poupée au lit, ou mettre un animal dans la voiture et la pousser pour la faire avancer.
4	Place physiquement des figurines sur des meubles miniatures, des véhicules, etc. de manière appropriée.	Place les figurines dans une situation appropriée pendant le jeu. Par exemple : asseoir le papa sur une chaise pour regarder la télévision, ou mettre la maman dans la voiture pour conduire jusqu'au magasin.
5	Exécute spontanément des actions avec des poupées ou des figurines d'animaux.	Réalise trois actions ou plus sans incitation de la part de l'adulte.
6	Dispose les accessoires pour le thème.	Dispose deux accessoires ou plus dans trois schémas de jeu différents ou plus. Par exemple dispose une fourchette et une assiette pour nourrir le bébé ou se met un chapeau et en met un sur l'autre pour jouer à se déguiser.

Motricité fine

1	Complète un puzzle de cinq à six pièces qui s'emboîtent.	Se passe d'explication.
2	Imite le dessin d'un cercle, d'une croix, d'un carré, d'une diagonale.	Imite chacun de ces dessins au moins une fois. L'adulte fait le modèle et peut utiliser un signal verbal (par exemple, « Dessine ça »).
3	Imite et fait des constructions en utilisant une variété d'éléments (cubes, Lego, éléments de jeux de construction, etc.).	Utilise cinq cubes ou plus pour faire trois constructions différentes ou plus. Le matériel de construction peut être constitué de cubes, de Lego, d'éléments de jeux de construction, etc.
4	Enfile un lacet dans un jeu de laçage.	Forme trois points en passant le lacet par trois trous ou plus. L'adulte peut utiliser une indication verbale (par exemple, « Mets-le là ») ou faire une démonstration dans un premier essai.
5	Trace des lignes et des courbes avec le doigt et un instrument pour l'écriture.	Trace au moins 3-4 lignes et courbes avec le doigt et un instrument pour l'écriture. L'adulte peut lui donner un modèle pour le premier essai.
6	Utilise une variété d'ustensiles pour soulever et poser les objets : des pinces, une fourchette.	Utilise deux ustensiles ou plus pour soulever et poser deux objets ou plus. Exemples : utiliser une grande cuillère pour ramasser et poser des aliments ou des pinces pour soulever/poser des cubes.
7	Trace une variété de formes.	Trace trois formes ou plus (par exemple, un carré, un cercle, un triangle, un rectangle). Peut utiliser un pochoir en ou tracer des lignes sur le papier.

Liste de contrôle et description des items du modèle d'intervention précoce de Denver

8	Tient et utilise correctement les ciseaux en faisant usage de son autre main pour tenir et tourner le papier.	L'enfant peut couper sans suivre une ligne mais il doit couper une bande de papier en deux. L'adulte peut lui montrer comment tenir les ciseaux et couper le papier.
9	Découpe le long d'une ligne – des courbes et des lignes droites.	Découpe le long d'une ligne à peu près correctement. L'adulte peut lui donner un modèle pour le premier essai.
10	Exécute des projets artistiques simples comportant deux étapes (coupe et colle, marque avec un tampon à encre ; plie le papier et coupe le long de la ligne).	L'adulte peut utiliser une indication verbale (par exemple, « D'abord tu fais ça, après tu fais ça ») ou montrer les étapes pour le premier essai. Par exemple coupe et colle, encre le tampon à encre et tamponne une feuille, plie le papier et le découpe le long de la ligne.
11	Exécute plusieurs motifs différents avec la pâte à modeler – utilise une variété d'ustensiles.	Exécute trois motifs ou plus. Utilise deux ustensiles ou plus pour que cet item soit validé. Par exemple aplatit la pâte à modeler avec un rouleau et coupe avec un couteau pour faire un serpent, ou roule la pâte en boule et fait semblant de la manger avec une fourchette.
	Motricité globale	
1	Conduit un tricycle correctement (pédale et se dirige, suit un parcours).	Pédale et se dirige, suit un parcours de façon autonome et avec une bonne coordination.
2	Donne correctement un coup de pied en gardant son équilibre.	Donne un coup de pied sans se tenir à un objet/une personne. Ne trébuche pas et ne tombe pas. Touche trois fois ou plus.
3	Utilise tous les équipements avec supports de la cour de récréation.	Monte et utilise deux jeux bas (par exemple, des balançoires, des petits toboggans, des jeux de bascule) et des jeux en hauteur (par exemple, des cages à poules, des ponts de singe, de grands toboggans). Peut se tenir aux balustrades.
4	Joue à de jeux de poursuite avec des adultes et des pairs, en courant sans heurts, et en changeant de direction sans perdre l'équilibre.	Joue pendant au moins 5 minutes.
5	Imite des actions de motricité globale avec des mouvements associés à de la musique et à des chansons.	Imite cinq actions ou plus dans trois chansons différentes ou plus. Par exemple, imite des mouvements du corps dans « Le grand cerf » ou « Tape, tape petites mains ». Les imitations sont spontanées et immédiates.
6	Envoie par en dessous (« à la cuillère ») vers une cible.	Lance « à la cuillère » trois fois ou plus. Ne doit pas nécessairement atteindre la cible parfaitement. L'adulte peut faire jusqu'à deux démonstrations.
7	Saute en avant les pieds joints.	Saute en avant trois fois ou plus.
8	Saute à cloche-pied.	Saute à cloche-pied au moins une fois. Peut sauter à cloche-pied en se tenant à une autre personne ou à un objet stable, sans tomber.
	Autonomie personnelle	
1	Utilise une cuillère, une fourchette, et un verre proprement et sans renverser.	Peut ne pas tenir la cuillère ou la fourchette correctement.
2	Se comporte de manière appropriée en restant assis au restaurant.	La famille peut manger un repas entier sans comportements problématiques sérieux comme lancer, frapper, ramper sous la table, s'enfuir en courant. L'enfant peut s'agiter occasionnellement mais peut être réorienté vers des activités qui occupent son attention (par exemple, dessiner à table, jouer avec de petits jouets).

Liste de contrôle et description des items du modèle d'intervention précoce de Denver

3	Utilise des pictogrammes ou autres systèmes utilisant des symboles pour les choix, les programmes, etc. de façon autonome, et si nécessaire à l'école et à la maison.	Trouve son livre de pictogrammes/images/symboles, sélectionne le pictogramme approprié, et réalise son choix ou son activité sans aide. Réalise de façon autonome dans au moins 80 % des cas à la maison et à l'école. Si l'enfant n'utilise aucun de ces systèmes, l'item est accordé.
4	Transporte lui-même ses affaires de la voiture, à l'école, et à la maison.	Transporte au moins une de ses affaires seul. Par exemple son sac à dos, sa boîte à déjeuner, sa veste, etc.
5	Ouvre et ferme son sac à dos de manière autonome ; met des objets dans son sac et les en sort lorsqu'on le lui demande.	Mets dedans/sort au moins trois objets seul sur demande. Par exemple la boîte à déjeuner, un classeur, un jouet, etc.
6	S'habille et se déshabille lorsque c'est approprié (défait ses vêtements attachés – ouvre une fermeture éclair et défait un bouton-pression).	Ouvre ses fermetures Éclair et défait ses boutons pression de façon autonome.
	Autonomie personnelle : hygiène	
7	Utilise les toilettes de façon autonome, pour toutes les étapes, qu'il y soit amené ou envoyé.	Peut demander de l'aide pour se laver les mains s'il ne peut pas atteindre le lavabo.
8	Gère ses vêtements aux toilettes sauf pour les boutons et attaches.	Baisse/remonte ses sous-vêtements et son pantalon. L'adulte peut tenir ces vêtements pour que l'enfant les enfile (s'il les a enlevés) mais l'enfant les baisse/remonte tout seul.
9	Réalise toutes les étapes du lavage de mains de façon autonome.	Ouvre/ferme le robinet, utilise le savon, se frotte les mains, et s'essuie les mains. On peut le lui rappeler.
10	Se frotte le visage avec un gant de toilette tiède lorsqu'on le lui tend.	Se met le gant sur le visage et s'essuie. On peut le lui rappeler.
11	Se passe la brosse ou le peigne dans les cheveux.	On peut le lui rappeler.
12	Se couvre la bouche lorsqu'il tousse ou éternue.	Se couvre la bouche avec la main ou un mouchoir. On peut le lui rappeler.
13	Aide activement pour son bain et pour s'essuyer à la fin.	L'adulte peut fournir la serviette, le savon, et le gant de toilette ou mettre le savon sur le gant mais l'enfant aide à se laver et à se sécher certaines parties du corps (par exemple, le visage, le ventre, les bras, les jambes).
14	Se brosse les dents avec la brosse à dents, en donnant au minimum quelques coups de brosse.	Donne au moins cinq coups de brosse à dents ou plus de haut en bas sur les dents du haut et sur les dents du bas. L'adulte peut mettre le dentifrice sur la brosse à dents. On peut lui dire de continuer à se brosser les dents.
	Autonomie personnelle : tâches ménagères	
15	Nourrit/donne à boire à un animal de compagnie.	Met la nourriture/l'eau dans la gamelle et l'apporte à l'animal. L'adulte peut l'aider (par exemple, ouvrir la boîte, mesurer la quantité). On peut le lui rappeler.
16	Aide à débarrasser la table.	Amène au moins deux éléments ou plus (par exemple, une assiette, un verre, un bol, etc.) à l'évier. On peut le lui rappeler.
17	Aide à vider le lave-vaisselle.	Range cinq éléments ou plus. L'adulte peut montrer où va l'objet. Amène au moins deux articles (par exemple, une assiette, un verre, un bol, etc.) à l'évier. On peut le lui rappeler.
18	Met ses vêtements propres dans les tiroirs.	Place au moins trois vêtements bien pliés dans leurs tiroirs, sans nécessairement les plier lui-même. On peut le lui rappeler.

Liste de contrôle et description des items du modèle d'intervention précoce de Denver

19	Ramasse ses affaires lorsqu'on le lui demande.	Ramasse ce qui lui appartient (par exemple, ses vêtements, ses jouets, ses chaussures, etc.) et les range à l'endroit approprié quand on le lui est demande. On peut le lui rappeler.

Compétence	Niveau 4	Description
	Communication réceptive	
1	Comprend une variété de concepts descriptifs de relations physiques.	Ramasse, donne, pointe ou montre le bon élément à choisir entre deux choses proposées par l'adulte. L'enfant identifie cinq concepts différents correctement. Ex : chaud/froid, vide/plein, mouillé/sec, dur/mou, lourd/léger, grand/petit, long/court, gros/petit.
2	Retrouve 10 à 15 éléments en utilisant deux à trois critères multiples (par exemple la taille, la quantité, la couleur, le nom de l'objet).	Ramasse, donne, pointe du doigt ou montre l'élément correct à l'adulte. Ex : l'adulte demande, « Puis-je avoir le crayon bleu cassé ? » et l'enfant se réfère à l'objet correspondant.
3	Comprend le genre des pronoms.	Ramasse, donne, pointe du doigt, montre le personnage, la figurine, ou la personne correspondant au genre féminin ou masculin dans un livre en réponse à des consignes impliquant « lui ou elle » ou « il ou elle ». Ex : « Mets-le dans la voiture » ou « Elle veut une glace ». L'enfant doit comprendre au moins un pronom féminin et un pronom masculin pour valider cet item.
4	Comprend les comparatifs : plus gros, plus court, plus petit, le plus, le moins, quelques, beaucoup, etc.	Ramasse, donne, pointe du doigt ou montre à l'adulte l'élément correspondant au comparatif parmi quatre ou cinq choix. Pour valider cet item, l'enfant doit comprendre trois ensembles de comparatifs ou plus.
5	Comprend les relations spatiales impliquant des objets et des prépositions : derrière, à l'arrière, devant.	L'enfant montre qu'il comprend les concepts, derrière, à l'arrière, devant en plaçant les objets dans les bonnes configurations ou en regardant l'endroit indiqué (par exemple, « Regarde derrière le sofa »).
6	Comprend les formes négatives (par exemple, la boîte sans balles, le garçon qui n'est pas assis).	Ramasse, donne, pointe ou montre le bon élément qu'il identifie par l'absence d'un objet (bol sans cerises) ou d'une caractéristique (l'enfant qui n'a pas les yeux bleus) ou par la non-existence d'une action (la personne qui ne dort pas).
7	Comprend les formes possessives et la relation partie/tout.	Dans les objets ou les images, l'enfant pointe du doigt ou montre la partie de l'item qui lui est demandée (par exemple, le nez du lapin, la roue du tricycle, la porte de la voiture).
8	Se montre attentif pour des histoires courtes et manifeste sa compréhension de certaines parties de l'histoire en répondant à des questions simples commençant par « qu » (quoi, quel et qui).	L'enfant écoute des histoires simples qui lui sont lues (5 pages). L'enfant se montre attentif en regardant le livre avec l'adulte et en répondant correctement aux questions commençant par quel, quoi et qui, soit verbalement soit en pointant, page par page. Répond verbalement à deux ou trois questions finales.
9	Répond par « oui » ou par « non » aux questions concernant l'identité.	Répond correctement en verbalisant et en secouant/hochant la tête quand l'adulte demande, « Est-ce que c'est un... ? » ou « Est-ce que ton nom est Sam ? ».
10	Répond aux questions concernant des états physiques.	L'enfant répond correctement avec une phrase aux questions « Comment te sens-tu si tu es... ? » pour quatre états ou plus : blessé, fatigué, affamé, assoiffé.

Liste de contrôle et description des items du modèle d'intervention précoce de Denver

11	Répond aux questions concernant des informations personnelles.	Répond correctement à trois questions ou plus concernant des informations personnelles. Ex : « Quel est ton nom ? » (prénom et nom de famille), « Quel est ton numéro de téléphone ? », et « Quelle est ton adresse ? ».
12	Comprend « même » et « différent ».	Ramasse, donne, pointe ou montre les images/les items correctement en fonction des instructions données impliquant de retrouver des objets identiques et des images/objets différents.
13	Comprend les concepts de quantité.	Ramasse, donne, pointe du doigt ou montre des objets ou des images correctement en réponse à des termes traduisant la quantité : un, quelques, tous, un peu, le plus. Toutes ces notions doivent être comprises pour valider cet item.
14	Identifie les caractéristiques des objets.	Ramasse, donne, pointe du doigt ou montre l'item avec la caractéristique indiquée par l'adulte. Ex : l'adulte dit, « Montre-moi le chien qui a une longue queue » et l'enfant donne la bonne réponse. Les caractéristiques peuvent impliquer la taille, la forme, la texture, l'état physique. La validation de cet item requiert la compréhension de 10 à 15 caractéristiques.
15	Répond aux questions concernant l'appartenance d'images/d'objets à une catégorie.	L'enfant comprend les catégories d'objets liées à la couleur, la forme, la taille ou la fonction ; les bleus, les ronds, les gros, ceux avec lesquels on mange.
16	Comprend les temps passé et futur.	L'enfant comprend par une construction au temps passé que quelque chose a eu lieu dans le passé (par exemple, « Montre-moi le garçon qui a sauté »). De même pour le futur. L'enfant doit répondre correctement aux deux, passé et futur, que ce soit avec des verbes réguliers ou irréguliers.
17	Comprend la forme passive.	L'enfant montre qu'il comprend la forme passive lors de ses manipulations d'objets ou ses sélections d'image (par exemple, « le chien qui est frappé par la balle », « la fille qui a été chassée par le garçon »).
18	Comprend les relations temporelles.	L'enfant répond correctement aux instructions impliquant les trois relations temporelles suivantes : d'abord/enfin, avant/après, en même temps.
19	Répond à des consignes verbales en trois parties sans rapport les unes avec les autres.	Répond à la demande de l'adulte qui contient trois composantes ou plus. Ex : l'adulte dit « Donne-moi la tasse », « Embrasse l'ours », et « Ferme la boîte ». Pour valider cet item, il faut réussir correctement cinq essais.
	Communication expressive	
1	Répond à des questions complexes (« Comment ? », « Pourquoi ? »).	L'enfant répond correctement aux questions concernant ces concepts (par exemple, « Pourquoi nous lavons-nous les mains ? », « Comment te brosses-tu les dents ? »).
2	Décrit les fonctions des objets en réponse aux questions (par exemple, « Que fait-on avec une cuillère ? »).	Peut décrire la fonction de cinq objets courants ou plus en utilisant des phrases simples.
3	S'exprime régulièrement en utilisant des énoncés de trois à quatre mots.	S'exprime ainsi dans une variété de contextes, de partenaires et d'activités.
4	Utilise une variété de phrases nominales.	L'enfant combine une variété de mots pour faire des phrases nominales qui peuvent comporter jusqu'à quatre mots, comprenant des articles, des adjectifs ou pronoms possessifs, des adjectifs et des indications de quantité (par exemple, « Le petit cheval », « Mon stylo rouge », « Ce camion », « Deux gâteaux », « Le gros carré rouge », « Une crème au chocolat », « Un peu plus de frites »).

Liste de contrôle et description des items du modèle d'intervention précoce de Denver

5	Utilise des formes prépositives (sous, à côté de, derrière, à l'arrière de, devant).	L'enfant produit toutes les prépositions citées ci-contre pour décrire l'emplacement des objets, répondre aux questions, et donner des consignes aux autres que ce soit dans un contexte naturel ou structuré.
6	Utilise une variété de formes verbales (par exemple, il pleure, elle l'aime, il est tombé, il était content, il est content, pouvait, devrait, voudrait).	Se passe d'explication.
7	Produit correctement au moins 80 % des consonnes et des combinaisons de consonnes dans un discours lié.	L'enfant prononce correctement 80 % des sons au cours d'une conversation, l'intelligibilité de son discours est jugée bonne par un auditeur naïf.
8	Décrit une expérience récente en utilisant une phrase de trois à quatre mots.	Quand on le lui demande, l'enfant décrit une expérience récente en mentionnant au moins deux éléments de cette expérience (qui, quoi, où, quand). Ex : « Qu'as-tu fait à ta fête d'anniversaire ? » « J'ai reçu un cadeau de David ».
9	Demande la permission de poursuivre une activité.	L'enfant demande la permission avant de commencer une activité réglementée : « Puis-je remuer ? » (casserole sur la cuisinière) « Puis-je faire ça ? » (utiliser un outil d'adulte). S'applique aussi si l'enfant veut changer d'activité : « Pouvons-nous écouter de la musique ? ».
10	Utilise les formes au pluriel.	L'enfant utilise des pluriels réguliers spontanément et régulièrement, et utilise deux formes irrégulières (par exemple, les chevaux, les yeux).
11	Utilise les adjectifs et pronoms possessifs (par exemple, son, sa, ses, le sien, la sienne, le chapeau de maman).	L'enfant utilise ceux-ci régulièrement.
12	Utilise les temps réguliers du passé.	L'enfant utilise des formes régulières des temps du passé spontanément et régulièrement.
13	Utilise des articles tels qu'un, une, le, la, les, l'.	L'enfant utilise ceux-ci régulièrement dans des phrases.
14	Utilise les comparatifs/superlatifs.	En utilise cinq ou plus correctement : meilleur, le meilleur, plus grand, le plus grand, plus petit, le plus petit, plus gros, le plus gros.
15	Utilise la négation avec l'auxiliaire des verbes.	Exemples : « Je n'ai pas pleuré », « Je ne l'ai pas tapé », « Je ne suis pas tombé ».
16	Utilise la forme progressive.	Énonce une phrase impliquant une forme de verbe combinant suis/est/sont avec en train de. Ex : Le garçon est en train d'écrire.
17	Utilise des mots pour décrire des états physiques.	L'enfant utilise cinq mots ou plus pour décrire ses propres états : « J'ai faim, froid, soif, je suis fatigué, j'ai mal ».
18	Répond à des questions concernant un état physique : « Que fais-tu quand tu as... ? ».	L'enfant répond correctement à cinq questions ou plus.
19	Utilise des noms de catégorie pour des objets familiers.	Fait référence à un élément ou un groupe d'éléments par le nom de sa catégorie. Par exemple les animaux, les véhicules, la nourriture, les vêtements.
20	Décrit les caractéristiques des objets.	L'enfant peut nommer trois caractéristiques ou plus pour cinq objets courants quand on le lui demande « Parle-moi de... ».
21	Utilise des pronoms réfléchis.	Utilise deux pronoms réfléchis ou plus, incluant me, m', te, t', se, s', nous, vous. Exemple : « Je me dépêche, Je m'amuse »

Liste de contrôle et description des items du modèle d'intervention précoce de Denver

22	Répond au téléphone de manière appropriée, et va chercher la personne demandée.	Se dirige vers le téléphone qui sonne, décroche le combiné et le met contre l'oreille, salue verbalement, et va chercher la personne demandée par son interlocuteur.
23	Participe à une conversation engagée par un adulte pendant deux à trois tours consécutifs impliquant une variété de fonctions (par exemple, commentaire réciproque, répondre à et demander une information).	L'enfant entretient les conversations en ajoutant des éléments, en posant des questions, en faisant des commentaires, en échangeant des expériences, etc. Peut utiliser un discours par phrases mais entretient la conversation en prenant la parole pour deux ou trois tours.
24	Engage et maintient une conversation sur un sujet de son propre choix avec un adulte.	L'enfant entame une conversation avec un partenaire par un commentaire ou des questions et reste sur le thème choisi pour au moins quatre tours de parole.
25	Décrit une séquence d'activités comprenant deux ou trois événements (par exemple, une visite chez sa grand-mère).	En réponse à une question ouverte (par exemple, « Parle-moi de ta visite chez ta grand-mère »), l'enfant décrit deux à trois activités ou événements en utilisant un discours par phrases.
26	Dit « Je ne sais pas » en accompagnant d'un geste.	Quand on lui pose une question dont il ne connaît pas la réponse, l'enfant répond de manière appropriée.
27	Demande une clarification s'il ne comprend pas ce qui est dit.	L'enfant dit « Quoi ? » ou une réponse similaire quand il n'a pas entendu ou compris un commentaire, une question, ou une consigne qu'on lui adresse.
28	Aborde une variété de sujets dans une conversation.	L'enfant entame des conversations sur une variété de sujets et s'engage dans des conversations sur une variété de sujets.
29	Se corrige lorsque l'auditeur ne comprend pas ce qu'il dit.	L'enfant montre qu'il sait utiliser des stratégies pour se corriger (par exemple, répète, reformule sa phrase, combine verbalisation et gestes, rajoute de l'emphase) pour clarifier son discours quand son partenaire ne le comprend pas.
30	Répond aux questions le concernant ou concernant les autres.	L'enfant répond à une variété de questions simples sur lui et peut aussi répondre aux questions sur des proches – membres de la famille, animaux domestiques, meilleur ami, etc.
	Compétences Sociales	
1	Invite ses pairs à jouer.	Propose verbalement ou par les gestes un ou plusieurs jeux à un pair (« Viens jouer avec le train », « Viens jouer à trappe-trappe » ou en lui faisant signe de le rejoindre pour un jeu).
2	Utilise des formules de politesse comme « Excuse-moi », « Pardon ».	Utilise plusieurs termes de politesse incluant « Non merci », « Merci », « De rien », « Excuse-moi » et « Pardon ».
3	Cherche le réconfort chez les autres dans une situation de groupe.	Quand l'enfant a peur, est blessé, ou frustré, il se rapproche de l'adulte ou établit un contact physique avec celui-ci (le serre dans ses bras, s'assoit sur ses genoux, tient sa main).
4	Exprime ses propres sentiments de façon appropriée.	Verbalise ses propres sentiments en disant « Je suis en colère », etc.
5	Joue à son tour dans un jeu informel de façon autonome.	Joue à tour de rôle avec un adulte/un pair quand il est engagé dans une activité de jeu sans que les tours de rôle soient clairement définis.
6	Décrit un événement ou une expérience à un pair.	Répète une histoire à un pair ou à un frère/une sœur, en incluant au moins trois détails.
7	Identifie ce qui le rend content, triste, en colère, apeuré.	Verbalise un exemple ou plus pour chaque concept (par exemple, content, triste, en colère, apeuré). Exemple : l'adulte dit « Pourquoi es-tu triste ? » et l'enfant dit, « Elle a pris mon livre et je suis triste ».

Liste de contrôle et description des items du modèle d'intervention précoce de Denver

8	Identifie les émotions des autres sur la base de facteurs situationnels.	Pendant une activité de lecture ou une conversation, l'enfant répond de façon appropriée quand on lui demande, « Pourquoi pleure-t-elle ? » ou « Pourquoi a-t-il peur ? ».
9	Commence à mettre en œuvre des stratégies pour faire face (stratégies de Coping) lorsqu'il se sent contrarié, en colère, ou qu'il a peur.	Met en place une ou plusieurs stratégies pour faire face. Exemples : Demande une pause, demande de l'aide, vient faire un câlin, prend un objet comme un doudou pour se réconforter.
Cognition		
1	Compte par cœur jusqu'à vingt.	Compte tout haut de 1 à 20 dans l'ordre.
2	Dénombre des objets 1 par 1 jusqu'à 10.	Touche ou pointe du doigt des images ou des objets pendant qu'il compte dans l'ordre, en touchant ou pointant une fois pour chaque nombre.
3	Donne « un », « quelques », « beaucoup », « un peu », « tou(te)s », « plus », et « la plupart ».	Tend la bonne quantité d'éléments à l'adulte lorsque ce dernier le lui demande.
4	Donne des quantités jusqu'à 10.	Tend à l'adulte le nombre correspondant au nombre d'éléments qu'il lui demande (« Donne-moi cinq gâteaux » ou « Puis-je avoir deux oreillers ? »).
5	Connaît les termes utilisés pour les concepts de quantité.	Verbalise deux concepts ou plus, parmi lesquels « un », « quelques », et « tous ».
6	Connaît les termes utilisés pour les relations spatiales.	Verbalise deux concepts ou plus, incluant « derrière », « devant ».
7	Apparie et comprend 5 à 10 associations de mots/objets.	Apparie cinq objets ou plus avec le mot de trois à quatre lettres correspondant.
8	Peut lire quelques mots.	Lit et prononce 10 mots ou plus de trois à quatre lettres indiquant des actions ou des objets courants.
9	Peut identifier son nom écrit parmi un ensemble de mots.	Donne, pointe du doigt, montre ou se dirige vers son propre nom si on le lui présente dans une série de trois noms dont l'un commence par la même lettre que celui de l'enfant.
10	« Lit » des signes et des symboles.	Formule la signification de trois signes et symboles courants ou plus. Exemple : le panneau stop, le feu vert, le symbole universel « interdiction de ».
11	Identifie les chiffres et les lettres.	Identifie en réceptif et cite le nom de toutes les lettres de l'alphabet et des chiffres de 0 à 30.
12	Formule des analogies et des contraires.	Quand l'adulte énonce un concept, l'enfant nomme le concept opposé. Exemple : L'adulte dit, « une souris est petite, mais un éléphant est... » et l'enfant dit, « gros ».
Jeu		
1	Présente les actions des personnages dans le jeu.	Fait réaliser à des figurines cinq actions ou plus dans trois scènes de jeux. Exemple : Maman qui conduit jusqu'au magasin, le frère qui pourchasse sa sœur, ou le chien qui mange.
2	Utilise des éléments de substitution pour symboliser un accessoire dans le jeu de faire-semblant.	Utilise trois éléments de substitution neutres ou plus (neutre = sans identité prédéfinie). Exemple : utilise un cube comme un téléphone, un tube comme une bouteille, ou une petite boîte comme une voiture.

Liste de contrôle et description des items du modèle d'intervention précoce de Denver

3	Nomme des actions et des accessoires de faire semblant dans le jeu.	Nomme dix actions ou plus de faire-semblant et/ou accessoires de faire-semblant dans trois activités de jeu ou plus de façon spontanée ou en réponse à des questions.
4	Relie spontanément trois comportements associés ou plus dans un thème de jeu.	Exemples : verse de l'eau dans une casserole, remue et verse la nourriture dans un bol ; se met un casque de pompier, « conduit » le camion de pompier, et éteint le feu.
5	Dirige un partenaire dans le jeu.	Donne trois consignes pertinentes ou plus à un partenaire pour qu'il interprète quelques aspects du thème de jeu au cours de deux épisodes de jeu ou plus.
6	Interprète plusieurs événements de la vie (par exemple une fête d'anniversaire, au McDonald, chez le docteur) comportant l'utilisation de scénarios verbaux.	Interprète trois événements de la vie ou plus, chacun comprenant au moins trois activités intriquées (voir l'item 4 ci-dessus), en interagissant avec un partenaire dans des scénarios verbaux et des actions avec objets.
7	Interprète plusieurs thèmes d'histoires dans le jeu.	Joue trois thèmes d'histoire ou plus avec un partenaire en utilisant plusieurs actions et scénarios comme indiqué dans l'item ci-dessus : Exemples : Le petit chaperon rouge, Les trois petits cochons, Blanche Neige...
8	Prend le rôle d'un personnage et le joue.	Indique son rôle en disant par exemple, « Je suis la maman » et joue une scène de la vie courante avec un scénario verbal, des activités, et des gestes appropriés au rôle, avec trois échanges ou plus avec un partenaire.
9	Répond à l'initiative d'un partenaire dans le jeu.	Répond aux directives de jeu verbales ou non verbales d'un partenaire cinq fois ou plus en imitant le jeu de ce dernier ou en répondant à ses consignes.
	Motricité fine	
1	Colorie une image avec précision en utilisant différentes couleurs.	L'enfant colorie majoritairement à l'intérieur des formes et choisit différentes couleurs pour compléter une image sur un livre de coloriage.
2	Imite le dessin d'un triangle, de lettres en utilisant l'instrument de dessin approprié.	L'enfant recopie un cercle, un carré, un triangle, et quelques lettres de l'alphabet de façon reconnaissable.
3	Dessine de mémoire des lignes et des formes et quelques lettres et chiffres.	L'enfant prend l'initiative de tracer plusieurs formes et lettres/chiffres qui sont reconnaissables.
4	Imite et recopie une variété de lettres, chiffres, et formes.	L'enfant montre qu'il sait recopier et produire quatre à cinq formes, quatre à cinq lettres, et plusieurs chiffres qui sont reconnaissables.
5	Écrit son prénom sans modèle.	Se passe d'explication.
6	Trace des formes et des lettres.	Se passe d'explication.
7	Colorie des formes dont on a dessiné le contour.	L'enfant ne déborde généralement pas en coloriant et reste à l'intérieur des bordures.
8	Relie des points avec un instrument de dessin.	L'enfant relie des points et peut suivre l'ordre indiqué par des chiffres.
9	Trace des lignes reliant des images, mots ou formes correspondantes.	L'enfant peut relier des éléments à apparier ou des images d'objets associés en traçant une ligne de l'un à l'autre (comme dans un cahier d'activités pour enfants).
10	Copie une variété de dessins figuratifs simples (par exemple, un visage, un arbre, une maison, une fleur).	L'enfant recopie cinq dessins différents ou plus et fait deux à trois dessins figuratifs reconnaissables de façon spontanée.

Liste de contrôle et description des items du modèle d'intervention précoce de Denver

11	Plie un papier en deux et le met dans une enveloppe.	Se passe d'explication, suit le modèle.
12	Découpe des angles, des lignes droites et des courbes.	L'enfant découpe des angles et les bords de larges formes (7 cm ou plus) en utilisant des ciseaux d'enfant de façon autonome.
13	Découpe des formes simples.	L'enfant réussit à découper correctement des formes de 7 cm.
14	Réalise des projets d'art plastique en trois étapes – coupe, colorie, et colle.	L'adulte montre une fois l'activité et l'enfant peut ensuite enchaîner la séquence d'actions et l'accomplir de façon autonome quelle que soit la longueur de chaque étape pourvu qu'elle implique une compétence que l'enfant maîtrise.
15	Utilise un pinceau, des tampons, des feutres, des crayons, des gommes pour réaliser des activités d'art plastique.	L'enfant utilise une variété de matériel dans une activité libre d'art plastique pour créer. L'enfant peut aussi imiter un modèle de l'adulte en utilisant chacun de ces outils.
16	Utilise une pince à trois doigts avec l'outil de dessin.	L'enfant tient régulièrement les instruments d'écriture avec une préhension mature à trois doigts.
17	Élabore sa propre création avec une variété de matériaux de construction et reproduit des modèles simples à partir d'images ou de modèles en trois dimensions.	L'enfant assemble une variété de matériaux de construction pour produire des modèles complexes et peut aussi reproduire des modèles en trois dimensions ainsi que des photos et des dessins faits par d'autres. L'enfant peut réaliser cinq modèles différents ou plus.
18	Assemble des puzzles dont les pièces s'emboîtent, des puzzles à poser au sol, des puzzles sur plateau.	Se passe d'explication.
19	Utilise du ruban adhésif, des trombones, des clés de manière appropriée.	Utilise tous ces objets de façon autonome.
	Motricité globale	
1	Joue à attraper un ballon de la taille de ceux utilisés dans les cours de récréation avec un pair.	Peut continuer à attraper le ballon pendant six tours ou plus.
2	Lance une balle de tennis à une autre personne en l'orientant et en utilisant le lancer par-dessus l'épaule.	Se passe d'explication.
3	Utilise tous les équipements de la cour de récréation de façon autonome, y compris la balançoire, le tourniquet.	Se passe d'explication, pour tous les équipements d'âge approprié.
4	Donne un coup de pied dans un ballon en mouvement.	L'enfant adapte la position de son corps et réussit à donner un coup de pied dans un ballon en mouvement.
5	Joue à une variété de jeux de balles : Lance le ballon dans le panier, fait rebondir une balle (drible), utilise un club de golf, lance une balle souple (remplie de graines).	Joue à cinq jeux de balle ou plus.
6	Fait du vélo à petites roues stabilisatrices avec assurance ; est capable de contrôler sa vitesse, de manœuvrer et de freiner.	Se passe d'explication.
7	Galope et saute.	Imite les deux et les accomplit sans à-coups.
8	Marche en équilibre sur une poutre sans tomber, sur des traverses de voie ferrée, le rebord du trottoir.	Se passe d'explication ; marche relativement sans à-coups et pas trop lentement.

Liste de contrôle et description des items du modèle d'intervention précoce de Denver

9	Joue à des jeux moteurs courants (par exemple : « feu rouge – feu vert », « aux gendarmes et aux voleurs », « 1, 2, 3, soleil »).	Joue à cinq jeux comme ceux-ci ou plus – connaît les règles et participe activement au jeu sans incitation ou guidance.
	Autonomie personnelle	
1	Gère toutes les étapes pour aller aux toilettes de façon autonome au même niveau que ses pairs.	Utilise un pot quand c'est nécessaire (l'adulte peut l'inciter à aller aux toilettes), enlève son pantalon/ses sous-vêtements, tire la chasse, et se lave les mains.
2	Va seul aux toilettes quand il en a besoin.	Va seul aux toilettes quand il en a besoin. Une incitation de l'adulte n'est pas nécessaire.
3	Se lave les mains de façon autonome comme ses pairs.	L'enfant ouvre le robinet, met les mains sous l'eau, s'applique du savon sur les mains, frotte ses mains savonnées l'une contre l'autre, rince le savon, coupe l'eau, et s'essuie les mains dans une serviette.
4	Se lave le visage avec un gant de façon autonome.	Au moment du bain, l'enfant mouille le gant, y applique le savon, et se frotte le visage avec le gant.
5	Se brosse ou se peigne de façon autonome.	Quand l'adulte demande à l'enfant de se peigner/brosser, l'enfant prend le peigne ou la brosse et se les passe dans les cheveux. Il peut y avoir des exceptions appropriées à l'âge pour les difficultés liées aux cheveux longs ou bouclés.
6	Participe activement pendant son bain et s'essuie seul après le bain.	Se frotte le corps avec un gant, s'applique du savon sur le corps, et se frotte la tête avec le shampooing. S'essuie seul de manière acceptable ; peut avoir besoin d'une aide à la « finition ».
7	Exécute toutes les étapes du brossage de dents de façon autonome, même si l'adulte lui brosse aussi les dents pour plus de précision.	Depuis le moment où l'enfant entre dans la salle de bain jusqu'à ce que sa brosse à dents et son dentifrice soient rangés à leur place, l'enfant sait exécuter toutes les étapes de façon autonome.
8	Attache ses vêtements – boutons, pressions, et fermetures éclair.	Ferme ses boutons, pressions, fermetures éclair, et les attaches quand il y en a sur ses vêtements.
9	Se mouche lorsqu'on l'invite à le faire, s'essuie avec un mouchoir quand il éternue, couvre sa toux et ses éternuements de la main.	Quand l'adulte dit : « Mouche-toi », l'enfant prend un mouchoir et se mouche avec. Quand l'enfant éternue, il se couvre la bouche avec la main ou le bras.
10	S'arrête au bord d'une rue ; traverse après avoir regardé des deux côtés quand il est accompagné.	Quand il approche du bord du trottoir ou d'une route avec un partenaire, l'enfant s'arrête automatiquement, attend, regarde, et attend que son partenaire lui indique qu'il peut traverser.
11	Marche en toute sécurité de façon autonome aux côtés de l'adulte dans les parkings, les magasins, etc.	L'enfant marche aux côtés de l'adulte sans lui tenir la main et reste près de lui, le suit des yeux et, de sa propre initiative, reste à côté de lui.
12	Aide à mettre la table.	L'enfant peut placer les assiettes, les verres, les serviettes et les couverts à la bonne place de façon autonome et relativement bien. L'adulte peut avoir besoin de marquer les places assises et peut fournir à l'enfant le matériel à mettre sur la table.
13	Utilise un couteau pour tartiner.	L'enfant peut étaler des aliments de la consistance de la gelée sur une tranche de pain sans la déchirer.
14	Nettoie après avoir renversé quelque chose.	L'enfant nettoie de sa propre initiative après avoir renversé quelque chose à table et le fait complètement.

Liste de contrôle et description des items du modèle d'intervention précoce de Denver

15	Se verse seul à boire dans un petit récipient.	L'enfant peut verser le liquide d'un petit pichet d'environ un demi-litre de contenance dans un petit gobelet proprement et de manière autonome.
16	Met la vaisselle dans l'évier, sur le comptoir, ou dans le lave-vaisselle.	Après les repas, l'enfant nettoie régulièrement sa place et met ses couverts, son assiette ou son bol et son verre au bon endroit de façon autonome.
17	Prépare un goûter en deux étapes.	Sort deux items différents de leur récipient pour les mettre dans une assiette et les place à table. Par exemple : dispose des légumes coupés en petits morceaux et la sauce, du fromage et des crackers, étale un fromage à tartiner sur des crackers, prépare des céréales et du lait.
18	Aide aux activités culinaires : remue, verse, etc.	L'enfant participe une activité de cuisine en plusieurs étapes comme faire des cookies, des crêpes, des œufs brouillés.

Annexe

2. Modèle d'intervention précoce de Denver. Système d'évaluation de la fidélité de l'enseignement

Annexe

PROCÉDURE POUR COTER LA FIDÉLITÉ DE MISE EN ŒUVRE DU TRAITEMENT

Directives pour les évaluateurs

- Si vous cotez à partir d'un enregistrement vidéo, regardez l'enregistrement dans un cadre confidentiel avec un minimum de distractions verbales ou visuelles.
- Revoyez les objectifs de l'enfant et les plans d'enseignement juste avant la cotation, et gardez-les à disposition pour vérifier si nécessaire. L'intervention délivrée doit correspondre aux objectifs et au programme de traitement.
- Lisez la définition de chaque comportement et le rationnel pour chaque score, afin d'être sûr que vos cotations sont bien représentatives de l'échelle. Ne comptez pas sur votre mémoire ou sur vos connaissances des pratiques d'enseignement ou des définitions de cotation.
- Si les objectifs de la session d'enseignement ne sont pas clairs, portez votre attention sur ce qui est renforcé. Considérez que le comportement qui est renforcé est le comportement enseigné pendant ce laps de temps. On cible souvent, ou habituellement, plusieurs comportements pour l'enseignement dans une même séance.
- Prenez des notes concises pendant la séance d'activités que vous observez pour vous rappeler des objectifs, de la communication de l'enfant, des affects. Comme vous ne devriez pas regarder l'enregistrement plus d'une fois, assurez-vous de noter la présentation des antécédents, les renforçateurs, les incitations, les communications et leurs différentes fonctions, et les élaborations.
- Lors de votre évaluation, faites attention aux biais d'évaluation incluant l'effet de halo et l'effet de récence qui ferait qu'un problème dans un aspect de l'enseignement, influencerait vos évaluations d'autres comportements dans cette section ou dans les autres sections que vous observerez.
- Une activité implique une interaction prolongée avec un ensemble particulier de matériel ou une interaction sociale prolongée. Généralement, une activité a un commencement, quand la structure de l'activité est mise en place, un milieu, contenant les échanges que sont les interactions d'apprentissage, et une fin dans laquelle le matériel est retiré ou la routine sociale sensorielle se termine. Une activité entièrement nouvelle commence alors. Le segment à coter est défini par l'activité, et non par son emplacement. Si le matériel et les tâches d'apprentissage changent, il s'agit d'une nouvelle activité. Les activités sont quelques fois abandonnées après une minute ou deux parce que l'adulte n'a pas pu engager l'enfant dans l'activité, et aucun enseignement n'a eu lieu. Ne cotez pas celles-ci – à la place indiquez le temps et écrivez « abandon » dans la colonne de notation 8. Pour coter une activité il faut coter la transition qui la précède ou qui

Modèle d'intervention précoce de Denver. Cotation de la fidélité

la suit. En général, vous devrez commencer l'observation après la transition pour une nouvelle routine d'activités et continuer jusqu'au commencement de l'activité suivante avant d'arrêter l'enregistrement. Vous coterez la transition qui a lieu à la fin de chaque activité dans l'item de transition. Cependant, si pour une raison inattendue il n'y a pas de transition enregistrée, alors cotez la transition initiale à l'intérieur de l'activité.

- Observez chaque activité en une fois sans vous arrêter. Prenez des notes si nécessaire et commencez à coter. Vous pouvez rejouer la séquence pour observer quelque chose une deuxième fois si nécessaire, en particulier pour capter les communications de l'enfant et les réponses de l'adulte, si les notes ne sont pas suffisantes. N'utilisez pas le ralenti et ne rejouez pas plus d'une fois.

- Quand un problème d'enseignement s'est produit, jugez quelle est la difficulté principale et cotez en conséquence l'item le plus étroitement lié au problème. Ne laissez pas un problème de comportement de l'enseignant être coté dans plusieurs items. Cependant, si un problème en entraîne un autre (par exemple, l'insensibilité aux signaux conduit l'enfant à être bouleversé, et un problème de modulation de l'éveil négatif de l'enfant en résulte), alors les deux devraient être cotés. Si vous ne savez pas où coter le problème, cotez le juste dans un des items associés. Tant que vous ne l'avez pas compté deux fois, le score ne sera pas affecté par le fait de l'avoir dans une colonne plutôt que dans une autre.

- Si vous hésitez entre deux cotations, alors accordez la cotation la plus élevée. Cependant, si la raison pour les deux cotations est que le comportement du thérapeute change au cours de l'activité, alors le comportement problématique d'enseignement ne devrait pas être annulé par des améliorations ultérieures durant la séance. En fait, les deux aspects sont importants à capter et les scores doivent refléter les aspects les moins adéquats comme les aspects les plus adéquats.

- Cotations :

    5. Représente le meilleur exemple possible du comportement d'enseignement. Il y a des exemples optimaux de la compétence d'enseignement, dans lesquels celui qui cote ne voit rien que l'adulte pourrait ajouter à la situation pour l'optimiser. C'est le niveau d'un expert.

    4. Représente un exemple tout à fait compétent de l'enseignement, sans erreur. La séquence aurait pu aller plus loin avec un expert, mais il n'y a pas de défaut ou d'erreur dans la mise en œuvre de cette compétence et cela représente une bonne démonstration, compétente de cette capacité. Il s'agit d'un niveau tout à fait compétent.

    3. Représente un comportement d'enseignant avec quelques points forts mais aussi quelques faiblesses. Globalement il y a plus de forces que de faiblesses, mais il y a des omissions ou des erreurs évidentes par rapport aux critères spécifiés. Une personne de ce niveau dans la plus grande partie de son enseignement a besoin

de plus de perfectionnement de ses compétences. La personne peut continuer à travailler avec des enfants mais a besoin d'une supervision additionnelle et d'un retour pour améliorer sa compétence dans les domaines indiqués. C'est un niveau de compétences hétérogènes.

2. Représente une démonstration déficitaire du comportement d'enseignement. Il y a quelques efforts pour utiliser quelques pratiques spécifiques d'enseignement mais il y a plus de faiblesses que de points forts. Il s'agit d'un niveau de compétence insuffisant et une personne à ce niveau a besoin de plus d'entraînement et de supervision dans les procédures de base avant de travailler seul.

1. Représente un manque de démonstration effective de la capacité à utiliser les pratiques indiquées. Il n'y a pas de points forts. C'est un niveau faible et inacceptable dans le comportement d'enseignement. Une personne à ce niveau a besoin d'un enseignement complet du modèle avant de travailler seul.

- Fidélité : Dans nos programmes de formation, un thérapeute est considéré comme ayant atteint la fidélité par rapport au modèle s'il n'a pas de score inférieur à 3 et un score moyen de 80 % ou plus pour trois routines d'activités conjointes cotées consécutivement pour deux à trois enfants consécutifs.

FEUILLE DE COTATION DE LA FIDÉLITÉ DU MODÈLE D'INTERVENTION PRÉCOCE DE DENVER

A. Gestion de l'attention de l'enfant

Note : Cet item cible l'attention visuelle et auditive de l'enfant envers l'adulte et le matériel ; Il s'agit de la capacité de l'adulte à obtenir l'attention de l'enfant sur une activité d'enseignement puis d'en faire le centre de l'attention visuelle de l'enfant (la mettre sous le projecteur), pour que celui-ci prête attention à l'adulte. S'il y a des distractions potentielles dans l'environnement, mais qu'elles n'entrent pas en ligne de compte et que l'enfant n'est pas distrait par celles-ci et prête bien attention aux cibles d'enseignement, ne réduisez pas le score.

1. Initialement l'adulte n'obtient pas l'attention de l'enfant, soit à cause d'un mauvais choix d'activité, soit à cause de problèmes environnementaux (distrait par le matériel, ou mal à l'aise et mal assis, ou l'enfant et l'adulte ne sont pas bien positionnés l'un par rapport à l'autre). Le thérapeute ne prend pas de mesures pour modifier la situation et continue, soit en incitant totalement un enfant inattentif, soit en provoquant une fuite de l'enfant ou une absence de participation.

Modèle d'intervention précoce de Denver. Cotation de la fidélité

2. Initialement l'adulte n'obtient pas l'attention de l'enfant, à cause du style de présentation de l'activité ou de l'environnement, mais il semble conscient du problème. L'adulte essaie d'attirer l'attention de l'enfant mais sans succès, et il ne trouve pas de solution qui permette d'entamer une séquence d'enseignement. L'activité continue sans succès ou est interrompue et n'est pas remplacée par une activité d'enseignement plus réussie.

3. L'adulte obtient l'attention de l'enfant envers lui-même ou sur le matériel au début de l'activité mais ne maintient pas l'attention pendant la tâche enseignée à cause de problèmes de synchronisation temporelle, de rythme, ou de techniques d'enseignement. Ou, l'adulte n'obtient pas l'attention de l'enfant au début de l'activité mais reconnaît le problème, le corrige, et gagne l'attention de l'enfant pour qu'un enseignement puisse se faire. Ou, l'enfant se concentre seulement sur le matériel et ne prête pas attention au visage ou au corps de l'adulte. Cependant, la qualité de l'activité d'enseignement en termes d'opportunités d'apprentissage pour l'enfant a été compromise.

4. L'adulte obtient l'attention de l'enfant au début de la séquence et la maintient pendant un temps suffisant pour procéder à l'activité. Cependant, l'adulte aurait pu prolonger l'attention ou encourager une meilleure distribution de l'attention entre l'adulte et la tâche avec des techniques additionnelles.

5. L'adulte obtient l'attention de l'enfant au début de la séquence et la maximise et la maintient durant une activité d'enseignement bien développée et en produisant des ajustements nécessaires lors de multiples opportunités de pratique de l'activité. L'enfant manifeste une attention coordonnée et alternée envers l'adulte et l'activité enseignée. La gestion de l'attention est optimale.

B. Format ABC – Qualité de l'enseignement comportemental

Cet item évalue la clarté des interactions d'enseignement, la fréquence des interactions d'enseignement, et l'utilisation appropriée des répétitions durant l'activité. Les éléments suivants entrent en considération dans le score :

- Format ABC : le thérapeute utilise-t-il un format ABC clair dans les séquences d'apprentissage ? Dans un enseignement efficace, les antécédents du thérapeute, les comportements de l'enfant, et la mise en place de conséquences appropriées sont présents : le renforcement ou la correction apparaît clairement. Le comportement que le thérapeute essaie d'obtenir est clair pour l'observateur. Un renforcement direct est délivré de manière contingente et rapide.

- Des essais d'enseignement se produisent fréquemment durant le jeu – au moins toutes les 30 secondes en moyenne.

- Nombre de répétitions : le nombre de répétitions pour chaque compétence était-il approprié pour l'apprentissage de l'enfant ou le maintien de ses acquisitions ? L'adulte manifeste un bon jugement du nombre de fois où une compétence doit être répétée pour les besoins d'apprentissage de l'enfant et pour sa motivation. Les nouvelles compétences font l'objet d'un nombre plus élevé de répétitions que les compétences maîtrisées sans que la motivation de l'enfant ne soit perdue. Le but des répétitions est de façonner plus exactement les performances.

1. L'enfant regarde avec intérêt l'adulte très actif ou ne le regarde pas, mais il y a très peu d'échanges en vue d'enseigner dans l'activité – moins d'un par minute. Utilisez cette cotation si l'adulte « amuse » l'enfant par la création de spectacles intéressants qui ne requièrent pas beaucoup de réponses de l'enfant.
2. L'adulte fournit des essais d'enseignement et essaie d'enseigner plutôt que de divertir. L'adulte obtient l'attention et la motivation de l'enfant. Cependant, la majorité des essais ne présente pas une structure ABC claire.
3. L'adulte fournit un certain nombre d'essais d'enseignement et ils surviennent au moins toutes les 30 secondes. La majorité des essais présente une structure ABC claire, mais il y a une marge pour une amélioration dans la maîtrise de la structure ABC. Ou, les répétitions ne sont pas bien adaptées aux besoins de l'élève.
4. L'adulte fournit un grand nombre d'essais d'enseignement, plus d'un toutes les 30 secondes. La plupart des essais d'enseignement ont une structure ABC claire. Les répétitions semblent adaptées aux besoins. Il s'agit d'un enseignement compétent.
5. Beaucoup d'échanges d'enseignement se produisent durant l'activité - ils ont lieu en moyenne toutes les 10-20 secondes. Les segments A, B, et C sont tout à fait clairs, et les comportements que l'adulte cherche à obtenir de l'enfant sont évidents, ainsi que les comportements qui sont renforcés. Le nombre de répétitions répond bien aux besoins de l'enfant. Il s'agit d'un enseignement optimal.

C. Application des techniques d'enseignement

Application efficace des techniques d'enseignement : Le thérapeute utilise-t-il le modelage, l'atténuation progressive de l'incitation (*fading*), l'incitation, et/ou les techniques de chaînage de façon appropriée, et la correction d'erreur a-t-elle été fructueuse pour susciter et établir de nouveaux comportements ?

■ Définitions

- *Inciter et utiliser le* fading : le thérapeute applique systématiquement une incitation efficace (généralement de la plus faible vers la plus forte), et des techniques de *fading* et de renforcement pour soutenir des approximations successives en direction de la compétence ciblée. L'enfant devient plus indépendant dans la séquence d'apprentissage, ce qui démontre une utilisation appropriée de la diminution d'incitation et un bon choix

de comportement cible. Les incitations sont diminuées rapidement et fournissent un soutien « invisible » en vue d'un nouvel apprentissage.
- *Chaînage :* l'enfant relie harmonieusement les séquences d'apprentissage en direction du schéma souhaité. Les étapes de l'analyse de la tâche sont appropriées, les incitations et les renforçateurs sont manipulés correctement, et la cadence permet une participation optimale de l'enfant au processus. Le chaînage est souvent utilisé pour enseigner les activités de rangement et d'installation, et dans les jeux en plusieurs étapes et les objectifs de langage.
- *Gestion des erreurs :* l'enfant fait très peu d'erreurs, parce que l'adulte gère bien la tâche. Généralement l'adulte utilise une hiérarchie d'incitation de la plus faible vers la plus forte, et adapte rapidement l'enseignement pour minimiser les erreurs, généralement après deux échecs successifs. L'adulte choisit des comportements cibles de niveaux de difficulté appropriés pour que l'enfant donne rapidement et constamment des réponses correctes de manière autonome.

1. L'enseignement est constamment de qualité médiocre. Il y a des problèmes marqués dans les trois domaines listés ci-dessus et ils se produisent tout au long de la séquence.
2. L'enseignement pose problème parce que sa qualité est inconstante, avec des faiblesses marquées dans deux des domaines ciblés.
3. Certains aspects de l'enseignement semblent satisfaisants mais l'enseignement contient des problèmes marqués dans un domaine ou des problèmes légers à modérés dans deux des domaines ciblés. L'enfant apprend mais les problèmes nuisent quelque peu à l'apprentissage de l'enfant et il est possible d'améliorer la qualité de l'enseignement.
4. Bonne application des principes. Il y a de la marge pour une amélioration dans un ou deux des domaines mais cela ne nuit pas à l'apprentissage de l'enfant.
5. Cette séquence comporte des exemples optimaux des principes décrits ci-dessus. L'adulte utilise avec compétence le *fading*, le modelage, l'incitation, et les techniques de chaînage pour accroître la performance autonome de l'enfant concernant les objectifs durant l'activité d'apprentissage.

D. Capacité de l'adulte à moduler les émotions et le niveau d'éveil de l'enfant

Utilisez cet item pour évaluer la gestion de l'état émotionnel ou le niveau d'activité de l'enfant par l'adulte : l'enfant peut être fatigué, léthargique, ou hypo-actif, passif, évitant, il peut pleurnicher, s'échapper, être frustré, peiné, en colère contre quelqu'un qui va et vient, être vexé à cause d'un jouet préféré qui a été mis de côté, *ou* être hyperactif, manifester une énergie élevée et ne pas s'investir dans une activité. Il ne s'agit pas ouvertement de problèmes de comportement – ceux-ci sont cotés dans un item différent. Il s'agit ici de l'optimisation de l'humeur, de l'état de l'enfant, ou de son niveau d'activité pour obtenir la participation à l'apprentissage. Le thérapeute module-t-il habilement les problèmes émotionnels et d'éveil de l'enfant par le choix des activités, l'intonation de la voix, son propre niveau d'activité, et d'autres interventions ? S'il n'y a pas de problème d'état émotionnel et d'éveil de l'enfant, cotez 5 : justification – les compétences de l'adulte maintiennent l'état optimal pour l'apprentissage.

1. L'enfant manifeste des problèmes émotionnels/d'éveil qui empêchent sa participation. L'état de l'enfant ou le niveau d'activité empêche la participation à l'apprentissage, et l'adulte n'essaie pas de modifier l'état de l'enfant, ou fait des choix tels qu'en fait il aggrave le problème de l'enfant.
2. L'enfant manifeste des problèmes émotionnels/d'éveil qui entravent sa participation. L'adulte essaie de modifier l'état de l'enfant mais ne réussit pas à cause d'un manque de compétence ou à cause d'opportunités manquées. L'état de l'enfant continue à limiter les opportunités d'apprentissage dans cette séquence.
3. L'enfant exprime des problèmes émotionnels ou d'éveil. L'adulte utilise des stratégies qui améliorent l'état de l'enfant ou son niveau d'activité de telle manière que quelques échanges d'enseignement puissent avoir lieu. Cependant, l'enfant continue à se situer en dessous de l'état optimal d'apprentissage tout au long de la séquence à cause d'un certain manque compétence ou à cause d'opportunités manquées de la part du thérapeute et ceci limite les opportunités d'enseignement.
4. L'enfant exprime des problèmes émotionnels ou d'éveil durant l'activité. L'attitude de l'adulte ne contribue pas aux problèmes émotionnels/d'éveil, et l'adulte module les problèmes émotionnels ou d'éveil de l'enfant dans la séquence de manière à rétablir l'engagement de l'enfant dans l'apprentissage. Ou, l'adulte se montre sensible aux besoins de l'enfant et essaie de toutes les manières possibles et imaginables d'aider l'enfant à moduler ses états.
5. L'enfant ne présente aucun problème d'éveil ou d'émotion durant cet épisode. Ou, l'enfant montre quelques problèmes émotionnels/d'éveil et le thérapeute manifeste une grande compétence pour trouver des moyens d'optimiser rapidement l'état de l'enfant ce qui conduit à une activité d'enseignement très réussie avec de nombreuses opportunités d'apprentissage et un enfant heureux et engagé.

E. Gestion des comportements indésirables

Quand un comportement problème apparaît, le thérapeute recherche-t-il ou manifeste-t-il une compréhension claire de la fonction du comportement et utilise-t-il des techniques adaptées pour obtenir un comportement plus approprié ? Les comportements indésirables incluent les actes agressifs envers les autres, l'automutilation, les pleurs, une irritabilité marquée ou des cris, des stéréotypies évidentes, la projection ou la destruction de biens, et le refus actif avec opposition face aux consignes. Un manque de coopération, une faible attention, un évitement trop actif, des gémissements, et une passivité ne seraient pas cotés.

1. Le thérapeute aggrave le problème par le renforcement net d'un comportement indésirable, ou en ignorant les premiers signes de difficulté et en attendant qu'un problème plus important ne surgisse. Le thérapeute manque clairement de nombreuses opportunités pour gérer de manière appropriée les comportements afin de rediriger et de réengager l'enfant.
2. Le thérapeute n'aggrave pas le problème en renforçant les comportements indésirables, et il essaie de gérer le comportement. Cependant, le comportement ne s'améliore pas en raison de la faiblesse des stratégies de gestion.
3. Le thérapeute n'aggrave pas le problème et applique des stratégies qui aident l'enfant à revenir à la situation d'apprentissage et à participer à l'activité. Cependant, le thérapeute a manqué plus d'une opportunité évidente ou manqué de stratégies claires pour regagner la coopération et/ou le comportement approprié de l'enfant. Utilisez cette cotation aussi si le comportement indésirable dure trop longtemps avant d'être géré.
4. Le thérapeute gère le comportement de manière compétente et la situation s'améliore durant la séquence. L'apprentissage de l'enfant se produit, et le thérapeute n'a pas manqué d'opportunité d'intervention ou de stratégies. Cependant, il y a une étape additionnelle évidente que le thérapeute aurait dû atteindre pour améliorer la situation plus vite ou de manière plus complète. Utilisez aussi cette cotation si l'attitude de l'adulte n'a pas contribué au problème de comportement, si l'adulte comprend la fonction du comportement, ou essaie de le faire, et si l'adulte applique des stratégies appropriées pour rediriger, obtenir un comportement plus approprié, et ne renforce pas le comportement indésirable, même si le problème de comportement continue durant la séquence.
5. Aucun des comportements indésirables comme définis ci-dessus ne se produit durant cette séquence, ou, ils se produisent mais l'attitude de l'adulte n'a pas contribué aux comportements indésirables. L'adulte gère le comportement de manière compétente et utilise des techniques positives qui permettent de rediriger l'enfant avec succès, suscitent un comportement plus approprié, et rétablissent l'engagement de l'enfant et l'affect positif aussi vite que possible pour que l'apprentissage puisse avoir lieu. Ceci représente une gestion optimale de la situation.

F. Qualité de l'engagement dyadique

Ceci implique un type d'engagement social dans lequel les adultes et les enfants agissent de façon coordonnée. L'enfant est dans les meilleures dispositions, il est conscient des activités de l'adulte et l'adulte est un partenaire interactif. Cela se traduit chez l'enfant par un regard partagé, des échanges dirigés, des échanges intentionnels de communication, et des sourires. Les deux partenaires sont capables de guider et de suivre. Dans une activité plus structurée avec du matériel, des échanges dyadiques peuvent ne pas se produire tout au long de l'activité, mais plutôt dans des moments de comportements socialement engagés, agréables, réciproques. On s'attend à ce que de tels comportements se produisent à un moment dans toutes les séquences d'enseignement.

1. Il n'y a pas d'exemple d'engagement dyadique. L'adulte ne prend jamais un tour, autrement que pour montrer lors de la première consigne. L'adulte dirige la séquence d'apprentissage mais ne se joint pas à l'activité. Il n'y a pas d'échange engagé socialement ou réciproque. *Demander que l'enfant réalise une action ne constitue pas une prise de tour pour cette cotation.*

2. Il y a un exemple de tour de rôle ou d'échange dyadique, mais il y a plusieurs opportunités manquées pour en avoir plus et la séquence d'enseignement aurait été améliorée par leur ajout.

3. Il y a plus d'un exemple de tour de rôle et/ou d'échange dyadique réciproque, mais l'adulte manque une opportunité claire de tour de rôle, ce qui conduit l'adulte à être beaucoup trop spectateur ou trop directif. Ou, l'enfant ne prend pas conscience du tour de l'adulte ; ne donne pas le matériel à l'adulte ou ne regarde pas ce que fait l'adulte à son tour.

4. Le tour de rôle ou l'engagement réciproque survient plusieurs fois dans un épisode (Il peut s'agir d'actes répétés immédiatement). L'enfant et l'adulte sont conscients de chaque tour de l'autre et partagent intentionnellement le regard, des sourires, et certaines communications. L'adulte est compétent dans la création de tour de rôle et d'échanges avec engagement dyadique.

5. Le tour de rôle et l'engagement dyadique se produisent tout au long de l'épisode. L'enfant est activement impliqué dans les tours de l'adulte, en donnant des jouets, par la co-construction, par le fait d'aider, ou en suggérant le tour de l'adulte. L'engagement réciproque et social permet l'activité d'enseignement et ceci est un exemple optimal d'une intégration de l'engagement dyadique réciproque dans l'enseignement.

G. L'adulte optimise la motivation de l'enfant pour participer à l'activité

Note : cet item ne concerne pas l'état d'éveil ou l'état émotionnel de l'enfant. Ces aspects sont couverts dans un item précédent. L'item présent se réfère à la motivation de l'enfant pour réaliser la tâche spécifique plusieurs fois, au travers du nombre d'essais que l'adulte

Modèle d'intervention précoce de Denver. Cotation de la fidélité

demande. Si dans cet épisode, des difficultés de motivation conduisent à des problèmes d'état émotionnel ou d'éveil ou à des comportements indésirables, alors tous les items concernés doivent être cotés. Les choix de l'enfant constituent un aspect très important de cet item. Dans une séquence d'enseignement en milieu naturel, ceci implique le choix du matériel/de l'activité par l'enfant. Dans une activité qui n'implique pas d'objet (chansons, jeu) l'adulte peut "proposer" l'activité, mais il suit quand même l'initiative de l'enfant pour déterminer s'il convient de continuer. Dans un épisode d'enseignement dirigé par l'adulte, ceci peut inclure le choix des renforçateurs par l'enfant, ou son choix d'une activité préférée dans laquelle un épisode d'enseignement dyadique sera inséré. Valoriser le choix de l'enfant n'empêche pas de proposer un nouveau jeu ou une nouvelle activité, ou d'entraîner l'enfant dans une activité pour la première fois afin de la lui présenter, même si l'enfant proteste légèrement. Cependant, il n'est pas souhaitable de continuer une activité face à une protestation marquée ou à un désintérêt de l'enfant à moins que l'activité ne soit nécessaire pour sa sécurité, ou son hygiène. Un adulte qui suggère constamment à l'enfant une nouvelle activité – « Jouons à la dînette, d'accord ? » – ne fournit pas d'opportunités adéquates de faire des choix. Il n'y a pas de problème si cela se produit de temps en temps, mais si cela est plus fréquent, l'adulte est trop directif et ne crée pas de possibilités de choix pour l'enfant et ne suit pas les choix et les initiatives de l'enfant.

La motivation pour obtenir la participation de l'enfant peut être optimisée de la manière suivante :

- intercaler des essais de maintien et des essais d'acquisition ;
- avoir une bonne gestion des renforçateurs par exemple, le renforcement des tentatives de l'enfant, la programmation des listes de renforcements, l'utilisation du principe de Premack (renforcer le comportement par un autre comportement plaisant) et l'utilisation de renforçateurs intrinsèques lorsque cela est possible ;
- offrir des choix à l'enfant et suivre ses initiatives ;
- bien choisir les activités et créer des activités intéressantes avec le matériel ;
- achever ou changer d'activité avant que l'enfant ne s'ennuie ou ne soit fatigué.

    1. L'enfant n'est pas motivé par l'activité et l'adulte n'utilise pas l'une des techniques décrites ci-dessus pour améliorer la motivation. L'adulte choisit l'activité et ne fournit pas de choix à l'enfant. L'enfant ne montre pas d'intérêt pour l'activité, n'essaie pas de réaliser la tâche, ou est constamment incité tout au long de celle-ci.
    2. L'enfant n'est pas motivé par l'activité. L'adulte choisit l'activité et utilise l'une ou l'autre des stratégies décrites ci-dessus pour essayer d'augmenter la motivation mais cela est infructueux et l'enfant ne fait pas l'effort de réaliser la tâche, ou l'enfant la réalise une fois et ne continue pas. L'adulte fournit seulement un ou deux choix à l'enfant et manque plusieurs opportunités d'offrir des choix.

3. L'enfant manifeste une certaine motivation pour l'activité et produit plusieurs réponses dans le cadre de la tâche enseignée. L'adulte utilise au moins trois des techniques décrites ci-dessus pour engager ou maintenir l'intérêt et la participation de l'enfant. L'adulte fournit au moins deux opportunités de choix à l'enfant mais manque des occasions évidentes de lui laisser des choix. Il y a des problèmes de motivation que l'adulte aurait pu atténuer par une meilleure application des techniques décrites ci-dessus.
4. L'enfant choisit l'activité ou se motive pour réaliser la tâche grâce à l'application réussie des principes par l'adulte. L'adulte applique les principes décrits ci-dessus d'une manière compétente et cela crée de multiples opportunités d'apprentissage. L'enfant a plusieurs occasions de faire des choix dans cet épisode.
5. La séquence montre un enfant hautement motivé qui choisit l'activité et est très intéressé pendant son déroulement. L'enfant s'engage à plusieurs reprises dans les activités d'apprentissage qui sont présentées, répond régulièrement aux consignes de l'adulte, et initie de manière répétée des comportements de communication requis par les activités d'apprentissage. L'adulte manifeste une utilisation optimale des quatre variables décrites ci-dessus. L'adulte réussit à faire de petits ajustements et à créer de nombreuses occasions pour l'enfant de faire des choix afin de maintenir une motivation élevée tout au long de l'activité.

H. Utilisation par l'adulte de l'affect positif

1. L'adulte n'exprime pas une émotion positive durant la séquence que ce soit au niveau du visage, de la voix, ou par le style. L'adulte adopte de façon inappropriée un style de travail ou il affiche un état affectif négatif.
2. L'adulte manifeste une émotion positive qui n'est pas naturelle, non modulée, ou inappropriée par d'autres aspects – trop forte ou trop artificielle, ce qui entraîne une expression peu naturelle et/ou trop intense et peu adaptée à l'état de l'enfant.
3. L'adulte est plutôt neutre ou monotone, ou est affectivement incohérent tout au long de la séquence, et l'activité devrait comporter un aspect émotionnel plus positif. La qualité de l'interaction sociale serait améliorée par un affect quelque peu plus chaleureux.
4. L'adulte présente des niveaux d'affect positif authentiques et naturels, avec un contexte général qui est positif durant toute la séquence.
5. L'adulte manifeste un affect positif riche, authentique, et naturel tout au long de la séquence. *Cette expression est appariée avec l'affect positif de l'enfant.* L'affect positif est présent dans tout l'épisode, s'accorde bien aux besoins et aux capacités de l'enfant, ne surexcite pas l'enfant, et soutient bien l'enseignement.

I. Sensibilité et réceptivité de l'adulte aux signaux communicatifs de l'enfant

Ceci fait référence à l'ajustement de l'adulte aux états, motivations, et sentiments de l'enfant. Un adulte sensible et réceptif reconnaît les signaux communicatifs, qu'ils soient verbaux ou gestuels, en verbalisant ou en agissant de manière contingente à la communication de l'enfant de telle manière que l'enfant semble avoir été "entendu." Ou, face à un signal affectif, l'adulte répond de façon empathique à l'état émotionnel de l'enfant en reflétant l'émotion et en communiquant une compréhension de celle-ci. L'adulte ne renforce pas les comportements indésirables, mais reconnaît les signaux de l'enfant et répond de façon appropriée compte tenu de la situation. L'adulte utilise une gamme de techniques incluant le modelage, la reformulation, le développement des déclarations de l'enfant, et la répétition de ses déclarations insérées dans des activités significatives.

1. L'adulte se montre insensible et non réceptif à pratiquement tous les signaux de l'enfant dans cet épisode. L'adulte réalise son propre programme et ignore les signaux de l'enfant. Ou, l'adulte utilise un style d'enseignement directif et ne fournit aucune opportunité de communication pour l'enfant, de telle sorte qu'il n'y a pas de signaux ou de communications de la part de l'enfant dans cet épisode.

2. L'adulte répond à deux des signaux de l'enfant mais pas à la majorité des signaux, parce que l'adulte ne fait pas attention, ne les interprète pas, ou parce qu'il dirige et contrecarre donc les communications de l'enfant.

3. L'adulte manifeste une certaine sensibilité et réceptivité pour la majorité des signaux communicatifs de l'enfant, mais il ne répond pas avec sensibilité et réceptivité à une minorité de communications orientées de l'enfant alors qu'un enseignement optimal dicterait un certain type de réponse.

4. L'adulte manifeste une réponse sensible et contingente à la majorité des communications de l'enfant. Il y a un ou deux ratés, mais ils sont surtout dus à d'autres facteurs : un manque de clarté du signal de l'enfant, du projet d'enseignement, ou une attention envers un autre aspect de l'environnement, plutôt qu'à un manque de sensibilité ou de réceptivité.

5. L'adulte manifeste une sensibilité et une réceptivité optimales envers les signaux de l'enfant. L'adulte est totalement à l'écoute des communications de l'enfant, qu'elles soient dirigées ou non. L'adulte décode très bien les expressions de l'enfant ou manifeste tous ses efforts pour interpréter leur signification. L'adulte utilise la gamme entière des réponses : la reformulation, l'utilisation d'un modèle, le développement, et l'affirmation par le biais de la répétition.

J. Opportunités de communication multiples et variées se produisant durant l'activité

Cet item s'adresse au nombre de fonctions pragmatiques exprimées dans les communications de l'enfant et suscitées par l'adulte. Exemples : demander, commenter, nommer, protester/affirmer, demander de l'aide, exprimer que l'on a fini, saluer, ou imiter les sons ou les gestes de l'adulte avec le contact visuel. L'imitation de la part des enfants d'une action de l'adulte avec un objet, sans l'accompagnement du regard, de la vocalisation, ou des gestes n'est pas considérée comme une communication pour cet item.

1. Toute opportunité de communication pour l'enfant est pratiquement absente. Les activités orientées vers un objet ne contiennent pas de composante communicative ; les routines sociales sensorielles impliquent une action de l'adulte sur l'enfant plutôt que de créer une opportunité pour la communication de l'enfant.

2. Des opportunités pour pratiquer la communication existent seulement pour une fonction – telle que demander ou nommer. Utilisez aussi cette cotation pour un format d'exercice et de pratique dirigé par l'adulte.

3. Il y a plusieurs opportunités de communication qui surviennent dans des situations de communication naturelle, et plus d'un type de communication est pratiqué ou utilisé. Cependant, il y a un recours excessif à une fonction pragmatique (telle que demander ou protester). Ou, il y a beaucoup trop de répétitions d'un mot simple alors que la situation appelle clairement une certaine expansion du vocabulaire, au moins en ayant recours à un modèle. Des opportunités claires pour pratiquer des objectifs de communication existants qui s'appliquent dans cette activité sont manquées.

4. Il y a des opportunités de communication multiples et variées dans l'activité. Plusieurs objectifs de communication sont visés, et/ou plusieurs fonctions pragmatiques différentes, l'utilisation du vocabulaire, ou des combinaisons syntaxiques sont pratiquées. L'adulte est compétent dans l'enseignement d'un langage varié et dans l'utilisation des techniques pour fournir un modèle et développer les déclarations de l'enfant même si une ou deux opportunités ont été manquées.

5. Ceci est un exemple optimal de l'adulte capable d'échafauder des communications multiples en impliquant plusieurs fonctions communicatives différentes tout au long de la séquence comme cela est spécifié dans les objectifs de l'enfant, en incluant des opportunités pour demander, protester, commenter, demander de l'aide, saluer, nommer, développer. La gamme des opportunités pragmatiques et communicatives cadre bien avec le niveau de langage de l'enfant. Pour une activité orientée vers les objets, il y a plusieurs communications de l'enfant par minute. Pour une routine sociale sensorielle, la communication de l'enfant (incluant le regard et les sourires) survient approximativement toutes les 10 secondes. L'adulte utilise une gamme de techniques incluant le recours

au modèle, la reformulation, le développement des déclarations de l'enfant, et la répétition des déclarations de l'enfant insérées dans des activités significatives. Aucune opportunité claire de communication pour l'enfant n'a été manquée, et les objectifs de communication de l'enfant sont travaillés tout au long de l'activité.

K. Adéquation du langage de l'adulte au niveau de langage de l'enfant

Le langage du thérapeute est-il approprié pour augmenter le niveau de langage de l'enfant en vocabulaire, syntaxe, et pragmatique ? Ceci inclut les commentaires à l'enfant, les modèles de langage, et le commentaire approprié sur les actions ou les thèmes impliqués dans l'activité.

1. Le langage de l'adulte n'est approprié pour l'enfant dans aucune des dimensions. Le vocabulaire de l'adulte et/ou la syntaxe sont toujours trop complexes ou trop simplifiés. Ou, la communication pragmatique est inappropriée, avec un langage utilisé pour ordonner, diriger, et nommer. La règle du « un de plus » n'est pas suivie.

2. Le langage de l'adulte est approprié pour l'enfant du point de vue de la syntaxe (règle du « un de plus »), mais l'adulte utilise le langage seulement pour donner des instructions, nommer des objets, et féliciter (« bien dit »), plutôt que pour communiquer de manière pragmatiquement appropriée.

3. La majorité des communications de l'adulte sont appropriées syntaxiquement (règle du « un de plus »), sémantiquement, et pragmatiquement (c'est-à-dire, qu'elles répondent aux objectifs de l'enfant), mais il y a plusieurs cas d'erreurs évidentes dans une déclaration ou lors d'opportunités pour commenter le comportement et des actions de l'enfant qui sont manquées.

4. Le langage de l'adulte est généralement approprié syntaxiquement, sémantiquement, et pragmatiquement. S'il peut y avoir un raté ici ou là, l'adulte utilise généralement un langage qui représente le niveau de compréhension actuel de l'enfant, avec un langage plus mature fourni comme modèle. L'adulte commente de façon appropriée, et montre une utilisation cohérente de la règle du « un de plus ».

5. Le langage de l'adulte est constamment approprié au niveau développemental et pragmatique pour l'intention et la capacité communicative verbale et non verbale de l'enfant. L'adulte suit généralement la règle du « un de plus », répond aux communications de l'enfant avec un langage approprié, commente les actes ou les thèmes de l'enfant et de l'adulte de façon appropriée, et utilise un langage correspondant à une variété de fonctions pragmatiques, de relations sémantiques, et de combinaisons syntaxiques.

L. Structure et élaboration de l'activité conjointe

Le thérapeute développe-t-il une activité conjointe en quatre parties : (1) une mise en place dans laquelle l'enfant choisit l'activité et aide l'adulte à instaurer le thème ; (2) un milieu dans lequel les deux participent équitablement, en construisant, et en co-construisant le thème ; (3) une élaboration pour encourager une utilisation flexible, variée des actions et du matériel en utilisant différents types de matériels et des schémas variés, ou à travers un thème et une variation ; et (4) une fin dans laquelle la cadence pour achever l'activité est correcte et l'enfant est bien soutenu pendant la transition vers l'activité suivante ? L'adulte cible-t-il plusieurs objectifs de différents domaines de développement ?

Note : si l'enfant a besoin d'essais d'enseignement groupés, dirigés par l'adulte pour apprendre, des activités peuvent encore être élaborées en obtenant l'aide de l'enfant pour sortir, ranger, et choisir le matériel, ou en entremêlant des échanges sociaux. Ainsi, cet item s'applique à toutes sortes d'approches d'enseignement.

1. L'adulte se concentre sur l'enseignement d'un seul objectif mais sans succès. L'activité ne contient pas de structure claire comportant la mise en place, le thème, et la clôture. L'activité ne s'élabore pas et donc elle se termine trop tôt, en manquant des opportunités d'enseignement, ou elle est trop répétitive.

2. L'adulte enseigne un objectif avec succès. L'activité ne contient pas de structure claire comportant la mise en place, le thème, et la clôture. L'adulte essaie mais sans succès d'obtenir un autre comportement d'apprentissage dans plusieurs objectifs ou l'élaboration de réponses. Le manque de succès est dû à un manque de compétence du thérapeute.

3. L'adulte fournit une structure claire comportant au moins trois parties : la mise en place, le thème, et la clôture. Il y a une tentative d'élaboration et le thérapeute enseigne plus d'un objectif, mais manque plusieurs opportunités d'élaborer, de maintenir l'activité ou de travailler d'autres objectifs. L'activité paraît trop répétitive ou insuffisamment développée pour cet enfant.

4. L'adulte fournit une structure claire comportant les quatre parties : la mise en place, le thème, la variation, et la clôture. L'adulte démontre une compétence suffisante dans l'élaboration de l'activité afin de maintenir l'intérêt pour l'activité dans les quatre parties. L'adulte crée une variété d'opportunités et enseigne avec succès des objectifs de plusieurs domaines.

5. L'adulte fournit une activité conjointe optimale en quatre parties incluant une clôture bien développée. L'adulte produit une élaboration optimale et imaginative de l'activité, en ciblant de nombreux objectifs. Le thérapeute soutient l'apprentissage de l'enfant en combinant des compétences appartenant à des objectifs dans différents domaines en prodiguant un enseignement flexible. (Note : si l'enfant a besoin de nombreuses

répétitions pour maîtriser la compétence et si l'enfant est hautement motivé, alors ne cotez pas sévèrement à cause d'un manque de thème et de variation. Cependant, il devrait toujours y avoir plus d'un objectif ciblé dans une activité.)

M. Transitions entre les activités

L'adulte fait-il la transition avec compétence entre les activités et les localisations pour maximiser l'attention, la motivation, et la transition physique autonome de l'enfant vers une nouvelle activité ? (Si aucune transition n'est présente sur la vidéo que ce soit au début ou à la fin de l'activité, cotez N/O [pas d'opportunité] et n'utilisez pas l'item pour calculer le niveau de fidélité.)

1. Il n'y a pas de réelle transition. L'activité s'achève/commence brusquement avec un effet négatif sur l'attention, la motivation, ou l'intérêt de l'enfant. La transition est brusque parce l'enfant quitte l'activité ou l'enfant est guidé physiquement dans les transitions. Il n'y a pas d'effort pour aider l'enfant à déplacer son attention, ou pour attirer l'intérêt de l'enfant vers une nouvelle activité et susciter sa prise de conscience de cette activité. L'enfant peut être déplacé physiquement d'un endroit à un autre et attendre sans rien faire pendant que l'adulte prépare une activité.

2. Il y a une transition mais l'adulte guide l'enfant pendant la transition, en déplaçant physiquement l'enfant d'une activité à une autre ou d'un lieu à un autre sans encourager l'autonomie dans la transition, ou en choisissant l'activité sans offrir de possibilité de choix à l'enfant et en le dirigeant au début de l'activité sans rechercher son initiative.

3. La transition est accomplie en déplaçant l'intérêt de l'enfant vers une nouvelle activité sans guider physiquement l'enfant. Cependant, le choix d'activité n'est pas optimal, parce qu'il n'y a pas assez de variation par rapport à la dernière activité ou parce que les besoins ou les choix évidents de l'enfant (calme puis actif, actif puis calme, changement de localisation, changement de rythme) ne sont pas pris en compte dans le choix de l'activité suivante.

4. La transition est harmonieuse et l'enfant se déplace de façon autonome durant la transition. L'adulte engage l'enfant dans la nouvelle activité, par l'intermédiaire d'un choix de l'enfant ou d'une initiative de sa part. La nouvelle activité représente une variation en termes de localisation, de niveau d'activité, ou de domaine d'enseignement.

5. La transition est gérée de façon optimale. L'adulte élabore le changement d'intérêt de l'enfant en clôturant une activité à un moment approprié et en en mettant une autre en place, pour que l'apprentissage de l'enfant dans les deux activités soit maximisé et que l'intérêt passe d'une activité à la suivante avec un temps d'arrêt minimum. L'enfant choisit et initie l'activité suivante.

Modèle d'intervention précoce de Denver. Cotation de la fidélité

Feuille de cotation de la fidélité du modèle d'intervention précoce de Denver

Thérapeute : .... Enfant : ....
Évaluateur et date : .... Séquence : ....

Règles de cotation : Observez une activité entière avant de coter. Lisez la définition complète de chaque cotation avant d'attribuer un score. Donnez un seul score numérique. Notez les justifications du score dans les cases.

Item	Activité 1	Activité 2	Activité 3	Activité 4	Activité 5	Activité 6
A. Gestion de l'attention de l'enfant						
B. Format ABC						
C. Techniques d'enseignement						
D. Modulation de l'affect/l'éveil de l'enfant						
E. Gestion des comportements indésirables						
F. Qualité de l'engagement dyadique						
G. Optimisation de la motivation de l'enfant par l'adulte						
H. Utilisation de l'affect positif par l'adulte						
I. Sensibilité et réceptivité de l'adulte						
J. Opportunités de communication multiples et variées						
K. Langage de l'adulte adapté au niveau de l'enfant						
L. Activité conjointe et élaboration						
M. Transition entre les activités						
Colonnes de commentaires pour prendre des notes						

Bibliographie

AINSWORTH, M. D. S., BLEHAR, M. C., WATERS, E. WALL, S. (1978). *Patterns of attachment*. Hillsdale, NJ : Erlbaum.

ANDERSON, J. R. (2000). *Learning and memory : An integrated approach* (2nd éd.). New York : Wiley.

ANSBACHER, H. ANSBACHER, R. R. (1956). The style of life. In *The Individual Psychology of Alfred Adler*. New York : Basic Books.

ANZALONE, M. WILLIAMSON, G. G. (2000). Sensory processing and motor performance in autism spectrum disorders. In A. M. Wetherby et B. M. Prizant (éd.), *Autism spectrum disorders : A transactional developmental perspective* (p. 143-166). Baltimore : Brookes.

BAER, D. M. SHERMAN, J. A. (1964). Reinforcement control of generalized imitation in young children. *Journal of Experimental Child Psychology, 1*, 37-49.

BAILLARGEON, R. (2004). Infants' reasoning about hidden objects : Evidence for event-general and event-specific expectation. *Developmental Science, 7*, 301-424.

BANDURA, A., ROSS, D. ROSS, S. A. (1963). Vicarious reinforcement and imitative learning. *Journal of Abnormal and Social Psychology, 67*, 601-607.

BARANEK, G. T., DAVID, F. J., POE, M. D., STONE, W. L. WATSON, L. R. (2006). Sensory experiences questionnaire : Discriminating sensory features in young children with autism, developmental delays, and typical development. *Journal of Child Psychology and Psychiatry, 47* (6), 591-601.

BARNES, E. (1997). *Paving the way to kindergarten : Timelines and guidelines for preschool staff working with young children with special needs and their families*. Syracuse, NY : Center on Human Policy, Syracuse University.

BARON-COHEN, S. BOLTON, P. (1994) *Autism : The facts*. Oxford, UK : Oxford Medical Publications.

BATES, E. (1976). *Language and context : The acquisition of pragmatics*. New York : Academic Press.

BATES, E., BRETHERTON, I. SNYDER, L. (2001). *From first words to grammar : Individual differences and dissociable mechanisms*. Cambridge, UK : Cambridge University Press.

BATES, E. DICK, F. (2002). Language, gesture, and the developing brain. *Developmental Psychobiology, 40*, 293-310.

BATES, E., MARCHMAN, V., TAL, D., FENSON, L., DALE, P., REZNICK, J. et al. (1994). Developmental and stylistic variation in the composition of early language. *Journal of Child Language, 21,* 85-123.

BAUMAN, M. L. KEMPER, T. L. (1994). Neuroanatomical observation of the brain in autism. In M. L. Bauman et T. L. Kemper (éd.), *The neurobiology of autism* (p. 119-145). Baltimore : Johns Hopkins University Press.

BAUMINGER, N., SOLOMON, M., AVIEZER, A., HEUNG, K., BROWN, J. ROGERS, S. J. (2008). Friendship in high-functioning children with autism spectrum disorder : Mixed and non-mixed dyads. *Journal of Autism and Developmental Disorders, 38* (7), 1211-1229.

BEECHER, H. K. (1955). The powerful placebo. *Journal of the American Medical Association, 159,* 1602-1606.

BLAKE, J., MCCONNELL, S., HORTON, G. BENSON, N. (1992). The gestural repetoire and its evaluation over the 2nd year. *Early Development and Parenting, 1,* 127-136.

BONDY, A. S. FROST, L. A. (1994). The picture exchange communication system. *Focus on Autistic Behavior, 9,* 1-19.

BRICKER, D. D., PRETTI-FRONTZCZAK, K. MCCOMAS, N. (1998). *An activity-based approach to early intervention* (2nd éd.). Baltimore : Brookes.

BROWN, J. R., ROGERS, S. J. (2003). Cultural issues in autism. In S. Ozonoff, S. J. Rogers R. L. Hendren (éd.), *Autism spectrum disorders : A research review for practitioners* (p. 209-226). Washington, DC : American Psychiatric Association.

BRUNER, J. (1972). Nature and uses of immaturity. *American Psychologist, 27,* 687-708.

BRUNER, J. (1975). The ontogenesis of speech acts. *Journal of Child Language, 2,* 1-19.

BRUNER, J. (1981a). The pragmatics of acquisition. In W. Deutsch (éd.), *The child's construction of language* (p. 35-56). New York : Academic Press.

BRUNER, J. (1981b). The social context of language acquisition. *Language and Communication, 1,* 155-178.

BRUNER, J. (1995). From joint attention to the meeting of minds : An introduction. In C. Moore et P. J. Dunham (éd.), *Joint attention : Its origins and role in development* (p. 1-14). Hillsdale, NJ : Erlbaum.

BRUNER, J. S. (1977). Early social interaction and language acquisition. In H. R. Schaffer (éd.), *Studies in mother-infant interaction* (p. 271-289). New York : Academic Press.

CAPPS, L., SIGMAN, M., MUNDY, P. (1994). Attachment security in children with autism. *Development and Psychopathology, 6,* 249-261.

, M. (2000). Joint attention, cultural learning, and language acquisition : Implications for children with autism. In A. M. Wetherby et B. M. Prizant (éd.), *Autism spectrum disorders : A transactional developmental perspective* (p. 31-54). Baltimore : Brookes.

CARR, E. G., DUNLAP, G., HORNER, R. H., KOEGEL, R. L., TURNBULL, A. P., SAILOR, W. et al. (2002). Positive behavior support : Evolution of an applied science. *Journal of Positive Behavior Interventions, 4*, 4-16.

CASELLI, C., CASADIO, P. BATES, E. (1999). A comparison of the transition from first words to grammar in English and Italian. *Journal of Child Language, 26*, 69-111.

CASSUAM, V. M., KUEFNER, D., WETERLUND, A., NELSON, C. A. (2006). À behavioral and ERP investigation of 3-month-olds' face preferences. *Neuropsychologia, 44*, 2113-2125.

CHAKRABARTI, S., FOMBONNE, E. (2005). Pervasive developmental disorders in preschool children : Confirmation of high prevalence. *American Journal of Psychiatry, 162*, 1133-1141.

CHARMAN, T. (1998). Specifying the nature and course of the joint attention impairment in autism in the preschool years : Implications for diagnosis and intervention. *Autism : An International Journal of Research and Practice, 2* (1), 61-79.

CHARMAN, T., HOWLIN, P., ALDRED, C., BAIRD, G., DEGLI ESPINOSA, F., DIGGLE, T. et al. (2003). *Research into early intervention for children with autism and related disorders : Methodological and design issues*. Report on a workshop funded by the Wellcome Trust, Institute of Child Health. November 2001. *Autism, 7* (II), 217-225.

CHARMAN, T., SWETTENHAM, J., BARON-COHEN, S., COX, A., BAIRD, G. DREW, A. (1998). An experimental investigation of social-cognitive abilities in infants with autism : Clinical implications. *Infant Mental Health Journal, 19* (2), 260-275.

CHARTRAND, T. L., BARGH, J. A. (1999). The chameleon effect : The perception-behavior link and social interaction. *Journal of Personality and Social Psychology, 76*, 893-910.

CIPANI, E., SPOONER, F. (1994). *Curricular and instructional approaches for persons with severe disabilities*. Boston : Allyn et Bacon.

COHEN, M. J., SLOAN, D. L. (2007). *Visual supports for people with autism : A guide for parents and professionals* (2nd éd.). Bethesda, MD : Woodbine House.

COOK, R. E., TESSIER, M., KLEIN, D. (1999). *Adapting early childhood curricula for children in inclusive settings* (5th éd.). Englewood Cliffs, NJ : Prentice-Hall.

COOPER, J. O., HERON, T. E., HEWARD, W. L. (2006). *Applied behavior analysis* (2nd éd.). Upper Saddle River, NJ : Prentice-Hall.

COULTER, L., GALLAGHER, C. (2001). Evaluation of the early childhood educators programme. *International Journal of Language and Communication Disorders, 36*, 264-269.

COURCHESNE, E., PIERCE, K., SCHUMANN, C. M., REDCAY, E., BUCKWALTER, J. A., KENNEDY, D. et al. (2007). Mapping early brain development in autism. *Neuron*, *56*, 399-413.

COURCHESNE, E., REDCAY, E., KENNEDY, D. P. (2004). The autistic brain : Birth through adulthood. *Current Opinion in Neurology*, *17* (4), 489-496.

COURCHESNE, E., TOWNSEND, J. P., AKSHOOMOFF, N. A., YEUNG-COURCHESNE, R., PRESS, G. A., MURAKAMI, J. W. *et al.* (1993). À new finding : Impairment in shifting attention in autistic and cerebellar patients. In S. H. Broman et J. Grafman (éd.), *Atypical deficits in developmental disorders : Implications for brain function*. Hillsdale, NJ : Erlbaum.

CRAIS, E., DOUGLAS, D. D., CAMPBELL, C. C. (2004). The intersection of the development of gestures and intentionality. *Journal of Speech, Language, and Hearing Research*, *47* (3), 678-694.

CSIBRA, G., GERGELY, G. (2005). Social learning and social cognition : The case for pedagogy. In

M. H. JOHNSON, Y. MUNAKATA (éd.), *Processes of change in brain and cognitive development. Attention and performance*. Oxford, UK : Oxford University Press.

DALE, E., JOHODA, A., KNOTT, F. (2006). Mothers' attributions following their child's diagnosis of autistic spectrum disorder : Exploring links with maternal levels of stress, depression and expectations about their child's future. *Autism*, *10* (5), 463-479.

DAWSON, G. (2008). Early behavior intervention, brain plasticity, and the prevention of autism spectrum disorder. *Developmental Psychopathology*, *20* (III), 775-803.

DAWSON, G., ADAMS, A. (1984). Imitation and social responsiveness in autistic children. *Journal of Abnormal Child Psychology*, *12*, 209-226.

DAWSON, G., CARVER, L., MELTZOFF, A. N., PANAGIOTIDES, H., MCPARTLAND, J. (2002a). Neural correlates of face recognition in young children with autism spectrum disorder, developmental delay, and typical development. *Child Development*, *73*, 700-717.

DAWSON, G., GALPERT, L. (1990). Mothers' use of imitative play for facilitating social responsiveness and toy play in young autistic children. *Development and Psychopathology*, *2*, 151-162.

DAWSON, G., ROGERS, S. J., SMITH, M., MUNSON, J., WINTER, J. *et al.* (2010). Randomized controlled trial of the Early Start Denver Model : A relationship-based developmental and behavioral intervention for toddlers with autism spectrum disorders : Effects on IQ, adaptive behavior and autism diagnosis. *Pediatrics*, *125*, 1-7.

DAWSON, G., TOTH, K., ABBOTT, R., OSTERLING, J., MUNSON, J., ESTES, A. *et al.* (2004). Defining the early social attention impairments in autism : Social orienting, joint attention, and responses to emotions. *Developmental Psychology*, *40* (2), 271-283.

DAWSON, G., WEBB, S. J., MCPARTLAND, J. (2005a). Understanding the nature of face processing impairment in autism :

Insights from behavioral and electrophysiological studies. *Developmental Neuropsychology, 27,* 403-424.

DAWSON, G., WEBB, S., SCHELLENBERG, G. D., DAGER, S., FRIEDMAN, S., AYLWARD, E. *et al.* (2002). Defining the broader phenotype of autism : Genetic, brain, and behavioral perspectives. *Development and Psychopathology, 14,* 581-611.

DAWSON, G., WEBB, S. J., WIJSMAN, E., SCHELLENBERG, G., ESTES, A., MUNSON, J. *et al.* (2005b). Neurocognitive and electrophysiological evidence of altered face processing in parents of children with autism : Implications for a model of abnormal development of social brain circuitry in autism. *Development and Psychopathology, 17,* 679-697.

DAWSON, G., ZANOLLI, K. (2003). Early intervention and brain plasticity in autism. *Novartis Foundation Symposium, 251,* 266-274.

DETTMER, S., SIMPSON, R. L., MYLES, B. S., GANZ, J. B. (2000). The use of visual supports to facilitate transitions of students with autism. *Focus on Autism and Other Developmental Disabilities, 15,* 163-169.

DREW, A., BAIRD, G., BARON-COHEN, S., COX, A., SLONIMS, V., WHEELWRIGHT, S. *et al.* (2002). À pilot randomized control trial of a parent training intervention for pre-school children with autism : Preliminary findings and methodological challenges. *European Child and Adolescent Psychiatry, 11,* 266-272.

DUDA, M. A., DUNLAP, G., FOX, L., LENTINI, R., CLARK, S. (2004). An experimental evaluation of positive behavior support in a community preschool program. *Topics in Early Childhood Special Éducation, 24,* 143-155.

ELDER, L. M., DAWSON, G., TOTH, K., FEIN, D., MUNSON, J. (2007). Head circumference as an early predictor of autism symptoms in younger siblings of children with autism spectrum disorder. *Journal of Autism and Developmental Disorders, 38* (6), 1104-1111.

ELDEVIK, S., GARDNER, J. (2006). *Assessment and Learning.* London : Sage.

FARRAR, M. J. (1992). Negative evidence and grammatical morpheme acquisition. *Developmental Psychology, 28,* 90-98.

FERGUSON, D. L., BAUMGART, D. L. (1991). Partial participation revisited. *Journal of the Association for the Severely Handicapped, 16,* 218-227.

FERGUS, C. A., MENN, L., STOEL-GAMMAN, C. (1992). *Phonological development : Models, research, implications.* Baltimore, MD : York Press.

FEWELL, R. R., SANDALL, S. R. (1986). Developmental testing of handicapped infants. *Topics in Early Childhood Special Éducation, 6* (3), 86-100.

FRITH, U., BARON-COHEN, S. (1987). Perception in autistic children. In D. J. Cohen et A. M. Donnellan (éd.), *Handbook of autism and pervasive developmental disorders.* New York : Wiley.

FUENTES, J., MARTIN-ARRIBAS, M. C. (2007). Bioethical issues in neuropsychiatric genetic disorders. *Child and Adolescent*

BIBLIOGRAPHIE

Psychiatric Clinics of North America, 16 (3), 649-661.

GARBER, K. (2007). Neuroscience : Autism's cause may reside in abnormalities at the synapse. *Science, 17,* 190-191.

GARDNER, J. (2006). *Assessment and Learning.* London : Sage.

GESCHWIND, D. H. (2008). Autism : Many genres, common pathways ? *Cell, 135,* 391-395.

GESCHWIND, D. H., LEVITT, P. (2007). Autism spectrum disorders : Development disconnection syndromes. *Current Opinion in Neurobiology, 17* (I), 103-111.

GILKERSON, L., STOTT, F. (2005). Parent-child relationships in early intervention with infants and toddlers with disabilities and their families. In C. H. Zeanah, Jr. (éd.), *Handbook of infant mental health* (2nd éd.). New York : Guilford Press.

GOLDSTEIN, H., WICKSTROM, S., HOYSON, M., JAMIESON, B., ODOM, S. L. (1988). Effects of sociodramatic play training on social and communicative interaction. *Éducation and Treatment of Children, 11,* 97-117.

GOODMAN, R. (1989). Infantile autism : A syndrome of multiple primary deficits. *Journal of Autism and Developmental Disorders, 19,* 409-424.

GRAY, C., GARAND, J. (1993). Social stories : Improving responses of students with autism with accurate social information. *Focus on Autistic Behavior, 8,* 1-10.

GRAY, D. E. (1998). *Autism and the family : Problems, prospects, and coping with the disorder.* Springfield, IL : Charles C. Thomas.

GREENSPAN, S. I., KALMANSON, B., SHAHMOON-SHANOK, R., WIEDER, S., GORDON-WILLIAMSON, G., ANZALONE, M. (1997). *Assessing and treating infants and young children with severe difficulties in relating and communicating.* Washington, DC : Zero to Three.

GRIFFITH, E. M., PENNINGTON, B. F., WEHNER, E. A., ROGERS, S. J. (1999). Executive functions in young children with autism. *Child Development, 70,* 817-832.

GUTSTEIN, S. E. (2005, winter). Relationship development intervention : Developing a treatment program to address the unique social and emotional deficits in autism spectrum disorders. *Autism Spectrum Quarterly.*

GUTSTEIN, S. E., SHEELY, R. K. (2002). *Relationship development intervention with young children : Social and emotional development activities for Asperger syndrome, autism, PDD and NLD.* London : Jessica Kingsley.

HANSEN, R., HAGERMAN R. (2003). Contributions of pediatrics. In S. Ozonoff, S. J. Rogers R. L. Hendren (éd.), *Autism spectrum disorders : A research review for practitioners.* Washington, DC : American Psychiatric.

HAPPE, F., RONALD, A., PLOMIN, R. (2006). Time to give up on a single explanation for autism. *Nature Neuroscience, 9* (10), 1218-1220.

Harris, S. L., Wolchik, S. A., Weitz, S. (1981). The acquisition of language skills by autistic children : Can parents do the job ? *Journal of Autism and Developmental Disorders, 11,* 373-384.

Hart, B., Risley, T. R. (1975). Incidental teaching of language in the preschool. *Journal of Applied Behavior Analysis, 8,* 411-420.

Hart, B., Risley, T. R. (1995). *Meaningful differences in the everyday experience of young American children.* Baltimore : Brookes.

Hayden, D. (2004). A tactually-grounded treatment approach to speech production disorders. In I. Stockman (éd.), *Movement and action in learning and development : Clinical implications for pervasive developmental disorders.* San Diego : Elsevier-Academic Press.

Higgins, D. J., Bailey, S. R., Pearce, J. C. (2005). Factors associated with functioning style and coping strategies of families with a child with an autism spectrum disorder. *Autism, 9* (2), 125-137.

Hodapp, R. M., Urbano, R. C. (2007). Adult siblings of individuals with down syndrome versus with autism : Findings from a large-scale U.S. survey. *Journal of Intellectual Disability Research, 51* (12), 1018-1029.

Hodgdon, L. A. (1995). *Visual strategies for improving communication.* Troy, MI : Quirk Roberts.

Hughes, C., Russell, J., Robbins, T. W. (1994). Evidence for executive dysfunction in autism. *Neuropsychologia, 32,* 477-492.

Huttenlocher, J., Vasilyeva, M., Cymerman, E., Levine, S. (2002). Language input and language syntax. *Cognitive Psychology, 45,* 337-374.

Iacoboni, M. (2005). Neural mechanisms of imitation. *Current Opinion in Neurobiology, 15,* 632-637.

Iacoboni, M. (2006). Understanding others : Imitation, language, empathy. In S. Hurley et N. Chater (éd.), *Perspectives on imitation : From mirror neurons to memes : Vol. 1. Mechanisms of imitation and imitation in animals.* Cambridge, MA : MIT Press.

Iacoboni, M., Mazziotta, J. C. (2007). Mirror neuron system : Basic findings and clinical implications. *Annals of Neurology, 62,* 213-218.

Individuals with Disabilities Act (IDEA). (1991). Pub. L. No. 101-476 § 1400 et seq., 104 stat. 1142.

Ingersoll, B., Gergans, S. (2007). The effect of a parent-implemented imitation intervention on spontaneous imitation skills in young children with autism. *Research in Developmental Disabilities, 28* (II), 163-175.

Ingersoll, B., Schreibman, L. (2006). Teaching reciprocal imitation skills to young children with autism using a naturalistic behavioral approach : Effects on language, pretend play, and joint attention. *Journal of Autism and Developmental Disorders, 36* (4), 487-505.

INSEL, T. R., O'BRIEN, D. J., LECKMAN, J. F. (1999). Oxytocin, vasopressin, and autism : Is there a connection ? *Biological Psychiatry, 45*, 145-157.

JOHNSON, M., GRIFFIN, R., CISBRA, G., HALIT, H., FARONI, T., DEHANN, J. et al. (2005). The emergence of the social brain network : Evidence from typical and atypical development. *Development and Psychopathology, 17*, 599-619.

KAISER, A. P., YODER, P. J., KEETZ, A. (1992). Evaluation milieu teaching. In S. F. Warren et J. Reichle (éd.), *Communication and language intervention series : Vol. I. Causes and effects in communication and language intervention* (p. 9-48). Baltimore : Brookes.

KASARI, C. (2002). Assessing change in early interventions programs for children with autism. *Journal of Autism and Developmental Disorders, 32* (5), 447-461.

KASARI, C., SIGMAN, M., MUNDY, P., YIRMIYA, N. (1990). Affective sharing in the context of joint attention interactions of normal, autistic, and mentally retarded children. *Journal of Autism and Developmental Disorders, 20*, 87-100.

KASARI, C., SIGMAN, M., YIRMIYA, N. (1993). Focused and social attention of autistic children in interactions with familiar and unfamiliar adults : A comparison of autistic, mentally retarded, and normal children. *Development and Psychopathology, 5*, 403-414.

KASARI, C., SIGMAN, M., YIRMIYA, N., MUNDY, P. (1994). Affective development and communication in young children with autism. In A. Kaiser et D. B. Gray (éd.), *Enhancing children's communication : Research foundations for intervention*. Baltimore : Brookes.

KENNEDY, D. P., COURCHESNE, E. (2008). The intrinsic functional organization of the brain is altered in autism. *Neuroimage, 39* (IV), 1877-1885.

KERN, L., MARDER, T. J., BOYAJIAN, A. E., ELLIOT, C. M. (1997). Augmenting the independence of self-management procedures by teaching self-initiation across settings and activities. *School Psychology Quarterly, 12*, 23-32.

KJELGAARD, M., TAGER-FLUSBERG, H. (2001). An investigation of language impairment in autism : Implications for genetic subgroups. *Language and Cognitive Processes, 16*, 287-308.

KOEGEL, L. K. (2000). Interventions to facilitate communication in autism. *Journal of Autism and Developmental Disorders, 30* (5), 383-391.

KOEGEL, L. K., KOEGEL, R. L., HARROWER, J. K., CARTER, C. M. (1999a). Pivotal response intervention 1 : Overview of approach. *Journal of the Association for Persons with Severe Handicaps, 24*, 174-185.

KOEGEL, L. K., KOEGEL, R. L., HURLEY, C., FREA, W. D. (1992). Improving social skills and disruptive behavior in children with autism through self-management. *Journal of Applied Behavior Analysis, 25*, 341-353.

KOEGEL, L. K., KOEGEL, R. L., SHOSHAN, Y., MCNERNEY, E. (1999b). Pivotal response intervention II : Preliminary long-term outcome data. *Journal of the Association for Persons with Severe Handicaps, 24,* 186-198.

Koegel, R., Koegel, L. K. (1988). Generalized responsivity and pivotal behavior. In R. H. Horner, G. Dunlap R. L. Koegel (éd.), *Generalization and maintenance : Lifestyle changes in applied settings* (p. 41-66). Baltimore : Brookes.

Koegel, R. L., Bimbela, A., Schreibman, L. (1996). Collateral effects of parent training on family interactions. *Journal of Autism and Developmental Disorders, 26,* 347-359.

Koegel, R. L. Frea, W. D. (1993). Treatment of social behavior in autism through the modification of pivotal social skills. *Journal of Applied Behavior Analysis, 26,* 369-377.

Koegel, R. L., Koegel, L. K. (1995). *Teaching children with autism : Strategies for initiating positive interactions and improving learning opportunities.* Baltimore : Brookes.

Koegel, R. L., Koegel, L. K., Surratt, A. (1992). Language intervention and disruptive behavior in preschool children with autism. *Journal of Autism and Developmental Disorders, 22* (2), 141-153.

Koegel, R. L., O'Dell, M., Dunlap, G. (1988). Producing speech use in nonverbal autistic children by reinforcing attempts. *Journal of Autism and Developmental Disorders, 18* (4), 525-538.

Koegel, R. L., O'Dell, M., Koegel, L. K. (1987). A natural language teaching paradigm for nonverbal autistic children. *Journal of Autism and Developmental Disorder, 17,* 187-199.

Koegel, R. L. Williams, J. A. (1980). Direct vs. indirect response – Reinforcer relationships in teaching autistic children. *Journal of Abnormal Child Psychology, 8* (IV), 537-547.

Kreppner, J. M., Rutter, M., Beckett, C., Castle, J., Colvert, E., Grothues, E. et al. (2007). Normality and impairment following profound early institutional deprivation : A longitudinal examination through childhood. *Developmental Psychology, 43* (4), 931-946.

Kuhl, P. K., Tsao, F. M., Liu, H. M. (2003). Foreign-language experience in infancy : Effects of short-term exposure and social interaction on phonetic learning. *Proceedings of the National Academy of Sciences USA, 100* (15), 9096-9101.

Kylliainen, A., Braeutigam, S., Hietanen, J. K., Swithenby, S. J., Bailey, A. J. (2006). Face and gaze processing in normally developing children : A magnetocephalographic study. *European Journal of Neuroscience, 23,* 801-810.

Legerstee, M., Markova, G., Fisher, T. (2007). The role of maternal affect attunement in dyadic and triadic communication. *Infant Behavior and Development, 2,* 296-306.

Leonard, L. B., Newhoff, M., Mesalam, L. (1980). Individual differences in early child phonology. *Applied Psycholinguistics, 1,* 7-30.

LIFTER, K., SULZER-AZAROFF, B., ANDERSON, S. R., COYLE, J. T., COWDERY, G. E. (1993). Teaching play activities to preschool children with disabilities : The importance of developmental considerations. *Journal of Early Intervention, 17* (2), 139-159.

LORD, C., RISI, S., PICKLES, A. (2005). Trajectory of language development in autistic spectrum disorders. In M. L. Rice et S. F. Warren (éd.), *Developmental language disorders : From phenotypes to etiologies* (p. 7-30). Mahweh, NJ : Erlbaum.

LORD, C., WAGNER, A., ROGERS, S., SZATMARI, P., AMAN, M., CHARMAN, T. *et al.* (2005). Challenges in evaluating psychosocial interventions for autistic spectrum disorders. *Journal of Autism and Developmental Disorders, 35* (6), 695-708.

LOSARDO, A., BRICKER, D. (1994). Activity-based intervention and direct instruction : A comparison study. *American Journal of Mental Retardation, 98,* 744-765.

LOVAAS, O. I. (1987). Behavioral treatment and normal educational and intellectual functioning in young autistic children. *Journal of Consulting and Clinical Psychology, 55* (1), 3-9.

LOVAAS, O. I. (2002). *Teaching individuals with developmental delays : Basic intervention techniques.* Austin, TX : PRO-ED.

LOVAAS, O. I., BERBERICH, J. P., PERLOFF, B. F., SCHAEFFER, B. (1966). Acquisition of imitative speech by schizophrenic children. *Science, 151,* 705-707.

LOVAAS, I. O., FREITAG, G., GOLD, V. J., KASSORLA, I. C. (1965). Experimental studies in child schizophrenia : Analysis of self-destructive behavior. *Journal of Experimental Child Psychology, 2,* 67-84.

LYNCH, E. W., HANSON, M. J. (1992). *Developing cross-cultural competence.* Baltimore : Brooks/Cole.

MACKS, R. J., REEVE, R. E. (2007). The adjustment of non-disabled siblings of children with autism. *Journal of Autism and Developmental Disorders, 37* (6), 1060-1067.

MAESTRO, S., MURATIN, F., CAVALLARO, M. C., PEI, F., STERN, D., GOLSE, B., PALACIO-ESPOSA, F. (2002). Attentional skills during the first 6 months of age in autism spectrum disorders. *Journal of the American Academy of Child and Adolescent Psychiatry, 4,* 1239-1245.

MAHONEY, G., PERALES, F. (2003). Using relationship-focused intervention to enhance the social-emotional functioning of young children with autism spectrum disorder. *Topics in Early Childhood Special Éducation, 23,* 77-89.

MAHONEY, G., PERALES, F. (2005). The impact of relationship focused intervention on young children with autism spectrum disorders : A comparative study. *Journal of Developmental and Behavioral Pediatrics, 26,* 77-85.

MAHONEY, G., WHEEDEN, C. A., PERALES, F. (2004). Relationship of preschool special education outcomes to instructional practices and parent-child interaction. *Research in Developmental Disabilities, 25,* 539-558.

Marcus, L. M., Kunce, L. J., Schopler, E. (2005). In F. R. Volkmar, R. Paul., A. Klin D. Cohen (éd.), *Handbook of autism and developmental disorders* (3rd éd., Vol. 2, p. 1055-1086). Hoboken, NJ : Wiley.

Mashal, M., Feldman, R. B., Sigal, J. J. (1989). The unraveling of a treatment paradigm : A followup study of the Milan approach to family therapy. *Family Process, 28* (4), 187-193.

McCann, J., Peppe, S. (2003). Prosody in autism spectrum disorders : A critical review. *International Journal of Language and Communication Disorders, 38* (4), 325-350.

McCleery, J. P., Tully, L., Slevc, L. R., Schreibman, L. (2006). Consonant production patterns of young severely language-delayed children with autism. *Journal of Communication Disorders, 39,* 217-231.

McCollum, J. A., Yates, T. J. (1994). Dyad as focus, triad as means : A family-centered approach to supporting parent-child interactions. *Infants and Young Children, 6* (4), 54-63.

McCune, L. (1995). A normative study of representational play at the transition to language. *Developmental Psychology, 31,* 198-206.

McCune-Nicholich, L. (1977). Beyond sensorimotor intelligence : Assessment of symbolic maturity through analysis of pretend play. *Merrill-Palmer Quarterly, 23,* 89-99.

McGee, G. G., Morrier, M. J., Daly, T. (1999). An incidental teaching approach to early intervention for toddlers with autism. *Journal of the Association for Persons with Severe Handicaps, 24,* 133-146.

McIntosh, D. N. (1996). Facial feedback hypotheses : Evidence, implications, and directions. *Motivation and Emotion, 20,* 121-147. Meltzoff, A. Moore, M. K. (1977). Imitation of facial and manual gestures by human neonates. *Science, 198,* 75-78. Montes, G. Halterman, J. S. (2008). Child care problems and employment among families with preschool-aged children with autism in the United States. *Pediatrics, 122* (1), 202-208.

Mundy, P. (2003). Annotation. The neural basis of social impairments in autism : The role of the dorsal medial-frontal cortex and anterior cingulate system. *Journal of Child Psychology and Psychiatry, 44* (VI), 793-809.

Mundy, P., Neal, R. (2001). Neural plasticity, joint attention and a transactional social-orienting model of autism. In L. Glidden (éd.), *International review of research in mental retardation : Vol. 23. Autism* (p. 139-168). New York : Academic Press.

Mundy, P., Sigman, M., Kasari, C. (1990). A longitudinal study of joint attention and language development in autistic children. *Journal of Autism and Developmental Disorders, 20,* 115-128.

MUNDY, P., SIGMAN, M., UNGERER, J., SHERMAN, T. (1986). Defining the social deficits of autism : The contribution of non verbal communication measures. *Journal of Child Psychology and Psychiatry and Allied Disciplines, 27,* 657-669.

MUNDY, P., SIGMAN, M., UNGERER, J., SHERMAN, T. (1987). Nonverbal communication and play correlates of language development in autistic children. *Journal of Autism and Developmental Disorders, 17,* 349-364.

MURIAS, M., WEBB, S. J., GREENSON, J., DAWSON, G. (2007). Resting state cortical connectivity reflected in EEG coherence in individuals with autism. *Biological Psychiatry, 62,* 270-273.

NADEL, J., GUERINI, C., PEZE, A., RIVET, C. (1999). The evolving nature of imitation as a format for communication. In J. Nadel et G. Butterworth (éd.), *Imitation in infancy* (p. 209-234). Cambridge, UK : Cambridge University Press.

NADEL, J., PEZÉ, A. (1993). What makes immediate imitation communicative in toddlers and autistic children ? In J. Nadel et L. Camaioni (éd.), *New perspectives in early development* (p. 139-156). London : Routledge.

NELSON, K. (1973). Structure and strategy in learning to talk. *Monographs for the Society for Research in Child Development, 38* (1-2), 1-135.

NIEDENTHAL, P. M., BARSALOU, L. W., WINKIELMAN, P., KRAUTH-GRUBER, S., RIC, F. (2005). Embodiment in attitudes, social perception, and emotion. *Personality and Social Psychology Review, 9,* 184-211.

O'Neill, R. E., Horner, R. H., Albin, R. W., Sprague, J. K., Storey, K. Newton, J. S. (1997). *Functional assessment and program development for problem behavior : A practical handbook* (2nd éd.). Pacific Grove, CA : Brookes/Cole.

O'NEILL, R. E., HORNER, R. H., ALBIN, R. W., STOREY, K., SPRAGUE, J. K. (1990). *Functional analysis of problem behavior : A practical assessment guide.* Sycamore, IL : Sycamore.

ORSMOND, G. I., SELTZER, M. M. (2007). Siblings of individuals with autism or down syndrome : Effects on adult lives. *Journal of Intellectual Disability Research, 51* (9), 682-696.

Orsmond, G. I., Seltzer, M. M., Greenberg, J. S. Krauss, M. W. (2006). Mother-child relationship quality among adolescents and adults with autism. *American Journal on Mental Retardation, 3* (2), 121-137.

OSTERLING, J., DAWSON, G. (1994). Early recognition of autism : A study of first birthday home video tapes. *Journal of Autism and Developmental Disorders, 24,* 247-257.

OWENS, R. E. (1996). *Language development : An introduction.* Needham Heights, MA : Allyn et Bacon.

Ozonoff, S., Pennington, B. F., Rogers, S. J. (1991). Executive function deficits in high-functioning autistic individuals : Relationship to theory of mind. *Journal of Child Psychology and Psychiatry, 32*, 1081-1105.

Palomo, R., Belinchon, M., Ozonoff, S. (2006). Autism and family home movies : A comprehensive review. *Developmental and Behavioral Pediatrics, 27*, S59-S68.

Pardo, C. A., Vargas, D. L., Zimmerman, A. W. (2005). Immunity, neuroglia, and neuroinflammation in autism. *International Review of Psychiatry, 17*, 485-495.

Parten, M. B. (1933). Social play among preschool children. *Journal of Abnormal and Social Psychology, 28* (2), 136-147.

Pelphrey, K. A., Carter, E. J. (2008). Charting the typical and atypical development of the social brain. *Development and Psychopathology, 2*, 1081-1082.

Pennington, B. F., Ozonoff, S. (1996). Executive functions and developmental psychopathology. *Journal of Child Psychology and Psychiatry, 37*, 51-88.

Piaget, J. (1963). *The origins of intelligence in children*. New York : Norton.

Pierce, W. D., Cheney, C. D. (2008). *Behavior analysis and learning* (4th éd.). New York : Psychological Press.

Pinkham, A. E., Hopfinger, J. B., Pelphrey, K. A., Piven, J., Penn, D. L. (2008). Neural bases for impaired social cognition in schizophrenia and autism spectrum disorders. *Schizophrenia Research, 99*, 164-175.

Plaisted, K. C. (2001). Reduced generalization in autism : An alternative to weak central coherence. In J. A. Burack, T. Charman, N. Yirmiya P. R. Zelazo (éd.), *The development of autism : Perspectives from theory and research* (p. 149-169). Mahwah, NJ : Erlbaum.

Posey, D. J., Erickson, C. A., Stigler, K. A., McDougle, C. J. (2006). The use of selective serotonin reuptake inhibitors in autism and related disorders. *Journal of Child and Adolescent Psychopharmacology, 16*, 181-186.

Powell, D., Dunlap, G., Fox, L. (2006). Prevention and intervention for the challenging behaviors of toddlers and preschoolers. *Infants and Young Children, 19*, 25-35.

Premack, D. (1959). Toward empirical behavior laws : I. positive reinforcement. *Psychological Review, 66*, 219-233.

Prizant, B. M. Duchan, J. F. (1981). The functions of immediate echolalia in autistic children. *Journal of Speech and Hearing Disorders, 46*, 241-249.

Prizant, B. M. Wetherby, A. M. (1998). Understanding the continuum of discrete-trial traditional behavioral to social-pragmatic developmental approaches in communication enhancement for young children with autism/PDD. *Seminars in Speech and Language, 19* (4), 329-353.

PRIZANT, B. M., WETHERBY, A. M., RUBIN, E., LAURENT, A. C. RYDELL, P. J. (2006). *The SCERTS Model : A comprehensive educational approach for children with autism spectrum disorders.* Baltimore : Brookes.

REDCLAY, E. COURCHESNE, E. (2005). When is the brain enlarged in autism ? A meta-analysis of all brain size reports. *Biological Psychiatry, 58,* 1-9.

REMY, F., WENDEROTH, N., LIPKENS, K. SWINNEN, S. P. (2008). Acquisition of a new bimanual coordination pattern modulates the cerebral activations elicited by an intrinisic pattern : An fMRI study. *Cortex, 44* (5), 482-493.

RESCORLA, L. (1980). Overextension in early language development. *Journal of Child Language, 7,* 321-335.

RIVERA-GAZIOLA, M., SILVA-PEREYRA, J., KUHL, P. K. (2005). Brain potentials to native and nonnative contrasts in 7- and 11-month-old American infants. *Developmental Science, 8,* 162-172.

ROGERS, S. J. (1977). Characteristics of the cognitive development of profoundly retarded children. *Child Development, 48,* 837-843.

ROGERS, S. J. (1998). Neuropsychology of autism in young children and its implications for early intervention. *Mental Retardation and Developmental Disabilities Research Reviews, 4* (2), 104-112.

ROGERS, S. J., DILALLA, D. (1991). A comparative study of the effects of a developmentally based instructional model on young children with autism and young children with other disorders of behavior and development. *Topics in Early Childhood Special Éducation, 11,* 29-48.

ROGERS, S. J., HALL, T., OSAKI, D., REAVEN, J., HERBISON, J. (2000). A comprehensive, integrated, educational approach to young children with autism and their families. In S. L. Harris et J. S. Handleman (éd.), *Preschool education programs for children with autism* (2nd éd., p. 95-134). Austin, TX : Pro-Ed.

ROGERS, S. J., HAYDEN, D., HEPBURN, S., CHARLIFUE-SMITH, R., HALL, T., HAYES, A. (2006). Teaching young nonverbal children with autism useful speech : A pilot study of the Denver Model and PROMPT interventions. *Journal of Autism and Developmental Disorders, 36* (8), 1007-1024.

ROGERS, S. J., HEPBURN, S. L., STACKHOUSE, T., WEHNER, E. (2003). Imitation performance in toddlers with autism and those with other developmental disorders. *The Journal of Child Psychology and Psychiatry and Allied Disciplines, 44* (5), 763-781.

ROGERS, S. J., HERBISON, J., LEWIS, H., PANTONE, J., REIS, K. (1986). An approach for enhancing the symbolic, communicative, and interpersonal functioning of young children with autism and severe emotional handicaps. *Journal of the Division of Early Childhood, 10,* 135-148.

ROGERS, S. J., LEWIS, H. (1989). An effective day treatment model for young children with pervasive developmental disorders. *Journal of the American Aca-*

demy of Child and Adolescent Psychiatry, 28, 207-214.

Rogers, S. J., Lewis, H. C., Reis, K. (1987). An effective procedure for training early special education teams to implement a model program. *Journal of the Division of Early Childhood, 11* (2), 180-188.

Rogers, S. J., Ozonoff, S., Maslin-Cole, C. (1993). Developmental aspects of attachment behavior in young children with pervasive developmental disorders. *Journal of the American Academy of Child and Adolescent Psychiatry, 32,* 1274-1282.

Rogers, S. J., Pennington, B. F. (1991). A theoretical approach to the deficits in infantile autism. *Development and Psychopathology, 3,* 137-162.

Rogers, S. J., Williams, J. H. G. (2006). Imitation in autism : Findings and controversies. In S. J. Rogers et J. H. G. Williams (éd.), *Imitation and the social mind : Autism and typical development.* (p. 277-309). New York : Guilford Press. Russell, J. (1997). How executive disorders can bring about an inadequate "theory of mind." In J. Russell (éd.), *Autism as an executive disorder.* Oxford, UK : University Press.

Rydell, P. Mirenda, P. (1994). Effects of high and low constraint utterances on the production of immediate and delayed echolalia in young children with autism. *Journal of Autism and Developmental Disorders, 24,* 719-735.

Saffran, J. R., Aslin, R. N., Newport, E. K. (1996). Statistical learning by 8-month-old infants. *Science, 13,* 1926-1928.

Sallows, G. O., Graupner, T. D. (2005). Intensive behavioral treatment for children with autism : Four-year outcome and predictors. *American Journal on Mental Retardation, 110,* 417-438.

Sander, E. K. (1972). When are speech sounds learned ? *Journal of Speech and Hearing Disorders, 37,* 55-63.

Schieve, L. A., Blumberg, S. J., Rice, C., Visser, S. N., Boyle, C. (2007). The relationship between autism and parenting stress. *Pediatrics, 119,* S114-S121.

Schopler, E., Mesibov, G. B., Hearsey, K. A. (1995). Structured teaching in the TEACCH system. In E. Schopler et G. B. Mesibov (éd.), *Learning and cognition in autism* (p. 243-268). New York : Plenum Press.

Schopler, E., Reichler, R., Rochen, R. B. (1988). *The childhood autism rating scale (CARS).* Los Angeles : Western Psychological Services.

Schreibman, L. (1988). *Autism.* Newbury Park, CA : Sage.

Schreibman, L., Koegel, R. L. (2005). Training for parents of children with autism : Pivotal responses, generalization, and individualization of interventions. In E. D. Hibbs et P. S. Jensen (éd.), *Psychosocial treatment for child and adolescent disorders : Empirically based strategies for clinical practice* (2nd éd., p. 605-631). Washington, DC : American Psychological Association.

SCHREIBMAN, L., PIERCE, K. L. (1993). Achieving greater generalization of treatment effects in children with autism : Pivotal response training and self-management. *Clinical Psychologist, 46* (4), 184-191.

SCHUMANN, C. M., AMARAL, D. G. (2006). Stereological analysis of amygdala neuron number in autism. *Journal of Neuroscience, 26,* 7674-7679. Seibert, J., Hogan, A. Mundy, P. (1982). Assessing social interactional competencies : The early social-communication scales. *Infant Mental Health Journal, 3,* 244-258. Seligman, M. et Darling, R. B. (1997). *Ordinary families, special children : A systems approach to childhood disabilities* (2nd éd.). New York : Guilford Press.

SENDAK, M. (1963). *Where the wild things are.* HarperCollins Juvenile Books.

SHERER, M. R., SCHREIBMAN, L. (2005). Individual behavioral profiles and predictors of treatment effectiveness for children with autism. *Journal of Consulting and Clinical Psychology, 73,* 1-14.

SHONKOFF, J., PHILLIPS, D. (2000). *From Neurons to Neighborhoods.* Washington, DC : National Academy Press.

SIEGEL, L. M. (2007). *The complete IEP guide : How to advocate for your special éd child.* Berkeley, CA : Nolo Press.

SIGMAN, M., MUNDY, P. (1989). Social attachments in autistic children. *Journal of the American Academy of Child and Adolescent Psychiatry, 28,* 74-81.

SIGMAN, M., UNGERER, J. (1984). Cognitive and language skills in autistic, mentally retarded, and normal children. *Developmental Psychology, 20,* 293-302.

SILLER, M., SIGMAN, M. (2002). The behaviors of parents of children with autism predict the subsequent development of their children's communication. *Journal of Autism and Developmental Disorders, 32,* 77-89.

SIVBERG, B. (2002). Family system and coping behaviors : A comparison between parents of children with autistic spectrum disorders and parents with non-autistic children. *Autism, 6* (4), 397-409.

SMITH, T., EIKESETH, S., KLEVSTRAND, M., LOVAAS, I. O. (1997). Intensive behavioral treatment for preschoolers with severe mental retardation and pervasive developmental disorder. *American Journal on Mental Retardation, 102,* 238-249.

SMITH, T., GROEN, A. D., WYNN, J. W. (2000). Randomized trial of intensive early intervention for children with pervasive developmental disorder. *American Journal on Mental Retardation, 105* (4), 269-285.

SPARKS, B. F., FRIEDMAN, S. D., SHAW, D. W., AYLWARD. E. H., ECHELARD, D., ARTRU, A. A. et al. (2002). Brain structural abnormalities in young children with autism spectrum disorder. *Neurology, 59,* 184-192.

STAHMER, A., SCHREIBMAN, L. (1992). Teaching children with autism appropriate play in unsupervised environments using a self-management treatment package. *Journal of Applied Behaviour Analysis, 25,* 447-459.

STEELE, H., STEELE, M. (1994). Intergenerational patterns of attachment. In K. Bartholomew et D. Perlman (éd.), *Attachment processes in adulthood : Advances in personal relationshipsseries* (Vol. 5, p. 93-120). London : Jessica Kingsley.

STERN, D. N. (1985). *The interpersonal world of the infant.* New York : Basic Books.

STONE, W. L., CARO-MARTINEZ, L. M. (1990). Naturalistic observations of spontaneous communication in autistic children. *Journal of Autism and Developmental Disorders, 20,* 437-453.

STONE, W. L., LEE, E. B., ASHFORD, L., BRISSIE, J., HEPBURN, S. L., COONROD, E. E. et al. (1999). Can autism be diagnosed accurately in children under three years ? *Journal of Child Psychology and Psychiatry, 40,* 219-226.

STONE, W. L., OUSLEY, O. Y., YODER, P. J., HOGAN, K. L., HEPBURN, S. L. (1997). Nonverbal communication in two- and three-year-old children with autism. *Journal of Autism and Developmental Disorders, 27* (6), 677-696.

TAGER-FLUSBERG, H. (1993). What language reveals about the understanding of minds in children with autism. In S. Baron-Cohen, H. Tager-Flusberg D. J. Cohen (éd.), *Understanding other minds : Perspectives from autism* (p. 138-157). Oxford, UK : Oxford University Press.

TAGER-FLUSBERG, H., CALKINS, S., NOLIN, T., BAUMBERGER, T., ANDERSON, M., CHADWICK-DIAS, A. (1990). A longitudinal study of language acquisition in autistic and Down syndrome children. *Journal of Autism and Developmental Disorders, 20,* 1-21.

TAMIS-LEMONDA, C. S., BORNSTEIN, M. H., BAUMWELL, L. (2001). Maternal responsiveness and children's achievement of language milestones. *Child Development, 72,* 748-767.

TOMASELLO, M. (1992). The social bases of language acquisition. *Social Development, 1,* 67-87.

TOMASELLO, M. (1995). Joint attention and social cognition. In C. Moore et P. J. Dunham (éd.), *Joint attention : Its origins and role in development* (p. 103-130). Hillsdale, NJ : Erlbaum.

TOMASELLO, M. (1998). Do apes ape ? In B. F. Galef, Jr. et C. M. Heyes (éd.), *Social learning in animals : The roots of culture* (pp.) New York : Academic Press.

TOMASELLO, M. (2006). Acquiring linguistic constructions. In D. Kuhn et R. S. Siegler (éd.), *Handbook of child psychology : Vol. 2. Cognition, perception, and language* (6th éd., p. 255-298). Hoboken, NJ : Wiley.

TONGE, B., BRERETON, A., KIOMALL, M., MACKINNON, A., KING, N., RINEHART, N. (2006). Effects on parental mental health of an education and skills training program for parents of young children with autism : A randomized controlled trial. *Journal of the American Academy of Child and Adolescent Psychiatry, 45* (5), 561-569.

UNGERER, J., SIGMAN, M. (1981). Symbolic play and language comprehension in autistic children. *Journal of the American Academy of Child Psychiatry, 20*, 318-337.

UZGIRIS, I. C. (1973). Patterns of vocal and gestural imitation in infants. In L. J. Stone, H. T. Smith L. B. Murphy (éd.), *The competent infant* (p. 599-604). New York : Basic Books.

VAN IJZENDOORN, M. H., RUTGERS, A. H., BAKERMANS-KRANENBURG, M. J., VAN DAALEN, E., DIETZ, C., BUITELAAR, J. K. (2007). Parental sensitivity and attachment in children with autism spectrum disorders : Comparison with children with mental retardation, with language delays, and with typical development. *Child Development, 78* (2), 597-608.

VIDONI, E. D., BOYD, L. A. (2008). Motor sequential learning occurs despite disrupted visual and proprioceptive feedback. *Behavioral and Brain Functions, 4* (XXXII).

VISMARA, L. A., COLOMBI, C., ROGERS, S. J. (2009). Can 1 hour per week of therapy lead to lasting changes in young children with autism ? *Autism, 13* (I), 93-115.

VISMARA, L., ROGERS, S. J. (2008). Treating autism in the first year of life : A case study of the Early Start Denver Model. *Journal of Early Intervention, 31* (I), 91-108.

VYGOTSKY, L. S. (1978). *Mind in society : Development of higher psychological processes*. Cambridge, MA : Harvard Press.

WARREN, S. F., BREDIN-OLGA, S. L., FAIRCHILD M., FINESTOCK, L. H., FEY, M. E., BRADY, N. C. (2006). Responsivity education/prelinguistic milieu teaching. In R. J. McCauley et M. Fey (éd.), *Treatment of language disorders in children* (p. 45-75). Baltimore : Brookes.

WARREN, S. F., YODER, P. J. (2003). Early intervention for young children with language impairments. In L. Verhoeven et H. van Balkon (éd.), *Classification of developmental language disorders : Theoretical issues and clinical implications* (p. 367-382). Mahwah, NJ : Erlbaum.

WETHERBY, A. M., PRUTTING, C. A. (1984). Profiles of communicative and cognitive-social abilities in autistic children. *Journal of Speech and Hearing Research, 27*, 364-377.

WHITEN, A., HAM, R. (1992). On the nature and evolution of imitation in the animal kingdom : Reappraisal of a century of research. In P. J. B. Slater, J. S. Rosenblatt, C. Beer Milinksi (éd.), *Advances in the study of behavior* (Vol. 21, p. 239-283). New York : Academic Press.

WILLIAMS, D. L., MINSHEW, N. J. (2007). Understanding autism and related disorders : What has imaging taught us ? *Neuroimaging Clinics of North America, 17* (IV), 495-509.

WILLIAMS, J., WHITEN, A., SUDDENDORF, T., PERRETT, D. (2001). Imitation, mirror neurons, and autism. *Neuroscience and Biobehavioral Reviews, 25,* 287-295.

YIRMIYA, N., KASARI, C., SIGMAN, M., MUNDY, P. (1989). Facial expressions of affect in autistic, mentally retarded and normal children. *Journal of Child Psychology and Psychiatry, 30,* 725-735.

YODER, P. J., LAYTON, T. L. (1988). Speech following sign language training in autistic children with minimal verbal language. *Journal of Autism and Developmental Disorders, 18,* 217-229.

YODER, P., STONE, W. L. (2006). Randomized comparison of two communication interventions for preschoolers with autism spectrum disorders. *Journal of Consulting and Clinical Psychology, 74,* 426-435.

YODER, P. J., WARREN, S. F. (2001). Intentional communication elicits language-facilitating maternal responses in dyads with children who have developmental disabilities. *American Journal on Mental Retardation, 106* (4), 327-335.

Zeanah, C. H. McDonough, S. (1989). Clinical approaches to families in early intervention. *Seminars in Early Perinatology, 13* (6), 513-522.

ZWAIGENBAUM, L., BRYSON, S., ROGERS, T., ROBERTS, W., BRIAN, J., SZATMARI, P. (2005). Behavioral manifestations of autism in the first year of life. *International Journal of Developmental Neuroscience, 23,* 143-152.

Index

A

ABA 40, 49
activités routinières conjointes 58
analyse fonctionnelle 51
analyste du comportement 85
antécédent 128
apprentissage 21, 29, 75, 130, 136, 157, 176, 200, 216, 276
apprentissage par observation 216
apprentissage statistique 23
approches positives 194
assistants d'éducation 86
attention conjointe 27
attention coordonnée 245
attention positive 196

C

cerveau social 25
chaînage 136
chef d'équipe 81
communication 24, 55, 56, 88, 130, 131, 157, 158, 180, 262
communication non verbale 21, 242
communication sociale 25
communication verbale 21
comportement social 25
comportement stéréotypé 197
comportements indésirables 59, 193, 195, 398
comportements sociaux 21
contact visuel 27, 260
contrôle 26

critère de maîtrise de la compétence 124
curriculum 45

D

développement social 23
développement socio-communicatif 44
direction du regard 27

E

écholalie 278
éducateurs spécialisés pour la petite enfance 82
efficacité 62
émotion 25, 56, 397
engagement interpersonnel 41
engagement social 41
enseignement 21, 48, 49, 54, 56, 75, 78, 91, 117, 134, 209, 254, 297, 301, 330, 392, 395, 396
enseignement en contexte 67
enseignement incident 67
enseignement intensif 58
enseignement par essais distincts 49
entraînement des réponses pivot 40, 43
ESDM 40, 45, 48, 53, 54, 56, 67, 70, 75, 100, 106, 109, 120
essais groupés 49
étapes d'enseignement 75, 136, 192, 222

évaluation de la fidélité du traitement 90
évaluation fonctionnelle 51
expressions émotionnelles 27
expressions faciales 254

F

fading 143
fonctions exécutives 188

G

généralisation 49, 127, 129
gestes conventionnels 225, 252, 253
gestes naturels 246, 247

I

imitation 21, 131, 160, 214, 216–218, 269
imitation avec objets 219
imitation buco-faciale 224
imitation gestuelle 223, 225
imitation vocale 226
individualisation 48
Individualisation 48
inhibition 26
initiative 37, 54
intervention précoce 20, 38, 40, 326, 392, 394

J

jeu 21, 58, 132, 161, 168, 173, 174, 214, 230
jeu de rôle 237

INDEX

jeu fonctionnel 232, 237
jeu parallèle 233
jeu sensorimoteur 231
jeu symbolique 22, 234, 237
jeux de faire-semblant 230, 231

L

langage réceptif 280
langage symbolique 22
langage typique 265
liste de contrôle 110–112, 114
liste de contrôle 106, 326

M

médecin 86
modèle de Denver 40, 286
modèle de groupe 289
motivation sociale 42
mouvement biologique 28

N

neurones miroirs 33

O

objectifs fonctionnels 128

organisation de la classe 290
orthophoniste 83

P

partage affectif 42
participation partielle 189
perception de l'émotion 27
périmètre crânien 31
permanence de l'objet 22
planification 26, 294, 295, 300, 305
planification temporelle 187
principe de Premack 190, 209, 401
PROMPT Therapy 63
PRT 40, 43, 52, 53
psychologue clinicien 83
psychologue du développement 83
psychomotricien 84

R

rangement 186
renforçateur externe 206
renforçateur intrinsèque 206
renforçateurs extrinsèques 209
renforçateurs sociaux 209
renforcements positifs 194
réseaux neuronaux 30

rétro-enchaînement 190
routines d'activités conjointes 21, 176, 185
routines de groupe 295
routines de jeu conjointes 21
routines individuelles 296
routines sociales sensorielles 41, 179, 184

S

stéréotypies 197
stimulus antécédent 120
stimulus discriminatif 120
supports visuels 210, 311
synchronie 42
systèmes de transitions 308

T

théorie constructiviste 22
théorie de l'esprit 33
transitions 100, 190–192, 309, 311, 407
troubles du spectre de l'autisme (TSA) 20

V

verbes 273

57653 – (II) – (1) – OSB 80° – CPW – MLN
Dépôt légal : octobre 2013 – Suite du tirage : mars 2014

Achevé d'imprimer par Dupli-Print
N° d'impression : 2014030294
www.dupli-print.fr

Imprimé en France